VAINCRE OU MOURIR
À STALINGRAD

WILLIAM CRAIG

VAINCRE OU MOURIR À STALINGRAD

31 janvier 1943

ROBERT LAFFONT

Titre original :
ENEMY AT THE GATES
The battle for Stalingrad

Cet ouvrage a été publié pour la première fois
aux États-Unis par
Reader's Digest Press, à New York.

Traduit de l'américain par Jacques Brécard

© William Craig, 1973
Traduction française : Éditions Robert Laffont, S.A., Paris, 1974
ISBN : 2-266-11094-2

*À ma femme Eleonor,
avec toute ma tendresse*

PROLOGUE

Dès ma jeunesse, j'ai découvert le monde excitant de l'imagination dans les livres d'histoire. A sept ans, je marchais avec les Croisés à l'assaut des murailles de Jérusalem. A neuf ans, j'apprenais par cœur les poèmes épiques que lord Alfred Tennyson a consacrés à la gloire de héros, tels que ceux de la « Charge de la Brigade Légère », à Balaklava. Deux ans plus tard, ayant été arraché au cadre de mon enfance par un changement de résidence de ma famille, j'éprouvai une vive sympathie pour Napoléon, languissant solitaire sur le rocher de Sainte-Hélène.

Le bombardement de Pearl Harbour, le 7 décembre 1941, ajouta une dimension nouvelle à mon intérêt pour les événements et les personnages historiques. Mes proches étant tous intimement mêlés au conflit mondial, je pris l'habitude de consigner dans un journal quotidien leurs exploits et les péripéties de la guerre. Je négligeai mes déclinaisons latines pour noter les sinistres détails de combats se déroulant à Wake, Guam, Bataan ou Corregidor. En automne 1942, je devins un cartographe amateur, dessinant méticuleusement les plans de Guadalcanal, de la Nouvelle-Guinée, et même d'une ville appelée Stalingrad, au fin fond de la Russie.

A cause de l'intérêt passionné que m'inspirait Napoléon et de la déroute de sa Grande Armée dans les plaines enneigées de la Russie tsariste, je m'intéressai vite aux efforts des Allemands pour conquérir l'Union soviétique. J'en vins bientôt à me demander si un destin identique n'attendait pas les « Panzer » nazis, qui s'enfonçaient toujours davantage dans les territoires de l'U.R.S.S.

En octobre et novembre 1942, je consacrai encore moins de temps à mes études, afin de lire tout ce que je trouvais concernant la ville soviétique située aux confins de l'Asie. On parlait de combats dans les égouts, les caves, les bâtiments commerciaux, et je m'efforçai d'imaginer les moments horribles que tous ces hommes devaient vivre là-bas. Pour un garçon de treize ans, élevé dans un pays paisible, il était certes difficile de se représenter des tableaux de ce genre.

En février 1943, la VIᵉ Armée allemande capitula, et nos journaux publièrent des photographies de la stupéfiante victoire russe. Je fus particulièrement impressionné par celle du commandant allemand prisonnier, le feld-maréchal Friedrich von Paulus : les traits de son visage, profondément creusé, et son regard révélaient les cauchemars dont il avait été le témoin. Cet officier allemand, naguère si fier, était maintenant un homme brisé, et jamais je n'ai oublié cette image.

Depuis la fin de la guerre — un quart de siècle —, nous avons vu sortir des presses soviétiques et allemandes une avalanche de livres relatifs à Stalingrad, les uns racontant des souvenirs personnels, les autres traitant le sujet historique. Les Russes ont évoqué avec orgueil leur incroyable victoire, mais il leur est souvent arrivé de dénaturer les faits, afin de se conformer à certaines réalités politiques. Le nom de Staline disparut des récits officiels de la bataille, de même que ceux de Khrouchtchev, de Malenkov et du maréchal Gheorghi

Joukov. Ainsi, le côté russe de l'histoire s'est trouvé en partie masqué par un voile de secret.

Du côté allemand, la vérité historique a subi une dénaturation différente. Peu d'écrivains allemands ont examiné les multiples et complexes causes du désastre qu'a représenté la perte de la VIe Armée à Stalingrad, et cela leur était impossible, puisqu'on leur refusait d'avoir accès aux sources russes de documentation. Quant aux Mémoires des généraux allemands ayant participé à la bataille, ils sont remplis de déclarations contestables, de plaidoyers *pro modo* et de blâmes. En outre, jamais les Allemands n'ont rendu justice à l'Armée Rouge, pour son opiniâtre défense de Stalingrad, et pour la brillante contre-offensive qui provoqua la défaite de l'armée considérée jusqu'alors la meilleure du monde.

Pour ma part, j'étais entre-temps devenu écrivain, historien, et le portrait de Paulus vaincu demeurait gravé dans ma mémoire. C'est pourquoi je résolus de me livrer à une enquête approfondie sur les événements de Stalingrad. Pour réussir dans une entreprise aussi hasardeuse, il me fallait faire ce que personne n'avait pu tenter jusque-là : étudier les archives officielles des armées engagées dans le conflit — celles des puissances de l'Axe et celles d'U.R.S.S. —, visiter le champ de bataille, parcourir le terrain pour lequel tant d'hommes étaient morts, retrouver les survivants des combats — russes, allemands, italiens, roumains et hongrois —, obtenir leur témoignage, ainsi que les documents pouvant contribuer à l'exposé véridique des faits — photographies, journaux personnels et lettres. Ce ne fut pas facile.

J'ai tout d'abord rencontré Ernst von Paulus, l'unique fils survivant du feld-maréchal, à Viersen, en Allemagne fédérale. Ressemblant d'une manière saisissante à son père, Ernst m'a parlé pendant des heures de l'homme qui endura tant d'épreuves : la perte de son armée entière, les années de captivité en U.R.S.S., le crépuscule d'une existence brisée, à Dresde, où Paulus passa ses derniers jours à rédiger des réfutations de critiques le rendant responsable de la tragédie de Stalingrad.

Ensuite je me suis rendu à Stalingrad, la ville qui avait détruit la carrière et la réputation de Paulus. Dès son arrivée, le visiteur constate que Stalingrad est redevenu un des géants industriels de l'Union soviétique. Ses larges boulevards sont bordés de plates-bandes fleuries. Des immeubles d'habitation, aux murs d'une éclatante blancheur, forment de vastes oasis reposantes, dans une mer d'usines et d'ateliers où règne une activité intense. Les habitants parcourent, d'une démarche énergique, les rues des quartiers commerçants. A un carrefour, une foule entoure une voiture dont elle admire le nouveau modèle. Le soir, des couples se promènent sur les quais de la Volga et regardent les feux des paquebots ou cargos qui sillonnent le fleuve majestueux. Le cadre est si paisible qu'on a peine à imaginer qu'en ce même lieu, il y a seulement trente années, deux nations se sont livré une bataille titanesque.

Il ne subsiste que peu de vestiges de cette lutte cruelle. On peut voir, sur la façade cimentée d'un silo à grains, les cavités irrégulières creusées par d'innombrables projectiles. Sur un des murs des grands magasins Univermag, où se presse une foule trépidante, une plaque rappelle que la VIᵉ Armée allemande a capitulé là en 1943. Plus au nord, rue Solechnaya, une antenne de télévision domine un immeuble de rapport ; à côté de la porte d'entrée, une autre plaque commémorative décrit les cinquante-huit jours de combat victorieux livré, en automne de 1942, pour la possession de ce bâtiment. Pendant que je lisais l'inscription, des enfants jouaient sur l'herbe d'une cour, jadis truffée de mines et jonchée de cadavres.

Au petit musée de la Défense de Volgograd, proche de la principale gare, des fonctionnaires justement fiers m'ont montré les souvenirs de la bataille : le manteau en loques et criblé de balles d'un officier de l'Armée Rouge, des centaines de drapeaux rouge, blanc et noir, ornés de la croix gammée et pris à des unités allemandes célèbres, des armes, des ordres officiels, des journaux et des lettres saisis. Sur tous les murs des salles, des dioramas aux couleurs vives évoquent des épisodes de la lutte.

Mais c'est seulement sur la colline de Mamaev, au centre de la ville, qu'on peut commencer à comprendre l'énormité de ce qui s'est vraiment passé là. En gravissant la pente qui mène à son sommet, situé à 112 m de hauteur, j'ai traversé une forêt de statues et de monuments commémorant le triomphe russe : une effigie du général Vassili Ivanovitch Tchouïkov, l'homme qui entre tous mérite d'être appelé « le Sauveur de Stalingrad », une femme serrant dans ses bras son petit garçon mourant, des soldats tirant sur les Allemands qui cherchent à les précipiter dans la Volga.

En haut de la côte, j'ai contemplé avec stupéfaction une statue, haute de 60 m, de la « Mère Russie ». Une pèlerine accrochée à ses épaules flotte au vent, de sa main droite elle brandit une épée, et elle offre un visage tourmenté tandis qu'elle exhorte ses compatriotes à remporter la victoire. A ses pieds se trouve une rotonde, recouvrant les restes de 10 000 de ses fils tombés sur le champ de bataille, et dont les noms sont gravés sur le monument. Une musique funèbre et discrète emplit sans discontinuer le mausolée. Au milieu de la dalle qui scelle à jamais l'énorme fosse commune, un bras gigantesque se dresse, d'un air de défi, tenant au poing une torche dont la lueur est seule à trouer la pénombre. Les visiteurs font le tour de la tombe par un chemin circulaire longeant les murs couverts d'inscriptions. Personne ne parle.

Le silence de la mort vous suit au-dehors, dans le brillant soleil sous lequel Stalingrad bouillonne d'une vitalité nouvelle. Les tranchées sont comblées, les fils de fer barbelés ont disparu des flancs de la colline, tous les tanks et canons rouillés ont été enlevés, et il ne reste plus une seule des croix de bois plantées çà et là par les Allemands. Presque toutes les cicatrices de cette terrible guerre sont maintenant effacées. Mais d'autres demeurent douloureuses, celles du cœur et de la pensée, car nombreux sont encore, de par le monde, les hommes et les femmes qui, ayant assisté ou participé à la bataille, frémissent toujours au souvenir de ces jours affreux.

Ainsi, il y a cet ouvrier d'une usine de Stalingrad dont les yeux se brident haineusement quand il évoque le mitraillage de civils par les avions ennemis sur une estacade de la Volga, noire de monde ; il y a cet ancien officier soviétique décrivant avec peine les cris horribles de ses hommes massacrés après être tombés dans une embuscade, à l'ouest de Stalingrad ; il y a cet émigré russe de Haïfa, en Israël, qui sanglote de douleur en évoquant l'atroce mort d'un bébé, fracassé contre un mur par des soldats allemands ivres.

Dans un appartement luxueusement meublé de Rome, un éminent chirurgien italien frémit quand il m'explique les divers actes de cannibalisme qui se sont produits dans les camps sibériens de prisonniers, après la fin de la bataille. Horrifiée, sa femme l'écoute me préciser que les cannibales les plus raffinés ne touchaient pas aux cadavres vieux de plus d'un jour : ils préféraient le sang chaud de soldats fraîchement tués.

Une femme russe, devenue l'épouse d'un grand musicien américain, n'a qu'un souvenir indélébile de Stalingrad : lorsque son train de réfugiés s'y arrêta, dix-huit mois après la fin des combats, la puanteur des milliers de cadavres gisant encore parmi les décombres lui donna la nausée.

Il en est de même quand on s'entretient avec des Allemands. Dans les environs de Hambourg, un solide gaillard, ancien officier d'aviation, s'effondre complètement alors qu'il était en train de me raconter les sauvages traitements infligés par les gardiens de prison soviétiques, et il me supplie de ne plus l'interroger.

A Cologne, une femme qui attend depuis vingt-sept ans le retour de son mari, porté disparu au combat, me pose une question, les yeux pleins de larmes : « Estimez-vous que je devrais me rendre à Stalingrad pour le rechercher ? » Je pense à son incroyable fidélité à la mémoire d'un homme que les fonctionnaires des archives gouvernementales ont depuis longtemps rayé des contrôles, et je ne peux que secouer la tête en répondant : « Non, madame, je ne crois pas que ce serait utile. » Elle prévoyait ma réponse. Souriant avec courage, elle s'est levée et a préparé le thé.

Le catalogue des douloureux souvenirs n'a cessé de grossir, à mesure que j'ai rencontré des centaines de personnes, hommes et femmes, ayant survécu à l'holocauste de Stalingrad. J'étais bouleversé en les entendant, et je dus me répéter maintes fois qu'il me fallait écouter ces horribles récits parce qu'ils étaient indispensables à une reconstitution véridique des événements.

A la lecture de statistiques qu'on voulut bien me communiquer, je fus bientôt effaré de constater que cette bataille a été le plus grand bain de sang militaire de toute l'histoire des guerres. Plus d'un million d'hommes et de femmes sont morts à cause de Stalingrad, et ce nombre surpasse de beaucoup les pertes en vies humaines entraînées par la première bataille de la Somme et celle de Verdun en 1916.

Voici les chiffres.

Du côté russe, il ne faut pas oublier que l'U.R.S.S. a toujours refusé de reconnaître officiellement ses pertes. Néanmoins, il ressort des entretiens que j'ai pu avoir avec des fonctionnaires soviétiques qualifiés qu'à

Stalingrad l'Armée Rouge a perdu environ 750 000 hommes, tués, blessés ou disparus en combattant.

Les Allemands ont perdu près de 400 000 hommes.

Les Italiens ont perdu plus de 130 000 hommes, sur les 200 000 que comptait leur armée.

Les Hongrois ont perdu environ 120 000 hommes.

Les Roumains en ont perdu à peu près 200 000 à Stalingrad.

Quant à la population civile de la ville, elle comptait avant les hostilités, d'après un recensement, plus de 500 000 âmes. Ce nombre s'est accru en 1942, à cause du flot de réfugiés provenant des territoires russes menacés d'invasion. Une partie importante des habitants fut évacuée avant la première attaque allemande, mais on sait que 40 000 civils périrent dans les deux premières journées de bombardements aériens. Nul ne sait combien d'autres sont morts sur les barricades, ou dans les tranchées antichars, ou dans les steppes environnantes. Les archives officielles ne fournissent qu'un fait brutal : après la fin des combats, un recensement n'a permis de retrouver que 1 515 personnes ayant habité Stalingrad en 1942.

Devant ces sinistres statistiques, j'ai commencé à poser aux survivants la question capitale : quelle fut la signification de cette bataille ?

En 1944, le général de Gaulle visita Stalingrad et parcourut à pied le chaos des ruines. Lorsque, plus tard, pendant une réception à Moscou, un journaliste lui demanda quelle avait été son impression, il répondit : « Ah, Stalingrad !... C'est tout de même un peuple formidable, un très grand peuple ! » — « Ah, oui, les Russes !... » fit son interlocuteur. Mais de Gaulle l'interrompit avec impatience : « Mais non ! Je ne parle pas des Russes, je parle des Allemands. Tout de même, avoir poussé jusque-là !... »

Quiconque connaît les problèmes militaires est obligé de partager cette opinion. Que les Allemands aient pu traverser plus de 1 600 km de la Russie méridionale pour atteindre les rives de la Volga, c'est assurément un résultat incroyable. Que, de leur côté, les Russes les aient arrêtés à Stalingrad, alors que presque tous les stratèges alliés voyaient l'Union soviétique près de s'effondrer, ce n'est pas moins extraordinaire.

Ecrasés depuis plus d'un an par le rouleau compresseur nazi, la plupart des soldats de l'armée soviétique avaient acquis la conviction que les Allemands étaient invincibles. Par milliers, ils désertaient pour demander asile à l'ennemi, ou abandonnaient leurs positions et s'enfuyaient. Dans les territoires russes non occupés, la population s'abandonnait à un désespoir semblable. Sachant que des millions de leurs compatriotes avaient péri ou se trouvaient sous la botte allemande, voyant en outre diminuer de jour en jour les vivres, les possibilités de se vêtir et de s'abriter, les Russes commençaient en majorité à douter de leurs dirigeants et de l'Armée Rouge. La surprenante victoire gagnée à Stalingrad contre la VIᵉ Armée allemande mit un terme à cette attitude négative de la nation. Désormais soutenus psychologiquement par ce magnifique triomphe, remporté sur les « surhommes nazis », civils et militaires se ressaisirent et mirent toute leur énergie à préparer les tâches épuisantes de l'avenir. Car, si la destruction finale du IIIᵉ Reich allait encore exiger une lutte longue et coûteuse, jamais plus les Russes ne doutèrent de la victoire. Après Stalingrad, ils ne cessèrent de progresser résolument vers l'ouest, droit sur Berlin, et les conséquences de leur pénible pénétration au cœur de l'Allemagne subsistent encore aujourd'hui. Pour l'Union soviétique, le chemin qui devait la conduire à jouer son rôle actuel de superpuissance eut son point de départ sur les rives de la Volga où, selon le mot de Winston Churchill, « les gonds du destin ont tourné ».

Pour les Allemands, Stalingrad a été l'événement le plus catastrophique de toute la guerre. Jusqu'alors, jamais une de leurs armées d'élite n'avait succombé sur le champ de bataille, jamais tant de soldats n'avaient disparu sans laisser de traces dans les vastes et sauvages steppes d'un pays étranger. Pour une nation qui se considérait d'une race supérieure à toutes les autres, Stalingrad a été une calamité ahurissante. Un pessimisme insinuant commença de gagner les esprits de ceux qui s'étaient égosillés à clamer : « Sieg Heil ! Sieg Heil ! » aux grands rassemblements organisés par Hitler, et le mythe du génie du Führer s'est peu à peu dissous, à mesure que la réalité de Stalingrad s'imposait à chacun. Au cours d'entretiens furtifs, des hommes naguère trop timides pour s'opposer au régime se mirent à élaborer des plans concrets afin de le renverser. Stalingrad a été le commencement de la fin du IIIe Reich.

Après quatre ans de recherches intensives pour reconstituer la bataille de Stalingrad, d'un côté comme de l'autre de la barricade, j'ai découvert que la mosaïque du drame se modifiait peu à peu, comme il arrive toujours en matière d'histoire. La brillante offensive allemande vers la Volga perdait de son éclat en comparaison de la défense opiniâtre, opposée par les Russes à Stalingrad. D'autre part, un fait m'a paru plus saisissant que tous les autres : c'est la progressive désintégration morale et physique des soldats allemands, à mesure qu'ils se rendaient compte qu'ils étaient perdus. Le caractère le plus dramatique de cet événement a sans doute été leur lutte pour faire face à une situation qu'ils n'avaient jamais imaginée.

La brutalité, le sadisme et la veulerie prédominent dans ce récit, c'est certain. Jalousie, ambition effrénée, indifférence à la souffrance humaine, tout cela est choquant et hélas fréquent. L'homme aspire à la grandeur, et trop souvent il se laisse submerger par l'instinct primitif de survivre à tout prix. Ce qui arrive alors n'est pas facile à accepter et à lire. Aucun ouvrage traitant de massacres ne peut l'être. A Stalingrad, nous assistons à une monumentale tragédie humaine.

William CRAIG

Westport, Connecticut — 8 Novembre 1972

PREMIÈRE PARTIE

CHAPITRE PREMIER

Desséchée par le brûlant soleil d'été, la verdoyante plaine de la steppe a pris une teinte beige. Des abords de Lougansk à l'ouest jusqu'au Kazakhstan à l'est, le plateau aride s'étend sur plus de 1 000 km à travers la Russie méridionale. Seules quelques taches rectangulaires de terres cultivées, celles des kolkhozes, allègent l'aspect désolé du paysage, et c'est d'elles que partent des rubans de route, se prolongeant tout droit jusqu'à l'horizon.

Deux fleuves majestueux, coulant à peu près du nord au sud, irriguent ce territoire. Capricieux, le Don se fraye un chemin tortueux jusqu'à la ville de Rostov, sur la mer d'Azov. Plus loin à l'est, la puissante Volga descend, par une large courbe, vers Astrakhan où elle se jette dans la mer Caspienne. Les deux cours d'eau ne sont parallèles qu'à un endroit, où 65 km les séparent. Après cette brève tentative pour se réunir, ils reprennent, chacun de son côté, leur voyage solitaire vers différentes destinations, en ne cédant que rarement aux accidents de terrain pour les contourner. Partout ailleurs, la chaleur suffocante qui sévit sur la région craquelle le sol et paralyse la vie.

Il y a des siècles qu'il en est ainsi dans la steppe. Mais, le 5 août 1942, une présence malveillante vint troubler la plaine illimitée et déserte. Arrivant de l'ouest, de la lointaine Ukraine, de gigantesques colonnes de poussière s'avancèrent. Ces nuages tourbillonnants progressaient irrégulièrement à travers les prairies desséchées, ne marquant que de brèves haltes avant de repartir vers l'est, vers la barrière du Don. De loin, on eût dit des cyclones, ces phénomènes naturels qui sévissent sur les régions découvertes du globe. Or, ces spirales poussiéreuses qui montaient vers le ciel masquaient la VIe Armée allemande, une légion d'élite envoyée par Adolf Hitler pour détruire l'armée soviétique et l'Etat communiste dirigé par Joseph Staline. Ces hommes étaient animés d'une confiance totale en eux-mêmes et en leur destin : en trois années de guerre, jamais ils n'avaient connu la défaite.

En Pologne, la VIe Armée fit du mot « Blitzkrieg » (« la guerre éclair ») un synonyme de l'omnipotence nazie. A Dunkerque, elle contribua à disloquer le Corps expéditionnaire britannique et à renvoyer les tommies en Angleterre, sans fusils ni canons. Choisie pour mener l'attaque des côtes anglaises, par le franchissement du pas de Calais, elle s'entraîna à des opérations de débarquement avec des véhicules amphibies, jusqu'au jour où Hitler, renonçant à cet assaut, l'envoya en Yougoslavie, qu'elle conquit en quelques semaines.

Puis, pendant l'été de 1941, la VIe Armée commença sa campagne de Russie et surclassa complètement l'ennemi. Elle « libéra » vite plusieurs millions de kilomètres carrés de sol ukrainien, et parvint à un niveau de perfection professionnelle sans précédent dans l'histoire militaire moderne. Rendus de plus en plus arrogants par leurs succès sur le champ de bataille, ses soldats en vinrent à conclure que « Russland ist kaputt ». Cette conviction était renforcée par la propagande émanant du grand quartier général du Führer, car en lançant l'« Opération Bleue » en juin 1942, par laquelle il comptait abattre l'ennemi, le Führer avait promis à ses troupes une fin prochaine de la guerre.

La plupart des Allemands progressant dans la steppe partageaient les convictions et prophéties de leur Führer, relatives au triomphe final, surtout en remarquant combien la résistance de l'Armée Rouge faiblissait. Maintenant, par cette étouffante matinée d'août, la VIᵉ Armée se préparait à refermer un nouveau piège. Deux armées soviétiques en piteux état, la Iʳᵉ Armée blindée et la LXIIᵉ Armée d'Infanterie, se trouvaient acculées aux falaises qui dominent la rive occidentale du Don. Deux colonnes motorisées allemandes foncèrent jusqu'au fleuve, afin d'encadrer les Russes. Les chars Mark III et Mark IV, couverts d'une carapace de poussière, sillonnèrent la plaine. Debout dans les tourelles, les chefs désignaient aux canonniers les objectifs à viser. Des soldats russes, terrifiés et ayant perdu confiance en leurs officiers ainsi qu'en l'Armée Rouge entière, accouraient se joindre à la foule grandissante des déserteurs. Les Allemands les groupaient en longues colonnes dépenaillées qui prenaient à pied le chemin de l'ouest, loin des bruits de guerre. Les Russes étaient contents : la captivité signifiait qu'ils avaient survécu au carnage.

Les Allemands n'avaient guère le temps de s'occuper des prisonniers. Aux postes de commandement des régiments et des divisions, les officiers supérieurs traçaient de nouvelles lignes sur les cartes, rédigeaient de nouveaux ordres et les remettaient à des estafettes. Ces motocyclistes se frayaient en pétaradant un chemin à travers des colonnes interminables de véhicules transportant des troupes, du matériel et des approvisionnements, pour se rapprocher toujours plus du Don. Dans les camions, les hommes tenaient des mouchoirs sur leur visage pour se garantir de la poussière envahissante ; les uniformes vert-de-gris étaient enduits d'une couche jaunâtre. Les yeux injectés de sang, les soldats souffraient mais, à cause des succès remportés, le moral de tous demeurait très élevé, et l'on vociférait en chœur des marches guerrières.

Parvenus aux avant-gardes, les messagers remettaient les ordres à des commandants de bataillon ou de compagnie tombant de fatigue : certains ne s'étaient pas reposés un instant depuis plus d'un mois. Leur aspect reflétait le surmenage dû à des combats incessants : traits tirés, uniformes crasseux et collant au corps. Le casque les gênait affreusement, car il retenait la chaleur du soleil, si bien que la sueur ruisselait sous le col de la vareuse. Néanmoins, les officiers enduraient sans se plaindre ces épreuves et criaient les nouveaux ordres aux combattants crottés. Ceux-ci éteignaient la cigarette savourée un instant, remettaient l'arme à la bretelle et reprenaient en colonne la marche vers l'est, toujours plus au cœur de l'Union soviétique.

Contrairement à ce que l'on a souvent tendance à croire, les armées allemandes n'étaient pas à cette époque complètement motorisées, et il s'en fallait même de beaucoup. Dans la seule VIe Armée, plus de 25 000 chevaux tiraient des canons et des chariots pleins d'approvisionnement. Il y en avait partout et de toutes races, depuis les gros chevaux de trait belges jusqu'aux petits « panjes » russes, qu'on trouve dans la steppe et qui ne sont guère plus grands que des ânes. Leurs flancs palpitaient sous l'effort et, quand un projectile éclatait non loin d'eux, ils roulaient des yeux effarés. Il arrivait souvent qu'un soldat indigné poussât un juron, parce qu'il venait de marcher dans du crottin.

Les hommes continuaient d'avancer, jusqu'au moment où ils parvenaient à la dernière zone les séparant de l'ennemi. Elle était en général jonchée de chars et de canons détruits, avec des chenilles tordues et des canons éclatés. C'est dans ce paysage désolé que les troupes creusaient des trous individuels et peu profonds, pour s'y enterrer en attendant l'ordre d'attaquer. Les Russes faisaient pleuvoir sur elles une grêle de mitraille. On se hâtait de relever les blessés, des infirmiers les portaient jusqu'aux ambulances, et celles-ci gagnaient à toute allure les postes de secours de l'arrière. Camions, chars et motocyclettes s'écartaient pour laisser passer ces véhicules, dans lesquels des médecins se penchaient souvent sur des corps mutilés, solidement attachés à des civières.

L'atmosphère des hôpitaux de campagne était presque tranquille. Seuls les fossoyeurs troublaient le silence ambiant, tandis qu'ils creusaient des tombes non loin des tentes. L'un après l'autre, les cercueils étaient méthodiquement mis en terre. Les aumôniers psalmodiaient les prières rituelles, puis une garde d'honneur tirait en l'air une salve rapide. Peu après, une équipe commençait à foncer dans le sol des croix de bois, sur lesquelles figuraient les noms, grades, numéros matricules et unités des soldats ainsi inhumés en terre étrangère. Une estafette ne tarda pas à remarquer que les cimetières poussaient dans la steppe comme des champignons...

A 5 km du front, une batterie de « Nebelwerfer », redoutables mortiers de 150 mm à 6 tubes, montés sur des affûts à pneus, était étrangement silencieuse. Toute la matinée, les pièces avaient craché des salves d'obus de 39 kg à forte charge explosive contre un ennemi invisible, tandis que les hommes s'efforçaient d'échapper au terrible souffle des déflagrations, en se blottissant dans d'étroites tranchées. Maintenant, ayant épuisé toutes leurs munitions, ils se reposaient, tandis que leur chef, le lieutenant Emil Metzger, accroupi à l'ombre d'un camion, tirait de sa poche un bloc-notes et commençait à griffonner quelques mots, à l'adresse de sa femme, à Francfort : « Liebe Kaethe... »

Comment expliquer qu'il avait décidé de renoncer à sa permission, la première en deux années, afin de permettre à un camarade de partir à sa place et de se marier ? Tout en réfléchissant à ce problème, il grattait son menton rugueux : depuis trois jours il ne s'était pas rasé. Emil était fier de sa carrière, commencée en

1933 ; cette année-là, il avait contracté un engagement de douze ans, parce que, disait-il, « il désirait faire quelque chose pour sa patrie ». Pendant l'invasion de la Pologne, en 1939, son ardeur, son agilité de gymnaste et son endurance physique lui valurent les galons de sergent. L'année suivante, il fit avec ses hommes la campagne de France, et ils s'endurcirent au spectacle des horreurs dont les routes étaient le théâtre, aux abords de Dunkerque. Maintenant il portait les insignes d'officier et la Croix de fer de seconde classe. C'était assurément une tout autre situation que celle de boucher, à laquelle ses parents le destinaient. A vrai dire, le patriotisme n'avait pas été le seul mobile de son engagement sous les drapeaux : au cours de son apprentissage, il s'était vite dégoûté d'abattre des animaux.

Emil se demandait s'il devait confier à son épouse que ses cheveux noirs et frisés commençaient soudain à grisonner, et qu'il avait maintenant de petites rides au coin des yeux. Kaethe Bausch et lui s'étaient connus à un bal et mariés peu après, pendant un bref répit des combats de 1940, mais ils n'avaient passé que quatre nuits ensemble, avant qu'il repartît pour le front. Trouver les mots justes et consolateurs, pour expliquer qu'il ne reviendrait pas encore, n'était pas facile, mais Emil avait la conviction que Kaethe comprendrait. Elle ne devait surtout pas s'inquiéter, car selon les derniers bruits qui couraient, la guerre touchait à sa fin. L'armée soviétique était en déroute, et il suffirait d'une dernière bataille pour mettre un terme à la tuerie. Il conclut sa lettre par l'assurance : « Je devrais être rentré à la maison pour Noël. » Ayant cacheté l'enveloppe, il la remit au chauffeur du camion qui venait d'arriver, chargé d'obus, puis il rassembla ses hommes, noua un mouchoir sur son nez et sa bouche, et donna l'ordre de départ. On venait de l'informer que sa batterie avait pour destination une ville appelée Stalingrad, sur les bords de la Volga.

D'autres hommes partageaient l'optimisme d'Emil Metzger. Au quartier général de la VIᵉ Armée, à 50 km à l'ouest du front fluide, des officiers examinaient des cartes et supprimaient mentalement deux armées de plus de l'ordre de bataille russe. Il leur paraissait évident qu'au moment où les chars allemands effectueraient leur jonction, la dernière échappée vers le Don serait interdite aux Russes, et qu'ainsi toutes les troupes prises entre les pinces de la tenaille cesseraient d'exister. Dès lors, les stratèges s'attelèrent à mettre au point la phase suivante de l'offensive : le franchissement du Don et la progression vers l'est, sur une distance de 65 km, pour atteindre la Volga.

Les plans originaux de l'« Opération Bleue » ne prévoyaient pas la capture de Stalingrad. La ville ne représentait même pas, en fait, un objectif primordial d'attaque. Selon la conception d'ensemble de l'offensive, elle devait être exécutée par les deux groupes d'armée A et B. Sous le commandement du feld-maréchal List, le Groupe A comprenait la Iʳᵉ et la XVIIᵉ Armée blindées ; sous les ordres de Fedor von Bock, le Groupe B comprenait la VIᵉ et la IVᵉ Armée blindées, qui devaient être aidées par les Hongrois, opérant en soutien de leurs échelons arrière. Les deux groupes d'armées progresseraient vers l'est sur un large front, afin d'atteindre la Volga « dans la région de Stalingrad ». Après avoir « neutralisé » la production de guerre russe de cette zone, par des bombardements d'artillerie et d'aviation, et après avoir coupé la voie vitale de transport de la Volga, les deux groupes d'armées obliqueraient vers le sud et fonceraient en direction des champs pétrolifères du Caucase.

Cependant, en juillet, le Führer en personne modifia ce plan de campagne, quand il apprit par ses services de renseignements que les Russes avaient peu de divisions de valeur sur la rive droite de la Volga. Le trafic fluvial ne s'était pas intensifié, ce qui indiquait que le haut commandement soviétique n'envoyait pas encore dans la ville des renforts provenant de l'Oural et de Sibérie. En outre, l'O.K.W.[1] savait que les organisations défensives entre Don et Volga étaient très médiocres ; tout au plus, des bataillons de terrassiers s'efforçaient-ils depuis peu d'édifier en hâte des fortifications antichars. Estimant donc que l'Armée Rouge ne tiendrait pas longtemps Stalingrad, Hitler ordonna à la VIe Armée de s'en emparer le plus tôt possible.

Dans sa tente de campagne exiguë, le commandant de la VIe Armée, le colonel général Friedrich von Paulus, se réjouissait tranquillement. Cet homme circonspect, qui dédaignait les manifestations d'émotion publiques, aimait par contre se détendre quelques minutes en écoutant un disque de Beethoven. La musique constituait le meilleur catalyseur de sa nature morose et poussée à l'introspection. Grand, brun et séduisant, ce général de cinquante-deux ans était le type classique de l'officier issu de l'état-major général allemand. Apolitique, n'ayant jamais eu que 'le souci de remplir convenablement sa mission, au poste que l'armée lui confiait, il laissait la diplomatie au parti dirigeant. A ses yeux, Adolf Hitler était pour le peuple allemand un excellent chef, qui avait grandement contribué au développement de sa patrie. Après l'avoir vu élaborer les stratégies qui permirent à l'Allemagne de conquérir la Pologne, la France et la majeure partie de l'Europe, Paulus fut profondément impressionné par la maîtrise avec laquelle Hitler savait comprendre les aspects techniques de la guerre, et il le considéra comme un génie.

Sa femme ne partageait pas ses convictions. Née Elena Constance Rosetti-Solescu — Coca pour ses

---

1. Haut commandement allemand.

amis —, elle était apparentée à la famille royale roumaine et avait épousé Paulus en 1912. Trois enfants étaient nés de cette union : une fille et deux jumeaux qui servaient maintenant l'un et l'autre sous les drapeaux. Elle détestait le régime nazi et ne se gênait pas pour déclarer à son mari qu'il était infiniment trop indulgent pour des individus tels que Keitel et autres « laquais » entourant Hitler. Quand l'Allemagne attaqua la Pologne, elle condamna cet acte avec véhémence, le jugeant injuste. Paulus ne discuta pas avec elle et se contenta d'exécuter les ordres. Lorsqu'en automne 1940 il apporta chez lui des cartes et des documents relatifs à un projet d'invasion de la Russie, Coca les découvrit et en parla à son mari, car elle estimait qu'une guerre avec l'Union soviétique était complètement injustifiée. Il essaya d'éluder la discussion, mais elle insista en lui demandant :

— Qu'adviendra-t-il de nous tous ? Qui survivra jusqu'au bout ?

Cherchant à apaiser ses craintes, il l'assura qu'une guerre contre la Russie serait gagnée en six semaines, mais cela ne la calma pas. Comme elle le redoutait, la nouvelle campagne dura bien plus que les six semaines annoncées et se traîna tout au long du terrible hiver de 1941, sur le front de Moscou. Pourtant, malgré les échecs, malgré les effroyables pertes subies par l'armée allemande, du fait du climat et de la farouche résistance russe, Paulus garda une foi inébranlable : Hitler était invincible.

En janvier 1942, à cause de la mort subite de son chef, le feld-maréchal Reichenau, Paulus vit se réaliser le rêve de sa vie : commander une armée sur le terrain. On aurait difficilement trouvé deux hommes plus dissemblables. Ardent nazi, Reichenau était mal tenu et grossier dans ses manières, alors qu'en tout temps Paulus se montrait tiré à quatre épingles ; il portait même des gants sur le terrain, car il détestait la saleté, prenait un bain quotidien et changeait d'uniforme deux fois par jour.

Malgré ces vives différences de caractère, Paulus adapta son comportement réservé à celui, volubile, de Reichenau. Ayant un extrême souci du détail, passionné de chiffres et de grande stratégie, il administra avec efficacité les services de la VIe Armée, tandis que Reichenau menait la charge sur le front. En retour, Reichenau traitait Paulus en fils et faisait toujours confiance à son jugement. Les deux hommes étaient d'accord sur tout, sauf sur un point important, qui concrétisa le profond fossé les séparant, au double point de vue des traditions et de la philosophie.

Disciple fanatique du dogme hitlérien de la suprématie raciale, Reichenau avait approuvé l'abominable « ordre relatif aux commissaires », par lequel Hitler ordonna l'exécution sans procès de tous les commissaires politiques russes capturés. Il alla même plus loin en lançant, au sein de la VIe Armée, un autre « ordre relatif à la sévérité », ainsi conçu en partie :

> « ... L'objectif le plus important de cette campagne contre le système judéo-bolchévique est la destruction complète de ses sources de puissance, et l'extermination de l'influence asiatique dans la civilisation européenne... Dans ce théâtre oriental d'opérations, le soldat n'est pas seulement un homme qui combat selon les règles de l'art de la guerre, il est aussi l'impitoyable porte-drapeau d'une conception nationale... C'est pourquoi, le soldat doit pleinement apprendre à comprendre la nécessité du châtiment, sévère mais juste, qu'il convient d'infliger à la race "sous-humaine" des juifs... »

L'insistance de Reichenau à « châtier » les Juifs eut pour conséquences des crimes monstrueux. Après le passage, dans les agglomérations, des divisions combattantes, une collection disparate de maniaques de l'homicide arrivait et entreprenait d'éliminer systématiquement la population juive. Il y eut en Russie quatre de ces « Einsatzgruppen » (équipes spéciales d'extermination). Comportant à peu près 3 000 sadiques, ces unités étaient surtout recrutées dans les forces de police de Himmler, la SS (garde d'élite) et la SD (service de sécurité). Leurs membres provenaient aussi de bataillons disciplinaires et d'hôpitaux psychiatriques. On leur avait appris, dans un centre d'instruction de Saxe, à se servir de fusils et de pistolets mitrailleurs, et ils savaient explicitement ce qu'on attendait d'eux en U.R.S.S. Vêtus d'uniforme noir, ils voyageaient en convois de camions, et les villageois terrifiés ne tardèrent pas à les appeler les « Corbeaux Noirs ».

Reichenau les aida de tout son pouvoir. Soucieux d'économiser les munitions, il alla jusqu'à recommander qu'on ne consommât pas plus de deux cartouches par juif abattu. Ces carnages influèrent sur l'attitude de nombreux combattants de la VIᵉ Armée, qui voyaient les Corbeaux Noirs à l'œuvre. Quand leurs chefs de corps les laissaient libres d'agir, ils contribuaient avec enthousiasme à exterminer la population juive. Parfois, des soldats en caleçon de bain ou en tenue légère profitaient de ce qu'ils n'étaient pas de service pour prendre des photos d'exécutions, qu'ils envoyaient à des parents ou amis. Une ambiance de pique-nique régnait à côté de fosses remplies de cadavres. Les protestations de certains Allemands, indignés de ces massacres, demeurèrent ignorées, et rien n'arrêta cette atroce campagne pendant quelque temps. Elle fit près d'un million de victimes, avant que Friedrich von Paulus prît le commandement et mît un terme au génocide, au moins dans son secteur, en rapportant les deux ordres infâmes.

A la tête de la VIᵉ Armée, Paulus remporta la victoire dans sa première grande bataille, lorsqu'en mai les Russes tentèrent de déjouer les plans allemands en attaquant les premiers à Kharkov. L'intervention de ses troupes non seulement sauva la Wehrmacht du désastre, mais permit un encerclement gigantesque et la capture de plus de 200 000 Russes. Les félicitations affluèrent au vainqueur, de vieux camarades recherchèrent sa faveur, et chacun comprit que ce grand chef était promis à de hautes responsabilités. Plus tard, quand l'« Opération Bleue » parut chasser les Soviétiques comme fétus de paille, il devint évident que Paulus pourrait bientôt prétendre accéder aux plus hauts sommets de la hiérarchie. Pour sa part, il demeurait froid, exigeant, réfléchi, et tout en traversant la steppe désolée, il ne pensait qu'au but à atteindre : vaincre l'ennemi dans un affrontement ultime et décisif.

Un excellent état-major lui facilitait beaucoup la tâche. Son chef, le général Arthur Schmidt, était nouveau à ce poste, mais il possédait comme Paulus la qualité de la minutie, le souci du moindre détail, et il promit de prendre sur lui beaucoup de tâches fastidieuses. Avec un visage mince, des yeux un peu exorbités et un menton pointu, il ne répondait pas au modèle traditionnel de l'officier breveté. Issu d'une famille de négociants hambourgeois, il avait fait la Première Guerre mondiale comme simple soldat et était ensuite resté dans l'armée, durant les années tourmentées de l'après-guerre, pour finir par devenir officier dans la Reichswehr ressuscitée par Hitler.

Autocrate et arrogant, il avait la méchante habitude d'interrompre la conversation quand le sujet lui déplaisait. Beaucoup d'officiers détestaient ses manières impérieuses, et quelques-uns le jalousaient pour son avancement rapide, mais il affectait de ne pas s'en apercevoir. Quoiqu'il fût très différent de son chef, par son tempérament et ses goûts, il partageait ses vues en matière militaire, si bien que, grâce à l'action conjuguée des deux hommes, la VIᵉ Armée fonctionnait avec la régularité d'une horloge.

Et puis, il y avait les commandants des grandes unités opérant sur le terrain, comme le général Walther

Heitz, chef du 8e Corps, un « taureau », naguère chargé d'organiser les obsèques de Hindenburg, maintenant un vieux soldat, aimant autant faire campagne que chasser à courre. Walther Seydlitz-Kurzbach, commandant le 51e Corps, c'est-à-dire l'infanterie de l'armée, était le descendant têtu et grisonnant d'une noble famille prussienne ; tacticien chevronné, il avait été le cinquante-quatrième officier à recevoir la distinction la plus convoitée : la croix de chevalier avec feuilles de chêne dans l'ordre de la Croix de fer. Edler von Daniel, grand buveur et amateur de femmes, venait d'être arraché aux paisibles devoirs de l'occupation en Normandie, pour prendre le commandement de la 295e division. Enfin Hans Hube, mutilé de la Première Guerre mondiale et seul général manchot de l'armée allemande, n'en avait pas moins poursuivi sa carrière, jusqu'à commander la célèbre 16e division blindée, qui se hâtait maintenant d'encercler les Russes acculés au Don ; ses hommes le surnommaient « Der Mensch », c'est-à-dire « L'Homme ».

Ainsi, la VIe Armée brillait par la valeur exceptionnelle de ses chefs. Il était donc naturel que, sous sa tente, Friedrich von Paulus écrivît à un ami d'Allemagne pour lui faire part des heureux événements survenus au cours des dernières semaines : « Nous avons bien progressé et laissé Kharkov à 500 km derrière nous. Le grand but maintenant, c'est de frapper le Russe si durement qu'il ne pourra pas s'en remettre avant longtemps... »

Cependant Paulus omettait, dans son enthousiasme, de mentionner quelques soucis lancinants. Tout d'abord, il souffrait beaucoup d'une dysenterie contractée dans les Balkans pendant la Première Guerre mondiale. Sur le plan stratégique, son flanc gauche le préoccupait. Là, très au nord, les armées des nations satellites — Hongrie, Italie et Roumanie — s'efforçaient de tenir la rive ouest du tortueux Don supérieur, pendant que la VIe Armée avançait vers l'est. Paulus comptait fortement sur ces forces pour bloquer toute attaque ennemie venant du nord.

Les armées qui causaient du souci à Paulus manœuvraient avec lenteur. Au nord-ouest, c'est-à-dire à l'aile gauche du dispositif, les soldats de la IIe Armée hongroise avaient commencé à s'enterrer le long du Don supérieur. A leur droite, les hommes de la VIIIe Armée italienne se préparaient à occuper une longue boucle du fleuve, coulant vers l'est. Les Italiens n'avaient pas pour seule mission de repousser une éventuelle tentative des Russes de franchir le Don. Ils servaient aussi de tampon entre les Hongrois à leur gauche et, à leur droite, la IIIe Armée roumaine, qui devait tenir le territoire de Serafimovich à Kletskaya, loin dans la steppe : le haut commandement allemand avait inséré les Italiens entre les deux autres armées, pour compenser l'antipathie d'anciens ennemis qui pourraient oublier les Russes et se prendre à la gorge.

Cette rivalité n'était guère de bon augure. Elle soulignait la situation critique de l'Allemagne, au point de vue des effectifs et de la main-d'œuvre, car ces trois armées satellites avaient été groupées au petit bonheur. Les forces hongroises et roumaines étaient encadrées en majeure partie par du personnel politique, n'ayant aucune instruction militaire. La corruption et l'incurie sévissaient autant dans l'une que dans l'autre armée. L'homme de troupe en souffrait plus que quiconque. Mal commandé et mal nourri, il endurait les pires privations. Les officiers usaient du fouet au moindre prétexte, mais quand il y avait du danger, beaucoup rentraient chez eux. Un simple soldat écrivit à cette époque à sa famille que même son aumônier avait déserté en plein combat. Le plus grave était que ces unités n'avaient que des armes antiques, par exemple des fusils datant de la Première Guerre mondiale ; quant aux canons antichars, ils étaient quasi inexistants.

A beaucoup de points de vue, la situation était analogue dans l'armée italienne. Mobilisés de force et envoyés loin de leur pays, las de sentir l'Italie fasciste liée à l'Allemagne nazie, les soldats déprimés grognaient en traversant les villes et villages dévastés de la Russie. Ils ne participaient pas à une croisade en vue de conquérir un « Lebensraum » (espace vital) ; ils marchaient vers le Don, parce que Benito Mussolini achetait avec leurs corps les bonnes grâces d'Adolf Hitler.

L'Italie avait pourtant envoyé ses meilleures unités en Union soviétique. Des noms célèbres ornaient les épaulettes des troupes qui opéraient dans la steppe, sous un soleil torride : Julia, Bersaglieri, Cosseria, Torino, Alpini... Leurs pères avaient jadis combattu sur la Piave et l'Isonzo contre les Autrichiens, et Ernest Hemingway immortalisa leurs batailles dans *l'Adieu aux Armes*.

Cependant, certains parmi ces soldats italiens contestaient les raisons pour lesquelles ils étaient contraints de se battre, au bénéfice de la cause nazie. Ainsi en était-il du lieutenant Venerio Marsan, âgé de vingt et un ans. Traversant Varsovie, il avait été pour la première fois témoin de dures réalités. Par la fenêtre de son wagon, il vit défiler une longue colonne de civils, apathiques, désespérés, et portant tous l'étoile jaune de David. Des gardes au visage cruel les encadraient, mitraillette au poing et prêts à faire feu. Un frisson le parcourut, de la tête aux pieds, et tandis que son train s'enfonçait dans les territoires russes, il continua de méditer tristement sur ce qu'il avait vu.

Pour d'autres Italiens, l'expédition à travers les steppes présentait un autre caractère. Par exemple, les soldats d'élite des régiments « Alpini » conduisaient leurs mulets et gardaient sous bâche le matériel d'ascension. Or, les montagnes les plus proches étaient le Caucase, loin dans le sud, et Hitler avait décidé de les conquérir sans les Italiens. Secouant la tête et stupéfaits, les célèbres montagnards se traînaient sur les immenses plaines russes, se demandant ce qu'ils étaient venus y faire.

En revanche, le lieutenant Felice Bracci, âgé de vingt-sept ans, se déclarait enchanté de cette grande aventure. Il avait toujours désiré explorer cette région des steppes et contempler sa splendeur illimitée. Diplômé depuis peu de l'université, Bracci avait adhéré à la Ligue des Jeunes Fascistes puis s'était engagé dans l'armée de Mussolini. Au cours de ses premiers combats en Albanie, il fut blessé et décoré pour sa défense d'un avant-poste. Quand on lui donna le choix entre la Libye et la Russie, il eut du mal à se décider, car il souhaitait ardemment voir les Pyramides. Ce fut finalement pour la steppe qu'il opta, et maintenant il menait sa compagnie toujours plus loin vers l'est, vers le Don.

Quant au Dr Cristoforo Capone, il ne partageait pas les goûts culturels de Bracci, mais peu importait. Il était, lui aussi, content de participer à l'expédition de Russie. Septième d'une famille de neuf enfants, on l'avait toujours considéré comme un farceur. Faisant preuve d'une immuable bonne humeur, il enchantait ceux qu'il fréquentait. Dans sa division, ce joyeux compère n'eut pas de peine à devenir d'autant plus populaire que ses camarades parvenaient mal à se défendre du mal du pays. Quand il apprit la naissance de sa première fille, Capone obtint un mois de permission. Après une dernière plaisanterie, l'heureux docteur prit en souriant congé de ses amis et quitta l'armée en marche pour regagner Salerne. Il comptait fermement être de retour à temps pour achever glorieusement cette « promenade militaire ». Ses compagnons continuèrent, pour leur part, à avancer non sans peine, traînant leurs canons antiques sous le soleil de feu. Ils chantaient des airs populaires de Sorrente et portaient sur leurs bérets des cocardes vert et rouge, mais au fond du cœur ils n'aspiraient qu'à rentrer chez eux.

CHAPITRE II

Le jour même où Friedrich von Paulus exprimait, dans une lettre à un ami, ses vues enthousiastes sur le proche avenir, Adolf Hitler se trouvait à 800 km de lui, au milieu d'une forêt de pins ukrainienne, proche de Vinnitsa. Ce matin-là, il se rendit à une simple baraque de son quartier général et pénétra dans une salle de conférences sobrement meublée. S'étant assis sur une chaise de fer, le dos à la fenêtre et devant une grande table couverte de cartes, il écouta avec attention le compte rendu des derniers rapports reçus par son chef d'état-major, le général Franz Halder, un officier distingué, portant une petite moustache et des lunettes.

Celui-ci n'éprouvait pas d'affection pour l'homme qu'il servait. Il lui manifestait le respect dû au Führer de la nation et acceptait calmement ses fréquentes tirades, étant résigné à son sort. Avant et pendant la guerre, il avait envisagé avec d'autres officiers de le renverser pour le remplacer par une monarchie, mais les conjurés, trop timides et hésitants, ne mirent jamais ce plan à exécution. Passifs, ils assistèrent aux triomphes successifs que l'armée allemande remportait, sous la conduite presque mystique d'Adolf Hitler. En cet été de 1942, Halder était un prisonnier asservi par un despote.

Toutefois, il ne manquait pas, depuis des semaines, de rappeler à son chef que les indices de désintégration russe étaient illusoires et que l'ennemi n'était pas « kaputt ». Il estimait que la campagne de l'hiver précédent avait saigné l'Allemagne à blanc. Equivalant à 80 divisions, près de 800 000 hommes gisaient à jamais enfouis en territoire soviétique. Malgré le soin qu'on apportait à truquer les tableaux d'effectifs, les divisions allemandes avaient en majorité perdu la moitié de leur puissance de feu. D'autre part, Leningrad continuait de s'accrocher à la vie, en dépit du cauchemar vécu pendant l'hiver de 1941, au cours duquel plus d'un million de ses habitants étaient morts de faim. Moscou demeurait aussi le centre nerveux de l'U.R.S.S. Fait plus significatif encore, les industries pétrolières du Caucase alimentaient sans relâche de leurs produits la machine de guerre soviétique.

En conséquence, Hitler était devenu obsédé par l'importance des dérivés du pétrole dans un état industrialisé, et il avait conçu l'« Opération Bleue » dans le but exprès de paralyser la production russe de pétrole, c'est-à-dire d'enlever à l'ennemi le moyen essentiel de mener une guerre moderne. Pour lancer l'offensive, il se rendit en personne par avion à Poltava, le 1er juin. Là, entouré de nombreux collaborateurs tels que Paulus, il se livra à une brillante démonstration oratoire qui subjugua l'auditoire. Bien entendu, les généraux s'abstinrent de toute objection à son projet. Or, celui-ci ne tenait aucun compte de la pénurie en effectifs, en matériel et en équipements ; il se fondait uniquement sur l'état catastrophique de l'Armée Rouge.

L'« Opération Bleue » commença donc par l'attaque, le 28 juin, de la IVe Armée blindée en direction de l'est, vers le grand nœud ferroviaire de Voronej. Le surlendemain, la VIe Armée de Paulus suivit le mouvement, couvrit le flanc droit de la IVe Armée et engagea le combat avec des forces russes qui se repliaient en désordre. Or, presque tout de suite, la IVe Armée se heurta à des difficultés. A l'origine, Hitler comptait éviter Voronej, dans l'espoir d'encercler les armées soviétiques en rase campagne. Mais quand les blindés pénétrèrent sans peine dans les faubourgs de la ville, les chefs de corps demandèrent par radio la permission de s'en emparer complètement, Hitler hésita et finit par s'en remettre à la décision que prendrait le commandant du Groupe d'Armées B, le feld-maréchal von Bock. Stupéfait de ce qu'on lui laissât le choix, pour une fois, celui-ci hésita à son tour puis envoya deux divisions de chars dans Voronej.

Ayant eu le temps d'amener des renforts, les Russes immobilisèrent bientôt l'adversaire, en livrant des combats de rues acharnés, si bien que les hommes de la IVe Armée devaient ensuite qualifier Voronej de « ville maudite ». Quant à Hitler, il ne décolérait pas, car le gros des armées russes réussissait à échapper à l'encerclement, en se repliant par un long couloir vers le sudest, entre le Don et le Donets. Hitler exigeant que Bock capturât les forces ennemies, le feld-maréchal essaya de les rattraper, mais elles battirent vite en retraite, emportant la majeure partie de leur matériel, surtout les chars et les camions.

Pour le général Halder, cette manœuvre de repli réussie par les Russes était inquiétante, car elle prouvait que le haut commandement soviétique tenait encore ses troupes bien en main et demeurait capable d'exécuter des plans stratégiques. Quand il fit part de ses inquiétudes à Hitler, celui-ci les tourna en dérision. Plus arrogant que jamais et convaincu que les Russes, désemparés et chancelants, allaient être taillés en pièces, il se mit à modifier le délicat équilibre de ses propres forces. Il sépara les groupes d'armées, envoya le Groupe A vers le sud, au Caucase, tandis que le Groupe B foncerait à travers la steppe, sur Stalingrad. Décision plus grave encore, il détacha du Groupe B la IVe Armée blindée et l'affecta à l'opération du Caucase : il laissait ainsi la VIe Armée de Paulus s'enfoncer seule dans d'immenses territoires hostiles.

En agissant de la sorte, Hitler affaiblit chaque groupe d'armées et les rendit tous deux vulnérables à des contre-attaques soviétiques. Son ordre jeta d'ailleurs la consternation dans l'état-major général allemand. Halder ne pouvait croire que le Führer commettrait une telle bévue. Atterré, il rentra dans sa baraque et confia ses sentiments angoissés à son journal intime : « ... La tendance chronique à sous-estimer les capacités de l'ennemi atteint peu à peu des proportions grotesques... Il devient impossible de faire ici du travail sérieux... Ce prétendu commandement est caractérisé par des réactions pathologiques, selon les impressions du moment... »

Quand Hitler fit pivoter de 90 degrés une armée entière, en la contraignant à couper la ligne de progression de l'armée voisine, il foula aux pieds une règle militaire intangible, selon laquelle toute modification dans le fonctionnement interne des services d'une importante masse de troupes en opération provoque en général le chaos. Or, sur les longues routes de la steppe russe, la VIe Armée dut s'arrêter net, tandis que des flots d'hommes et de véhicules de la IVe Armée blindée, passant de sa gauche à sa droite, coupaient sa ligne de progression, suscitant d'énormes encombrements. Les chars d'une armée se mêlèrent à ceux de l'autre, les camions chargés de ravitaillement se perdirent dans un dédale de chemins, mal indiqués par des pancartes ou des gendarmes militaires exaspérés. Pis encore, la IVe Armée s'attribua la majeure partie du carburant et de l'huile destinés aux deux armées.

Lorsque le dernier char de la IVe Armée eut disparu au sud, Paulus se trouva à la tête d'une machine de guerre bloquée. Ses lignes de ravitaillement étaient embrouillées, ses chars manquaient de carburant, et il voyait avec impuissance les arrière-gardes russes disparaître dans la brume vers l'est. Exaspéré par ce retard, il commença de se demander ouvertement si l'ennemi n'allait pas avoir le temps d'organiser une formidable ligne de résistance au-delà de l'horizon..

Seul, Hitler demeura imperturbable. Il se moqua de

Halder, quand celui-ci lui montra un rapport du service de renseignements, estimant que les Russes disposaient, derrière la Volga, d'une réserve d'un million d'hommes. Exultant à la nouvelle de la prise facile de Rostov, qui ouvrait la porte de la route du Caucase, le 23 juillet, il lança une nouvelle série d'ordres qui reflétaient sa foi grandissante en une prochaine victoire. Il transféra le feld-maréchal Erich von Manstein et ses cinq divisions de Crimée au front de Leningrad, au moment même où leur force était nécessaire pour garantir le succès de l'offensive contre les champs pétrolifères. Il enleva aussi de la Russie méridionale deux divisions blindées d'élite, la « Leibstandarte » et la « Grossdeutschland », pour les envoyer en France, parce qu'il redoutait alors un débarquement des Alliés sur les côtes françaises de la Manche.

Une fois encore, Halder exprima ses inquiétudes et tenta de recommander la prudence. Au cours d'une conférence, il étala sur la table une vieille carte et expliqua sèchement sa signification : elle montrait où et comment l'Armée Rouge avait vaincu l'Armée Blanche de Denikine en 1920, lors de la guerre civile russe. L'index de Halder glissa sur la ligne figurant la Volga, jusqu'à la vieille ville de Tsaritsyn. L'architecte de la victoire, précisa-t-il, avait été Joseph Staline, et la ville s'appelait maintenant Stalingrad.

Provisoirement assagi par les déclarations de Halder, tendant de toute évidence à le mettre en garde contre la possibilité de voir l'histoire se répéter, Hitler promit de veiller avec grand soin à la progression de la VIe Armée et à la protection de ses flancs. A cet effet, il prit à la fin de juillet des mesures pour renforcer sa situation, jugée trop exposée dans la steppe. Revenant sur ses décisions antérieures, il ordonna à la IVe Armée blindée de faire demi-tour et de participer à la marche vers la Volga. Alors qu'ils fonçaient vers le Caucase, les chars de cette armée s'arrêtèrent donc net et repartirent vers le nord-est.

Il va sans dire que, dans la solitude de sa chambre, le général Halder était exaspéré, à cause de tant de jours précieux qui avaient été perdus. Toutefois, il trouvait une consolation à se dire qu'au moins Paulus avait maintenant une armée amie qui se rapprochait de son flanc droit. Il espérait surtout que ce retard n'ait pas permis aux Russes de se ressaisir.

Les renseignements parvenus au soir du 5 août à Vinnitsa semblèrent indiquer que ce vœu serait exaucé. Halder rendit compte à Hitler que les tenailles de la VIe Armée étaient sur le point de se refermer sur deux armées ennemies. En outre, la IVe Armée blindée confirmait la prise de Kotelnikovo, grand centre ferroviaire, à 125 km au sud-ouest de Stalingrad ; à moins d'obstacles imprévus, les « Panzer » comptaient atteindre rapidement la Volga.

Au dîner, ce soir-là, Hitler jubila. Sa stratégie se révélait excellente dans les faits, et l'Union soviétique était sur le point de s'effondrer, affirma-t-il à son entourage.

CHAPITRE III

Tandis que Hitler parlait de triomphe, les rues de Moscou baignaient dans une obscurité totale. Cependant, derrière les rideaux fermés de son bureau du Kremlin, le maître de toutes les Russies, Joseph Staline, continuait de veiller. Cet homme aux yeux de lynx observait depuis des années le même horaire de travail, qui commençait en fin d'après-midi pour se terminer à l'aube. De ces conférences nocturnes, il était résulté des ordres qui avaient suscité la terreur parmi son peuple et des tentatives de subversion dans beaucoup de nations du monde.

Il était un tyran ayant jadis fait des études pour devenir prêtre, un révolutionnaire qui avait cambriolé des banques pour financer la lutte des bolcheviques, un goinfre et presque un ivrogne. A la mort de Lénine, il exerça un pouvoir absolu sur l'Union soviétique. Ceux qui le servaient enduraient en silence ses colères furieuses ; ceux qui se dressaient contre lui périssaient de mort violente.

Staline n'oubliait jamais, ne pardonnait jamais. Il dit un jour à un écrivain russe qu'Ivan le Terrible avait été trop indulgent en laissant la vie à trop d'ennemis. Il ne commit pas la même erreur. Près de vingt ans après sa rupture avec Léon Trotski, un de ses agents parvint à déjouer la surveillance des gardes du communiste dissident, exilé à Mexico, et lui défonça le crâne d'un coup de piolet. C'est du bureau de Staline que partirent les émissaires chargés d'exécuter des milliers d'officiers de l'Armée Rouge, victimes des purges de 1937-1938. De même, plus de 10 millions de « koulaks » — fermiers et propriétaires terriens — furent exterminés par son ordre, pour avoir refusé de remettre leurs domaines au nouvel état communiste.

C'est aussi dans cet appartement du Kremlin qu'en août 1939 Staline résolut de conclure avec Hitler un pacte de non-agression, qui lui donnerait, pensait-il, le temps de se préparer à une guerre inévitable contre l'Allemagne. En agissant ainsi, il faisait confiance à un dictateur aussi cynique que lui, en dépit des avertissements répétés de ses espions. Deux d'entre eux en particulier, Richard Sorge et un certain Lucy, allèrent jusqu'à lui indiquer la date exacte à laquelle l'Allemagne se proposait d'attaquer l'Union soviétique. Stigmatisant cette information, comme étant une manœuvre des services secrets anglais pour entraîner la Russie dans la guerre, il persista à croire à la parole donnée par Hitler.

Ce fut une erreur colossale. L'invasion nazie mit l'U.R.S.S. au bord du désastre et porta à Staline un coup terrible. Il lui fallut dix jours pour se remettre de cette véritable commotion et reprendre le commandement de ses armées disloquées. Il n'était que temps. En octobre 1941, la majeure partie de la Russie européenne se trouvait aux mains des Allemands, et en décembre ceux-ci ne furent plus qu'à 10 km de Moscou. Leurs avant-gardes pouvaient voir à la jumelle les tours du Kremlin. Mais les Russes tinrent bon et la crise perdit de son acuité.

Ayant retrouvé son équilibre, Staline tira la leçon de ses erreurs passées. Quand les espions, qui l'avaient averti des plans d'invasion de Hitler, continuèrent d'envoyer à Moscou un flot de renseignements vitaux, il y prêta davantage attention. Opérant à Paris, il y avait entre autres Léopold Trepper, surnommé le « Grand Chef », qui dirigeait un réseau d'espionnage connu de la police secrète allemande sous le nom de l'« Orchestre Rouge », parce qu'il émettait chaque nuit des programmes par radio, entendus dans toute l'Europe. Trepper, un juif polonais, avait été installé en France avant la guerre. Là, il entretint des relations avec des Allemands influents — hommes d'affaires et chefs militaires — qui lui fournirent une masse de renseignements. Pourchassé maintenant par des agents secrets allemands disposant de détecteurs perfectionnés, il parvenait encore à émettre, à survivre, mais cela ne pourrait sûrement pas durer longtemps.

D'autres espions étaient relativement invulnérables. En Suisse, un communiste hongrois dirigeait à la fois une maison d'édition et un réseau. Un de ses agents, Rudolf Rossler, fut sans doute l'arme la plus précieuse que l'Union soviétique eût jamais possédée. Cet homme timide, portant des lunettes et surnommé « Lucy », avait des informateurs au sein du haut commandement allemand. Nul n'a jamais pu à ce jour les identifier. Un fait est incontestable : Rossler a eu connaissance de presque toutes les décisions importantes du Führer, dans les vingt-quatre heures après qu'elles furent prises, et il a transmis en particulier tous les plans stratégiques et tactiques de l'offensive allemande en Russie. Il va sans dire que ses messages valaient aux yeux de Staline autant que de nombreuses divisions blindées.

Ainsi, Moscou connut dans tous ses détails l'« Opération Bleue », les numéros des divisions participant à l'attaque, le nombre de chars engagés dans la bataille, et surtout le double but : couper la voie de ravitaillement fluviale de la Volga et prendre les champs pétrolifères du Caucase. A mesure que l'offensive progressait, Lucy continua de transmettre les renseignements qui lui parvenaient, concernant les changements de tactique de l'O.K.W., depuis l'indécision de Hitler relative à la prise de Voronej jusqu'à sa stupéfiante insistance pour séparer ses armées les unes des autres, en pleine steppe. Et pourtant, Staline eut peine à le croire, quand Lucy signala cette hésitation de Hitler à propos de Voronej. Il avait toujours pensé que les Allemands voulaient prendre Moscou par le sud, et que cette offensive vers le Caucase était une feinte pour attirer les réserves russes hors de la capitale. Mais lorsque les messages de l'espion continuèrent d'affluer, prédisant exactement les mouvements de l'ennemi en Russie méridionale, Staline commença d'élaborer ses plans de défense en se fondant sur les données fournies par Lucy.

Pendant que Hitler chassait deux lièvres à la fois, Staline approuva, le 13 juillet, la stratégie proposée par son état-major général, la STAVKA : les forces soviétiques se replieraient jusqu'à la Volga, afin de contraindre les Allemands à passer le prochain hiver en terrain découvert. Environ huit jours plus tard, la STAVKA apprit avec stupeur que les groupes d'armées ennemis avaient commencé de se séparer en pleine steppe, et aussitôt la stratégie russe fut modifiée. Jusqu'à cette époque, on n'avait guère envisagé de résister sur la rive droite de la Volga, mais voici que Staline prit une décision d'une portée incalculable : il donna l'ordre aux membres du soviet municipal de Stalingrad de se préparer à subir un siège. A dater du 21 juillet, ils eurent pour mission d'édifier fébrilement, avec la population entière, une ceinture de fortifications autour des faubourgs, tandis que la STAVKA tâcherait de renforcer le plus possible la petite garnison militaire. Nul ne se rendit compte, en ces jours troublés, que cette décision de « tenir » à Stalingrad changerait le cours de l'histoire.

Quelques jours plus tard, dans la nuit du 1er août, Staline prit une autre mesure afin d'accroître les moyens de défendre Stalingrad. Vers minuit, une voiture de l'état-major général stoppa devant l'entrée des appartements privés du Kremlin, un officier trapu et grisonnant en descendit lentement, puis il pénétra dans le bâtiment en boitant beaucoup. A la porte du bureau de Staline, le général Andreï Ivanovich Ieremenko, âgé de quarante-neuf ans, se redressa et, s'appuyant à peine sur sa canne, franchit le seuil. Staline l'accueillit chaleureusement, lui serra la main et demanda :

— Te considères-tu comme rétabli ?

Ieremenko répondit qu'il se sentait en pleine forme, mais un général intervint :

— Il me semble que tu boites encore beaucoup.

Le blessé haussa les épaules et Staline n'insista pas.

— Nous dirons donc que le camarade Ieremenko est complètement guéri. Nous avons grand besoin de lui maintenant, alors mettons-nous au travail sans tarder. J'irai droit au fait. Etant donné la situation dans la région de Stalingrad, il faut agir rapidement pour fortifier ce secteur très important du front... et renforcer l'autorité sur les troupes.

Staline offrit alors à Ieremenko le commandement d'un des fronts du sud. Le général accepta, et Staline l'envoya consulter les officiers de la STAVKA, dans un autre bâtiment, pour se documenter en détail sur la situation dans ce secteur.

Ieremenko passa la majeure partie du lendemain, 2 août, à étudier des cartes de Stalingrad et de ses environs. Examinant les détails topographiques du territoire, large de 65 km, entre le Don et la Volga, il estima que, pour attaquer Stalingrad, les Allemands seraient obligés de concentrer le gros de leurs forces dans cette sorte de pont étroit, où les deux fleuves sont le plus rapprochés l'un de l'autre. Et il se demanda si ce genre de déploiement ne pourrait pas offrir aux Russes une chance de contre-attaque efficace sur les flancs.

Après avoir choisi quelques officiers d'état-major, il retourna voir Staline. Cette fois, il le trouva plus nerveux et soucieux. Fumant distraitement la pipe, le dictateur écouta le rapport quotidien de son chef d'état-major, le maréchal Alexandre Mikhailovich Vassilevsky, puis se tourna vers Ieremenko :

— Eh bien, camarade, est-ce que tout te paraît clair ?

Ieremenko se déclara nettement opposé à la constitution de deux fronts distincts dans la même région, surtout que leur commune limite se trouverait en plein centre de Stalingrad. A son avis, tenter de coordonner la défense de la ville avec un autre officier général de même rang serait « extrêmement gênant, pour ne pas dire tragiquement impossible ».

A ce moment, Staline quitta la pièce pour aller recevoir des communications téléphoniques provenant du Sud. Quand il revint, il était plus préoccupé. Répondant aux critiques relatives à la dualité de commandement, il ordonna avec fermeté à Ieremenko :

— Ne change rien à ce qui a été décidé...

Il lui confirma d'avoir à assumer la responsabilité du front du Sud-Est et de repousser la IVe Armée blindée allemande, qui venait de Kotelnikovo et marchait sur la Volga. Mécontent de cette mission, le général demanda à prendre de préférence le commandement du front de Stalingrad, comprenant la partie nord de la ville et le territoire s'étendant jusqu'au Don : il désirait attaquer le flanc allemand dans ce secteur. Mais Staline refusa sèchement :

— Ta proposition mérite qu'on y réfléchisse. On verra ça plus tard. Pour l'instant, l'essentiel est de stopper l'offensive de l'ennemi !

Visiblement contrarié, il se mit à bourrer sa pipe, et Ieremenko comprit qu'il était vain de discuter davantage. En le reconduisant jusqu'à la porte, Staline lui recommanda de prendre des mesures radicales, afin d'instaurer une discipline de fer sur le front.

Dans la nuit du 5 août, Ieremenko téléphona de Stalingrad. Il semblait optimiste. Cependant, Staline passa des heures à attendre d'autres nouvelles, en marchant

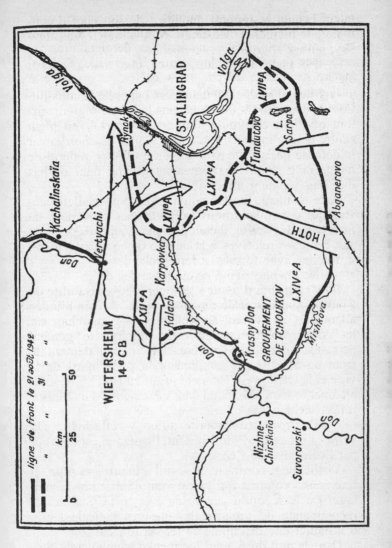

Stalingrad, la manœuvre d'approche

de long en large dans son bureau. Il savait en effet qu'à une centaine de kilomètres au sud-ouest de Stalingrad, les chars allemands balayaient les derniers nids de résistance dispersés et fonçaient vers la ville. Si Ieremenko ne réussissait pas à les arrêter, la grande cité qui portait son nom tomberait dans quelques jours aux mains de l'ennemi.

CHAPITRE IV

La ville que Hitler n'avait jamais envisagé de prendre et que Staline n'avait pas compté davantage défendre baignait dans une chaleur étouffante. Il n'était pas tombé une goutte d'eau depuis deux mois, et cependant l'humidité due à la Volga rendait le climat débilitant. Le vent, quand il soufflait, provenait toujours de l'ouest, charriait du sable et n'apportait aucune fraîcheur. Mais les habitants, accoutumés à ces inconvénients, les prenaient avec philosophie et plaisantaient même, quand ils voyaient le bitume se gondoler jusqu'à éclater cn énormes plaques. Sous l'action brûlante du soleil, les chaussées luisaient et provoquaient de curieux mirages.

Dans cette chaudière, rares étaient ceux qui savaient que la ville allait sous peu devenir un champ de bataille, mais la tragédie de la guerre avait de tout temps menacé cette région. En 1237, les hordes de Gengis Khan franchirent la Volga, en ce point où les gués étaient nombreux, ravagèrent le pays, galopèrent jusqu'au Don, puis balayèrent toute la Russie d'Europe, pour ne s'arrêter qu'aux abords de Vienne et à la frontière polonaise. Au cours des XIIIe et XVe siècles, Moscou entreprit sa propre expansion en Asie, et la région devint un poste frontière, d'où les soldats russes partaient combattre les Mongols. Lorsque le tsar décréta, en 1589, que cette zone était désormais sûre et que ses sujets pouvaient s'y fixer, il y fonda un centre de négoce qui reçut le nom de Tsaritsyn, ce qui signifiait en langue tartare « eau jaune ».

Quoique la région fût propice au développement, elle ne connut jamais la paix. Des bandes de brigands, dévastant les territoires bordant la Volga, au nord et au sud, causaient des ravages dans la population. Tsaritsyn était géographiquement le point de passage obligé des caravanes qui transportaient les richesses du Caucase à Moscou et Leningrad, au cœur de la Russie ; elle était aussi la porte donnant accès à l'Asie, et pour ces deux raisons les hommes se disputèrent toujours sa possession.

Le légendaire chef des cosaques Stenka Razine s'en empara en 1670 et y soutint un siège sanglant. Cent ans plus tard, un autre cosaque, Iemelian Pougatchev, décida de défier le pouvoir de la Grande Catherine et prit Tsaritsyn pour libérer les serfs. La rébellion se termina comme on pouvait le prévoir : le bourreau de la tsarine décapita Pougatchev.

La ville continua de prospérer et, en 1875, participa pour la première fois à la révolution industrielle, grâce à une firme française qui y construisit une aciérie. En quelques années, la population passa à plus de 100 000 âmes et, pendant la Première Guerre mondiale, près d'un quart de ses habitants travaillait dans les usines. Malgré cet essor, les visiteurs y retrouvaient l'ambiance du Far West américain. Sur les rives du fleuve, on pouvait voir quantité de tentes et de cabanes délabrées, plantées au hasard. Plusieurs centaines de bouges et de maisons closes recevaient une clientèle tapageuse. Les rues non pavées étaient encombrées de bœufs, de chameaux et de voitures à chevaux. Le choléra sévissait à l'état endémique, à cause de montagnes d'ordures entassées dans les fossés.

On pouvait donc prévoir que la révolution bolchevique mettrait Tsaritsyn à genoux. La lutte pour le contrôle de la région fut cependant acharnée. A la tête d'une troupe peu importante, Joseph Staline réussit à repousser longtemps trois généraux de l'Armée Blanche. Chassé enfin de la ville, il regroupa ses forces dans la steppe puis, en 1920, tomba sur les flancs de l'Armée Blanche et remporta une victoire cruciale pour la révolution. Afin d'honorer leur libérateur, les habitants ravis décidèrent d'appeler désormais leur ville Stalingrad. Mais la guerre avait causé des ravages, en particulier dans les usines, rendues inutilisables. Une famine provoqua la mort de dizaines de milliers de personnes. C'est alors que Moscou décida que le seul moyen de sauver la région consistait à y faire renaître l'industrie. Ce fut une sage mesure. Bientôt les nouveaux établissements fabriquèrent des tracteurs, des armes, du bois de construction et des textiles, qu'on expédiait dans toute l'Union soviétique. En l'espace de vingt ans, la ville se développa magnifiquement, le long des hautes falaises de la rive droite de la Volga. En 1942, elle comptait un demi-million d'âmes.

Quand le général Ieremenko vit pour la première fois Stalingrad par le hublot de son avion, il en fut impressionné. Epousant les méandres de la Volga, l'agglomération ressemblait à une gigantesque chenille, longue de 25 km et truffée de cheminées d'usines, vomissant des nuages de fumée noire, qui prouvaient sa valeur dans l'effort de guerre soviétique. Sous le brillant soleil, des immeubles éclataient de blancheur. Il y avait aussi des vergers, de larges boulevards et de grands jardins publics. Durant le trajet de l'aéroport à la ville, Ieremenko fut enthousiasmé par le mélange de puissance et de charme qui émanait de cette singulière métropole, toute en longueur.

Le poste de commandement souterrain du général était situé au cœur de la cité, à seulement 500 m de la Volga, et creusé dans la paroi nord d'un défilé de 60 m de profondeur ; ce lit asséché d'une rivière s'appelait la gorge de Tsaritsa. On aurait difficilement pu trouver meilleur emplacement pour un quartier général (certains affirment d'ailleurs que l'abri fut aménagé des années auparavant sur l'ordre de Staline lui-même). Il comportait deux entrées, l'une au fond de la gorge, l'autre à son sommet, donnant sur la rue Pouchkinskaya. Chacune était protégée contre le souffle des bombes par de lourdes portes blindées et une série de grosses cloisons disposées en chicane. L'intérieur, lambrissé de contreplaqué, surprenait par son aspect presque luxueux, et l'on avait même installé des cabinets avec chasse d'eau, ce qui était certes peu courant dans les bâtiments militaires russes.

Dans son confortable bureau, Ieremenko commença aussitôt à se familiariser avec son domaine. Une grande carte à courbes de niveau, ouverte sur la table, indiquait, marquée au crayon rouge, la ligne de démarcation entre son front du sud-est et le front de Stalingrad au nord, commandé par le général A.V. Gordov. Partant de la ville de Kalach, située à 65 km à l'ouest sur le Don, la limite, droite comme une flèche, aboutissait à la gorge de Tsaritsa. Plus il la regardait, plus Ieremenko enrageait de ce que la STAVKA n'eût pas compris l'absurdité de cette conception et eût imposé deux fronts, séparés par une limite artificielle. En outre, il avait déjà eu un entretien avec le général Gordov, à sa descente d'avion, et constaté que son collègue méritait sa réputation. Ayant toujours eu mauvais caractère, il devenait tyrannique en période critique et humiliait ses subordonnés, à tel point que ceux-ci étaient tentés de se révolter. Voyant en Ieremenko un rival pour son autorité, il se montra comme toujours insupportable, répondit évasivement aux questions posées, et ne manifesta aucun désir de coopérer avec lui. Estimant inutile d'attendre que la STAVKA reconnût son erreur et modifiât le commandement des fronts, Ieremenko s'attela au problème immédiat qu'il avait à résoudre : remplir sa mission.

Penché sur la carte, il chercha à déterminer une stratégie défensive d'après la configuration du terrain. Entre Kalach et Stalingrad il n'y avait que de la steppe, vaste étendue plate et herbeuse, convenant à la perfection aux chars allemands. D'autre part, il ne fallait pas gêner le travail des kolkhozes, où des milliers de citoyens de Stalingrad se hâtaient de moissonner une superbe récolte, avant l'arrivée des envahisseurs. Peinant sous un soleil torride, les paysans étaient souvent mitraillés par des avions ennemis, qui mettaient parfois le feu à des trains de blé. Malgré ces attaques, 27 000 wagons avaient déjà pris la route de l'est, où ils étaient maintenant en sécurité. Derrière eux venaient 9 000 tracteurs et moissonneuses-batteuses, ainsi que 2 millions de bestiaux poussant des beuglements plaintifs, tandis qu'on les dirigeait vers la Volga ; des troupeaux entiers traversaient le fleuve à la nage, pour gagner la rive gauche où ils seraient en sûreté.

Cette moisson victorieuse était la seule bonne nouvelle dont Ieremenko pût se réjouir. Les quatre ceintures de fossés antichars, qu'on creusait à une quarantaine de kilomètres à l'ouest de la ville, offraient peu d'espoir d'efficacité. Il en était de même de la « ceinture verte », une étroite bande forestière incurvée, longue de 50 km, plantée autrefois pour arrêter les tempêtes de sable et de neige ; sa largeur n'excédait jamais 2 km, si bien qu'elle ne résisterait pas à une concentration d'artillerie lourde.

L'attention de Ieremenko se tourna ensuite vers le sud de son secteur. A 125 km, les Allemands avaient pris, le 2 août, le nœud ferroviaire de Kotelnikovo, ouvrant la route de Stalingrad, et ils venaient avec leur Luftwaffe de décimer la 208e division sibérienne, à Chileko. De là, ils allaient sûrement progresser vers Krougliakov et Abganerovo. Dans cette dernière zone, Ieremenko examina soigneusement les courbes de niveau de la carte : elles indiquaient des collines, s'élevant à des hauteurs variant entre 60 et 90 m au-dessus des plaines. Elles étaient en général parallèles à la route de Stalingrad et se prolongeaient jusqu'aux faubourgs encombrés de la ville, mais présentaient une particularité que le général constata avec une émotion grandissante : de profonds ravins les coupaient d'est en ouest. Il décida qu'il tenterait de stopper l'avance allemande dans ces 30 km de collines.

Néanmoins, dans le fond de son cœur, il sentait qu'il serait sans doute contraint de défendre Stalingrad rue par rue, maison par maison. C'est pourquoi, à mesure qu'il étudiait la carte, il se livra à un curieux exercice mental : remplaçant les signes et symboles cartographiques par ses propres images, évocatrices de formations rocheuses, de rues et de bâtiments, il s'efforça de bien comprendre le champ de bataille qui lui était affecté. Ainsi, la partie sud de Stalingrad devint un quartier désordonné de chalets blancs en bois, entourés de jardins fleuris et clos. C'était Dar Gova, une zone résidentielle située à proximité de deux établissements industriels, construits au bord de la Volga : une raffinerie de sucre et un massif silo à grain, qui ressemblait à un cuirassé gris dominant une mer de prairies. Non loin de lui, au nord, la gorge de Tsaritsa fendait, sur une profondeur de 60 m, la falaise bordant le fleuve, puis se prolongeait dans la steppe, sur une longueur de plusieurs kilomètres.

Au nord de cette limite s'étendait le secteur commandé par Gordov, où Ieremenko n'avait pas le droit d'intervenir. Il ne l'étudia pas moins avec attention, parce qu'il voulait être prêt lorsque la STAVKA finirait par entendre raison. Là se trouvait le cœur de la ville, comprenant de nombreux immeubles, soit commerciaux soit d'habitation. A l'est, la rive de la Volga était aménagée en promenade et en débarcadère, le seul vraiment important, permettant aux bacs transbordeurs d'accoster. Au nord, ce quartier central avait pour limite une autre faille naturelle du sol, le ravin de Kroutoy. Enfin, sa partie ouest était construite en assez pauvres baraques ouvrières. Dès son premier examen,

Ieremenko se rendit compte que tout le centre de l'agglomération pourrait être transformé en redoutable ligne de défense. Lorsque les bâtiments se seraient écroulés sous les bombes et les obus, les décombres fourniraient à l'infanterie russe des abris parfaits pour les combats de rues.

Le quartier central contenait aussi la gare n° 1. Pendant des mois, les trains l'avaient traversée, transportant des réfugiés provenant d'autres champs de bataille : Leningrad, Odessa, Kharkov. Entassés dans des wagons à bestiaux, ces malheureux sautaient sur le quai, dès l'arrêt du convoi, pour trouver de l'eau et se procurer des vivres, en troquant leurs maigres possessions avec les marchands alignés le long du train. Pendant qu'ils achetaient ainsi du pain ou des fruits, les plus pauvres d'entre eux volaient ce qu'ils trouvaient derrière le dos des vendeurs. Mais au début d'août, un décret officiel ordonna l'évacuation partielle de la population civile de Stalingrad, dont les membres encombrèrent bientôt la gare, au point qu'elle pouvait à peine contenir cette foule, souvent en larmes. Etreignant les jeunes et les vieux, hommes et femmes valides leur souhaitaient bon voyage et promettaient d'envoyer des nouvelles. Les coups de sifflet stridents séparaient les familles et, après un dernier adieu, de nouveaux flots de réfugiés s'enfonçaient dans l'immense territoire de l'U.R.S.S.

A l'est et non loin de la gare, les hommes responsables de l'évacuation occupaient les bureaux d'un immeuble de cinq étages, sur le côté ouest de la place Rouge, ornée d'arbustes. Juste en face, se dressaient les bâtiments austères de la poste et du journal, la *Pravda* de Stalingrad. Paraissant chaque jour, il était rédigé, sous la direction du président du soviet municipal, Dmitri M. Pigalev, par divers membres de ce soviet. Il informait ses lecteurs inquiets des mesures à prendre en cas d'alerte aérienne, des rationnements, ainsi que des nouvelles reçues du front. Pour éviter tout affolement, il se bornait à répéter qu'à l'ouest du Don l'Armée Rouge remportait des victoires impressionnantes.

Tout près du journal, une construction très laide occupait le coin nord-est de la place ; il s'agissait du grand magasin « Univermag ». Présentant autrefois les vêtements à la mode venus de Moscou, il n'offrait plus à la population que le minimum indispensable : sous-vêtements, chaussettes, pantalons, chemises, manteaux et bottes. Dans ses caves sombres, les stocks de réserve étaient tombés à un niveau inquiétant.

Dans la partie sud de la place, le théâtre Gorki, un édifice à colonnes corinthiennes, abritait encore un orchestre philharmonique, qui donnait des concerts réguliers dans une salle trop ornementée, dont les lustres de cristal dominaient les 1 000 fauteuils en velours grenat. Ce théâtre, les habitants de Stalingrad le considéraient comme une perfection, et ils en étaient d'autant plus fiers qu'on leur faisait souvent la réputation de provinciaux peu cultivés.

Par endroits, un jardin public séparait des groupes de bâtiments. Dans la rue Sovietskaya, une banque interrompait la monotonie des immeubles d'habitation, et il en était de même pour une minoterie de la rue Pensenskaya. Dans une librairie donnant sur la Volga, une mère de famille à l'air un peu guindé vendait des traductions de Jack London, très prisées par la jeunesse. Sur les larges boulevards, au nord de la place Rouge, des soldats conduisaient des charrettes en houspillant les chevaux. La circulation automobile, strictement militaire, était réduite au minimum. Le soir, de nombreux piétons se promenaient sous les érables et les marronniers ; beaucoup d'entre eux fredonnaient des airs de « Rose-Marie », qu'on avait représenté pendant des semaines au théâtre. Dans les boutiques, les affaires n'étaient pas brillantes, faute de marchandises et de clients. Le tailleur Auerbach offrait aux soldats en loques de réparer très vite leur uniforme. Des nuages de mouches exaspéraient les ménagères, venues choisir des tomates et des pastèques au marché. Quant aux jeunes ouvrières d'usine, elles profitaient souvent d'un répit dans leur dur travail pour aller à l'institut de beauté.

Poursuivant son examen minutieux du plan de Stalingrad, Ieremenko ne tarda pas à repérer les points stratégiques importants, tels que la rue Solechnaya et la place du 9-Janvier, entourée d'un dédale de petites rues. Mais ce qui le fascina le plus fut l'aspect du terrain au nord du ravin de Kroutoy. Là, il n'y avait plus aucune construction, parce qu'une colline herbeuse et parsemée de roches s'élevait en pente raide et dominait, d'une hauteur de 112 m à son sommet, toute l'agglomération environnante. C'était la colline Mamaev, jadis un cimetière tartare et maintenant un lieu de pique-niquc. De là-haut, se dit le général, la vue devait être extraordinaire, et il ne se trompait pas en l'imaginant.

A l'ouest, la steppe inhabitée s'étendait au loin, entrecoupée souvent de « balkas », c'est-à-dire de lits profonds de rivières desséchées ; à l'horizon, on distinguait une ville et des clochers. Toute la zone nord était occupée par les impressionnants établissements industriels, qui avaient fait de Stalingrad un symbole du progrès réalisé par le système communiste. Quasiment au pied de Mamaev, l'usine de produits chimiques Lazur, avec ses murs de brique jaune, couvrait un espace presque aussi vaste qu'un quartier de la ville et ayant la forme d'une gigantesque raquette de tennis. Une voie ferrée en faisait le tour et la desservait, puis elle passait plus au nord devant un important dépôt de produits pétroliers, avant de gagner l'usine « Octobre Rouge », dont les fonderies et ateliers de calibrage produisaient en quantité des armes légères et des pièces de rechange.

Encore plus au nord, le chemin de fer longeait les hauts murs et les immenses cheminées de la fabrique de canons « Barrikady », dont les ateliers se prolongeaient presque jusqu'à la Volga, sur une distance d'environ 400 m. Là, au bord du fleuve, on pouvait voir une file d'habitations ouvrières qu'il avait été impossible de terminer. Dans les cours de Barrikady, des centaines de tubes de canons de gros calibre étaient empilés, en attendant qu'on les expédiât aux régiments d'artillerie du front.

Enfin, au-delà de Barrikady et à quelque distance, se trouvait la perle de l'industrie russe, la fabrique de tracteurs « Djerzinsky ». Créée pour fournir à l'agriculture soviétique des milliers de machines, elle était devenue depuis la guerre un des principaux producteurs de chars T-34 pour l'Armée Rouge. Construite en onze mois, elle avait été inaugurée le 1er mai 1931 et, quand elle fut achevée, elle s'étendait sur près de 2 km, le long de la principale route nord-sud. La longueur totale de ses voies ferrées intérieures dépassait 15 km. Dans beaucoup d'ateliers, un toit de verre offrait le maximum d'ensoleillement. Pour améliorer les conditions de travail, et par conséquent le rendement du personnel, on avait perfectionné le système de ventilation, créé des « cafétérias » et installé des douches dans l'usine.

De l'autre côté de la grand-route et parallèle aux 18 km de la zone industrielle, une ville spéciale et autonome était née, surgissant du sol pour loger les familles des ouvriers et employés des usines. Plus de 300 bâtiments, certains à six étages, abritaient des milliers de travailleurs. Groupés autour de jardins publics entretenus avec soin, ils comportaient des salles de spectacle — théâtre et cinéma — un cirque, des terrains de football, des magasins et des écoles. Rares étaient les habitants de cette agglomération qui désiraient la quitter. L'état leur avait fourni à peu près tout ce qu'il leur fallait, si bien que cette communauté modèle, forgée par Staline, constituait aux yeux des dirigeants soviétiques un exemple qu'ils étaient fiers de montrer, pour prouver l'excellence de leur système de gouvernement.

En s'imaginant qu'il était perché sur le sommet de la colline Mamaev, Andreï Ieremenko ne se préoccupait pas outre mesure des vues que cet observatoire offrait au nord, vers ce qu'on appelait le « cœur économique » de Stalingrad. Même un excellent artilleur allemand, muni des plus puissantes jumelles, ne pourrait pas, de là-haut, distinguer la fabrique de tracteurs et, plus loin, les rives de la Mokraya Mechetka, l'affluent de la Volga qui constituait la limite naturelle de Stalingrad au nord.

En revanche, le général fut franchement inquiet, en se rendant compte de l'extraordinaire perspective qu'on devait pouvoir contempler vers l'est, du haut de la colline. Tout le cours de l'étincelante Volga s'offrait aux vues de l'observateur, avec ses centaines de bateaux de tout genre et de toutes dimensions — remorqueurs, péniches, paquebots, bacs, vedettes — échangeant des messages à coups de corne et se glissant entre les îles arides de Golodny et de Sarpinsky. Cette voie fluviale, artère vitale de la machine de guerre soviétique et indispensable pour une éventuelle défense de Stalingrad, était complètement exposée aux coups que voudrait lui porter une armée avant pris possession de la colline. En outre, la rive gauche du fleuve, plate comme un billard jusqu'à l'horizon, se trouvait non moins en danger. Ses prés et ses plages, si recherchés naguère par les habitants pour s'y détendre pendant les week-ends et les vacances, étaient maintenant déserts, mais le moment venu, c'est par là qu'il faudrait faire passer les troupes, les munitions, le matériel et le ravitaillement nécessaires pour secourir Stalingrad. Qu'arriverait-il si l'ennemi, occupant Mamaev, était capable de repérer aisément chaque bateau naviguant sur le fleuve ?

Ayant achevé l'examen de la carte, Ieremenko la plia et commença de donner des ordres. Plus que jamais, il était résolu à s'enterrer solidement dans les collines dont la zone s'étendait de Stalingrad à Abganerovo. Des ouvrages antichars convenables devraient au moins retarder l'avance ennemie, et pour cela il lui fallait d'abord se procurer assez de main-d'œuvre.

Au-dessus de son abri, un soleil de feu s'était couché, et à l'embrasement du ciel succédait une nuit humide, pénible, étouffante. Les civils descendaient à pied vers le fleuve pour y chercher une relative fraîcheur, tandis qu'une foule d'évacués attendait à l'embarcadère l'arrivée du bac. Dans une baraque proche de l'estacade, des hommes et des femmes puisaient avec des cruches de l'eau bouillante dans une énorme marmite. Les uns s'en servaient pour laver du linge, les autres faisaient du « thé », avec des abricots secs et des framboises. Il ne leur restait rien d'autre.

CHAPITRE V

A l'aube du 7 août, le ciel s'embrasa au-dessus de la steppe : la journée s'annonçait encore plus torride que les précédentes. Dans le village d'Ostrov, à 30 km à l'ouest du Don, des soldats russes qui avaient dormi à la belle étoile, autour des cabanes à toit de chaume, s'étirèrent et se frottèrent les yeux. Leur chef, le major Nikolaï Tomskouschin, se trouvait ce matin-là devant un grave dilemme. Lorsque, le 15 juillet, il avait reçu l'ordre d'assurer, avec son régiment d'artillerie, la protection du quartier général de la LXIIe Armée, la consigne donnée par ses supérieurs était la suivante : « En cas d'encerclement, sauver les hommes avant le matériel. » Or, le 28 juillet, Joseph Staline avait pris lui-même la parole à Radio-Moscou, pour intimer à l'Armée Rouge l'ordre de tenir à tout prix : « Personne ne doit reculer d'un pas ! » s'était-il écrié.

Tandis que les hommes se restauraient, des avions allemands apparurent dans le ciel. Désireux d'obtenir des instructions plus précises, Tomskouschin appela au téléphone le quartier général, mais ce fut en vain : personne ne lui répondit. N'y comprenant rien, il courut au cantonnement, assez proche, de l'état-major, et fut stupéfait de ce qu'il découvrit : pendant la nuit, ses chefs avaient pris la fuite, vers Stalingrad.

Entraîné depuis des années à obéir et à servir, la major revint en hâte à son régiment et résolut de s'accrocher au sol. Au cours des heures suivantes, les chars allemands détruisirent la plupart de ses canons de 76 mm, et les avions mirent le feu à la steppe avec des bombes incendiaires. Désespéré, Tomskouschin envoya un messager à l'arrière, à Kalach, où il y avait un pont sur le Don : sans doute le quartier général s'était-il replié là. Pendant qu'il attendait des ordres, l'aveuglant soleil descendit à l'horizon, et les « Stukas » poursuivirent impitoyablement leurs attaques en piqué, causant d'énormes pertes : en fin d'après-midi, plus de 400 tués et blessés gisaient sur le sol brûlé. Quant au messager, il ne revint jamais. Au crépuscule, le major réunit ses officiers et leur ordonna :

— Dès qu'il fera nuit, rassemblez les hommes et partez en direction du Don ! Prenez tous ceux qui peuvent marcher et emportez ce qui reste de matériel roulant !

Il avait ainsi opté pour un compromis entre des ordres contradictoires. Par une nuit plus fraîche, les survivants de son régiment se traînèrent vers l'est. Il était interdit de parler, mais la pénible marche ne fut pas silencieuse : les objets métalliques se heurtaient bruyamment, et les hommes poussaient des jurons quand ils trébuchaient dans l'ombre. Tandis que la lune surgissait à l'horizon, Tomskouschin tendit l'oreille, cherchant à déceler des bruits suspects. Par moments, un coup de fusil claquait au loin, mais la route semblait sûre, et l'officier exhortait à voix basse ses soldats à se hâter. Brusquement, des centaines de balles traçantes illuminèrent la nuit, à droite et à gauche de la colonne.

— Embuscade ! cria le major. Courez ! Courez vers le fleuve !

Le régiment s'égailla dans la steppe, mais Tomskouschin resta en arrière. Le calme était revenu dans la plaine, seulement troublé par quelques gémissements de blessés. Couché dans de hautes herbes, l'officier attendit l'aurore. Sous le ciel étoilé, il songea à sa famille, en sûreté à Sverdlovsk, derrière les monts Oural. Il n'avait pas revu les siens depuis plus d'un an, depuis que la guerre le traînait de combat en combat, jusqu'à cette maudite steppe. Il pensa aussi à sa carrière, irrévocablement ruinée puisqu'il avait décidé de se replier, malgré les ordres de Staline. Tout en ne regrettant pas son refus d'obéir à un ordre insensé, qui allait à l'encontre de ses devoirs envers ses hommes, il ne se faisait aucune illusion sur le sort qui l'attendait, s'il parvenait à regagner le quartier général : son crime serait puni de mort.

Quand l'aube colora le ciel, il tira de sa poche un portefeuille et y prit les photographies froissées de sa femme et de son fils Vladimir, âgé de six ans. Après les avoir longtemps contemplées, il les remit en place et sortit son pistolet de l'étui. Le doigt sur la détente, il levait l'arme vers sa tempe, lorsque l'image de Vladimir parut se dresser devant lui. Il hésita, aspirant désespérément à tenir son fils dans ses bras. Mieux valait encore la captivité en Allemagne que le renoncement à une dernière possibilité de revoir l'enfant : il remit le pistolet dans son étui.

Les Allemands le trouvèrent dans les hautes herbes et crièrent : « Rouki verkh ! » Il leva les mains et se rendit. On lui prit son portefeuille et son alliance, mais on ne le maltraita pas, et il quitta le champ de bataille sur la tourelle d'un char ennemi. Il n'avait pas peur ; au contraire, il se sentait revigoré par le rêve qu'il réaliserait un jour, là-bas derrière l'Oural, où le petit Vladimir attendrait son retour.

Après la bataille, ce jour-là, la VIᵉ Armée allemande fit le bilan de sa victoire : « Plus de 57 000 prisonniers, plus d'un millier de chars détruits... » En conséquence, le général Paulus adressa à ses troupes un ordre du jour spécial de félicitations, ainsi conçu : « La LXIIᵉ Armée russe et une grande partie de la Iʳᵉ Armée blindée ennemie sont détruites... Grâce à une courageuse avance... vous avez rendu possible cette victoire... Nous pensons avec fierté à ceux qui sont tombés... Et maintenant, en avant pour la nouvelle tâche que le Führer nous a assignée ! »

Malgré le fantastique succès remporté par les forces de Paulus, en écrasant la dernière résistance russe à l'ouest du Don, le danger le plus immédiat menaçant Stalingrad était la IVe Armée blindée, qui fonçait vers le nord-est pour participer à l'assaut contre la ville. Elle progressait le long d'une grand-route et d'une voie ferrée, sans avoir de rivières à traverser. Il était donc logique que le commandant de cette armée, « Papa » Hoth, un général à visage chevalin, fût enchanté de sa mission. Ses éclaireurs s'étaient déjà frayé un chemin jusqu'à une trentaine de kilomètres des faubourgs de Stalingrad, et il espérait, avec un peu de chance, pénétrer avant Paulus dans la ville. Sans doute, les derniers renseignements reçus signalaient un raidissement de la défense soviétique, dans les basses collines coupant la route et le chemin de fer, aux bords d'Abganerovo, mais ces nouvelles n'inquiétaient pas le chef des « Panzers », car il était convaincu que rien ne pourrait l'arrêter.

La plupart des traînards russes se repliant vers Stalingrad auraient partagé cette conviction. Déçus et désespérés, ils étaient réduits à se battre entre eux pour manger et boire, surtout pour boire, car l'eau se faisait rare dans la steppe. En arrivant aux fontaines et puits, ils avaient en effet constaté qu'un autre ennemi y était passé avant eux : les Kalmouks, peuple foncièrement anticommuniste habitant la région, y avaient jeté des cadavres de bêtes. L'eau empoisonnée eut tôt fait de tuer beaucoup de buveurs imprudents.

Un des officiers russes battant en retraite ce jour-là, le lieutenant Hersch Gourewicz, oublia sa soif en se jetant pour la troisième fois dans un fossé : les « Stukas » étaient de retour et, tels des rapaces préhistoriques, tournaient impudemment dans le ciel, cherchant à repérer de la charogne sur le sol. Gourewicz était épuisé. Poursuivi par les Allemands depuis plus d'un an, il commençait à se demander où tout cela finirait. Agé de vingt et un ans à peine, ce jeune homme aux cheveux frisés avait vu le jour à Mogilev, près de la frontière polonaise, et s'était engagé dans l'Armée Rouge en 1940, pendant la guerre russo-finlandaise. Sa mère, membre du parti communiste, travaillait dans un service de l'armée, tandis que son père enseignait le violon à l'école de musique Rimski-Korsakov de Mogilev. Lors de l'invasion allemande, sa mère et sa sœur furent massacrées avec des partisans ; quant à son père et son frère, ils disparurent, absorbés par l'armée soviétique, et jamais Hersch ne put retrouver leur trace.

Dans le fossé où il cherchait à s'abriter, à 80 km au sud-ouest de Stalingrad, Gourewicz pouvait à juste titre se considérer comme un combattant endurci et chevronné. Il savait reconnaître, au son d'un projectile ou d'une bombe, à quelle distance l'engin était tombé, et quand les avions surgissaient du soleil pour fondre sur lui, il calculait sans erreur le temps nécessaire pour se précipiter dans l'abri le plus proche. Il savait aussi d'autres choses, par exemple ce que coûtait la désertion. Il avait vu les « Casquettes Vertes » du N.K.V.D. instaurer leur forme spéciale de discipline. Le N.K.V.D. apparut pour la première fois sur le champ de bataille en juillet, quand Joseph Staline fit de l'Armée Rouge un bouc émissaire, pour apaiser les craintes et l'indignation de la nation, à cause de l'avance allemande dans la steppe. L'Ordre N° 227 du dictateur déclencha une véritable terreur. A d'innombrables carrefours, les « Casquettes Vertes » vérifiaient les papiers, posaient de brèves questions, et abattaient sur place quiconque était suspect d'avoir fui le front. Des milliers de cadavres gisaient au bord des routes, à titre d'avertissement pour ceux qui envisageaient de déserter.

Gourewicz avait vu ces tas de compatriotes exécutés ainsi, mais ils ne l'indignaient pas, car il gardait sans cesse présentes à l'esprit des scènes bien pires, dont il avait été le témoin ou l'acteur. L'hiver précédent, alors qu'il combattait avec des partisans, il pénétra dans la ville de Roudnia, juste après le départ des Allemands. Le corps d'une femme gisait dans la rue. Elle était blonde, jeune, et avait dû être jolie, mais ses bras étaient coupés aux poignets, ainsi que ses jambes au-dessus des genoux. Avec un couteau ou une baïonnette, quelqu'un lui avait ouvert le ventre, du nombril au pubis. Une foule en larmes entourait le cadavre. Un homme s'écria, tremblant d'indignation et de douleur :

— C'était notre institutrice ! Elle instruisait nos enfants !

Incapable de supporter le spectacle, Gourewicz s'en alla.

Un jour, il fut pris par les Allemands et fit lui-même l'expérience de leur sauvagerie. Tombé dans une embuscade, il dut parcourir à pied des kilomètres, la corde au cou et portant un écriteau pendu sur sa poitrine : « Je suis un partisan russe. » Arrivé au quartier général de la Gestapo, il fut remis entre les mains de spécialistes, deux jeunes officiers blonds en uniforme noir, qui le poussèrent dans une pièce où un autre partisan, nu, était étroitement ligoté par les membres à une table. Sous les yeux de Gourewicz, un des Allemands se mit à tourner une roue, amenant peu à peu les morceaux de la table à se disjoindre par sections, comme il en était jadis des chevalets de torture. Le supplicié poussa un cri terrible, et les os de ses jambes brisées jaillirent de la peau. La roue continuant de tourner, ce furent les bras de l'homme qui se détachèrent, arrachés au tronc. Quand il s'évanouit, ses bourreaux l'achevèrent d'un coup de revolver.

On poussa alors Gourewicz dans une autre chambre des horreurs, où il fut ligoté sur une chaise. Un tortionnaire lui renversa la tête en arrière et introduisit lentement dans son nez un mince fil de fer, jusqu'à ce qu'il pénétrât dans le poumon. Gourewicz essaya de vomir, suffoqua et perdit connaissance. Il se réveilla gisant dans la neige, les poignets attachés à la queue d'un cheval. Il entendit vaguement un cri, un coup de fouet, et le cheval partit au grand galop. La neige lui cinglait le visage et il respirait à peine. Dans cette course folle à travers les congères, le corps du malheureux rebondissait de creux en bosses. Sa tête finit par heurter un obstacle, il sentit une violente douleur, puis s'évanouit.

C'est avec stupéfaction qu'il se retrouva dans un lit d'hôpital à Moscou. Il devait la vie à ses camarades partisans qui, ayant suivi sa trace jusqu'à la Gestapo, étaient parvenus à faire tomber ses bourreaux dans une embuscade. Mais durant des semaines, il rêva chaque nuit de la jeune femme mutilée et des tortures infligées par les Allemands. Ces cauchemars le laissaient épuisé et effaré. Pourtant il les endura sans se plaindre, et jamais il ne se laissa aller au découragement.

Quand il fut rétabli, on le nomma officier, et il alla suivre un cours de perfectionnement d'infanterie à Krasnodar, au nord du Caucase, c'est-à-dire très loin du front. Cependant, la situation s'aggrava vite pendant l'été de 1942, les chars ennemis menacèrent bientôt la ville, et les élèves de l'école reçurent l'ordre de se replier vers la Volga. C'est ainsi que Gourewicz se trouvait maintenant sur la route poussiéreuse de Sety, tapi dans un fossé, tandis que les « Stukas » poursuivaient sans répit leurs attaques. Le souffle des bombes passait au-dessus de sa tête, et parfois il avait l'impression que son cœur cessait de battre.

Soudain, un de ses camarades, qui bondissait d'un trou à l'autre, tomba, soufflé par une bombe, et celle-ci mit le feu à des cocktails Molotov que le cadet portait sur son dos. En une seconde, il fut transformé en torche vivante, chaque bouteille intensifiant le feu et émettant un éclair orange quand elle éclatait. Horrifié, Gourewicz oublia les avions, sortit de son fossé et courut au secours de l'homme, alors qu'il n'y avait déjà plus rien à faire pour le sauver. Agenouillé près du corps carbonisé, dont la chair grésillait encore, il vit une chose monstrueuse, qu'il ne devait jamais oublier : la poitrine du malheureux avait fondu comme de la graisse, laissant à découvert la cage thoracique et le cœur, qui continuait de battre furieusement. Pourtant l'homme était mort, car il n'avait plus de visage, celui-ci ayant aussi fondu dans le brasier. Une bombe explosa non loin de là, et Gourewicz sursauta : il était touché dans le dos. Néanmoins, il resta encore un instant auprès du cadavre noirci de son camarade, dont le cœur cessa enfin de battre, puis il s'en alla.

Souffrant et saignant beaucoup, il parvint à gagner Sety d'où, après avoir reçu les premiers soins, il fut transporté en ambulance au-delà de Stalingrad et de la Volga, dans un centre de récupération. Là, comme son dos criblé d'éclats était lent à se guérir, il importuna bientôt les médecins, pour qu'on le laissât reprendre du service actif. Ils lui recommandèrent d'avoir de la patience et l'assurèrent qu'il aurait encore l'occasion de se battre.

Pour sauver son flanc sud, Ieremenko ordonna aux troupes en retraite de résister à Abganerovo, pendant qu'il tenterait de leur envoyer des renforts. Les derniers canons antichars qu'il put trouver, le 9 août, reçurent l'ordre de se tapir dans les collines dominant la grand-route et la voie ferrée, et 59 chars furent lancés en une attaque-suicide contre les « Panzers ». Le général avait conscience de l'insuffisance de ses moyens, mais il espérait au moins gagner ainsi une journée.

Sur son flanc ouest, c'est-à-dire sur le front du Don, le pont de Kalach était la position-clef du dispositif. C'est pourquoi il ordonna directement au colonel Pyotr Ilyin, commandant la 20e Brigade Motorisée, de tenir le pont ou de le détruire. Les hommes de Ilyin étaient recrus de fatigue et commençaient à manquer de canons ainsi que de munitions. Enterrés dans un verger, aux abords de Kalach, ils écoutèrent avec calme leur chef expliquer la mission d'arrière-garde qu'on lui avait confiée. Il s'efforça de les assurer que d'autres divisions russes protégeraient les flancs de la brigade, et qu'ainsi soutenus ils allaient pouvoir tenir cette position sur la rive du fleuve. Peu de ses subordonnés le crurent, et il leur fut reconnaissant de ce qu'aucun ne désertât cette nuit-là.

Au-delà du fleuve tout était silencieux. De la rive est, plate et basse, qu'ils occupaient, les soldats russes ne pouvaient rien voir sur l'autre rive qu'une falaise de 90 m de haut, contrôlée par les Allemands. Ilyin envoya donc des patrouilles qui, franchissant le pont, purent se poster en haut de la falaise et y observer à la jumelle les concentrations de troupes ennemies dans la steppe. Pendant quelques jours, un calme anormal régna autour de Kalach. Ilyin en profita pour fortifier au mieux les emplacements de ses quelques canons et mitrailleuses, aux points stratégiques les plus importants, et il attendit.

Au matin du 15 août, les patrouilles descendirent en courant de la falaise, repassèrent le pont et annoncèrent :

— Ils arrivent !

A peine avaient-elles regagné leurs lignes que les premiers éléments ennemis surgirent en haut de la rive. Sur l'ordre de leur chef, les sapeurs russes mirent le feu aux charges d'explosif placées sous le pont, qui sauta dans un vacarme assourdissant. Quand la poussière et la fumée se furent dissipées, on put voir que la moitié ouest s'était effondrée dans le fleuve, et que la moitié est brûlait. Ilyin avait gagné un peu de temps.

Cependant, les hautes falaises de la rive droite leur assurant une protection des vues ennemies, les Allemands purent sans difficulté concevoir une tactique de franchissement du fleuve. Agé de vingt-huit ans, le capitaine Gerhard Meunch passa l'inspection de ses hommes. Récemment nommé au commandement d'un bataillon de la 71e division — promotion remarquable pour un si jeune officier — il tenait à montrer à ses subordonnés qu'il prenait grand soin d'eux. Il écouta avec patience leurs doléances sur la chaleur, la médiocre nourriture et le manque de courrier, puis, certain qu'ils appréciaient sa sollicitude, il alla se poster sur un observatoire, au bord de la falaise. A ses pieds s'étendait le vieux bourg de Kalach, entouré de vergers, et au-delà, Meunch crut deviner dans le lointain brumeux le but de l'offensive : Stalingrad.

De l'autre côté du fleuve, le colonel Ilyin venait d'apprendre que les autres divisions russes protégeant ses flancs s'étaient repliées, et qu'il restait donc seul pour tenir tête avec son unité à la VIe Armée allemande. Pour comble d'infortune, il n'obtint aucune réponse de Stalingrad à ses demandes d'instructions répétées par radio.

Comme s'ils devinaient son incertitude, les Allemands l'attaquèrent sans tarder, mais il n'eut aucun mal à détruire leur flottille de canots pneumatiques, et ils n'insistèrent pas. A une quarantaine de kilomètres en amont du fleuve, les sapeurs de la VIe Armée, sous les ordres du major Joseph Linden, un technicien de Wiesbaden au visage d'intellectuel, avaient jeté deux ponts de bateaux sur le Don, large d'environ 100 m. Ne rencontrant qu'une faible résistance, ils établirent une solide tête de pont, si bien que Paulus ordonna à trois divisions de s'y porter à toute allure. Des centaines de chars et de véhicules traversèrent la steppe et s'arrêtèrent sur la rive droite du fleuve. Prudent, Paulus remit de l'ordre dans ses formations, s'assura que le ravitaillement suivait, et attendit l'arrivée de bombardiers de soutien sur des pistes improvisées pour donner l'ordre de reprendre l'offensive.

74

Tout en remplissant leurs gamelles aux cuisines roulantes, les soldats allemands parlaient déjà de leur prochaine permission et même de ce qu'ils feraient bientôt dans la vie civile. La dernière poussée jusqu'à la Volga ne pouvait manquer d'être décisive. Ils jubilaient et manifestaient un optimisme exubérant. Dans la soirée du 22 août, le général Hans Hube, commandant la 16ᵉ division blindée, s'entretenait avec le colonel Sickenius, un de ses chefs de corps, dans un jardin proche de la tête de pont, quand une estafette lui apporta un message. Il le lut rapidement et annonça :

— Départ demain matin, à 4 h 30, Sickenius !

Les deux hommes réglèrent encore quelques détails pratiques puis se quittèrent :

— A demain, Sickenius !

— A demain, Herr General !

Hube rendit, de son unique main, son salut au colonel et ajouta :

— Et demain soir, nous serons à Stalingrad !

A 65 km de là, des pancartes étaient clouées aux arbres dans tout Stalingrad, exhortant la population à résister : « Mort à l'Envahisseur ! » Mais peu de civils savaient exactement où se trouvait l'ennemi.

Dans son quartier général de la gorge de Tsaritsa, Andreï Ieremenko se tourmentait chaque heure davantage, en voyant la situation s'aggraver à l'ouest. Les renseignements indiquaient que les Allemands préparaient une attaque classique en tenaille, les deux mâchoires de la pince étant à gauche l'armée de Paulus, et à droite celle blindée de Hoth. Ieremenko avait réussi à retarder l'avance de cette dernière dans les collines d'Abganerovo, mais il savait qu'il disposait de réserves insuffisantes pour résister sur les deux fronts à la fois.

En revanche, il avait au moins remporté un grand succès sur le plan politique, grâce au concours d'un nouvel ami, découvert en la personne de Nikita Sergeïevitch Khrouchtchev, représentant personnel de Staline pour l'organisation politique de la défense. Relié directement au Kremlin par une ligne téléphonique appelée « BODO », Khrouchtchev s'était rallié sans réserve à la thèse du général, relative à l'unité indispensable de commandement. Finalement, le 13 août, Staline donna à Ieremenko l'autorité suprême sur les deux fronts et rétrograda l'irascible général Gordov[1].

Désormais seul responsable de la défense de Stalingrad, Ieremenko eut aussitôt à résoudre un problème inattendu : le commandant de la garnison locale avait disparu, laissant derrière lui un véritable chaos. Un grand désordre régnait parmi ces troupes sans chef, et il se manifestait surtout dans les rues. Des véhicules militaires se perdaient et les accidents se multipliaient, du fait que les conducteurs roulaient trop vite et prétendaient tous avoir la priorité aux carrefours. Ayant perdu leur discipline, des centaines de soldats commençaient à déserter et à passer sur la rive gauche de la Volga. Aussi le général se hâta-t-il de remettre autant que possible de l'ordre dans sa maison.

Avant l'aube du 23 août, des files de chars allemands s'avancèrent bruyamment dans la pénombre, vers les ponts de bateaux jetés sur le Don. Manœuvrant avec un soin prudent, les lourds véhicules s'engagèrent dans les voies prévues pour les chenilles et parvinrent sans incident sur l'autre rive. Les camions suivirent,

---

1. A cette époque, Staline recevait le Premier ministre britannique Winston Churchill, venu par avion à Moscou lui apporter des nouvelles déprimantes : les Alliés ne pourraient pas monter en 1942 une opération de débarquement sur les côtes françaises de la Manche. Furieux, Staline se calma un peu quand Churchill, accompagné d'Averell Harriman, lui révéla les plans d'invasion de l'Afrique du Nord (« Opération Torche »), prévue pour le mois de novembre suivant.

remplis de fantassins, de munitions, de vivres, de médicaments et de carburant. Le mouvement attira l'attention des Russes, qui tirèrent de loin des obus dans la direction d'où venait le bruit, mais ce fut un barrage inefficace par son manque de précision. Très vite, les chars et leurs unités de soutien formèrent trois groupes d'attaque, disposés en éventail sur la rive gauche du fleuve ct, à un signal donné, démarrèrent en rugissant à travers la steppe, par une aurore extraordinaire. Le ciel gris devint soudain orange, rouge, violet, et enfin d'un jaune si vif qu'il aveugla les hommes, émerveillés devant la beauté de la prairie russe.

Le lieutenant Hans Oettl s'extasia, en voyant le ciel sans nuages passer au bleu d'azur. Pour cet ancien employé municipal de Munich, âgé de vingt-deux ans, cette matinée dominicale était une perfection, au point que l'ennemi lui-même semblait y coopérer, car la colonne de chars ne recevait que des coups de canon sporadiques sur ses flancs. Fasciné, il observa les attaques en piqué des « Stukas » sur des objectifs qu'il ne pouvait voir, et quand les avions revenaient, il les saluait joyeusement d'un geste, de la tourelle de son char. Les aviateurs lui répondaient en faisant hurler leurs sirènes. Cette impeccable coopération technique des diverses armes faisait l'admiration du lieutenant. Sans rien perdre du spectacle, il caressait machinalement son animal favori, une chèvre. L'ayant trouvée errant seule dans la steppe, il lui avait mis un ruban rouge autour du cou, et depuis lors Maedi était devenue son amie inséparable. Habituée à l'inconfort et au vacarme des chars, elle se tenait tranquille auprès de son maître, tandis que la colonne fonçait vers l'est, dans un énorme nuage de poussière.

A vrai dire, les chenilles et les roues des véhicules en soulevaient une telle quantité que les hommes avaient peine à respirer, malgré les mouchoirs et les lunettes dont ils se servaient pour se protéger. A l'extrême pointe d'avant-garde, les opérateurs de radio de la 16ᵉ division blindée tenaient le quartier général de la VIᵉ Armée informé de la progression, kilomètre par kilomètre. C'est ainsi que le général Paulus, dont le nouveau poste de commandement était installé à Goloubinka, sur la rive droite du Don, reçut le compte rendu suivant : « 9 h 45 — Les Russes semblent surpris de l'attaque et disposer de peu de forces entre la Rossochka et le Don... Nous prévoyons au contraire une puissante résistance au nord. »

Or, sur le flanc gauche des unités blindées fonçant vers l'est, les Allemands ne trouvaient en fait qu'une opposition insignifiante. Les chars progressèrent sans peine, et Hans Oettl continua de savourer la beauté du paysage. Depuis le début de la guerre, il n'avait pas vécu de journée plus merveilleuse.

Midi passa, et les « Panzer » continuèrent de progresser vers l'est dans une brume légère. Le soleil, ayant franchi son zénith, descendit derrière le dos des chefs de chars, debout dans leurs tourelles. Ils avaient le visage enduit de poussière mais ils étaient heureux : dans peu de temps, ils verraient la Volga. Certains officiers ne manquaient pas de se rappeler, non sans quelque inquiétude, que le fleuve se trouvait à plus de 1 600 km de l'Allemagne...

Derrière la 16ᵉ division blindée, la 3ᵉ division motorisée s'efforçait désespérément de tenir l'allure, mais elle prit peu à peu du retard, parce que les nuages de poussière aveuglaient les conducteurs de véhicules. Plus à l'arrière, la 60ᵉ division motorisée se trouvait dans un inextricable enchevêtrement de véhicules. Les klaxons ne cessaient de retentir et les chauffeurs de s'apostropher. C'est ainsi qu'un homme, surgissant d'un côté de la route, se planta devant un camion, braqua son pistolet sur le conducteur et lui cria :

— Si vous ne nous laissez pas le passage, je crève vos pneus !

Stupéfait, le soldat s'exécuta et permit au Dr Ottmar Kohler de poursuivre sa route. Ce chirurgien, aussi brillant qu'acerbe, servait dans la division depuis sa formation, à Dantzig en 1939. Il était exaspéré des retards qu'il lui fallait endurer dans cette offensive, car il estimait qu'il devait toujours se trouver à proximité du front, avec les blessés. Durant des mois, il avait préconisé un système, selon lequel les médecins devaient soigner les blessés graves, quelques minutes après qu'ils eurent été atteints, au lieu d'envoyer ceux-ci loin à l'arrière pour recevoir les premiers soins. En agissant ainsi, Kohler s'opposait aux méthodes traditionnellement en usage dans la Wehrmacht, mais il était convaincu d'avoir raison. Cette attitude témoignait de sa forte personnalité, qui l'incitait maintenant à se tenir au milieu d'une route, le pistolet à la main. Exaspéré par tant d'incompétence, il agissait sans hésiter, de manière à remédier à la situation.

Il attendit que ses véhicules eussent repris place dans la colonne, puis sauta dans un side-car et ordonna au motocycliste de gagner la tête de la formation. Or, ébloui par le soleil, l'homme ne vit pas un gros trou dans la route, et sa machine fit la culbute. La tête de Kohler heurta le casque de son conducteur, il sentit que quelque chose se brisait et poussa un cri de douleur : il ne fut pas long à diagnostiquer qu'il s'était fracturé la mâchoire supérieure. Souffrant au point d'en avoir la nausée il avala une forte rasade de cognac et enjoignit au motocycliste de rejoindre l'ambulance de campagne.

A Goloubinka, un secrétaire de l'état-major nota dans le journal quotidien de la VIe Armée : « A 13 heures, il se confirme que l'ennemi a été surpris... » L'avance se poursuivit tout l'après-midi. Dans leurs tourelles, les commandants de chars tressaillirent en apercevant au loin des clochers et des maisons blanches. D'une voix rauque, ils annoncèrent aux équipages : « Stalingrad est à droite ! » Chaque homme voulut jeter un coup d'œil sur les faubourgs, en majorité construits en « balkas » et parsemés de cheminées d'usines. Tout le long de la colonne, des cris de joie fusèrent. Puis des obus éclatèrent autour des chars de l'avant-garde, et celle-ci se groupa pour combattre.

Les « Stukas » revinrent, et les canons tirèrent à vue sur les positions de l'artillerie russe. Quand la route fut libre, les hommes descendirent des chars pour examiner les emplacements des batteries qu'ils venaient de détruire. Grande fut leur surprise en trouvant des lambeaux de robes, des bras, des jambes et des torses féminins, disséminés sur le sol. Regagnant leurs véhicules, ils racontèrent que les Russes avaient chargé des femmes de les combattre. La marche vers la Volga se poursuivit, mais quelques hommes avaient la nausée.

Le soleil allait se coucher derrière lui, quand le premier commandant de char allemand stoppa, au bord d'une falaise abrupte dominant la Volga. Le lieutenant Gottfried Ademeit, fils d'un ministre, contempla avec émotion l'immense paysage qui, à perte de vue, s'étendait devant lui, au-delà du fleuve. Comme il eut l'occasion de le dire, il « avait sous les yeux le cœur même de l'Asie ».

Lorsque Hans Oettl arriva à son tour, il descendit de son véhicule et se joignit à la foule des soldats qui se ruaient vers le fleuve pour s'y baigner, tandis que sa chèvre, Maedi, se régalait de légumes laissés dans les champs. Officiers et hommes, tous les Allemands se dévêtirent et plongèrent dans l'eau froide. Plus tard, en évoquant cette scène, Oettl se demanda pourquoi la guerre avait été pour lui le seul moyen de vivre une expérience naturelle aussi magnifique.

Les derniers arrivants dans les faubourgs de Rynok, au nord de Stalingrad, suivirent sans hâte les tramways qui descendaient vers la ville. Quand les passagers s'aperçurent que ces militaires portaient des uniformes étrangers, ils sautèrent des voitures et s'enfuirent, affolés. Les Allemands rirent et les laissèrent tranquilles.

A 18 heures, la VIᵉ Armée allemande tenait une petite bande de la rive de la Volga, au nord de Stalingrad. Des centaines de chars et de camions s'en rapprochaient, tandis que les opérateurs de radio de la 16ᵉ division blindée rendaient compte de l'événement au quartier général. Pour le général Paulus, ç'avait encore été une journée fantastique.

CHAPITRE VI

A Stalingrad, presque tout le monde dormait au moment où les Allemands commençaient à franchir le Don. Dans l'usine de tracteurs, les hommes et femmes des équipes de nuit préparaient des chars sur la chaîne de montage, quand à 5 heures du matin quelqu'un vint en hâte annoncer la nouvelle percée de l'ennemi. Dans le brouhaha, les dirigeants rassemblèrent le personnel, afin d'organiser des positions défensives autour des bâtiments.

Plus au sud, dans son quartier général de la gorge de Tsaritsa, Andreï Ieremenko fut réveillé par de nombreux coups de téléphone : les chefs d'avant-postes menacés signalaient, affolés, l'approche des chars ennemis. Surpris de l'audace de cette poussée en flèche vers la Volga, le général alerta tous les services de la ville et commanda son petit déjeuner au cuisinier.

Sur la place Rouge, à 500 m de là, des haut-parleurs crépitèrent bruyamment, et l'on mit la population en garde contre d'éventuels raids aériens. Peu de gens se soucièrent de l'avertissement, car l'aviation allemande s'était jusqu'alors bornée à envoyer quelques appareils isolés, pour effectuer des vols de reconnaissance au-dessus de l'agglomération. Le président du soviet municipal, Pigalev, ne fit aucune allusion dans son communiqué à l'avance des chars ennemis vers le nord de la ville, de crainte de susciter une panique parmi ses administrés.

Mme Vlasa Kliagina n'entendit pas les haut-parleurs, car elle avait quitté de bonne heure son domicile, pour déposer son petit garçon, Vovo, à la pouponnière communale. Puis elle alla rejoindre avec sa fille, Nadia, un groupe de volontaires qui creusaient de grossières tranchées antichars dans le faubourg de Yelchanka, au sud de la ville. Elle ne se doutait pas que le général Paulus allait surgir d'une tout autre direction.

A moins de 3 km de Yelchanka, dans le faubourg de Dar Gova, un sous-chef de gare, Constantin Viskov, se laissa choir, épuisé, sur son lit. Il venait de passer douze heures consécutives à faire circuler dans la gare n° 1 des navettes remplies de troupes, de réfugiés et de ravitaillement. Tandis que Viskov sombrait dans un profond sommeil, sa femme allait et venait sur la pointe des pieds, occupée à son ménage.

Vers 9 h 30, une intense activité régnait dans l'abri de la gorge de Tsaritsa, des centaines de soldats entrant et sortant par les deux issues. Assailli de coups de téléphone, Ieremenko n'avait pas encore touché à son petit déjeuner. Il s'entretenait maintenant avec un officier supérieur d'aviation, qui lui annonçait des nouvelles impressionnantes : « Les pilotes de chasse viennent de rentrer d'une mission de reconnaissance. De violents combats se déroulent dans la région de Malaya Rossochka » (à 40 km au nord-ouest de Stalingrad). « Tout brûle sur le sol. Deux colonnes, fortes chacune d'une centaine de chars, progressent, suivies de formations compactes de camions et d'infanterie, en direction de Stalingrad. » Ieremenko lui ordonna de faire décoller le plus grand nombre possible d'avions.

Le téléphone sonna de nouveau. Cette fois, c'était Nikita Khrouchtchev, qui appelait de son appartement, dans la ville basse. Mis au courant de la situation, il se hâta de rejoindre le général. Quand celui-ci lui eut communiqué les dernières nouvelles, il secoua la tête, sans cacher son inquiétude.

— Très embêtant ! grommela-t-il. Que pouvons-nous faire pour les arrêter ?

Ieremenko lui expliqua comment il tentait de faire passer le plus possible de forces dans la partie nord de l'agglomération, et les deux hommes discutèrent des moyens de consolider le front dans les faubourgs menacés. Autour d'eux, chacun gardait le silence et se rendait compte que Stalingrad risquait maintenant de tomber aux mains de l'ennemi. On parlait à voix basse de ce qu'une telle calamité signifierait pour le pays tout entier. Les mains moites, Ieremenko essayait de garder son calme devant ses officiers. Cependant, lorsque le major général Korchounov téléphona pour annoncer, d'une voix complètement affolée, l'incendie d'un gros dépôt d'approvisionnements dans la steppe, le commandant en chef perdit patience et s'écria :

— Faites votre devoir, et pas de panique !

Sans un mot de plus, il raccrocha. A ce moment, deux généraux entrèrent dans son bureau. Ils lui rendirent compte qu'un pont de bateaux, le seul reliant Stalingrad à la rive gauche de la Volga, venait d'être achevé. Ieremenko les remercia pour le gros effort ainsi fourni, puis il leur ordonna de le détruire. Ahuris, les deux officiers se regardèrent, se demandant si leur chef n'avait pas tout à coup perdu la tête. Il répéta l'ordre :

— Oui, oui, je dis : détruisez-le ! Et vite !

Voyant qu'ils ne réagissaient pas, il ajouta qu'il ne fallait pas laisser l'ouvrage tomber aux mains des Allemands. Aussitôt les deux généraux partirent, pour remplir cette mission draconienne.

Près de l'entrée de la gorge de Tsaritsa, l'ennui et la chaleur humide de midi avaient attiré au bord de la Volga des douzaines de baigneurs, comme le lieutenant Viktor Nekrassov qui, avec un ami, plongeait dans l'eau ensoleillée et se laissait flotter paresseusement dans le courant. Chaloupes et vapeurs passaient non loin de lui, et il s'amusait à nager dans leur sillage, en écoutant le grondement des diesels. Quand il sentit la fatigue, Nekrassov sortit de l'eau, grimpa sur une pile de poutres et s'étendit pour se sécher au soleil.

Les yeux presque clos, pour se préserver de la lumière éclatante, il s'efforça de comparer la Volga au Dniepr de sa ville natale, Kiev. Il gardait de ce fleuve un souvenir paisible, car ses rives servaient aux ébats joyeux des enfants, tandis que la Volga, tout à fait différente, retentissait du vacarme des navires. Une autre constatation frappa Nekrassov : rares étaient maintenant les baigneurs de Stalingrad qui souriaient. Tout en somnolant au soleil, l'officier pensa de plus en plus aux Allemands dans la steppe, et il se demanda ce que deviendrait Stalingrad si l'ennemi atteignait la Volga. Il s'imagina, rampant dans les hautes herbes de la rive opposée, tandis que les obus allemands feraient jaillir du fleuve des geysers énormes.

A 25 km plus au nord, le cauchemar évoqué par Nekrassov commençait déjà à devenir réalité. Ainsi, l'ajusteur mécanicien Lev Dylo venait de rencontrer les premiers Allemands. Il essaya de fuir, mais fut plaqué au sol et arrêté. Un soldat lui prit sa montre, d'autres le relevèrent et l'obligèrent à marcher dans un champ. Tout à coup, il aperçut à sa gauche un profond ravin. Profitant d'un instant d'inattention, il s'y précipita et réussit à s'échapper : les Allemands ne tirèrent pas sur lui. Courant à perdre haleine, il atteignit enfin l'usine de tracteurs, à 3 km de là, et avertit ses dirigeants : « Ils arrivent ! Vite ! » Mais ceux-ci, déjà alertés, avaient commencé de rassembler les premières sections de miliciens, qui se dirigeaient vers les barricades dressées le long de la Mokraya Mechetka.

Dans les autres usines, échelonnées le long de la grand-route qui traversait Stalingrad du nord au sud, les commissaires politiques et les contremaîtres procédèrent à un tri dans le personnel, en déclarant : « Que ceux qui peuvent porter les armes et savent tirer s'inscrivent ! » Les volontaires reçurent un brassard blanc, un fusil, une ceinture de cartouches, et formèrent des sections destinées à la défense de la ville. Les ouvriers jugés inaptes au combat allèrent avertir les familles des mobilisés.

C'est après une de ces réunions, tenue à l'usine « Octobre Rouge », que Pyotr Nerozia rentra chez lui, pour dire adieu à sa famille. Celle-ci devait être évacuée dans l'après-midi de l'autre côté de la Volga. Or, il arriva trop tard et trouva une lettre de sa femme : elle était partie avec les enfants pour Ouralsk. Quoique soulagé de les savoir en sûreté, Pyotr se sentit soudain très seul, le silence de sa demeure lui parut pesant, et il sortit pour faire quelques pas. Dans un champ, il ramassa une pastèque puis rentra chez lui, où il commença de préparer deux œufs sur le plat. A ce moment, la sirène d'alerte aérienne retentit. Nerozia éteignit le réchaud, laissa les œufs dans la poêle et alla rejoindre ses camarades mobilisés.

Cette alerte, injustifiée, succédait à toutes celles, également fausses, subies par la population depuis le matin. Aussi celle-ci manifestait-elle une grande apathie en fin d'après-midi. En effet — et c'est à peine croyable — dans le secteur sud de la ville, elle demeurait complètement ignorante de la gravité de la situation, malgré l'activité intense déployée dans la gorge de Tsaritsa et la circulation anormale des véhicules militaires, se dirigeant vers le secteur nord, celui des usines.

Cependant, le lieutenant Viktor Nekrassov et son ami, ayant achevé de prendre leur bain de soleil, se rendirent à la bibliothèque. Là, ils passèrent un agréable moment à feuilleter dans le calme des magazines, à côté de deux garçons qui s'amusaient fort à regarder un album illustré, relatant les aventures du baron Münchhausen. Une grosse pendule accrochée au mur sonnait tous les quarts d'heure. Quand Nekrassov et son ami ressortirent, les haut-parleurs beuglaient une alerte de plus :

— Attention ! Attention ! Camarades, nous avons un raid aérien ! Nous avons un raid aérien !

Comme pour souligner le sérieux de l'avertissement, des canons antiaériens postés autour de la place Rouge ouvrirent le feu, à une cadence précipitée. De petites bouffées de fumée noire apparurent dans le ciel d'azur, et cette fois la circulation cessa : les voitures stoppèrent, ainsi que les tramways, dont les passagers descendirent. Sur les trottoirs, les gens observaient avec peine l'horizon, les mains en visière à cause du soleil aveuglant.

Et tout à coup, ils virent les avions ennemis, les premières escadrilles d'une escadre de 600 appareils, arrivant du Don. Tels des vols d'oies sauvages, ils formaient de grands « V » successifs. Ronronnant, les « Stukas » et des « Ju-88 » atteignirent la ville inondée de soleil, puis amorcèrent leur descente en piqué. L'avalanche de bombes s'abattit sur le quartier dense et résidentiel où, à cause de la sécheresse, l'incendie se propagea avec la rapidité de l'éclair. En quelques secondes, Stalingrad s'embrasa.

Dans les rues Gogol et Pouchkine, la plupart des maisons s'effondrèrent, soufflées. Devant un cinéma, une femme qui courait sur le trottoir fut décapitée. Une seule bombe suffit à détruire le bâtiment du service des eaux. Le central téléphonique s'écroula sur les employés, hurlant sous un enchevêtrement de fils, d'appareils et de décombres. Des bombes crevèrent la façade de l'immeuble de la *Pravda*, sur la place Rouge, et les survivants coururent se réfugier dans une cave proche, tandis que les haut-parleurs faisaient entendre d'ultimes exhortations à combattre l'envahisseur, avant de se taire définitivement.

Dans la rue Medevditskaya, toutes les maisons flambaient. Quand les pompiers arrivèrent, ils virent une femme affolée courant au milieu de la chaussée, un bébé dans les bras. Un des hommes sauta de son véhicule, saisit la femme à bras-le-corps et la poussa dans une tranchée. A ce moment, une bombe éclata et le tua, avant qu'il eût le temps de sauter, lui aussi, dans le fossé.

Rue Permskaya, Mme Konstantin Karmanova rentrait chez elle, avec sa fille Genn, après avoir embrassé ses deux fils aînés qui partaient pour l'usine et les tranchées. En tournant le coin de sa rue, elle vit que toutes les maisons étaient brûlées, sauf la sienne, un petit pavillon de briques miraculeusement intact. En hâte, elle rassembla ce qu'elle avait de plus précieux, y compris des documents, laissés par son mari mobilisé, sur la Révolution à laquelle il avait participé en 1918, et creusa un trou dans la cour pour y enfouir tout cela, pendant qu'autour d'elle l'incendie faisait rage.

A Dar Gova, le sous-chef de gare Constantin Viskov fut tiré de son profond sommeil par le vacarme des bombes. Sautant à bas de son lit, il s'habilla en toute hâte, sa femme lui remit un paquet de vivres et l'embrassa, puis il courut au milieu de l'incendie vers la gare.

Le bombardement commença au moment où Pyotr Nerozia se trouvait au poste de commandement du bataillon dont il faisait partie. Son chef direct était une femme nommée Denisova, qui le chargea d'envoyer à l'usine les armes individuelles stockées dans le magasin. Quand il eut donné les ordres nécessaires, Nerozia décida de retourner chez lui pour y prendre quelque nourriture. Sur le seuil de l'abri, il s'arrêta, effaré : la ville était écrasée sous les bombes, et la fumée le suffoqua. La camarade Denisova, s'accrochant à son bras, lui montra du doigt l'hôpital central qui s'effondra sous leurs yeux. Tous deux y coururent et recueillirent un groupe de malades, qu'ils conduisirent à une clinique d'enfants voisine ; mais à peine les y avaient-ils laissés que le bâtiment prit feu à son tour, brûlant vifs tous ses occupants.

De là, Nerozia se rendit à l'usine « Krasny Zasta-va », afin d'y rassembler une section d'ouvriers, mais il n'y trouva qu'un brasier. Il voulut alors se mettre à la disposition du soviet municipal mais, là encore, la place Rouge était en ruine. Un grand abri souterrain, le « Metro », regorgeait de monde. Nerozia ne voulut pas se mêler à cette foule criarde et préféra rentrer chez lui pour s'y ravitailler. Dans sa chambre, le perroquet terrifié battait des ailes, se cognait à la cage et poussait des cris rauques. Nerozia le prit, le porta à la fenêtre et lui rendit la liberté. L'oiseau s'envola dans la fumée et alla se percher d'arbre en arbre. Son maître le suivit un moment des yeux puis courut à la cuisine, où il remplit un drap de farine, de blé, de pain rassis et d'une bouteille de vodka. Cela fait, il eut un regard mélancolique pour les œufs qui, dans la poêle, étaient recouverts de plâtre tombé du plafond. Haussant les épaules, il jeta son balluchon sur l'épaule et quitta sa demeure pour la dernière fois.

A 19 heures, en plein bombardement, les membres du soviet municipal parvinrent à faire fonctionner un embryon de service, dans des caves aménagées tant bien que mal. Un de leurs premiers ordres eut pour objet la continuation de la publication de la *Pravda*. C'est pourquoi un des membres du comité central, Mikhaïl Vodolagin, se rendit aussitôt place Rouge, où il trouva les bureaux du journal en ruine. Les rédacteurs se terraient dans une cave voisine, mais ils étaient trop hébétés pour qu'on pût leur demander le moindre effort.

Vodolagin réussit enfin à réquisitionner une voiture et partit pour l'usine de tracteurs, où il savait qu'il pourrait disposer d'une presse à imprimer. Normalement le trajet demandait vingt minutes, mais des avions allemands continuaient de sillonner le ciel, et les rues étaient encombrées de ruines ou de cadavres. A sa droite, Vodolagin vit que du carburant enflammé coulait d'un réservoir crevé, le long de la berge, et se déversait dans la Volga. A sa gauche, les pentes de la colline Mamaev étaient couvertes de cadavres de promeneurs. Après deux heures d'efforts épuisants, il arriva à l'usine presque déserte. Un milicien l'ayant assuré qu'il savait faire fonctionner la presse, il entreprit d'imprimer avec son concours un numéro spécial, tandis que du plâtre ne cessait de lui tomber sur la tête.

Vers 21 heures, alors que les avions ennemis survolaient encore la ville, Mme Vlasa Kliagina reprit en hâte le chemin de son domicile, après avoir longtemps creusé des tranchées à Yelchanka. Elle avait hâte de retrouver sa fille Nadia, qui était rentrée plus tôt pour s'occuper du petit Vovo. A un barrage routier, elle se disputa avec un factionnaire, qui finit à regret par la laisser passer, car le quartier entier brûlait. Courant dans la rue Sovietskaya, elle arriva au parc Karl Marx, où des milliers de personnes en larmes étaient groupées autour des bancs. Beaucoup d'entre elles avaient déjà perdu non seulement leur foyer mais des membres de leur famille. Ne voyant pas ses enfants dans cette foule, Mme Kliagina poursuivit sa route.

Quand elle arriva devant sa maison, son cœur se brisa : il ne restait de sa demeure qu'un tas de ruines fumantes. Ayant vainement appelé plusieurs fois, elle s'enfuit dans la rue Komsomolskaya, où une amie l'aperçut, éperdue et sanglotant, et lui apprit que sa fille était réfugiée dans une cave proche. Peu après, Nadia la rejoignit et lui annonça que Vovo avait disparu. Refusant de la croire, Mme Kliagina partit en courant comme une folle et criant :

— Vovo ! Vovo ! Où es-tu ?

Elle ne le revit jamais.

Ce soir-là, le superbe et agressif général comte von Richthofen, commandant de la IVe Escadre aérienne, résuma en ces termes, dans son journal personnel, les résultats des opérations effectuées par ses pilotes : « A la suite d'une alerte soudaine du 8e corps aérien, la totalité de nos appareils a pris l'air, et il en est résulté que nous avons complètement paralysé les Russes... »

C'était vrai. Le pouls de la ville ralentit, sous la violence d'une attaque qui, en quelques heures, venait de tuer près de 40 000 personnes.

Vers minuit, alors que la gorge de Tsaritsa était environnée d'incendies, le général Ieremenko, harassé de fatigue, parvint à s'entretenir avec Staline par la ligne spéciale « BODO ». Il ne lui cacha pas que la situation était mauvaise, au point que le soviet municipal proposait de faire sauter diverses usines et de transférer le contenu des autres sur la rive gauche de la Volga. Toutefois, ajouta-t-il, il était personnellement d'accord avec le commissaire Khrouchtchev pour s'opposer à de telles mesures. Staline fut exaspéré et cria au téléphone :

— Je me refuse à discuter cette question ! L'évacuation et la destruction volontaire des usines seront interprétées comme une volonté de capituler et de rendre Stalingrad sans combat ! Par conséquent, le Comité de Défense Nationale l'interdit !

Lui ayant donné cet ordre, Staline laissa à Ieremenko le soin de déterminer comment il pourrait tenir tête aux Allemands, alors que ceux-ci frappaient aux portes de la ville.

CHAPITRE VII

Selon la tactique conçue par le général Paulus, les trois divisions allemandes qui traversaient la steppe, le dimanche 23 août, devaient établir un couloir de 65 km entre Don et Volga. Cette barrière d'acier couperait les communications de Stalingrad avec le nord et empêcherait les renforts de parvenir à la ville. En théorie le plan était bon, en pratique il exigeait une coordination parfaite des unités participant à l'opération.

Or, vers minuit ce 23 août, la 16e division blindée, qui venait d'atteindre les abords de Stalingrad, avait distancé les éléments chargés de la soutenir. A 20 km derrière elle, la 3e division motorisée s'arrêta pour la nuit, tandis qu'à 15 km encore plus en arrière, la 60e division motorisée se trouvait immobilisée par un encombrement gigantesque. Ainsi, les trois divisions, complètement séparées l'une de l'autre, devinrent en quelque sorte des îles au milieu d'une mer hostile. Tant qu'elles ne seraient pas reliées, pour former une bande continue partant du gros de la VIe Armée, chacune serait très exposée aux contre-attaques soviétiques.

Tandis que le Conseil militaire russe de Stalingrad répartissait les milices d'ouvriers dans les tranchées, au nord de l'usine des tracteurs, le général Hans Hube fit prendre à sa 16e division blindée une formation en hérisson, de manière à couvrir avec ses canons un front de 360 degrés. En même temps, il recommanda aux chefs de corps d'attaquer immédiatement, s'ils voyaient la possibilité de surprendre l'ennemi.

Dès 4 h 40 le lendemain, ses batteries ouvrirent le feu sur les positions russes autour de Spartakovka et devant la Mokraya Mechetka. Peu après ce violent tir de barrage, les chars du Groupe Krumpen sortirent en rugissant du hérisson et se ruèrent vers les objectifs qui venaient d'être pilonnés par l'artillerie, mais ce fut pour se heurter à une défense opiniâtre des Soviétiques, retranchés dans des ouvrages improvisés à la hâte. Par un miracle d'organisation, les miliciens russes avaient, du jour au lendemain, créé un réseau de nids de résistance et acquis les rudiments de la guerre moderne. Vêtus de bleus de travail ou de costumes civils, ils étaient derrière des mortiers et des mitrailleuses, défiant ainsi la meilleure armée blindée du monde. Or, les chars du Groupe Krumpen, surpris et déconcertés, durent s'arrêter en rase campagne sous une pluie de projectiles. Bien plus, les Russes montèrent une contre-attaque avec des chars T-34 sortant d'usine, qu'on n'avait même pas eu le temps de peindre. Inquiet de sa situation, le général Hube demanda par radio à ses chefs de faire progresser d'urgence les divisions retardataires, qui devaient le soutenir. Mais celles-ci étaient aussi soumises à une forte pression de l'adversaire. A Kouzmichi, la 3e division motorisée venait de capturer un train de marchandises transportant des camions et des jeeps américains, quand elle dut se former en hérisson pour résister à une violente attaque de la 35e division de la Garde soviétique. Celle-ci, venant du nord, cherchait à élargir la trouée existant entre les deux formations ennemies. Sous la protection de chars, les soldats de l'Armée Rouge avancèrent dans la steppe, vers le flanc nord des deux divisions allemandes.

Ignorant la situation, le Dr Ottmar Kohler soignait ses blessés dans un hôpital de fortune, installé sur une voie de garage, à 40 km de la Volga. Il continuait de souffrir beaucoup de sa mâchoire, fracturée la veille dans un accident de motocyclette. Incapable de mâcher, il se nourrissait de chocolat et de cognac, et pour maintenir en place sa mâchoire supérieure, il travaillait en gardant un gros bouchon entre la langue et le palais. Alors qu'il procédait à une opération, un soldat surgit et cria :

— Les Russes ont réussi à percer nos lignes !

Le chirurgien acheva sa tâche puis alla à la porte : quelques chars soviétiques avaient enfoncé des véhicules allemands, à une centaine de mètres de là. Crachant son bouchon, Kohler hurla :

— Chargez les blessés dans les camions !

A ce moment, des canons antiaériens allemands ouvrirent le feu et, en quelques secondes, détruisirent les chars, faisant voler les tôles en éclats et dispersant sur le sol des débris humains ainsi que du carburant enflammé. La canonnade s'intensifia, d'autres chars russes tentant de réduire au silence les pièces ennemies, en un duel assourdissant.

Comme il regardait la bataille, Kohler vit arriver un sergent et six soldats, d'un pas traînant. Se plantant devant lui, le sous-officier demanda, l'air ahuri :

— Mais enfin, qu'est-ce qui se passe, Bon Dieu ?

Stupéfait, le chirurgien rétorqua après un temps :

— Mais enfin, qu'est-ce que vous attendez pour y remédier, Bon Dieu ?

L'homme haussa les épaules avec indifférence et demanda la permission de se reposer un instant. Scrutant son visage, Kohler se rendit compte que ces soldats n'étaient pas dans leur état normal, sans doute à la suite d'une épreuve particulièrement pénible. Au lieu de les réprimander et de les envoyer se battre, il leur fit donner un sandwich et du rhum. Ils s'accroupirent au pied d'un mur et mangèrent, tout en regardant la bataille toute proche. Des centaines de Russes marchaient vers les lignes allemandes, dans l'herbe haute ;

ils se tenaient par le bras et chantaient en chœur, à pleine voix. Quand le sergent eut fini de se restaurer, il essuya ses mains à son uniforme crasseux et dit à Kohler qu'il était prêt à exécuter ses ordres. Le chirurgien répondit qu'à son avis il serait temps que ses hommes et lui-même participent à la bataille, et il lui demanda qui était son chef. Le sergent dit alors, d'une voix sourde, que c'était le capitaine Holland, dont la tête venait d'être emportée par un obus russe. Comprenant pourquoi ces hommes n'étaient pas normaux, le docteur les laissa tranquilles et alla observer à la jumelle l'incroyable défilé des soldats russes, montant à l'assaut comme à une revue. Derrière lui, une voiture d'état-major stoppa, dans un grand crissement de pneus, et l'officier qui se tenait à l'arrière s'écria :

— Dites donc, qu'est-ce qui se passe ici, Bon Dieu ?

Habitué à ce genre de question, le chirurgien haussa les épaules et répondit :

— Venez ici et rendez-vous compte par vousmême !

L'officier l'ayant rejoint sur un monticule, Kohler lui prêta un instant ses jumelles. L'autre les lui rendit aussitôt, poussa un juron de satisfaction, regagna sa voiture et partit à toute allure. Peu après, alors que Kohler continuait d'observer les soldats russes, marchant à l'attaque en chantant sous un soleil radieux, une pluie de projectiles s'abattit sur eux. Horrifié, le docteur vit des geysers de terre jaillir dans leurs rangs et d'énormes excavations apparaître, là où se trouvaient des hommes peu auparavant. L'herbe de la steppe prit une teinte rouge, et les cris des mourants remplacèrent les chants joyeux. Écœuré par ce carnage, Kohler remit les jumelles dans l'étui, descendit de son observatoire et rentra dans la salle d'opération. Avant de reprendre son travail, il eut soin de replacer un bouchon dans sa bouche, pour soutenir sa mâchoire brisée.

A une trentaine de kilomètres au sud-ouest de l'infirmerie du Dr Kohler, le commandant de la VIᵉ Armée, Friedrich von Paulus, prit connaissance des messages que lui adressaient par radio ses divisions progressant dans la steppe, et il en perdit sa belle exubérance de la veille, à l'idée d'une « victoire éclair ». Bien au contraire, il lui fallait envisager, au pire, la perte d'une ou de plusieurs de ces unités, s'il ne parvenait pas à leur envoyer les renforts et approvisionnements indispensables, pour leur permettre de forger une barrière d'acier entre lui et la Volga. Par précaution, il donna l'ordre à l'aviation de commencer à parachuter des vivres et des munitions sur l'« île » la plus lointaine, c'est-à-dire le hérisson formé par la 16ᵉ division blindée du général Hube, aux abords de Stalingrad. Par-dessus tout, Paulus se demandait comment il pourrait s'emparer de cette ville dans les vingt-quatre heures, comme le Führer l'exigeait...

A l'aube, Stalingrad offrait un aspect effarant. On eût dit qu'un ouragan gigantesque avait soulevé la ville dans les airs, et qu'elle était retombée sur le sol en se brisant en millions de morceaux. Dans sa partie basse, elle semblait presque uniformément plate, encore que des centaines de maisons n'eussent pas tout à fait fini de brûler. Le service d'eau ne fonctionnant plus, les pompiers ne pouvaient que porter secours aux victimes et laisser l'incendie poursuivre ses ravages.

Dans la rue où se dressaient encore les murs calcinés de la prison du N.K.V.D., une équipe de sauveteurs s'efforçait fébrilement de dégager une jeune femme, Nina Detrounina, dont les jambes étaient écrasées par des tonnes de décombres. Tandis qu'hommes et femmes s'affairaient à enlever les briques et les pierres, un médecin administrait de la morphine à la malheureuse, qui souriait avec gratitude à ses sauveteurs. Peu après que les dernières pierres eurent été ôtées, Nina fut transportée dans un hôpital, mais elle y mourut rapidement, de blessures internes.

Dans une profonde tranchée, des adultes nus allaient et venaient, hébétés : pensionnaires de l'asile d'aliénés, ils ne comprenaient rien au nouveau cauchemar qu'ils vivaient. Sur des trottoirs jonchés de gravats, des garçons et des filles de l'organisation de jeunesse « Komsomol » aidaient les sinistrés à retrouver des membres de leur famille parmi d'innombrables cadavres. Lorsque quelqu'un reconnaissait un parent, les volontaires s'efforçaient de le réconforter.

Une femme n'eut pas besoin de leur sollicitude. Après avoir passé des heures à chercher dans les monceaux de corps plus ou moins méconnaissables, elle finit par découvrir son bébé, mutilé par une bombe. Ramassant les restes de l'enfant, elle les prit dans ses bras et se mit à les bercer tendrement. Un sauveteur, s'approchant d'elle pour la réconforter, l'entendit murmurer, sur un ton réprobateur :

— Comment vais-je expliquer ça à ton père, quand il rentrera de la guerre ?

Anastasia Modina, directrice du « Komsomol », passait la majeure partie de son temps à rassembler des orphelins, dont la plupart restaient assis près des cadavres de leurs parents et regardaient ces corps souvent mutilés et méconnaissables. Certains enfants parlaient aux morts et tentaient de les ranimer ; d'autres les caressaient, comme pour atténuer leurs souffrances. Anastasia allait à eux, les prenait par la main et les emmenait vers le centre d'évacuation, près de la Volga. Parfois elle avait du mal à leur faire entendre raison, mais ils finissaient par la suivre, le visage ruisselant de larmes, parce qu'elle avait une voix douce et savait leur parler. Pourtant, quelques obstinés refusaient de quitter les cadavres, et elle les abandonnait, n'ayant que trop de petits malheureux à recueillir.

A l'embarcadère, des milliers de civils s'affairaient autour de l'estacade tandis que des policiers du N.K.V.D., au visage sévère, tentaient de les en écarter. Beaucoup d'entre eux laissaient dans la ville en ruine des proches aimés, soit morts dans leur demeure détruite, soit travaillant ou combattant dans les usines. Sur le quai, au pied de la falaise, les évacués griffonnaient des messages, qu'ils épinglaient à des arbres ou à la façade de bâtiments :

« Maman, tout va bien pour nous. Viens nous retrouver à Beketovka — Klava », ou encore : « Ne t'en fais pas, Vanya. Nous allons à Astrakhan. Nous t'y attendrons — Youri. »

Sur la Volga, toutes sortes de navires, remorqueurs et vapeurs, doublaient prudemment la pointe nord de l'île Golodny, puis s'approchaient de l'estacade, dans une cacophonie de coups de sifflet et de corne. Dès qu'ils avaient accosté, une foule se précipitait sur les passerelles d'embarquement, et souvent les bâtiments donnaient de la gîte, avant qu'on eût réparti les passagers à bord. Quand les bateaux quittaient en reculant la rive, les réfugiés adressaient de la main un ultime salut à ce qui avait été jusqu'alors leur ville, leur foyer. Au-dessus d'eux, les avions de reconnaissance allemands allaient et venaient, observant la cohue et la signalant par radio à leurs bases de Morosovskaya et de Tatsinskaya, dans la steppe.

A quelques centaines de mètres de l'embarcadère, Andreï Ieremenko se démenait pour stopper, avec toutes ses réserves, la 16e division blindée du général Hans Hube, dans les faubourgs nord de la ville. Quand le colonel Semyon Gorokhov débarqua avec sa brigade, forte de 6 000 hommes, il pensait qu'on l'enverrait renforcer la défense du sud de Stalingrad, mais Ieremenko le chargea d'installer une position de résistance au nord de l'usine de tracteurs. Un autre contingent, composé de fusiliers marins de la flotte d'Extrême-Orient, fut embarqué dès son arrivée dans des véhicules de tout genre, qui partirent à grande allure vers la colline Mamaev, puis foncèrent jusqu'à la Mokraya Mechetka, à 2 km au nord de l'usine de tracteurs. Les hommes firent le trajet en braquant les fusils par les portières des voitures.

Un des nouveaux arrivés dans la zone des usines était Gheorghi Malenkov, envoyé personnellement par Staline pour surveiller Ieremenko. Si celui-ci n'aimait pas sentir ce personnage regarder par-dessus son épaule les ordres qu'il rédigeait, Nikita Khrouchtchev était encore plus mécontent, car une vive rivalité l'opposait à Malenkov au Kremlin, où les luttes politiques continuaient d'être meurtrières. Khrouchtchev savait qu'il avait perdu les bonnes grâces de Staline, parce qu'il était en partie responsable de la désastreuse offensive de printemps à Kharkov, laquelle avait causé la perte de 200 000 soldats russes[1]. Rompu lui-même aux intrigues, il ne doutait pas que Malenkov guetterait chaque occasion de pouvoir signaler avec joie à Staline une erreur commise.

L'espion de Staline s'était rendu à l'usine de tracteurs pour y haranguer le personnel. Très rouge, les mèches de ses longs cheveux collant aux tempes à cause de la sueur, il demanda, sous un soleil torride, aux ouvriers de tenir bon jusqu'à l'arrivée de renforts. Il parla avec ferveur, et ses phrases étaient ponctuées par la canonnade qui faisait rage plus au nord, à Sparta-

1. Khrouchtchev a affirmé qu'il avait téléphoné à Staline pour lui demander de renoncer à l'offensive, et que Malenkov lui transmit l'ordre du dictateur de poursuivre l'attaque. Ce fait a été démenti par le maréchal Joukov dans ses mémoires. Il y déclare qu'au contraire Khrouchtchev a pressé Staline de donner l'assaut, sans tenir compte de certaines prédictions désastreuses.

kovka. Quand il eut fini, les hommes se dispersèrent dans les ateliers.

Ce jour-là, Mikhaïl Vodolagin acheva d'imprimer 500 exemplaires de la *Pravda*, une seule feuille que les lecteurs étaient priés de faire circuler après en avoir pris connaissance. Cette édition spéciale avait pour principal but de montrer à la population que la ville continuait d'exister, de fonctionner, et qu'elle survivrait. Chacun devait garder son calme et ne pas céder à la panique, et Vodolagin terminait son appel par cette affirmation : « Nous détruirons l'ennemi aux portes de Stalingrad ! »

Ce premier numéro terminé, Vodolagin fit transporter la presse plus au sud, à l'usine « Octobre Rouge », moins menacée. Pendant ce temps, miliciens et troupes régulières couraient renforcer les défenseurs postés le long de la Mokraya Mechetka. Les chars allemands s'efforçaient en vain de bousculer cette résistance obstinée. Leur seul succès jusqu'alors avait été la capture de la tête de ligne des ferry-boats, qui transportaient les wagons d'une rive à l'autre de la Volga, sur la ligne menant au Kazakhstan. Aux abords de la zone des usines, leurs attaques étaient sans cesse repoussées.

Une des sections défensives qui protégeaient l'usine de tracteurs était animée par une femme étonnante, Olga Kovalova. Portant autour de la tête un foulard aux couleurs gaies, elle parcourait sans relâche la ligne de points d'appui, invectivant les hommes qu'elle trouvait en général négligents, maladroits et incapables. Ils étaient habitués à son rude langage. Depuis vingt ans, elle travaillait avec eux et était devenue la seule femme de l'Union soviétique sachant diriger un atelier de fonderie d'acier. Malgré ses manières bourrues, elle était aimée et respectée par tous. La voyant s'exposer à tout moment, son chef de bataillon, Sazakin, finit par la supplier :

— Olga, ce n'est pas le rôle d'une femme de combattre ici. Sois raisonnable, retourne à l'usine. On a besoin de toi là-bas.

Comme elle ne bougeait pas, il lui donna l'ordre de partir. Le foudroyant alors du regard, elle répliqua :

— Fiche-moi la paix ! Je reste ici !

Sazakin ne put que faire un geste d'impuissance et s'en aller. Quelques heures plus tard, il aperçut une tache claire dans les hautes herbes. C'était Olga qui gisait sur le dos, son joli foulard maculé de sang. Elle avait perdu un œil et était déjà froide.

Une fois de plus, les Allemands voulurent affoler la population... Pour cela, ils bombardèrent en piqué les quais et l'estacade d'embarquement. Ne disposant d'aucun abri, la foule semblait osciller comme un pendule, tantôt se blottissant contre la falaise, tantôt se dispersant sur la rive du fleuve, pour échapper aux bombes et aux rafales de mitrailleuses. Le sol devint bientôt glissant à cause des morts et des blessés gisant de tous côtés. Des équipes médicales tiraient les cadavres pour dégager l'accès aux bateaux, vers lesquels les gens valides se bousculaient. Mais les « Stukas » ne s'en tinrent pas là. Volant en rase-mottes, ils mitraillèrent les navires. Dans la chaleur brumeuse de l'après-midi ensoleillé, d'autres avions lâchèrent des chapelets de bombes au milieu du fleuve, et plusieurs bâtiments pleins d'évacués sombrèrent corps et biens en un instant. Peu après, la surface de la Volga se couvrit de cadavres qui dérivèrent dans le courant : il les emporta jusqu'à la mer Caspienne.

Pendant les trois journées suivantes, la bataille ne changea guère d'aspect. Les Allemands s'efforcèrent de consolider leurs gains, tandis que les troupes de Ieremenko luttaient désespérément pour s'accrocher à leurs positions, au nord et au sud de la ville. Toutefois, il devenait plus évident d'heure en heure que, si l'on voulait sauver Stalingrad, des mesures très importantes devraient être prises, car les défenseurs commençaient à donner des signes d'épuisement, sous la pression continue des assauts de l'envahisseur.

Tard dans la soirée du 27 août, une voiture de l'état-major général de l'Armée Rouge fonça à toute allure de l'aérodrome de Vnoukovo jusqu'au Kremlin. Elle contenait le maréchal Gheorghi Konstantinovich Joukov, un ancien paysan de quarante-six ans, au torse d'athlète. Il avait l'expérience des situations critiques. En 1939, se trouvant en Mandchourie, il dut faire face à une attaque-surprise des Japonais, au Khalkin Gol, et remporta une écrasante victoire sur la célèbre armée de Kouan-Tong. Ce triomphe lui valut une promotion, à une époque où Staline faisait massacrer la moitié du corps des officiers de l'Armée Rouge, dans une orgie paranoïaque. En septembre 1941, quand les chars nazis encerclèrent Leningrad, Staline le chargea d'organiser la défense. Vitupérant d'un bout à l'autre de la métropole, Joukov exécuta des officiers coupables de négligence, rétrograda des généraux, et surtout instaura une discipline de fer, qui aida la population à se raidir et à tenir bon.

C'est ensuite sur le front de Moscou que Joukov se jeta de nouveau dans la bataille. Les chars ennemis avaient réussi une percée sur la route de Smolensk et provoqué une panique désordonnée parmi les fonctionnaires de l'Etat, dont beaucoup étaient partis. Joukov, sans cesse sur la brèche, rallia les divisions démoralisées et, créant une tactique de défense élastique qu'un hiver très rude favorisa, paralysa la Wehrmacht à l'ouest de Moscou.

Maintenant, c'était pour la défense de la Volga que Staline faisait appel à ses remarquables talents. Entouré des membres de la « Stavka », il accueillit le maréchal d'un air sombre et l'informa de la situation à Stalingrad, puis il lui ordonna de prendre le commandement de toutes les forces russes dans cette région cruciale, et d'assumer personnellement la conduite stratégique des opérations.

Pendant le dîner qui suivit, Staline exposa les mesures provisoires qu'il avait prises afin de harceler l'ennemi. Il envoyait des éléments de trois armées — la Ire de la Garde, la XXIVe et la LXVIe — contre le fragile couloir établi par les Allemands entre Don et Volga. Toutefois, il admit que ces attaques partielles s'étaient révélées inefficaces, et il voulait que Joukov trouvât une solution réalisable du problème. Avant de le quitter, il lui annonça qu'il lui donnait un nouveau titre, celui de commandant suprême adjoint de l'Armée Rouge, ce qui faisait de lui le second personnage de l'Etat.

En se préparant à partir, Joukov ignorait que la première difficulté l'attendant sur le terrain était la baisse rapide du moral parmi les troupes russes. Les hommes croyaient de moins en moins à la possibilité d'empêcher l'ennemi d'atteindre la Volga. Le défaitisme gagnait aussi bien les états-majors que les unités. Les Allemands eux-mêmes étaient stupéfaits du torrent de prisonniers qui leur arrivait. En Prusse-Orientale, l'O.K.W. reçut un message de la VIe Armée, indiquant que la valeur combative du soldat ennemi semblait médiocre : « Nous recevons beaucoup de déserteurs, et certains nous livrent même leurs chars. »

Dans la zone d'opération de la 64e division soviétique, à 40 km au nord de Stalingrad, le moral était particulièrement bas. Un raid aérien allemand venait de détruire un hôpital de campagne, tuant beaucoup de médecins et d'infirmières. Les blessés arrivant du champ de bataille racontaient d'horribles histoires sur la supériorité écrasante de l'ennemi, semant ainsi la peur dans les rangs de troupes inexpérimentées. Aussi les hommes commençaient-ils à déserter, d'abord isolément, puis par paires, et enfin par groupes de plus en plus importants.

Sentant que sa division risquait de se dissoudre avant même d'avoir combattu, le colonel qui la commandait décida d'arrêter l'épidémie en frappant un grand coup. Ayant fait rassembler les régiments, il les apostropha violemment, les accusant de faillir à leur devoir envers la mère patrie. A ses yeux, déclara-t-il, ils étaient tous aussi coupables que ceux qui avaient déjà déserté, et par conséquent il allait les châtier pour leur lâcheté criminelle. Cela dit, il s'avança vers le premier rang, revolver au poing et le passa en revue, d'un bout à l'autre. Tout en marchant, il compta d'une voix forte : « Un, deux, trois, quatre... » Quand il arriva devant le dixième homme, debout au garde-à-vous, il lui fit face et froidement l'abattit, d'une balle en pleine tête. Tandis que la victime s'écroulait, il reprit sa marche et continua de compter, jusqu'au dixième soldat, qu'il tua de même.

Personne ne bougea, nul n'essaya de fuir. Les infirmières, qui assistaient à cette revue macabre, retenaient leur respiration. Sur les rangs, les hommes effarés comptaient mentalement, pour déterminer la place qu'ils occupaient et leur chance d'échapper. Quand le chef de corps eut vidé son barillet, il remit l'arme dans l'étui et s'en alla. Un officier beugla l'ordre : « Rompez ! », et les soldats s'empressèrent de se disperser dans toutes les directions, laissant derrière eux 6 cadavres étendus dans l'herbe, à la même distance les uns des autres.

A moins de 30 km au sud de cette sinistre cérémonie, les Allemands de la 16e division blindée, formée en hérisson au bord de la Volga, étaient menacés d'anéantissement. Un officier du 14e Corps en rendit compte à Paulus en ces termes : « Si cette situation se prolonge, je peux vous dire exactement le jour où nous cesserons d'exister. » En s'exprimant ainsi, il faisait allusion au ravitaillement en vivres et en munitions qui ne parvenait plus à la division, par suite des interventions soviétiques.

Une forte colonne de camions réussit cependant à franchir les barrages russes et à rétablir la liaison, le 28 août. Ainsi réapprovisionné, le général Hube se sentit soulagé d'un grand poids. Il venait de céder aux officiers de son état-major qui, très irrités, préconisaient une retraite de la Volga jusqu'au Don. En cinq jours de combat contre les ouvriers mobilisés de Stalingrad, il n'avait pas atteint l'usine de tracteurs. Disposant maintenant de beaucoup d'obus, le général tourna de nouveau ses canons et mortiers lourds contre les miliciens tapis dans les « balkas », aux confins nord de la ville.

Dans son abri de la gorge de Tsaritsa, Andreï Ieremenko suivait sans arrêt sur la carte l'évolution de la situation. Elle n'était certes pas brillante. Sur son flanc droit, il avait tenu Hube en échec, avec un mélange hétéroclite de civils et de soldats, mais Staline n'était pas parvenu à enfoncer le couloir allemand. Les 3e division motorisée et 16e division blindée ennemies avaient effectué leur jonction et occupé 25 km de steppe entre Don et Volga. Quant à la 60e division motorisée, elle allait à son tour rejoindre les autres, et il serait désormais impossible à des troupes soviétiques de venir du nord renforcer la défense de la ville.

Au centre du front ouest, le gros de la VIe Armée de Paulus s'apprêtait à balayer la steppe sur toute sa largeur, en fonçant droit de Kalach à Stalingrad. Or, pour lui résister, Ieremenko ne pouvait compter au mieux que sur 25 000 soldats entraînés, c'est-à-dire les survivants de la malheureuse LXIIe Armée, virtuellement détruite au début d'août par les tenailles allemandes, au-delà du Don.

Sur son flanc gauche, au sud-ouest de la ville, Ieremenko voyait avec satisfaction les succès défensifs remportés dans les positions de résistance, créées en hâte par lui dans les basses collines, d'Abganerovo à Tingouta et Toundoutovo. Les canons antichars soviétiques avaient tellement endommagé les chars et décimé les troupes que le général « Papa » Hoth en était exaspéré. Toutefois, Ieremenko ne pouvait se laisser aller à l'optimisme dans ce secteur car, au cours des dernières heures, ses services de renseignements avaient signalé d'inquiétants mouvements de troupes derrière les lignes ennemies. A son quartier général, les opinions divergeaient sur ce point, mais le général devinait que son adversaire, perdant patience, renonçait à l'attaquer de front. Dans son esprit, Hoth cherchait à tourner les positions de résistance des collines et à monter avec Paulus une nouvelle manœuvre en tenaille, pour encercler les LXIIe et LXIVe Armées soviétiques, hors de Stalingrad. S'il y réussissait, la bataille serait perdue en quelques jours.

Ieremenko avait raison, mais seulement dans une certaine mesure. Hoth renonçait en effet à poursuivre ses attaques de front, à cause des pertes croissantes qu'elles coûtaient, sans avantage appréciable. Il s'était donc décidé à riper ses chars et son infanterie motorisée, à 50 km plus à l'ouest. L'opération eut lieu pendant la nuit du 29 au 30 août, et pour tromper les espions russes, un rideau de troupes resta en place. Néanmoins, le plan de Hoth n'était pas aussi vaste que Ieremenko l'imaginait, tout au moins dans les premières phases de la manœuvre. Le général au visage chevalin comptait tourner les défenses russes des collines et, avec un peu de chance, acculer la LXIVe Armée soviétique à la Volga, juste au sud de Stalingrad.

Ieremenko apprit le départ des blindés d'Abganerovo vers la steppe dans la nuit et en conclut qu'il ne s'était pas trompé : Hoth et Paulus comptaient effectuer leur jonction. Aussitôt, le commandant en chef russe ordonna à ses divisions du sud et du sud-ouest de se replier. Sans doute cette décision risquait-elle de faire tomber Stalingrad, mais elle sauverait au moins les armées engagées en leur évitant l'encerclement.

La retraite engendra une terrible confusion. Ainsi, à 22 heures, la 126ᵉ division russe reçut l'ordre de repli. Dès que les premiers régiments entamèrent leur repli, ce fut un sauve-qui-peut général, et les divisions voisines s'égaillèrent dans la nuit. A l'aube du 30 août, la 29ᵉ division motorisée allemande intercepta des milliers de soldats ennemis errant dans la steppe. Le commandant de la 208ᵉ division russe se rendit avec tout son état-major. Des camions, des chars et des centaines de canons tombèrent aux mains des Allemands sans le moindre combat.

Ainsi, « Papa » Hoth avait déverrouillé la porte de Stalingrad. Stupéfait devant le brusque effondrement de la défense russe, il révisa ses plans et chercha à atteindre le but que Ieremenko imaginait par erreur avoir été le sien depuis le début de la nuit. Il envoya ses chars vers le nord, à la rencontre de ceux de Paulus, venant du corridor Don-Volga. Le quartier général du Groupe d'Armées B informa le chef de la VIᵉ Armée de la magnifique occasion offerte par l'audacieuse manœuvre de Hoth : « Etant donné que la IVᵉ Armée blindée a conquis à 10 heures une tête de pont à Gavrilovka, tout dépend donc de la concentration rapide de forces de la VIᵉ Armée, qui devront passer à l'attaque en direction générale du sud... »

Or, inexplicablement, Paulus ne bougea pas. Inquiet des tentatives réitérées des Russes pour enfoncer l'étroit couloir Don-Volga, il refusa d'envoyer des troupes vers le sud pour rejoindre les chars de Hoth.

Des heures cruciales s'écoulèrent. Un autre ordre urgent fut adressé par radio à Paulus, et il n'y répondit pas davantage. Mais pendant que le Haut Commandement allemand hésitait à refermer ses tenailles, Andreï Ieremenko faisait replier dans la steppe plus de 20 000 soldats russes vers Stalingrad.

Depuis le jour où il avait fait sauter le pont de Kalach, le colonel Pyotr Ilyin était resté sur sa position, dans le verger au sud-est de la ville. Manquant de munitions et n'ayant plus que 100 hommes sous ses ordres, il ne put empêcher les Allemands de franchir le Don en canots pneumatiques. Pendant cette période, il ne reçut aucun ordre de ses chefs, mais dans la nuit du 28 août, la liaison par radio fut enfin rétablie par Stalingrad, et une voix hésitante, émanant du quartier général de la LXIIᵉ Armée, lui demanda :

— Allô, est-ce toi, camarade Ilyin ? Où es-tu ?

— Oui, c'est moi. Nous sommes à Kalach.

— A Kalach ? fit l'autre, incrédule. Mais les Allemands y sont !

Ilyin expliqua comment il réussissait à se maintenir dans son point d'appui, malgré l'arrivée du bataillon du capitaine Gerhard Meunch, qui avait traversé le fleuve et pris une partie de la petite ville. Toujours sceptique, son interlocuteur lui demanda des précisions sur l'emplacement de son poste de commandement et, enfin convaincu, le couvrit d'éloges pour se battre avec tant de courage.

Trois nuits plus tard, alors que Ieremenko commençait à retirer ses troupes de la steppe, la radio appela encore Ilyin, et cette fois il reçut l'ordre d'abandonner son verger, pour foncer à toute allure vers la Volga. En quelques heures, il remplit ses 38 camions et quitta Kalach aussi discrètement que possible. Les Allemands entendirent cependant les moteurs ronfler et ouvrirent le feu sur la colonne. Avec l'arrière-garde de sa brigade, le colonel resta encore un moment à riposter, puis il sauta dans un véhicule et fila à toute allure vers Stalingrad.

Le 2 septembre, Paulus donna enfin son accord pour envoyer vers le sud des unités motorisées, et en quelques heures celles-ci eurent rejoint les chars de la IVe Armée. Les mâchoires de la tenaille étaient certes fermées, mais on avait trop attendu. La plupart des troupes russes se trouvant dans la steppe s'étaient échappées dans Stalingrad. Les soixante-douze heures d'indécision de Paulus donnaient à son adversaire une chance de plus de combattre. Désormais la bataille se déroulerait dans les rues de la ville, et là, les tactiques de la « Blitzkrieg » seraient sans effet.

CHAPITRE VIII

Le 3 septembre, Joseph Staline envoya le télégramme suivant au maréchal Joukov, qui s'était installé à Malaya Ivanovka, sur la rive droite de la Volga, à 80 km au nord de Stalingrad :

« La situation à Stalingrad s'est encore détériorée. L'ennemi n'est plus qu'à trois kilomètres de la ville. Celle-ci peut tomber aujourd'hui ou demain, si le groupe nord de nos forces ne l'aide pas immédiatement. Veille à ce que les commandants des forces situées au nord et au nord-ouest de Stalingrad passent sur-le-champ à l'attaque... Aucun retard ne peut être toléré... Attendre en ce moment, c'est commettre un crime... »

Depuis cinq jours qu'il se trouvait au front, Joukov n'avait pas accompli un miracle, mais il essayait de coordonner les attaques de l'infanterie avec celles de ses maigres forces blindées et aériennes. Cet effort demandait du temps, un temps que Staline refusait de lui laisser. Quand Joukov lui téléphona, pour faire valoir qu'il lui fallait au moins laisser arriver les approvisionnements indispensables de munitions. Staline lui accorda deux jours supplémentaires. Le 5 septembre, Joukov lança donc des « vagues humaines » à l'assaut du couloir allemand, entre Don et Volga. Ces attaques contre le flanc gauche ennemi échouèrent : à la tombée de la nuit, les divisions allemandes conservaient leurs positions.

Joukov téléphona la mauvaise nouvelle à Staline. Après avoir décrit le carnage, il signala que Paulus avait été contraint de retirer certaines unités des abords de Stalingrad, pour participer à la bataille dans la steppe. Staline en fut enchanté :

— Voilà qui est excellent ! Ça va beaucoup aider la ville !

Comme Joukov répliquait que ce succès était illusoire, Staline riposta d'un ton sec :

— Continue d'attaquer ! Ta mission consiste à détourner de Stalingrad le plus de forces ennemies possible !

Puis il raccrocha l'appareil.

Pendant ce temps Adolf Hitler, l'autre joueur de cette formidable partie d'échecs, arpentait rageusement les allées de la forêt de Vinnitsa, en proie à une frustration grandissante. Il ne pouvait comprendre pourquoi les buts de l'« Opération Bleue » n'étaient pas encore atteints. Le général Paulus se trouvait sur la rive de la Volga depuis le 23 août, et pourtant Stalingrad résistait toujours. En outre, au Caucase, où le Groupe d'Armées A cherchait à s'emparer des précieux champs pétrolifères, la situation n'était pas non plus satisfaisante.

Depuis que, le 23 juillet, les Allemands avaient dépassé Rostov et, obliquant à droite, foncé à travers les territoires séparant les mers Noire et Caspienne, les Russes leur opposaient une tactique subtile. Tels des feux follets, leurs unités dispersées refusaient de se laisser accrocher, se bornaient à exercer une action retardatrice, et attiraient les nazis toujours plus loin de leurs bases de ravitaillement. Ainsi, la Ire Armée blindée et la XVIIe Armée traversèrent tantôt des déserts torrides tantôt d'immenses champs de tournesol, hauts de 2 m, pour arriver enfin, le 9 août, aux premiers contreforts du Caucase. Le grand centre pétrolier de

Maikop fut alors investi, mais il n'en restait rien : avant de partir, les Russes l'avaient réduit en cendres.

Hitler donna l'ordre à ses généraux de pousser sur Batoum, Grozny et Bakou. Chemin faisant, les envahisseurs acquirent de nouveaux alliés, musulmans, circassiens et autres habitants de ces régions, farouchement réfractaires au communisme. Malgré cela, ils ne parvinrent jamais à encercler et détruire d'importantes formations de l'Armée Rouge. En septembre, ayant beaucoup de peine à maintenir leurs longues lignes d'approvisionnement, ils durent ralentir la progression vers les principaux centres pétroliers. Quand le maréchal List, commandant le Groupe d'Armées A, exprima l'avis qu'il convenait de regrouper ses forces, Hitler entra dans une de ses colères mémorables et le menaça de destitution. Chaque jour, au cours de conférences orageuses avec sa « conscience », l'obstiné général Franz Halder, Hitler se rebiffait en entendant les avertissements répétés de son chef d'état-major, concernant la faiblesse des flancs et la médiocrité des liaisons des armées en flèche, tant à Stalingrad qu'au Caucase. Il commençait déjà à envisager de remplacer Halder.

La situation empira le 7 septembre, lorsque le général Albert Jodl revint d'une rapide visite au quartier général du Groupe d'Armées A. Après y avoir entendu le maréchal List et ses officiers, Jodl se déclara chaudement d'accord avec leurs propositions : il fallait suspendre toute nouvelle attaque, tant que les armées ne seraient pas convenablement réapprovisionnées en effectifs et en matériel. Cette défection de son conseiller personnel mit Hitler hors de lui. Il invectiva Jodl, qui s'emporta aussi et riposta, en rappelant au Führer un certain nombre de directives fâcheuses, qui avaient eu pour effet de créer cette situation déplorable.

Rouge de colère, Hitler quitta la pièce en claquant la porte. A dater de ce jour, le fossé entre lui et les généraux de la Wehrmacht ne fit que se creuser irréparablement. Jusqu'à la fin de la guerre, chaque fois qu'il se trouvait à l'O.K.W., il y prit la plupart de ses repas seul, ne supportant que la compagnie de son chien, Blondi.

Tandis que le maître du IIIe Reich boudait à Vinnitsa, les chars de sa IVe Armée blindée se ruaient sur les faubourgs sud de Stalingrad. En effet, dès qu'il eut effectué sa liaison avec la VIe Armée de Paulus, « Papa » Hoth lança ses divisions vers l'est, espérant atteindre vite la Volga et séparer l'une de l'autre les LXIIe et LXIVe Armées soviétiques. Mais à peine ses blindés eurent-ils quitté la steppe, pour aborder les collines et agglomérations suburbaines de Krasnoarmeysk et de Kouperosnoye, que Hoth se vit contraint de livrer un combat tout différent.

Il ne fut plus question désormais d'avances foudroyantes, couvrant des dizaines de kilomètres de terrain ; il fallut se contenter de 2 ou 3 km gagnés au mieux chaque jour. Quand les chars se trouvaient coincés dans les rues trop étroites, les soldats russes les arrosaient de cocktails Molotov. Embusqués dans les maisons, ils tiraient par les fenêtres et abattirent des escouades entières d'infanterie allemande déconcertées. Quant aux canons, habitués jusqu'alors à tirer sur des objectifs distants de plusieurs kilomètres, les attaquants durent les utiliser pour démolir des bâtiments qui, à 50 m, leur barraient la route.

Les pertes furent effrayantes. Werner Halle, un caporal du 71e Régiment de la 29e division motorisée, écrivit plus tard dans son journal : « Pendant cette période, nous avons souvent été sans commandant de compagnie, ou même sans chef de section... C'est à peine croyable, et pourtant c'est vrai : à chaque instant, n'importe lequel d'entre nous devait s'attendre à y rester... »

Au soir du 9 septembre, Halle et ses hommes reçurent un repas chaud, le premier depuis bien longtemps. Le lendemain, il contempla la Volga, des hauteurs de Kouperosnoye, et s'émerveilla d'avoir réussi à atteindre, sain et sauf, ce fleuve imposant. Après un bref instant de détente, il se hâta de se mettre à l'abri, car il redoutait une violente réaction des Soviétiques.

L'arrivée de Halle et de ses camarades sur les rives de la Volga fut le signe de l'isolement définitif de la LXIIe Armée russe. Depuis le 23 août, elle était bloquée au nord par l'avance de la VIe Armée de Paulus jusqu'à la Volga. Maintenant elle l'était aussi au sud, dans le saillant proche de Beketovka. Elle allait donc recevoir tout le poids des forces ennemies, rassemblées devant les faubourgs ouest de Stalingrad. Elle était désormais la seule grande unité soviétique restant sur le terrain, pour en interdire la prise à 200 000 envahisseurs.

Dans la gorge de Tsaritsa, on s'agitait peu autour de l'abri du commandant en chef. Les civils qui s'en étonnaient ignoraient que Ieremenko en était parti, pour passer de l'autre côté du fleuve, à Yamy. Ses raisons étaient valables : il ne communiquait presque plus avec ses chefs de corps, les lignes téléphoniques étant constamment détruites par des obus, et la gorge de Tsaritsa se trouvait maintenant sous le feu direct des mortiers allemands. Un grave incident s'était produit quelques jours auparavant : un réservoir de carburant ayant été crevé par une bombe, le liquide enflammé avait coulé dans le ravin et failli incendier le quartier général.

Toutefois, quand Nikita Khrouchtchev téléphona à Staline pour lui expliquer la nécessité de ce changement, le dictateur protesta violemment :

— Non, non ! C'est impossible ! Si les troupes s'aperçoivent que leur chef a quitté Stalingrad, la ville tombera !

114

Khrouchtchev insista, et ses arguments convainquirent Staline :

— Eh bien, c'est d'accord ! Si vous êtes certains que le front tiendra bon et que vos positions défensives ne seront pas enfoncées, je vous autorise à transférer le commandement sur l'autre rive.

Le déménagement de l'état-major se fit le 9 septembre. Avant de partir, Khrouchtchev convoqua le général F.I. Golikov et lui ordonna de rester, pour assurer la liaison avec le général Alexander Ivanovich Lopatin, commandant la LXIIe Armée, chargée de se sacrifier pour sauver Stalingrad. En recevant cet ordre, Golikov devint « pâle comme un linge » et supplia Khrouchtchev de ne pas l'abandonner :

— Stalingrad est condamné ! Ne me laisse pas ici ! Ne me détruis pas ! Laisse-moi partir aussi [1] !

D'un ton brusque, Khrouchtchev lui intima de se ressaisir, puis il quitta l'abri et se rendit à l'embarcadère, pour passer sur l'autre rive.

---

1. Plus tard, Golikov se plaignit amèrement à Staline de la manière dont Khrouchtchev et Ieremenko l'avaient traité, et ce dernier faillit être mis à pied. Mais Khrouchtchev clarifia la situation, en révélant à Staline la lâcheté de Golikov.

CHAPITRE IX

La terreur éprouvée par le général Golikov reflétait la tendance croissante qui se manifestait parmi le personnel soviétique : quitter à tout prix la ville. Tandis que Golikov était contraint d'y rester par un ordre personnel de Khrouchtchev, des milliers de civils et de soldats russes s'efforçaient de trouver leur salut sur la rive gauche du fleuve. Pour y parvenir, ils employaient toutes sortes de moyens, se fabriquaient de faux papiers ou se cachaient à bord des transbordeurs. Ils étaient assez affolés pour risquer une rencontre fatale avec les agents du N.K.V.D. A vrai dire, même ces derniers déguerpissaient.

Au quartier général de la gorge de Tsaritsa, presque vide depuis le départ de Ieremenko et de son état-major, le général Lopatin tenta vaillamment de rallier ses troupes démoralisées, mais sa LXIIᵉ Armée n'existait plus guère que sur le papier. Déjà très éprouvés à l'ouest du Don, ses survivants s'étaient traînés jusqu'à Stalingrad, pour s'y réfugier et non pour combattre. Son front s'étendait de l'usine de tracteurs, au nord, aux silos à grains proches de Dar Gova, au sud, et rien ne l'avait préparée à supporter le poids énorme de l'attaque allemande.

Une brigade blindée ne possédait plus qu'un seul char. Une brigade d'infanterie comptait exactement 666 hommes, dont seulement 200 étaient bons tireurs. Un régiment dont l'effectif normal s'élevait à

3 000 officiers et soldats n'en avait plus que 100. La division voisine, jadis forte de 10 000 hommes, était réduite à 1 500. Au sud de la ville, la célèbre 35e division de la Garde ne disposait plus que de 250 fantassins.

Consterné devant une situation aussi catastrophique, le général Lopatin se sentit incapable de sauver Stalingrad. Quand il fit part de ses craintes à son chef, il perdit son commandement. En toute hâte, Ieremenko tint conférence avec Khrouchtchev dans son nouveau quartier général de Yamy, pour lui choisir un successeur, et ils ne tardèrent pas à tomber d'accord : le général le plus qualifié pour un tel poste était Vassili Ivanovich Tchouïkov, l'adjoint au commandant de la LXIVe Armée. D'origine paysanne, il avait débuté très humblement dans la vie, puis adhéré au parti communiste dès la révolution et, pendant la guerre civile, était vite devenu commandant d'un régiment. Six ans plus tard, âgé seulement de vingt-cinq ans, il sortit brillamment de la prestigieuse école militaire Frunze. Sa carrière se poursuivit avec succès. Pendant la guerre russo-finlandaise de 1939-1940, il commandait une armée. Quand Hitler envahit l'U.R.S.S. Tchouïkov se trouvait à Tchong-King, où il observait les intrigues de palais qui se déroulaient autour du « fasciste » Tchang Kaï-Chek, et il n'en revint qu'au printemps de 1942.

Depuis six semaines, il servait d'adjoint au général Choumilov, dont la LXIVe Armée luttait contre la IVe Armée blindée allemande, au sud-ouest de Stalingrad. Malgré l'obligation de se replier sans cesse devant la masse des chars ennemis, Tchouïkov ne succomba jamais au défaitisme. Très énergique et conscient de sa valeur, il n'avait que du mépris pour ceux qui se décourageaient. S'il consentait à raisonner quiconque s'était rendu coupable d'une faute, en revanche il châtiait sur-le-champ ceux qui contestaient ses vues sur le plan militaire. Sa rude personnalité allait de pair avec son aspect batailleur. Large d'épaules, massif, il avait un visage joufflu et creusé de rides, des cheveux noirs et frisés qui tombaient sur ses yeux, et quand il souriait on pouvait voir briller une rangée de dents en or. Il se souciait si peu de sa tenue qu'on le prenait souvent pour un simple soldat.

Ieremenko et Khrouchtchev sentaient que le dynamisme du personnage compensait de beaucoup ses difficultés de caractère. Précisément parce qu'il était énergique, tenace et capable de brillantes improvisations sur le champ de bataille, ils estimèrent indispensable de l'envoyer dans Stalingrad investi, de préférence à tout autre chef. Ieremenko téléphona donc à Staline, obtint son accord pour cette nomination, puis convoqua le général par radio à Yamy.

Non sans difficulté, Tchouïkov arriva dans la soirée du 11 septembre à l'embarcadère. En attendant la venue d'un vapeur, il alla jeter un coup d'œil à un poste de secours proche et fut indigné par ce qu'il constata. De grands blessés gisaient par terre, leurs pansements ensanglantés n'avaient pas été refaits depuis des heures, on ne les nourrissait pas et ils réclamaient de l'eau sans arrêt. Quand Tchouïkov demanda des explications aux médecins et infirmières, ceux-ci se déclarèrent incapables de soigner tous les blessés, dont le nombre ne cessait d'augmenter. Tout au plus pouvaient-ils traiter les cas les plus graves. Le général dut reconnaître la réalité du fait. Il assista à une opération, puis gagna le navire qui le transporta sur l'autre rive.

Le 12 septembre à 10 heures, il se présenta à Ieremenko :

— Tovarich commandant en chef, le général Tchouïkov vient te voir, conformément à tes ordres !

Ieremenko l'accueillit chaleureusement et l'invita à partager une collation, mais Tchouïkov refusa. Les deux hommes parlèrent un peu de la situation générale, tandis que des obus tombaient par moments dans la forêt, puis Ieremenko aborda la question :

— Vassili Ivanovich, je t'ai demandé de venir pour t'offrir un nouveau poste...

Quoiqu'il eût deviné le motif de la convocation, Tchouïkov prit un air étonné. Son chef poursuivit, en scrutant ce visage rude pour y déceler une réaction :

— Ce poste, c'est le commandement de la LXIIᵉ Armée. Qu'en penses-tu ?

Tchouïkov répondit aussitôt, en usant d'une expression qui lui était familière :

— A cet égard..., il est évident que cette mission comporte de très lourdes responsabilités.

— La situation de l'armée est en effet critique, et je suis heureux que tu te rendes compte que ta tâche sera lourde.

— Oui, mais je crois qu'à cet égard je ne te décevrai pas.

Satisfait de cette réponse, Ieremenko conduisit son hôte chez Khrouchtchev, qui fut vite convaincu de sa résolution : Tchouïkov résisterait à tout prix dans Stalingrad. Il fut entendu que le commandant en chef du front de Stalingrad ne refuserait jamais l'aide que Tchouïkov lui demanderait, s'il était à même de la lui fournir. Sans perdre un instant, le nouveau chef de la LXIIᵉ Armée repartit prendre possession de son poste, dans la gorge de Tsaritsa.

Ce jour-là, le général Friedrich von Paulus se rendit par avion à Vinnitsa en Ukraine, à plus de 800 km dans l'ouest. Il y passa des heures en conférence avec Adolf Hitler, et discuta surtout du problème qui ne cessait de le préoccuper : la faiblesse de son flanc gauche, le long du Don. Il demanda au Führer de lui donner quelques unités de valeur, capables d'encadrer et de soutenir, comme un « corset », les armées peu sûres des pays satellites. Hitler se montra très cordial et promit de s'occuper tout de suite de cette affaire, puis il pressa le général d'en finir avec Stalingrad. Paulus l'assura que la ville tomberait dans quelques jours.

Ce soir-là, Paulus dîna avec son vieil ami Franz Halder. En dégustant de l'excellent vin, ils évoquèrent la brillante campagne d'été dans la steppe, et le chef de la VIᵉ Armée insista sur le souci que lui causait son flanc gauche, parce qu'il n'avait pas confiance dans les forces alliées. Halder promit de relancer Hitler à ce sujet, et les deux généraux se séparèrent dans une ambiance optimiste.

Pendant ce temps, au Kremlin, les trois principaux chefs de l'Armée Rouge étaient aussi en conférence. Joseph Staline, Gheorghi Joukov et Alexandre Vassilevsky examinaient ensemble les rapports parvenus des champs de bataille. Ils notèrent qu'au Caucase le Groupe d'Armées A ennemi commençait à ralentir sa progression vers les centres pétroliers, mais Staline craignait encore de ne pas pouvoir endiguer cette offensive.

— Ils veulent à tout prix arriver à Grozny, grommela-t-il. Voyons maintenant ce que Joukov a à dire de Stalingrad.

Les nouvelles n'étaient pas bonnes : ses forces ne réussissaient pas à percer le couloir allemand entre Don et Volga. Staline alla regarder une carte murale, où figuraient les emplacements de toutes les réserves sur les divers secteurs du front. Dans le coin opposé du bureau, les deux maréchaux discutaient à voix basse de la situation, cherchant s'il n'y avait pas une autre solution, un autre moyen d'en sortir. Soudain Staline se retourna et leur dit sèchement :

— Il n'y a pas d'autre solution ! Retournez tous les deux à l'état-major général et voyez ce qu'on peut faire à Stalingrad ! Voyez ce qu'il faut envoyer là-bas pour renforcer notre position, et n'oubliez pas le Caucase ! Nous nous reverrons demain soir à 9 heures !

Tandis que Staline et ses collaborateurs œuvraient à Moscou, Vassili Tchouïkov débarquait d'un vapeur pour prendre le commandement de la LXIIᵉ Armée. Une cohue pitoyable l'accueillit sur le quai : vieillards, femmes et enfants, au visage noirci par la crasse, se pressaient autour de lui, réclamant de l'eau, et ce qui tourmenta le plus Tchouïkov fut de ne pouvoir leur en donner.

Il se rendit à l'abri de la gorge de Tsaritsa mais le trouva vide. Des soldats dans la rue lui apprirent que le quartier général était transféré sur la colline Mamaev. Non sans peine, sa voiture se fraya un chemin parmi les décombres, dues aux obus et aux bombes qui pleuvaient sur la ville depuis plusieurs jours. Le général fut particulièrement choqué en constatant, durant le trajet, que les défenses antichars étaient quasi inexistantes ; il savait par expérience que les blindés allemands les franchiraient en quelques secondes. Il remarqua autre chose : quoiqu'on fût encore en été, il n'y avait plus une feuille aux arbres.

Quand il parvint au bas de la colline, il descendit de voiture et gravit à pied la pente sud-est. C'est ainsi qu'il trouva son nouveau poste de commandement, une simple tranchée couverte de branchages et de terre. Elle comportait d'un côté un banc aménagé dans la paroi, de l'autre une table et un lit de camp. Deux personnes s'y tenaient : une téléphoniste et le général Nikolaï Ivanovich Krylov, chef d'état-major de l'armée, un homme robuste, au visage grave, qui discutait avec véhémence au téléphone. Ne voulant pas l'interrompre, Tchouïkov posa sur la table l'ordre qui le nommait à la tête de la LXIIᵉ Armée. Krylov y jeta un coup d'œil et, dès qu'il eut raccroché l'appareil, se leva pour saluer son nouveau chef. Encore exaspéré par ce qu'il venait d'apprendre, il expliqua :

— Un général s'est permis de transférer sans autorisation son poste de commandement sur la rive de la

Volga, si bien qu'il est maintenant derrière nous ! C'est une honte !

Tchouïkov s'assit et laissa Krylov poursuivre sa tâche, pendant qu'il s'efforçait lui-même d'apprécier exactement la situation. Vers minuit, le général fautif arriva avec son adjoint. C'est alors que Tchouïkov agit pour la première fois en chef responsable. Il invectiva le coupable :

— Que serait ton attitude, en tant que général soviétique commandant un secteur du front, si un de tes chefs de corps quittait son poste avec son état-major sans ta permission ? Comment qualifies-tu ton acte ?

Baissant la tête, les deux officiers supérieurs furent incapables de répondre, et Tchouïkov continua de les accuser de lâcheté, avec une extrême violence. Il conclut en leur donnant jusqu'à 4 heures du matin pour regagner leur précédent quartier général.

Passant à l'examen des cartes, il comprit vite à quel point la situation était désastreuse. A moins de 2 km, les 71e et 295e divisions allemandes s'apprêtaient à se ruer à l'assaut, pour gagner la Volga et s'emparer de l'embarcadère, indispensable à la défense de la ville. En effet, le 13 septembre à 6 h 30, leur attaque se déclencha, rendant très vite inutilisables les lignes de communications téléphoniques. Tchouïkov eut les plus grandes difficultés à conserver le contrôle de ses troupes et, en fin d'après-midi, il avait « presque complètement perdu le contact avec elles ». Néanmoins, les Allemands n'étaient pas parvenus à pénétrer dans les quartiers bordant le fleuve.

Exposé à des bombardements continuels d'artillerie et dépourvu de communications convenables, par téléphone ou par radio, Tchouïkov décida de retourner dans l'abri de la gorge de Tsaritsa, trop hâtivement abandonné, où il pensait pouvoir mieux exercer son commandement.

Conformément à ses instructions de la veille, Staline était de nouveau en conférence avec les maréchaux

Vassilevsky et Joukov. Après leur avoir serré la main, ce qui lui arrivait rarement, il se lança dans une vive attaque contre ses Alliés :

— Des dizaines, des centaines de milliers de Soviétiques donnent leur vie dans la lutte contre le fascisme, et Churchill chicane pour 20 « Hurricane » ! Encore que ces avions ne valent pas grand-chose : nos pilotes ne les aiment pas ! Eh bien, ajouta-t-il sans transition, où en êtes-vous tous les deux ? Qui est-ce qui prend la parole ?

— N'importe lequel, répondit Vassilevsky, car nous sommes du même avis.

Staline regarda leur carte et demanda :

— Qu'est-ce que ça représente ?

— Les préliminaires de la contre-offensive à Stalingrad.

Chacun à son tour, les deux maréchaux expliquèrent leur plan. Deux attaques simultanées enfonceraient les flancs des armées allemandes, l'une à 150 km au nord-ouest de Stalingrad, le long du Don, l'autre à 80 km au sud de la ville, le long des lacs salés de Tzatza ; puis les deux mâchoires de la tenaille russe se refermeraient dans la région de Kalach. On pouvait espérer qu'ainsi la majeure partie de la VIᵉ Armée de Paulus serait encerclée dans le secteur compris entre Don et Volga.

— Ne pensez-vous pas, objecta Staline, que les forces opérant ainsi seront trop éloignées les unes des autres ?

Les maréchaux n'étant pas de cet avis, il leur déclara :

— Il va falloir y réfléchir davantage et voir si nous en avons les moyens.

Pendant qu'ils discutaient de ce plan audacieux, Ieremenko téléphona de Yamy, pour annoncer que les Allemands commençaient à pénétrer dans Stalingrad par l'ouest et par le sud. L'air très soucieux, Staline écouta, puis raccrocha et dit à Vassilevsky :

— Donne tout de suite l'ordre à Rodimtsev de faire passer la 13ᵉ division de la Garde sur la rive droite de la Volga, et vois ce que tu pourrais envoyer demain de l'autre côté... Quant à votre plan, nous en reparlerons plus tard. Personne d'autre que nous trois ne doit en avoir connaissance.

Le 14 septembre au matin, la 71ᵉ division allemande pénétra dans le secteur sud de Stalingrad, sur un front d'environ 2 km. Le capitaine Gerhard Meunch menait en personne l'attaque de son bataillon, le 3ᵉ du 194ᵉ Régiment d'Infanterie contre une série de groupes d'immeubles qui le séparaient de la rive du fleuve. Jusqu'alors, ses hommes avaient surtout souffert de la chaleur et de quelques arrière-gardes russes, mais il estimait que ses chances d'atteindre la Volga avant le crépuscule étaient excellentes.

Or, dès qu'il eut commencé d'avancer dans les rues plus ou moins étroites, il constata que ses pertes augmentaient à un rythme inquiétant. Du haut des troisième ou quatrième étages des bâtiments, les défenseurs russes mitraillaient les colonnes, et des canons légers, bien camouflés, creusaient des trous dans leurs rangs. Les Allemands trouvaient peu d'abris et se voyaient contraints de combattre maison par maison, pour déloger l'ennemi des ruines dans lesquelles il se retranchait.

Néanmoins, vers 14 heures, le bataillon de Meunch combattait à quelques centaines de mètres de la principale gare, proche de la place Rouge, quand son chef reçut l'ordre de s'emparer de l'embarcadère, sur le quai dc la Volga. Malgré des pertes croissantes, le capitaine estima qu'il pouvait remplir cette mission avec succès. Ses hommes avaient déjà capturé des messagers russes porteurs de documents écrits, ce qui prouvait que les communications téléphoniques des Soviétiques étaient détruites. Dans ces conditions, seuls des groupes isolés s'opposeraient sans doute à l'offensive allemande, et Meunch se dit qu'en dépit de ses effectifs réduits, il allait réussir à atteindre l'objectif fixé, à moins d'un kilomètre de là.

Meunch ne se trompait pas dans son estimation des difficultés dans lesquelles l'ennemi se débattait. Le général Tchouïkov avait en effet à faire face à une situation quasi désespérée. Revenu dans l'abri de la gorge de Tsaritsa, il venait d'apprendre que la 13e division de la Garde allait lui venir en aide et franchir la Volga la nuit suivante. D'ici là, il fallait tenir coûte que coûte l'embarcadère, sans lequel Stalingrad tomberait. C'est pourquoi, vers 16 heures, Tchouïkov convoqua le colonel Sarayev, commandant les troupes du N.K.V.D. de la garnison. Le général Krylov avait déjà mis en garde son chef contre l'attitude déplaisante de ce policier :

— Il se considère indispensable et n'aime pas recevoir des ordres de l'armée.

Dès l'arrivée de Sarayev, Tchouïkov le prit en quelque sorte à bras-le-corps et lui demanda rudement :

— Comprends-tu que ta division a été incorporée dans la LXIIe Armée et que tu dois te soumettre à l'autorité du Conseil militaire de l'armée.

Voyant que Sarayev grommelait et paraissait mécontent, Tchouïkov ajouta, d'un ton menaçant :

— Veux-tu que je téléphone au Conseil militaire du front de Stalingrad et lui demande de clarifier la situation ?

Redoutant une réaction sévère de Ieremenko et de Khrouchtchev, Sarayev céda et répondit humblement :

— Je suis un soldat de la LXIIe Armée.

Aussitôt Tchouïkov lui ordonna de répartir ses 1 500 miliciens, en groupes de 10 à 20 hommes, dans les immeubles stratégiques de la ville. Ces « sections d'assaut » furent la réponse du général à la supériorité des Allemands en effectifs, en artillerie, et en aviation, surtout en aviation. Jetant aux orties les manuels de tactique de l'Armée Rouge, il leur substitua une méthode de combat défensif dont il avait d'abord eu l'idée dans la steppe, quand il voyait l'ennemi appliquer sa tactique de « Blitzkrieg » contre la LXIVe Armée soviétique. Il acquit alors la conviction qu'il ne pourrait jamais rivaliser avec la puissance de feu des blindés allemands, et il riposta en créant une série de miniforteresses, aux principaux carrefours et points de passage obligé.

Ces petits groupes, résistant dans de solides points d'appui, agiraient comme des digues et canaliseraient les chars nazis sur des itinéraires d'approche bien repérés à l'avance par l'artillerie soviétique. Quand les blindés ennemis progresseraient lentement sur ces voies d'accès, ils y rencontreraient un barrage meurtrier d'artillerie lourde. Immobilisés, ils chercheraient alors à faire avancer leur infanterie, et celle-ci serait décimée par les « sections d'assaut » retranchées dans les immeubles et les ruines. En outre, dans un combat aussi rapproché, les défenseurs ne risqueraient pas d'attaques aériennes, car l'aviation allemande ne courrait pas le risque de bombarder ou de mitrailler les unités attaquant les points d'appui, presque au corps à corps.

A moins d'un kilomètre du quartier général de Tchouïkov, une compagnie de soldats du N.K.V.D. se préparait à repousser la ruée finale des Allemands vers l'estacade. Au nombre d'une soixantaine, ils se formèrent en arc de cercle autour de l'embarcadère, puis attendirent le retour de leur chef, le colonel Petrakov, qui avait tenu à effectuer une reconnaissance dans la rue Pensenskaya. Pour mieux déterminer l'endroit où l'ennemi tenterait une percée, Petrakov et deux de ses hommes marchèrent jusqu'à la place du 9-Janvier, au nord, qu'ils trouvèrent déserte. Des bruits de fusillade assez lointains leur parvenaient, mais ils ne virent aucun Allemand. Le colonel s'adossa à une voiture abandonnée et réfléchit à la situation.

Soudain une vive fusillade éclata, et le souffle d'un projectile abattit Petrakov, sans connaissance. Il revint à lui dans un tunnel au bord de la Volga, où ses hommes l'avaient porté, pour apprendre que certains éléments ennemis avaient atteint le fleuve et occupaient quelques bâtiments, en particulier la « Maison des Spécialistes » (où logeaient les ingénieurs des usines), l'immeuble à cinq étages de la Banque d'Etat, et la brasserie. Les Allemands hurlaient par les fenêtres : « Rus ! Rus ! Volga bul-bul ! », c'est-à-dire : « Les Russes, on va vous noyer dans la Volga ! »

Encore chancelant, le colonel gagna l'entrée du tunnel et scruta le plan d'eau, cherchant à y déceler les premiers signes d'approche de la 13e division de la Garde, mais elle ne devait pas franchir le fleuve avant plusieurs heures, et d'ici là il fallait empêcher les Allemands d'arriver à l'estacade. A ce moment, un garçon russe entra dans le tunnel, dit à Petrakov qu'il s'appelait « Kolia », et que l'ennemi l'avait envoyé espionner, pour connaître l'importance des défenses sur le quai, entre la Maison des Spécialistes et la Volga. L'enfant savait exactement qui étaient ces Allemands : un capitaine Ginderling, commandant le 1er Bataillon du 194e Régiment d'Infanterie. Cette unité, couvrant le flanc gauche de celle de Gerhard Meunch, cherchait aussi à s'emparer de l'embarcadère avant la nuit.

C'est pourquoi, Ginderling envoya ses hommes, au crépuscule, de la brasserie vers l'embarcadère, distant d'environ 750 m. Ils se heurtèrent à un feu nourri des défenseurs, postés en tirailleurs sur la rive, mais ceux-ci commencèrent bientôt à manquer de munitions. Tout à coup, une chaloupe arriva à grande allure de la rive opposée, remplie de cartouches et de grenades. Il n'était que temps. Réapprovisionnés, les soldats du N.K.V.D. de Petrakov se préparèrent à contre-attaquer. Le colonel avait découvert un canon de 76 mm abandonné ; il se familiarisa vite avec son maniement, mais prit la précaution de faire reculer ses hommes avant de tirer lui-même le premier obus. Tout se passa bien, et le projectile alla crever le mur de la Banque d'Etat.

Petrakov allait recommencer quand une autre chaloupe aborda la rive derrière lui, transportant un premier groupe de la 13e division de la Garde. Mais les Allemands les avaient vus aussi, et les obus ne tardèrent pas à pleuvoir. Encadré d'explosions, le colonel Yelin, commandant le 42e Régiment de la Garde, bondit du bateau dans le fleuve et gagna la rive en pataugeant, dans l'eau jusqu'au genou. Voyant Petrakov prêt à tirer sur la banque, Yelin l'en empêcha, en l'assurant qu'avec ses hommes il allait déloger l'ennemi, dût-il pour cela se battre au corps à corps.

La situation des Russes était certes périlleuse, mais ils ignoraient que celle de l'adversaire, qui voulait les jeter à l'eau, ne l'était pas moins. Près de la gare, le capitaine Meunch fit le compte de son effectif : une seule journée de combat dans Stalingrad lui avait coûté la moitié de son bataillon, et près de 200 hommes gisaient, morts ou blessés, dans les rues menant à la place Rouge. Maintenant, la gare constituait un obstacle encore plus redoutable. Quoique les Russes ne l'eussent pas occupée en force, Meunch craignait instinctivement d'y pénétrer. Bien cachés dans des wagons ou des guérites d'aiguillage, quelques bons tireurs pourraient achever de décimer sa troupe, déjà si réduite.

Il décida d'y renoncer et demanda à l'aviation de bombarder la gare, ce qui fut fait rapidement. Mais les appareils, volant trop haut, manquèrent la cible et larguèrent leurs bombes au milieu du bataillon de Meunch. A la tombée de la nuit, il le rassembla dans l'hôtel de ville, un bâtiment inachevé en forme de U. De la terrasse, il put contempler pour la première fois la Volga. Faisant l'appel, il constata qu'il lui restait seulement une cinquantaine d'hommes. Avec un si faible effectif, il ne pouvait plus prétendre s'emparer de l'embarcadère. Pour y parvenir, il aurait besoin de renforts. En les attendant, il recommanda à sa petite troupe de se mettre à l'abri pour la nuit.

Or, à quelque 500 m de là, la 13e division de la Garde débarquait en force. Deux régiments et un bataillon d'un troisième avaient traversé le fleuve sous les obus. Aussitôt à terre, ils se jetèrent dans la bataille. Dans la nuit sans lune, les hommes trébuchaient sur les décombres et souvent se perdaient, mais avant l'aube ils réussirent à former une ligne de résistance.

Sur la colline Marnaev, des équipes creusèrent fébrilement le terrain jadis si cher aux amateurs de piquenique. Cependant, la 295e division allemande s'était déjà emparée du sommet, où deux châteaux d'eau verts servaient de poste de commandement abrité. Le vacarme sur la colline était infernal. Un soldat russe l'a comparé à deux vrilles d'acier qui se seraient enfoncées dans ses tympans et auraient pénétré jusqu'au cerveau. Des explosions énormes embrasaient le ciel, donnant une teinte rougeâtre aux visages, et le colonel Yelin eut l'impression que nul ne sortirait vivant de cet enfer.

Pourtant, les Russes réussirent à tenir le flanc de la colline. Les pertes étaient effrayantes. Yelin envoyait un à un des hommes pour boucher les trous creusés dans la position de résistance. Les soldats n'avaient pas le temps de connaître le nom de leur voisin de tranchée, avant de mourir avec lui sous un déluge de fer et de feu.

Dans son quartier général, Tchouïkov essayait de déterminer exactement ce qu'était la situation sur la colline, mais il n'y parvenait pas, à cause de renseignements contradictoires. Il avait aussi d'autres problèmes à résoudre. Son abri de la gorge de Tsaritsa était positivement assiégé. Messagers venus du dehors et estafettes envoyées par l'état-major entraient et sortaient sans discontinuer par l'issue de la rue Pouchkinskaya. Parfois, des soldats s'y précipitaient pour échapper à une grêle de balles ou de projectiles. La chaleur y était insupportable. Trempé de sueur, Tchouïkov en sortit plusieurs fois pour prendre l'air et retrouver son équilibre. Des rafales de mitrailleuses sifflaient non loin de lui, mais peu lui importait. A l'intérieur, le tintamarre lui paraissait plus éprouvant.

D'une prairie longeant la rive gauche de la Volga, le commandant de la 13ᵉ division de la Garde s'apprêtait à traverser le fleuve pour renforcer la défense de Stalingrad. A trente-six ans, le général Alexandre Ilyich Rodimtsev était familiarisé avec la guerre. Sous le pseudonyme de « Pavlito Gechos », il avait brillamment combattu en 1936 avec les républicains espagnols contre Franco, ce qui lui valut par la suite la distinction de « Héros de l'Union soviétique ». Marchant maintenant sur la berge du large cours d'eau, il avait peine à croire à la réalité de ce qu'il voyait. A l'aube de ce 15 septembre, Stalingrad brûlait, tandis que les bateaux transportant ses troupes étaient mis en pièces par l'artillerie ennemie. Sous ses yeux, l'un d'eux fut soudain enveloppé de fumée, puis une déflagration assourdissante retentit, et quand la colonne d'eau, jaillie du fleuve, eut fini de retomber, le bateau avait disparu avec ses 65 passagers.

Rodimtsev et son état-major embarquèrent dans une chaloupe et s'accroupirent contre les plats-bords. Les obus tombaient de tous côtés, leurs éclats ricochant contre la coque du bateau, et des trombes d'eau s'abattaient parfois sur les hommes. Cependant ils atteignirent sans dommage la rive droite. Rodimtsev sauta à terre et courut sur le quai, vers le nord. A 400 m de l'estacade, il rejoignit le poste de commandement du colonel Petrakov, qui allait devenir le sien. C'était un vieux tunnel, une sorte de couloir peu ventilé, dont le plafond en vieilles planches laissait pleuvoir des saletés à chaque explosion. Petrakov rendit compte à son chef que les Allemands semblaient tenter de s'emparer de la rive, sur une distance d'environ 5 km, de la gorge de Tsaritsa jusqu'à la colline Mamaev.

Ayant hâte de se présenter à Tchouïkov, le général prit avec lui 5 officiers et revint en courant à l'embarcadère, puis il tourna à droite et s'engagea dans la gorge. Durant ce court trajet, 3 de ses compagnons furent tués, mais il atteignit indemne le quartier général. Tchouïkov le serra sur son cœur, puis écouta son rapport. La majorité de sa division avait pu franchir le fleuve, mais il lui manquait 2 000 fusils. Tchouïkov donna des ordres pour qu'on les lui fournît, puis il demanda à Rodimtsev ce qu'il pensait de la terrible mission qu'on lui avait confiée.

— Je suis un communiste, répondit le général de la Garde, et je n'ai pas l'intention d'abandonner la ville.

CHAPITRE X

Des soldats russes couraient en tous sens, à la lumière crue des incendies et des déflagrations. Malgré la nuit, on y voyait aussi clair que par une belle matinée d'été. Désireux de prendre l'air, Vassili Tchouïkov sortit de son abri et fit quelques pas dans la rue Pouchkinskaya. Apercevant un officier, il l'interpella :

— Lieutenant ! Où sont tes hommes ?

Anton Kouzmich Dragan répondit qu'il commandait la 1re Compagnie du 1er Bataillon du 42e Régiment de la 13e division de la Garde. Tchouïkov lui donna alors un ordre terrifiant :

— Va occuper la gare centrale et ne la lâche pas !

Discipliné, Dragan rassembla son unité et s'avança vers le bâtiment en ciment qui se trouvait juste à l'ouest de la place Rouge. Le bataillon ne tarda pas à se heurter à des feux croisés et nourris, émanant des fenêtres : les Allemands étaient déjà là. Après quelques recommandations complémentaires, l'officier parvint à se rapprocher de l'édifice en le contournant, puis ce fut l'assaut, à la grenade et à la mitrailleuse. Or, à sa grande surprise, l'ennemi ne résista pas longtemps et évacua la position. Les Russes se disséminèrent parmi les wagons, organisèrent en hâte des points d'appui et attendirent l'aube. Ils ne se doutaient pas que l'adversaire perdait dans ce combat 60 % de ses effectifs.

Quand les Allemands firent irruption dans le quartier résidentiel de Stalingrad, leur rapidité ne laissa pas le temps à tous les civils de s'enfuir. On avait pu évacuer sur la rive gauche la grande majorité de la population, par exemple Anastasia Modina et ses orphelins, le sous-chef de gare Viskov et sa femme, le rédacteur de la *Pravda* Vodolagin, mais il restait encore 3 000 habitants environ dans la ville.

Ainsi, dans le faubourg de Dar Gova, plusieurs centaines de ces non-combattants furent surpris chez eux par l'envahisseur. Il y avait parmi eux la famille de Sacha Fillipov, un garçon de 15 ans. Petit et frêle, il sortit de la demeure où ses parents et son frère cadet demeuraient claquemurés, et il alla fraterniser avec l'ennemi. Ayant appris le métier de cordonnier, il se présenta aux officiers allemands, occupant un bâtiment voisin, et leur offrit ses services. Amusés et surpris de voir un enfant si délicat se montrer si bon ouvrier, ils promirent de lui confier le ressemelage des bottes de leur troupe. Ce soir-là, Sacha annonça à ses parents qu'il allait travailler pour l'ennemi mais il leur cacha autre chose : il avait réussi à joindre des officiers de renseignements russes et s'était entendu avec eux pour espionner le quartier général allemand, installé à Dar Gova.

Mme Katrina Karmanova, elle aussi, fut surprise par la rapide offensive allemande. Elle était restée trop longtemps dans sa petite maison, pour enfouir dans le sol de la cour ce qu'elle possédait de plus précieux, bijoux, argenterie et souvenirs de famille. Quand elle entendit, avec son fils Genn, les mitrailleuses crépiter au bout de la rue, elle comprit qu'il était trop tard pour fuir. Un obus explosa sur le toit et mit le feu à sa demeure. Blottie avec le garçon derrière un divan, elle voyait par la fenêtre des grenades exploser dehors.

Soudain une rafale de balles traçantes traversa la pièce, et Genn s'écria :

— N'aie pas peur, maman ! Mais arrache ça de mon bras !

D'une main tremblante, elle parvint à retirer l'éclat de grenade qui s'était logé dans les chairs, puis elle déchira un morceau de sa culotte pour confectionner un pansement et décida :

— Allons-nous-en, sinon ils vont nous tuer !

Courant dans la rue, ils atteignirent une tranchée en zigzag, où soldats et civils russes s'abritaient, serrés les uns contre les autres. Une petite fille, dont le corps était criblé d'éclats, gémissait : « Trouvez ma maman avant que je meure ! » Accroupie à côté d'elle, Mme Karmanova se bouchait les oreilles pour n'entendre ni ses plaintes déchirantes ni le sifflement et les explosions des projectiles. Non loin d'elle, une famille tenta de gagner la Volga en courant, mais à peine eut-elle quitté la tranchée qu'un tireur allemand tua le père, la mère et le fils. Seule survivante, une petite fille resta, hébétée, près du cadavre de sa mère. De la tranchée, les soldats russes lui crièrent : « Cours ! Cours ! » Après avoir hésité, l'enfant se décida à partir et disparut dans l'ombre, sans qu'on lui tirât dessus.

Mme Karmanova et son fils passèrent la nuit dans la tranchée, où ils faillirent être enterrés vivants par un obus. A l'aube du 16 septembre, profitant d'une accalmie, ils bondirent et s'enfuirent à toutes jambes vers la Volga. Les Allemands les laissèrent partir.

Dans leur chalet de bois, Mme Kornilov et sa fille Natacha, âgée de onze ans, n'eurent pas cette chance. Blessées quelques jours auparavant par des éclats de bombe, elles gisaient impuissantes quand des soldats allemands firent irruption, mitraillette à la main. La mère s'attendait à être violée, mais les hommes ne la touchèrent pas. Ils pillèrent la maison, emportant des vivres, des casseroles et même des couvertures, puis partirent.

Aussitôt, Mme Kornilov écrivit le mot « Typhus » sur un carton et dit à sa fille de l'épingler sur la porte d'entrée. Or, sa ruse se retourna contre elle. Quelques heures plus tard, des Allemands remarquèrent l'inscription et mirent le feu à ce foyer contagieux. Au milieu des flammes, Natacha traîna sa mère invalide jusqu'à un hangar en ciment qui se trouvait au fond de la cour. C'est là que, sur la dalle froide, les Kornilov restèrent, écoutant la fusillade proche et se demandant si quelqu'un viendrait à leur secours.

Le 17 septembre, l'ennemi progressant au nord et au sud de la gorge de Tsaritsa, le général Tchouïkov se vit contraint de chercher un autre quartier général. Toute la journée, tandis que les balles ricochaient sur les rochers de la gorge et que les projectiles explosaient devant l'issue de la rue Pouchkinskaya, l'état-major de la LXIIe Armée déménagea. A minuit, Tchouïkov et ses adjoints traversèrent la Volga pour gagner Krasnaya Sloboda, où ils passèrent quelques heures à se laver et se restaurer. Cette détente était nécessaire, mais elle faillit mal se terminer. S'étant trop attardé, le général dut courir à l'embarcadère et bondir à bord du vapeur qui levait l'ancre.

Quelques heures plus tard, il s'installait dans son nouveau quartier général, à 8 km au nord de la gorge de Tsaritsa. C'était une simple tranchée couverte de planches, dans un terrain découvert entre les usines « Octobre Rouge » et « Barrikady ». Sur une petite colline proche se trouvait une raffinerie de pétrole, avec un grand réservoir en ciment. Tous ceux qui connaissaient bien ce secteur affirmaient qu'il n'y restait plus une goutte de carburant.

Au quartier général de la VIe Armée allemande, situé à Goloubinka, à 65 km à l'ouest de Stalingrad, les journalistes allemands harcelaient le général Friedrich von Paulus, pour qu'il les autorisât à annoncer la prise de la ville. Souriant avec optimisme, Paulus se borna à répondre :

— Ça peut arriver d'un moment à l'autre, maintenant.

Sous sa tente étouffante, le général écoutait des disques, fumait cigarette sur cigarette, et tentait d'apaiser les douleurs que lui causait sa dysenterie chronique. En réalité, il n'espérait presque plus obtenir une victoire rapide. Pendant ce temps, en Allemagne, quelques journaux imprimaient une édition spéciale, annonçant en gros titre : « Chute de Stalingrad ! » Pourtant, Goebbels interdit la diffusion de ces numéros, tant qu'il n'aurait pas obtenu confirmation de la nouvelle par Paulus. Or, celui-ci ne put la lui donner.

Dans la gare centrale de Stalingrad, à l'ouest de la place Rouge, le lieutenant Anton Dragan subissait un bombardement terrible, qui défonçait les murs et tordait les poutres de fer. Lorsque les Allemands l'entourèrent de trois côtés, Dragan fit replier ses hommes de l'autre côté de la rue, dans une fabrique de clous, d'où ils dominaient le carrefour de l'avenue menant à la Volga.

Quand il se fut installé tant bien que mal dans sa nouvelle position, Dragan fit rapidement le compte de ses réserves, et cela ne lui prit guère de temps : il n'avait plus ni vivres, ni munitions, ni eau. Cherchant fébrilement à étancher leur soif, les soldats russes déchargèrent des mitraillettes sur des conduites, pour voir si elles contenaient encore du liquide : il n'en restait pas une goutte.

De la gorge de Tsaritsa aux pentes de la colline Mamaev, les 71e et 295e divisions allemandes commen-

çaient à subir les effets des renforts reçus par Tchouïkov. L'officier de renseignement de la 71e, le colonel
Günter von Below, dont le frère était attaché de l'air
auprès de Hitler, marcha ce jour-là parmi les
décombres proches de la gare centrale et eut peine à
comprendre l'énormité de cette destruction. Tandis
qu'il enjambait ou contournait les débris, un sergent-
major vint à lui et demanda, atterré :

— Qu'est-ce que je dois faire ? Il ne me reste que
9 hommes.

Le colonel von Below s'assit à côté de cet homme
désorienté, et ils parlèrent des pertes infligées au cours
des dernières heures à cette compagnie par les Russes.
Quand le sous-officier se fut calmé, il alla rejoindre
ses 9 soldats, et Günter von Below resta seul à contempler les ruines. Extrêmement troublé, il en vint à se
demander si les Russes s'effondreraient avant que sa
propre division se trouvât sans effectifs.

Les principaux adversaires de Günter von Below, les
soldats de la 13e division de la Garde, gisaient en tas,
de Mamaev à la place Rouge. Près de 6 000 d'entre
eux avaient été tués, mais leur sacrifice venait de faire
gagner aux Russes plusieurs précieuses journées.

Une des forteresses qui avaient ralenti l'avance allemande était le massif silo qui s'élevait à grande hauteur, juste au sud de la gorge de Tsaritsa. Durant près
d'une semaine, à partir du 14 septembre, une cinquantaine de Russes vigoureux étaient restés retranchés
dans la tour de métal ondulé, défiant les canons de trois
divisions ennemies. Renforcée dans la nuit du 17 septembre par le lieutenant Andreï Khoyzyanov et un
peloton de fusiliers marins, vêtus de maillots rayés et
de bérets, la garnison combattit de plus belle, les
hommes plaisantant, tandis que les obus allemands
s'efforçaient de crever leur abri.

Il arriva qu'un char ennemi s'avança, hissant un drapeau blanc au-dessus de sa tourelle. Par l'intermédiaire d'un interprète, un officier demanda aux défenseurs de se rendre à « l'héroïque armée allemande ». Pour toute réponse, les Russes crièrent aux Allemands d'aller au diable ; ils les avertirent de laisser le char où il était et de déguerpir, avant qu'il ne fût détruit. Quand les plénipotentiaires voulurent remonter dans le véhicule, les fusiliers marins le firent sauter.

Trois jours durant, l'artillerie allemande pilonna ce nid de résistance, mit le feu au grain emmagasiné avec des obus incendiaires et cribla le silo de projectiles à forte charge explosive. L'infanterie se rua à l'assaut et gravit les escaliers, mais les défenseurs réussirent à la repousser, parfois au corps à corps. Néanmoins, dans la nuit du 20 septembre, la garnison se vit presque à bout de munitions et sans eau. Pour trouver quelque chose à boire, le lieutenant Khoyzyanov fit sortir ses hommes du silo et les conduisit à travers terrain jusqu'à un ravin, mais au lieu de découvrir une fontaine ils tombèrent sur une batterie de mortiers. Une furieuse mêlée s'ensuivit, les Allemands s'enfuirent, et ils laissèrent derrière eux des bidons d'eau fraîche.

Les Russes la burent avec joie. Complètement déshydraté, Khoyzyanov fut pris d'un malaise et s'évanouit. Quand il revint à lui, il était dans une cave sombre, torse nu et sans souliers ; il ne pouvait bouger ni bras ni jambes. Un soldat de la 14e division blindée allemande le surveillait. Le silo qu'il avait si héroïquement défendu était tombé aux mains de l'ennemi. Les Allemands se hâtèrent d'éteindre l'incendie et sauvèrent la majeure partie du grain, qui allait leur être précieux pendant les semaines suivantes.

A 1 500 m plus au nord, dans un autre point d'appui proche de la place Rouge, la fabrique de clous, Anton Dragan résistait toujours. Quand une femme, Maria Vadeneyeva, courut sous la mitraille l'avertir que les Allemands amenaient des chars, il sut que ses heures étaient comptées.

Le 21 septembre, la pression ennemie s'accentua, sous forme d'attaques de chars et d'avions en piqué, si bien que la compagnie se trouva en fin d'après-midi coupée du reste du bataillon, réparti autour de la place Rouge. Le quartier général, installé dans les ruines des grands magasins « Univermag », fut écrasé sous les projectiles et nul n'en réchappa. Mis au courant, Dragan prit alors le commandement du bataillon et envoya une estafette en rendre compte à son chef, le colonel Yelin, commandant le 42e Régiment de la Garde. Le messager fut tué en chemin et, dans son abri au bord du fleuve, Yelin raya des contrôles le 1er Bataillon, détruit selon lui aux abords de la place Rouge.

Or, Dragan était toujours en vie. Conduisant ses hommes de maison en maison, il ne se repliait qu'au moment où les Allemands mettaient le feu à son abri. La bataille faisait rage dans tout le secteur, au-delà du bassin en ruine de la place de la Gare, où il restait quelques statues mutilées d'enfants dansant autour d'un crocodile, au-delà des édifices de la *Pravda*, du soviet municipal et du théâtre. Des cadavres gisaient sur les haies entourant l'obélisque de la place Rouge commémorant le sacrifice des victimes de la guerre civile de 1918. Au carrefour des rues Krasnopeterskaya et Komsomolskaya, Dragan amena les 40 survivants du bataillon dans la cave d'un immeuble de trois étages en partie détruit et les répartit aux diverses ouvertures. Pour sa part, il s'installa derrière une mitrailleuse lourde et attendit la mort.

Des lointains monts Oural, d'autres renforts arrivaient au secours de la ville assiégée. Ce fut ensuite le tour de la 284e division, sous les ordres du colonel Nikolaï Batyouk, qui allaient des confins de la Sibérie franchir la Volga. Ukrainien, de taille moyenne, mince et portant ses cheveux noirs plaqués en arrière, Batyouk souffrait d'une grave maladie vasculaire qui l'obligeait souvent à se faire porter par un de ses hommes, mais seulement de nuit pour cacher cette faiblesse aux troupes. Très énergique, il déclara à Tchouïkov en débarquant :

— Je suis venu ici pour combattre les nazis et non pour une revue !

Dans sa division, on n'envisageait pas cette bataille avec enthousiasme. Les jeunes recrues qui la composaient voulaient bien se battre contre les Allemands, mais pas à Stalingrad. C'était aussi l'opinion du lieutenant Pyotr Deriabin. Déjà sérieusement blessé devant Moscou, il n'avait aucune illusion sur le sort qui attendait ses hommes dans la ville en feu. A Krasnofimsk, dans l'Oural, il s'était efforcé avec quelques officiers chevronnés d'inculquer ce qu'il savait à des garçons de dix-huit et dix-neuf ans, la plupart orientaux de la zone frontalière de Mongolie, qui n'avaient jamais vu un Allemand. Ensuite, ils étaient partis vers l'ouest, parcourant plus de 1 000 km par toutes sortes de moyens et quelquefois à pied, mâchant des racines de « smolka » douceâtre, et buvant de la vodka chaque fois qu'ils en trouvaient. A Kamychin, ils se régalèrent de pastèques, les meilleures de Russie, puis embarquèrent dans des camions américains qui les transportèrent jusqu'à la Volga.

Ils commencèrent à traverser le fleuve au matin brumeux du 22 septembre, et l'opération dura des heures. Malgré le harcèlement des avions allemands, la division parvint sans trop de dommages sur la rive droite. Epuisé, Deriabin se laissa choir dans une tranchée et s'endormit aussitôt. Quand il se réveilla, il poursuivit sa route jusqu'à l'usine de produits chimiques « Lazur », au milieu de la boucle que la voie ferrée formait entre la rive et la colline Mamaev, où les Allemands luttaient furieusement contre la 13e division de la Garde. Bien des fois, le sommet avait changé de mains, mais les Allemands avaient encore des vues plongeantes sur les hommes de la 284ᵉ division, quand ils s'installèrent sur leurs positions.

Alexeï Petrov traversa la Volga et fut affecté au secteur nord de Stalingrad, près de Latachanka. Depuis dix jours, on lui apprenait en hâte le maniement d'un canon de 122 mm, mais comme le temps pressait, son instructeur exaspéré finit par lui dire de se débrouiller tout seul. Du mieux qu'il put, Petrov acquit la technique d'utilisation de ce canon lourd qui portait à 10 km.

Ce sergent trapu, aux épais cheveux ondulés, travaillait à Kouibychev comme ouvrier sur un chantier de construction avant sa mobilisation. Il y avait appris par son frère que leur famille — père, mère et sœur — avait disparu lors de l'avance ennemie en Ukraine. Depuis plus d'un an, on ne savait rien d'eux.

Quand il reçut l'ordre d'embarquer pour Stalingrad, Petrov se rendit à l'estacade et vit que l'autre rive était un mur de flammes. Quoique terrifié, il savait qu'il obéirait et combattrait bientôt dans cet enfer. Mais d'autres soldats s'y refusèrent, et Petrov vit les agents du N.K.V.D. intervenir : ils tirèrent d'abord en l'air, puis abattirent froidement les déserteurs qui s'enfuyaient. Lorsque Alexeï monta à bord du vapeur, les policiers se rangèrent le long de la rambarde, pour empêcher quiconque de sauter à l'eau.

Les bombardiers ennemis ne tardèrent pas à arriver, manœuvrant pour atteindre bateaux et remorqueurs. Les mortiers en batterie sur Mamaev firent pleuvoir leurs projectiles sur la flottille, et Petrov maudit la lenteur de la traversée. Il se sentait pris au piège, affreusement vulnérable, et s'accroupit sur le pont pour échapper aux balles ou aux éclats qui sifflaient à ses oreilles. Des hommes, touchés, basculaient dans le fleuve. D'autres s'effondraient sur leurs voisins et mouraient en silence. Bientôt l'eau de la Volga se teinta de sang. Quand le vapeur atteignit un débarcadère en amont, au bout de deux heures, le pont était jonché de morts, que les survivants enjambèrent pour sauter à terre. Près de la moitié du régiment de Petrov disparut au cours de cette seule traversée.

A cause de ces énormes pertes, le canonnier dut combattre en simple fantassin, et son baptême du feu fut brutal. Trois éclaireurs allèrent tâter la position ennemie et juger de son importance, mais l'un d'eux ne revint pas. Scrutant le terrain à la jumelle, Petrov l'aperçut : il gisait sur le dos, le ventre ouvert d'un coup de baïonnette. Petrov et ses hommes devinrent fous furieux à cette vue. Bondissant de leur tranchée, ils se ruèrent à l'assaut du pâté de maisons tenues par les Allemands et tuèrent tous ceux qu'ils trouvèrent. Quelques-uns sortirent d'une cave, les bras en l'air pour se rendre, mais d'une rafale de mitraillette Petrov les abattit sur-le-champ.

Plus loin, il trouva un soldat russe grisonnant, penché sur le corps d'une jeune femme. Elle semblait dormir, une masse de boucles noires encadrant son visage aux traits délicats. Bouleversé, le soldat gémissait :

— Chère petite, chère petite, pourquoi faut-il qu'une jeune personne comme toi meure dans une guerre pareille ?

Debout à côté de son camarade, Alexeï Petrov pleura amèrement en contemplant la belle créature, puis il courut tuer ses meurtriers. Pénétrant dans une maison, il entendit qu'un Allemand priait d'une voix plaintive dans une des pièces : « Oh, Dieu, permets que je survive à cette guerre ! » D'un coup de pied, Petrov enfonça la porte et vit l'Allemand qui, agenouillé en prière, le suppliait des yeux : il lui fit sauter la cervelle. Les yeux fous, il continua à chercher, d'étage en étage, les ennemis en uniforme vert-de-gris, et pas un n'en réchappa. Soudain la maison devint étrangement silencieuse : Petrov avait massacré tous ses occupants. Très las, il sentit peu à peu sa colère se calmer. Enjambant les cadavres, il sortit de l'immeuble et alla rejoindre ses hommes.

Dans l'après-midi du 23 septembre, un autre contingent de la 284e division entreprit de traverser la Volga à bord de péniches. Dans l'une d'elles se trouvait une jeune fille de vingt ans, Tania Chernova. Accroupie contre la rambarde, au bout du bateau, les genoux remontés contre sa poitrine, elle refusa l'invitation des soldats, qui auraient aimé avoir au milieu d'eux cette blonde délurée et lui offrir de la vodka.

Tania n'avait jamais eu l'idée qu'un jour elle serait soldat. Enfant, elle aimait la danse et apprenait à faire des pirouettes, puis elle renonça à cette carrière pour s'orienter vers la médecine. Ce rêve fut détruit par l'invasion allemande, et la jeune fille se lança à corps perdu dans la lutte contre l'ennemi ; elle ne parlait des Allemands qu'en les appelant des « piquets » qu'on brise, se refusant à les considérer comme des êtres humains. Ainsi, dans les forêts de Biélorussie et d'Ukraine, elle s'était entraînée avec les partisans à casser un certain nombre de « piquets ». Maintenant endurcie, elle envisageait avec enthousiasme d'assouvir mieux encore sa vengeance à Stalingrad.

Tout à coup, le ciel s'embrasa de boules de feu rouge et orange, tandis que la péniche creusait péniblement son chemin au milieu d'impressionnantes colonnes d'eau, soulevées par les projectiles. Tania s'entretenait avec ses voisins, l'un âgé l'autre jeune, quand un avion largua une bombe en plein milieu du bateau. Projetée dans le fleuve avec ses deux compagnons, mais heureusement indemne, Tania nagea vigoureusement vers la rive. Déportée par le courant, elle finit par prendre pied sur un banc de sable, face à la sortie d'un égout. Ignorant si cette partie de la ville était occupée par l'ennemi, la jeune fille et ses camarades, qui l'avaient suivie, décida de s'engager dans l'égout obscur.

Après avoir pataugé dans les immondices, ils avancèrent à tâtons, espérant trouver une issue en secteur russe. La puanteur leur donnait la nausée et les excréments collaient aux vêtements. Bientôt le soldat âgé s'évanouit. Ses compagnons le traînèrent un moment mais, eux-mêmes épuisés, ils durent l'abandonner provisoirement dans l'ordure. Lorsque enfin ils escaladèrent l'échelle d'une bouche d'égout et sortirent à l'air libre, ils aperçurent des soldats qui, gamelle en main, faisaient la queue devant un bâtiment. Affamés, ils prirent place dans la file. Un soldat se retourna et, avec une grimace de dégoût, s'écria en allemand :

— Qu'est-ce qui pue comme ça, Bon Dieu ?

Tania joua le jeu et, paraissant ne pas l'avoir entendu, ne broncha pas. Quand ils eurent touché leur ration, les deux Russes enduits de boue infecte s'assirent dans le réfectoire et se mirent à manger. Indignés, leurs voisins allemands protestèrent contre l'immonde odeur qu'ils répandaient. Un officier s'approcha et reconnut qu'ils étaient russes. Par miracle, un cuisinier russe l'assura qu'ils travaillaient pour l'armée allemande. L'officier haussa les épaules, mais leur ordonna de quitter la salle. Le gentil cuisinier les fit asseoir dehors, devant sa cuisine, et les nourrit. Rassasiés, les deux parias s'en allèrent tranquillement. Après avoir trouvé une cachette, ils y attendirent la nuit, puis réussirent à regagner les lignes russes, où ils purent se laver, recevoir des vêtements propres et des armes.

Cependant, la 71e division allemande continuait d'avancer lentement vers l'embarcadère principal. Il ne restait que quelques nids de résistance russe à éliminer, comme celui de Dragan, mais ils causaient encore de très lourdes pertes à l'adversaire.

Au matin du 25 septembre, Dragan ne disposait plus

que de 10 hommes dans son abri, au coin de la rue Krasnopeterskaya. Durant la nuit précédente, deux hommes avaient déserté, un lieutenant et un simple soldat. Quittant la position, ils coururent au fleuve et s'enfuirent sur un radeau de fortune, mais seul l'officier se présenta au quartier général sur la rive gauche. Soucieux de masquer sa désertion et convaincu que les survivants du 1er Bataillon étaient condamnés à disparaître, il rendit compte à ses chefs que tous ses camarades avaient péri et qu'il avait lui-même enterré Anton Dragan près de la Volga.

Or, dans sa petite forteresse, celui-ci tenait toujours en se nourrissant de grain brûlé, et il attendait l'assaut des Allemands. Quand il se produisit, Dragan et ses hommes lancèrent les dernières grenades et des briques sur l'ennemi. Peu après, ayant entendu le bruit d'un char qui approchait, Dragan fit sortir un de ses hommes armé d'un fusil antichar mais ne disposant plus que de trois cartouches. En peu de temps, les Allemands le capturèrent.

Une heure plus tard, ils firent avancer un peloton juste devant l'emplacement de la mitrailleuse de Dragan, qui en tira aussitôt une conclusion : son subordonné avait dû déclarer à l'ennemi que le point faible de sa position se trouvait là, où en réalité il était le plus fort. Quand il vit les Allemands déployés devant lui, Dragan ouvrit le feu et tira sur eux ses 250 dernières cartouches, avec une telle rapidité que la mitrailleuse en chauffant lui brûla la main. Désormais sans munitions, il se redressa et regarda le résultat de son tir : tous les assaillants étaient couchés sur le terrain, morts.

Les défenseurs se félicitaient de cet ultime succès, lorsqu'ils entendirent les Allemands les appeler du dehors. N'ayant plus une seule cartouche, ils ne purent que jeter un coup d'œil prudent à l'extérieur. Leur camarade prisonnier était poussé devant eux par quelques soldats, qui le firent monter sur un tas de décombres. Là, sous les yeux de ses camarades, il fut abattu d'une balle en pleine tête.

Se sachant désormais perdus, les 9 survivants du 1er Bataillon se dirent adieu en s'étreignant, et l'ordonnance de Dragan écrivit sur un mur, avec un morceau de bois calciné : « Ici, les gardes de Rodimtsev ont combattu et sont morts pour leur patrie. » Bientôt, des chars allemands, noirs et trapus, surgirent d'un coin de rue et ouvrirent le feu sur le bâtiment. Atteint à la tête, Dragan perdit connaissance. Quand il revint à lui, son ordonnance le traînait dans la nuit, la construction s'était effondrée, mais il restait 6 survivants, enterrés dans la cave. Sentant que l'air se raréfiait, ils se mirent à gratter le sol, malgré leurs blessures, et tout à coup ils aperçurent des étoiles, en respirant de nouveau la brise fraîche de la nuit.

Elargissant l'orifice, Dragan envoya un des hommes reconnaître les environs. Il revint une heure plus tard, pour annoncer que les Allemands occupaient tout le secteur. Un à un, les hommes se glissèrent prudemment hors de la cave. A leur gauche, ils entendaient le tonnerre du bombardement sur Mamaev et voyaient le feu d'artifice des balles traçantes. Une forte odeur de cordite flottait dans l'air. Toutefois, la rue Komsomolskaya était relativement tranquille, mais cela s'expliquait par la présence de l'ennemi qui occupait ce quartier jusqu'à la Volga. Craignant de tomber aux mains de patrouilles, Dragan ramena ses hommes dans les ruines et attendit le coucher de la lune.

Dans la pénombre, ils repartirent alors en direction du fleuve, progressant par bonds parmi les décombres. Une patrouille passa non loin d'eux, et un soldat allemand resta un moment à fumer une cigarette, adossé à un camion. Sur un signe de Dragan, un des Russes s'approcha et lui planta un poignard entre les épaules, puis il endossa sa capote et son bonnet de police, alla rejoindre un autre soldat allemand qui examinait une maison, et le poignarda de la même manière. Ainsi, la voie menant à la Volga se trouva libre. Les Russes y coururent, se jetèrent à plat ventre au bord de l'eau et burent à s'en rendre malades.

Au-dessus d'eux, les Allemands ne tardèrent pas à découvrir les corps des deux soldats manquant à l'effectif de leur patrouille, et se mirent à tirer au hasard en direction du fleuve, mais ils ne descendirent pas sur le rivage. Fébrilement, Dragan et les 5 hommes qui lui restaient confectionnèrent un radeau avec des débris de charpente, y embarquèrent et se laissèrent dériver dans le courant. Peu avant l'aube, ils débarquèrent sur l'île Sarpinski, où des artilleurs russes les découvrirent. Ils étaient en loques, épuisés, mais vivants. Après s'être alimenté, pour la première fois depuis trois jours, Dragan signala sa présence à ses chefs. Du 1er Bataillon du 42e Régiment de la Garde, il ne restait que 6 hommes. Tous les autres gisaient autour de la place Rouge.

Sur cette place, la chaussée, les trottoirs et l'herbe des plates-bandes étaient couverts de cadavres, étendus dans des positions souvent grotesques, au milieu de flaques de sang. On pouvait voir aussi des traces rouges, laissées par les blessés en chemin, alors qu'ils cherchaient à gagner un abri.

Le bâtiment de l'« Univermag » était dévasté. Les mannequins des vitrines, renversés, avaient souvent été criblés de balles, ce qui leur donnait un étrange aspect. A l'intérieur du magasin, les corps des combattants, allemands et russes, s'amoncelaient dans les couloirs : c'était devenu une morgue.

L'immeuble de la *Pravda* s'était effondré sous les bombes, le 23 août. Ceux du soviet municipal, du club de l'Armée Rouge et du théâtre Gorki tenaient encore debout, mais ne présentaient que des murs aux ouvertures béantes, car à l'intérieur tout avait été ravagé par l'incendie. Dans les rues avoisinantes, il ne restait que les ruines des magasins et boutiques. Dans les caniveaux, tomates et pastèques achevaient de pourrir avec des membres humains, sous des nuages de mouches.

Dans ce qui avait été jadis un restaurant élégant, à l'extrémité est de la gorge de Tsaritsa, des médecins et infirmières russes s'affairaient à évacuer les blessés. La veille, plus de 700 victimes étaient parties, traversant la Volga sur des bateaux de toute espèce, dont certains pouvaient à peine naviguer, sous le feu des batteries de la 71ᵉ division allemande. Maintenant on portait 600 autres blessés à l'embarcadère. Les Allemands se rapprochaient, faisant pleuvoir la mitraille sur la foule entourant l'estacade. Des soldats russes s'efforçaient de former une arrière-garde et de tenir l'ennemi à distance, jusqu'à ce que le dernier invalide eût été hissé à bord d'un navire. Lorsque les Allemands pénétrèrent dans le restaurant transformé en poste de secours, ils vomirent à cause de la puanteur qui y régnait, mélange de sang, d'éther et de cadavres n'ayant pu être inhumés depuis des jours.

Enfin, la VIᵉ Armée allemande s'empara de l'embarcadère principal et occupa la rive de la Volga, sur une longueur de plusieurs kilomètres, au sud et au nord de la gorge de Tsaritsa. Il ne lui restait à conquérir que le secteur nord de la ville, celui des usines.

A Vinnitsa, cette bonne nouvelle ne dérida pas Adolf Hitler, qui continuait de bouder dans son chalet au milieu des bois. Depuis sa violente querelle avec le général Jodl, plus de quinze jours auparavant, le Führer s'était refusé à tout contact avec ses subordonnés en dehors du service. Exaspéré par ce qu'il considérait comme leur « indiscipline », et dégoûté du manque de progrès des armées, tant au Caucase que sur la Volga, il mit Halder à la porte le 24 septembre. D'un ton glacial, il lui déclara qu'ils avaient tous les deux besoin de repos, car leurs nerfs étaient à bout, au point qu'ils ne pouvaient plus rien l'un pour l'autre. Halder prit sa disgrâce avec élégance et alla faire ses valises. Mais avant de partir, il tint à écrire une brève lettre à son ami et élève, Friedrich von Paulus, qui combattait durement au loin, dans les steppes russes :

« 24-9-1942... Un mot seulement pour vous informer qu'aujourd'hui j'ai démissionné de mes fonctions. Laissez-moi vous remercier, mon cher Paulus, pour votre fidélité et votre amitié, et vous souhaiter beaucoup d'autres succès, comme vous le méritez, car vous avez prouvé que vous êtes un véritable chef.

Comme toujours, votre

HALDER »

Paulus reçut cette lettre au moment où ses troupes hissaient un grand drapeau à croix gammée à l'entrée éventrée du magasin « Univermag », au centre de Stalingrad. Pourtant il n'eut pas envie de fêter ce succès, car il venait d'apprendre le prix effrayant qu'avait coûté en six semaines le passage du Don à la Volga : plus de 7 700 tués et 31 000 blessés. Un dixième de son armée manquait à l'appel, et la plus dure bataille restait à livrer : il en était tout à fait conscient. Au nord de l'embarcadère et de la colline Mamaev, toujours si âprement disputée, se trouvait la clef de la ville : le secteur des usines. C'est là que la VIe Armée rencontrerait l'ultime défi, et pour en triompher Paulus allait manquer d'hommes et de munitions.

Dans son quartier général de Goloubinka, sur la rive droite du Don, il écouta des disques et soigna sa dysenterie. Il commençait à ne plus pouvoir maîtriser un tic gênant à la joue. Ce jour-là, il câbla d'urgence au Groupe d'Armées B : « Dans la ville, la puissance de feu de l'infanterie diminue plus vite que les renforts n'arrivent. Si l'on n'arrête pas ce déclin, la bataille va se prolonger. »

Certains subordonnés de Paulus partageaient son pessimisme croissant. L'un d'eux était le lieutenant Hans Oettl, qui pouvait observer en bonne place la situation sur le front de la Volga, puisqu'il se trouvait à quelques kilomètres au nord de l'usine de tracteurs. Chaque jour, il regardait à la jumelle les positions russes, sur lesquelles ses batteries faisaient pleuvoir les obus depuis des semaines, sans parvenir à déloger les défenseurs. Au contraire, les miliciens des usines avaient été remplacés par des troupes aguerries, transportées de nuit d'une rive à l'autre du fleuve. Pour Oettl, c'était le signe que la guerre n'allait pas se terminer vite, comme il l'espérait. Un autre fait le préoccupait : les jeunes officiers de sa division se révélaient très insuffisants, voire incapables. Beaucoup d'entre eux avaient beau arborer la Croix de fer, ils ignoraient presque tous la technique du combat de rue, et il en résultait des pertes qui croissaient à un rythme alarmant. Quand la bataille lui en laissait le temps, Oettl se reposait dans son abri et méditait gravement sur l'avenir. Dehors, sa chèvre Maedi, toujours enrubannée de rouge, broutait d'un air satisfait, indifférente à la canonnade qui semblait ininterrompue.

A Vertaichy, dans la steppe, l'intendant général adjoint Karl Binder se plongea dans une tâche absorbante qu'on venait de lui assigner : ravitailler la 305e division, originaire du Wurtemberg, dont l'état physique et moral était déplorable. Officier comptant de longs et beaux états de service — il avait combattu dans les « corps francs » avant l'arrivée de Hitler au pouvoir — Binder était un bon vivant. Aussi fut-il particulièrement choqué de constater que les unités de la VIe Armée les plus exposées et isolées, au nord du dispositif, avaient très mauvais moral. Sales, découragés, les hommes se plaignaient de l'insuffisance des rations alimentaires. Quand Binder demanda aux officiers les raisons de cette situation, ils l'expliquèrent par le harcèlement continuel de l'ennemi, qui ne leur laissait pas un instant de répit. L'artillerie faisait pleuvoir par centaines les projectiles sur les lignes allemandes, l'infanterie montait de fréquentes et brèves attaques qui, sans réussir à enfoncer les positions, infligeaient de lourdes pertes à la division.

Binder eut à cœur de remédier à cette situation dans toute la mesure de ses moyens. Très débrouillard, il trouva en peu de jours des quantités de saucisses, de pain de seigle, de bière et même de vin, qu'il répartit lui-même entre les unités, dont le moral s'améliora aussitôt. Au mess des officiers, il apprit plus en détail comment se déroulait la bataille. Un membre de l'état-major de la division, le lieutenant-colonel Codre, s'exprima sans détour :

— Stalingrad va causer aux Allemands la plus grande surprise de leur vie, parce que les Russes sont loin d'être battus. Pour nous, c'est un souci lancinant d'avoir une immense ligne de ravitaillement qui se prolonge jusqu'en Ukraine. Pensez donc ! Pour subsister, la VIe Armée a besoin de 750 tonnes d'approvisionnements divers par jour, et tout cela nous parvient par une seule voie ferrée, dont la tête de ligne est à Chir !

Impressionné par ces déclarations, Karl Binder commença de s'inquiéter à son tour de cette fragile voie de communication qui, tel un long cordon ombilical, permettait seule à l'armée de vivre. Cela ne l'empêcha pas d'écrire fidèlement à son épouse, habitant Stuttgart avec leurs enfants, que la campagne se déroulait de manière satisfaisante, et il s'abstint toujours de relater les prévisions pessimistes de Codre.

Le capitaine Gerhard Meunch se trouvait toujours dans le bâtiment en forme de U qu'il avait occupé dans la nuit du 14 septembre, à 200 m de la Volga. Depuis lors, avec les quelque 50 hommes qui lui restaient, il s'efforçait en vain d'atteindre la rive du fleuve. Non seulement les Russes repoussaient toutes ses attaques, mais ils le poursuivirent même jusqu'à sa position. Tandis qu'il tenait le rez-de-chaussée, les hommes de Rodimtsev — la 13e division de la Garde — s'introduisirent dans la cave et tentèrent de gagner les étages. L'artillerie allemande intervint alors pour dégager le capitaine assiégé, qui put quitter le bâtiment par des échelles avec tout son monde. Les canons détruisirent ensuite l'édifice, et dix Russes sortirent des ruines pour se rendre à Meunch, qui revint occuper ce qui restait de sa position, en attendant d'être relevé.

Au quartier général de la VIe Armée, à Goloubinka, le colonel Günter von Below fit ses adieux aux camarades de l'état-major, car il devait aller à Kharkov se faire soigner, pour une jaunisse aiguë. Il déplorait les lourdes pertes subies par l'armée, pour la prise de la partie méridionale de Stalingrad. Mais en officier de renseignements éprouvé, il s'inquiétait davantage de la situation stratégique générale de l'armée dans la steppe. Quand il s'en ouvrit au général Arthur Schmidt, le chef d'état-major partagea son opinion, déclara que c'était un « furoncle purulent », et avoua que Paulus s'en souciait autant que lui, jour après jour. En quittant son poste, Below était encore convaincu que Stalingrad pourrait être pris, mais puisque personne n'avait pu le rassurer au sujet du flanc vulnérable de l'armée, il se demanda ce qui se passerait si les Russes décidaient de contre-attaquer en force dans ce secteur du front.

Sur ce flanc fragile, autour de la ville d'Akimovski sur le Don, le général Carl Rodenburg était aussi inquiet que Below au sujet des intentions des Russes. En fait, ce vétéran à monocle éprouvait les plus vives craintes. Sa 76e division avait subi des pertes si lourdes, en repoussant des attaques persistantes, qu'il commençait à nommer officiers de nombreux sous-officiers, pour compenser la disparition de ses subordonnés tués au combat. Chaque semaine, lorsqu'il allait au cimetière rendre hommage aux morts, Rodenburg en revenait plus pessimiste sur les chances allemandes de remporter la victoire à Stalingrad.

Par contre, d'autres soldats allemands n'avaient jusqu'à cette époque que très peu souffert de la guerre. Le simple deuxième classe Josef Metzler était opérateur de radio dans une batterie antiaérienne de la 29e division motorisée, qui avait franchi le Don au sud de Kalach, après une campagne relativement tranquille. Metzler voyait peu de Russes et pouvait passer une partie de son temps à se débrouiller pour améliorer l'ordinaire. Un jour, il captura un cochon, dont ses camarades et lui-même se régalèrent. Quand il vit pour la première fois des Kalmouks aux yeux bridés, qui accueillaient l'envahisseur à bras ouverts, il eut la certitude que les Russes étaient perdus. Il se sentait déjà en Asie et estimait que rien ne pouvait arrêter l'offensive allemande. Originaire de Furth, près de Nuremberg, il était un homme scrupuleux, un chrétien pratiquant, et se conduisait toujours correctement. Ainsi, il ne prenait jamais les vêtements ou les objets personnels d'un soldat tué, russe ou allemand : à ses yeux, c'eût été commettre un acte ignoble, presque un sacrilège. En septembre, il fut promu première classe, alors que sa batterie avait pris position dans les environs immédiats de Stalingrad et bombardait la ville en partie détruite.

Ancien instituteur, le lieutenant Friedrich Breining alla jusqu'à la Volga en touriste, pour contempler le célèbre fleuve. Au volant d'une voiture de son unité, il traversa la tête de pont solidement tenue par la 16e division blindée et arriva sur la berge, face à un plan d'eau large d'environ un kilomètre. Il en fut un peu déçu, car il s'attendait à trouver un paysage semblable à celui de son Rhin natal, entre Mayence et Coblence, avec des rives escarpées.

Durant le trajet de retour, il flâna, mangeant des pastèques dans les champs et se reposant à l'ombre de peupliers. Il regagna enfin le mur Tartare, le long duquel campait son régiment. Ce très ancien ouvrage, haut d'environ 3 m, coupait la steppe sur une longueur d'environ 25 km, de Stalingrad vers le nord-ouest. Fait de pierres et d'argile, il protégeait autrefois les Russes des invasions mongoles. Maintenant il permettait aux troupes de mieux s'abriter, et les hommes creusaient des tranchées au pied du mur. Rentré dans la sienne, Breining se mit torse nu et prit un bain de soleil, par cette belle journée d'automne. Jusqu'à ce jour, l'officier n'avait pas eu à se plaindre de son sort. Son unité parvenait au terme de cette longue campagne sans avoir subi de pertes sensibles, et de même que ses camarades, il ne prévoyait pas de combats importants en automne.

Pour le soldat Wilhelm Alter, toute cette campagne était ennuyeuse. Tailleur de la 389e division, il vivait avec son ami, le soldat cordonnier Emil Gehres, dans un cantonnement situé au fond d'un ravin, à l'ouest de l'aérodrome de Goumrak. Levés chaque jour à 4 heures, ils se lavaient, déjeunaient et se mettaient au travail, l'un raccommodant les uniformes, l'autre ressemelant les bottes. A 16 heures, ils cessaient de travailler, se lavaient de nouveau et dînaient. La nourriture était toujours bonne, et Alter aimait surtout le goulache. De caractère insouciant et enjoué, il déplorait cette guerre qui le séparait de sa femme et de leur agréable foyer. Le grondement sourd et lointain de la canonnade à Stalingrad ne le troublait pas.

On pouvait en dire autant du Dr Herbert Rentsch, un vétérinaire toujours impeccablement tenu, qui venait de rentrer d'une permission à Dresde, où il s'était marié. Responsable de tous les animaux de la 94ᵉ division, Rentsch passait chaque jour l'inspection de 1 300 chevaux, 40 bœufs et 6 chameaux. Il se préparait à envoyer 400 chevaux fatigués en Ukraine, et insistait pour qu'on lui envoyât du grain provenant des silos récemment conquis à Stalingrad, afin de constituer une bonne réserve pour ses bêtes.

La plupart paissaient l'herbe desséchée de la steppe, à quelque 70 km au nord-ouest de la ville. Pour les inspecter, Rentsch montait sa jument personnelle, Lore, et au cours de ces randonnées il oubliait sans peine les bruits de la guerre. Quand il lâchait la bride de Lore et la laissait galoper à son aise dans la vaste prairie, il se sentait en paix avec le monde.

Quant au lieutenant Emil Metzger, il était d'excellente humeur. Tandis que ses hommes bombardaient des objectifs signalés par les avions observateurs dans Stalingrad, l'officier relisait avec bonheur une lettre de Kaethe. Celle-ci lui pardonnait de ne pas être venu en permission en août, mais elle ne lui disait pas toute la vérité. En fait, elle avait reçu avec beaucoup de retard le message lui annonçant qu'il renonçait à venir, si bien qu'elle était allée à la gare et l'avait attendu pendant des heures. Rentrant à la maison et trouvant la lettre de son mari, elle s'était mise en colère et l'avait maudit. Mais maintenant, au contraire, elle le félicitait de s'être montré si désintéressé et d'avoir permis à son camarade de se marier. Emil ne se lassait pas de relire les tendres lignes, imaginant ce que serait leur réunion après la guerre. Toujours convaincu que Stalingrad ne tarderait guère à tomber, il ne tenait aucun compte des propos de certains camarades, concernant la faiblesse du flanc gauche de la VIe Armée.

Cette faiblesse faisait à la même époque l'objet de discussions à Moscou. Le 28 septembre, Joseph Staline tint une fois de plus conférence avec les auteurs du projet de contre-offensive — l'« Opération Uranus » — les maréchaux Gheorghi Joukov et Alexandre Vassilevsky.

Le dictateur se montra détendu, courtois et attentif, surtout au sujet des divers généraux commandant les armées qui allaient participer à l'attaque. C'est ainsi qu'on en vint à parler du général Gordov. Joukov et Vassilevsky estimèrent tous deux que, malgré de réelles qualités de chef, ce personnage avait un caractère trop difficile et ne pouvait pas s'entendre avec ses subordonnés. Staline ayant proposé de le remplacer, Joukov lui recommanda de nommer à son poste Konstantin Konstantinovich Rokossovsky, un officier qui avait survécu de justesse aux purges de Staline ; des dents d'acier rappelaient les tortures infligées à cet homme par le N.K.V.D. au cours de son incarcération. Staline approuva sans réserve sa nomination, puis les trois plus grands chefs de l'armée tombèrent d'accord pour changer les noms de plusieurs secteurs. Le front de Stalingrad devint le front du Don, et le front du Sud-Est devint le front de Stalingrad. Les modifications eurent pour but de mieux conformer la situation militaire à la géographie de la région.

Après une discussion prolongée sur l'« Opération Uranus », Staline dit à Joukov :

— Retourne vite à ton quartier général, et fais le nécessaire pour épuiser la résistance de l'ennemi.

Avant de partir, les deux maréchaux soumirent à Staline le plan de la contre-offensive, qu'ils avaient signé. Il y griffonna le mot : « Approuvé » et signa à son tour la carte.

CHAPITRE XI

Alors que Staline approuvait le plan ayant pour objet la destruction de la VIᵉ Armée allemande, Adolf Hitler quitta Vinnitsa pour rentrer chez lui, à bord de son gros avion « Ju-52 ». Survolant l'Ukraine et la Pologne, il resta seul dans sa cabine, à méditer amèrement sur les désastreuses nouvelles parvenues de la Russie méridionale. Sa « Blitzkrieg » à travers la steppe s'embourbait dans les rues de Stalingrad, et quant à l'offensive vers le pétrole du Caucase, elle n'était pas moins enlisée au pied de la montagne.

Pourtant, le Führer continua de nier ces dures réalités. Le 30 septembre à Berlin, parlant au Sportspalast lors d'une manifestation de solidarité nationale du Secours d'Hiver, il se lança dans un plaidoyer, tour à tour plaintif et sarcastique :

« — Quand M. Eden et d'autres nigauds proclament qu'ils ont un idéal, nous ne pouvons pas discuter avec eux, puisque cet idéal est différent du nôtre, semble-t-il... Ils considèrent que Dunkerque a été une des plus grandes victoires de l'histoire... Qu'avons-nous à présenter ? Si nous avançons de 1 000 km, ce n'est rien. C'est un véritable échec... Si nous avons pu franchir le Don, pousser jusqu'à la Volga, attaquer Stalingrad — et la ville sera prise, vous pouvez en être sûrs — ce n'est encore rien. Ce n'est toujours rien, si nous avançons vers le Caucase, occupons l'Ukraine et le bassin du Donetz... Nous avions trois objectifs :

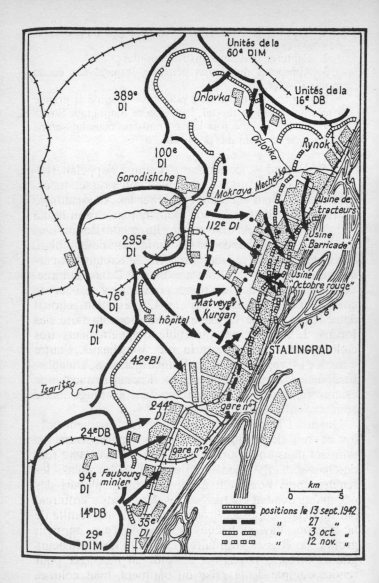

Combats de rues

1. Capturer le dernier territoire russe grand producteur de céréales ;

2. Capturer le dernier district houiller ;

3. Approcher du district pétrolier, le paralyser, ou au moins l'isoler.

Puis notre offensive s'est poursuivie jusqu'à la grande artère de transport fluvial, la Volga et Stalingrad. Soyez bien assurés qu'une fois là-bas, nous ne nous laisserons chasser de ce point par personne... »

A Stalingrad — ce « point », comme l'appelait Hitler dans son discours — quelques unités russes meurtries réussissaient encore à empêcher les Allemands de les précipiter dans la Volga. Dans la partie centrale de la ville, la 13ᵉ division de la Garde, de Rodimtsev, tenait une étroite bande de terrain le long de la Volga, de la rue Penseskaya jusqu'au ravin de Kroutoy. A certains endroits, leur position n'avait que 200 m de large.

Cherchant un peu d'espace pour mieux résister, le colonel Yelin, commandant le 42ᵉ régiment, choisit deux bâtiments de la place Lénine pour en faire des fortins. L'un était un immeuble d'appartements très endommagé, donnant sur la rue Solechnaya, l'autre n'avait pas trop souffert des bombardements. Un sous-lieutenant nommé Zabolotnov l'occupa avec une escouade, mais y trouva la mort dans les vingt-quatre heures. Ses hommes y restèrent.

Quant à l'immeuble détérioré, ce fut le sergent Pavlov et trois de ses hommes qui s'en approchèrent, en rampant dans une cour. Voyant des Allemands au rez-de-chaussée, ils lancèrent des grenades dans les fenêtres puis bondirent à l'intérieur. La plupart des occupants avaient été tués, et les survivants s'enfuirent par la façade opposée. Procédant alors à une fouille de la maison, Pavlov découvrit dans la cave un petit groupe de Russes, militaires et civils, dont plusieurs grands blessés. Il envoya aussitôt un messager pour rendre compte de la prise du bâtiment, mais celui-ci dut revenir sur ses pas, à cause d'une contre-attaque ennemie. Elle échoua et, la nuit suivante, le 29 septembre, Pavlov put établir la liaison avec ses chefs, en évacuant quelques blessés.

On lui envoya des renforts, si bien que le point d'appui compta un effectif de 20 hommes qui s'organisèrent rapidement. Ils démolirent un mur gênant dans la cave et mirent en batterie des mitrailleuses ou des mortiers, aux fenêtres offrant le meilleur champ de tir. Quatre autres soldats arrivèrent, envoyés par le colonel, et bientôt le fortin commença d'infliger des pertes sérieuses à l'ennemi. La petite garnison était hétéroclite par l'origine de ses membres : ils provenaient des régions les plus diverses de l'Union soviétique, la Géorgie, l'Ukraine, le Kazakhstan et l'Ouzbekistan. Quand la fusillade s'apaisait, par moments, les hommes s'efforçaient de se défendre un peu. Ayant découvert un vieux phonographe et un seul disque, ils le firent tourner si souvent qu'il fut bientôt usé. Aucun des auditeurs ne connaissait d'ailleurs la très ancienne mélodie.

A l'extérieur, des chars allemands tentaient à chaque instant de découvrir le point faible de ce fortin improvisé. Mais la « Maison Pavlov » — comme on en vint à l'appeler — était très avantageusement située, à un carrefour constituant un bon champ de tir, et interdisait l'accès à la Volga, distante seulement de 250 m. Au lieu de détruire l'obstacle avec de l'artillerie ou de l'aviation, les Allemands persistèrent dans une erreur inexplicable, continuèrent de l'attaquer de front et en subirent les conséquences.

Au nord du ravin de Kroutoy, la 284ᵉ division sibérienne du colonel Nikolaï Batyouk s'accrochait aux pentes sud et est de la colline Mamaev. Pourtant, les Allemands en occupaient le sommet et faisaient pleuvoir les projectiles sur le réseau des tranchées russes en zigzag. Dans la seule journée du 28 septembre,

160

Batyouk perdit 300 hommes, mais son unité tint bon et interdit à l'ennemi de passer à l'attaque de l'usine de produits chimiques « Lazur », qui le séparait de la Volga.

Dans cette usine se trouvait le lieutenant Pyotr Deriabin, commandant une batterie de mortiers. De sa position, il observait sans arrêt le sommet de Mamaev et ses châteaux d'eau, d'où les Allemands contrôlaient ses moindres mouvements et le trafic fluvial. Il avait constamment l'impression que l'ennemi pouvait regarder jusqu'au fond de sa gorge. C'est pourquoi son chef de corps lui ordonna de se replier derrière le remblai de la voie ferrée, qui formait une boucle autour de l'usine, Disposant de meilleurs abris, il en profita pour écrire à son unique frère, qui combattait du côté de Voronej. Il ignorait que celui-ci avait été tué pendant l'été. Il écrivit aussi à sa fiancée, en Sibérie. Voulant lui faire comprendre où il se trouvait, il joignit à sa lettre des coupures du journal de l'Armée Rouge, l'*Etoile Rouge*, relatant la « glorieuse » lutte qui se déroulait à Stalingrad. Il ajoutait : « Tu vois, je suis toujours vivant. » Elle reçut chacun de ces messages, mais sans les articles de presse, confisqués par la censure.

Quoique Deriabin eût retiré ses mortiers de l'usine « Lazur », celle-ci demeurait aux mains des Soviétiques. Dans un des longs ateliers, des instructeurs russes donnaient aux défenseurs des leçons de tir. Des cibles étaient dessinées sur le mur du fond, représentant des casques, des bustes, des fentes de visée. A l'autre bout de ce stand improvisé, les jeunes recrues s'initiaient à la pratique du tir, et du matin au soir le hall retentissait de coups de feu. Les élèves passaient des examens et, dès qu'on les jugeait assez instruits, ils allaient poursuivre leur entraînement dans les tranchées, d'où ils causèrent de lourdes pertes à l'adversaire.

Un de ces instructeurs de tir était déjà célèbre dans l'Armée Rouge, car les correspondants de guerre vantaient la stupéfiante adresse de Vassili Zaitsev, dont les balles ne manquaient jamais leur but. Il comptait une quarantaine d'Allemands à son tableau de chasse et devait son extrême habileté au fait qu'il tirait des chevreuils depuis sa jeunesse, dans les forêts d'Elininski, sa ville natale aux confins de l'Oural. Berger jusqu'à sa quinzième année, il alla suivre des cours techniques à Magnitogorsk, puis devint comptable dans les services de la flotte soviétique d'Extrême-Orient. Le 20 septembre 1942, il arriva à Stalingrad avec la 284e division et, en quelques jours, fut un héros national. Sa réputation se répandit même dans les lignes allemandes, si bien qu'on fit venir de Berlin un tireur émérite, le major Konings, pour le tuer.

Ignorant les projets de l'ennemi à son égard, Zaitsev continua de partager son temps entre sa guerre solitaire et les leçons qu'il donnait à une trentaine d'élèves. L'un d'eux était la blonde Tania Chernova, qui devint aussi sa maîtresse. Malgré sa rudesse, sa nouvelle existence lui plaisait. Nullement ébranlée par sa dramatique traversée de la Volga et l'horrible épreuve de l'égout, elle était devenue un véritable soldat, aguerrie, vivant dans des tanières, buvant de la vodka et mangeant avec un cuiller qu'elle glissait dans sa botte. Elle dormait, pelotonnée contre des inconnus et se lavait dans des seaux. Elle apprit surtout à s'abriter dans la tranchée, à repérer l'ennemi avec une lunette télescopique et, nécessité plus impérative encore, à attendre parfois des heures avant de tirer l'unique balle qui serait mortelle.

Pendant qu'elle s'entraînait à devenir tireur d'élite, Tania reçut de ses chefs l'ordre d'exécuter avec cinq camarades une mission délicate. Un prisonnier avait révélé qu'un poste de commandement allemand se trouvait dans un bâtiment situé entre l'école de pilotage Stalingradski et l'usine « Octobre Rouge ». Il s'agissait d'aller le faire sauter à la dynamite. Par une nuit noire, la patrouille russe se glissa en rampant vers l'objectif, un immeuble d'habitation à demi détruit, dont tout un mur s'était effondré. Parfois une fusée trouait l'obscurité et obligeait les hommes à se plaquer contre le sol.

Sur la pointe des pieds, ils gravirent l'escalier intact, tandis que Tania demeurait en arrière pour couvrir leur retraite. Ils avaient atteint le second étage quand elle entendit un léger bruit derrière son dos. Se retournant, elle vit un soldat allemand qui, pistolet au poing, lui ordonna : « Hände hoch ! » De toutes ses forces, elle lui lança un coup de pied dans les parties. Il bascula en avant et lâcha son arme qui tomba dans la rue. Saisissant alors la tête casquée de l'ennemi, Tania la rabattit violemment, pour écraser sur son genou le visage de l'homme. Etourdi, il ne put que la mordre au doigt, mais elle le renversa et lui tordit le bras derrière le dos ; puis se jetant sur lui, elle le saisit des deux mains à la gorge pour l'étrangler. Il perdit son casque et elle vit qu'il était roux. Comme il se débattait, elle serra davantage son cou et il se mit à râler. A ce moment, un Russe redescendit pour la chercher et, la voyant aux prises avec l'Allemand, assomma celui-ci d'un coup de crosse. Quand Tania rejoignit ses camarades, la dynamite était déjà en place. Sur l'ordre du sergent, elle mit le feu à la mèche lente, puis ils s'enfuirent tous les cinq, en essuyant quelques coups de feu sans dommage. Un instant plus tard, le poste de commandement ennemi sautait, et la déflagration fracassante s'accompagna d'une grosse boule de feu orange qui illumina la nuit.

Sur le flanc droit de la position de Tania, la 95e division, sous les ordres du colonel V.A. Gorichny, un officier complètement chauve, occupait une autre partie des pentes est de la colline Mamaev, criblée de bombes. Mais cette unité était si éprouvée qu'on n'allait pas tarder à la faire passer en réserve, derrière des troupes fraîches occupant les usines les plus au nord.

Là, les 194e et 308e divisions défendaient les abords ouest de « Barrikady » et d'« Octobre Rouge ». Derrière elles, la 39e division de la Garde, récemment arrivée, avait en hâte organisé une seconde position de résistance. A quelques kilomètres plus au nord, autour de l'usine de tracteurs, la 112e division venait d'être renforcée par la 37e division de la Garde, une formation d'élite commandée par l'ardent général Victor Joloudev ; il s'agissait de jeunes fusiliers marins, vêtus de maillots rayés noirs et blancs et coiffés de bérets.

L'arrivée de cette unité avait coïncidé avec le départ des derniers travailleurs civils, demeurés dans les usines. Quand le Conseil militaire leur donna l'ordre redouté : « Partez ! Passez sur l'autre rive ! » ils emballèrent leurs archives, les plans des fabrications, ainsi que le maximum d'outils qu'on entassa dans des camions. Tandis que les obus allemands sifflaient au-dessus d'eux, les hommes parcoururent une dernière fois les longs ateliers et les chaînes d'assemblage. Bourrelés de remords, à la pensée qu'ils abandonnaient ce qui était une partie intégrante de leur vie, ils n'avaient pas honte de pleurer des larmes amères.

Leur convoi passa devant la statue de Felix Dzerjinsky, le premier chef de la police secrète de Staline. Juste avant que l'usine de tracteurs eût disparu dans le lointain, un contremaître déclara, avec un optimisme sincère en montrant du doigt le bâtiment le plus proche du fleuve : « Quand nous reviendrons, c'est de là que nous redémarrerons ! »

En descendant vers la Volga, les ouvriers évacués passèrent au pied de la raffinerie de pétrole qui dominait le quartier général de Vassili Tchouïkov, rudimentairement aménagé dans une tranchée, où le général se préparait à subir la prochaine phase de l'offensive allemande.

Il venait de recevoir une lettre de sa femme, Valentina, qui habitait à Kouibychev, à quelque 600 km au nord-est de Stalingrad. Elle lui disait qu'elle l'avait vu à la télévision et que les enfants allaient bien. Elle semblait calme et optimiste. Or, le général savait qu'il n'en était rien. Par son officier d'ordonnance, il avait appris que sa fille cadette souffrait de dysenterie aiguë et que sa famille ne parvenait qu'à grand-peine à se procurer des vivres, des vêtements et autres articles indispensables. Manquant même de savon, ils utilisaient pour se laver une préparation à base de moutarde.

Ces nouvelles déprimantes ne firent qu'accroître les soucis qui accablaient Tchouïkov, alors qu'il luttait jour et nuit contre une menace de destruction totale. La tension nerveuse dans laquelle il vivait commençait à se faire douloureusement sentir. Il avait le corps couvert d'eczéma, qui formait des plaies suppurantes et le démangeait, au point qu'il devait entre autres envelopper ses doigts purulents de pansements. Quand les médecins lui conseillèrent d'aller prendre un peu de repos sur la rive gauche, il les chassa avec colère : lorsque l'ennemi amassait ses forces devant les usines, il se refusait à quitter son poste, ne fût-ce qu'une minute.

Heureusement, depuis la perte de l'embarcadère principal de la ville basse, Tchouïkov avait improvisé une nouvelle estacade, permettant aux bateaux d'accoster, et des troupes fraîches arrivaient chaque nuit. Les bombardements allemands rendaient en effet la traversée du fleuve dans la journée à peu près impossible. Ce « Passage Skoudri » relia désormais les deux rives et desservit à l'ouest le secteur compris entre l'usine de tracteurs et le faubourg de Rynok. Toutefois, on en organisa un autre, plus essentiel parce que plus proche, le « Passage 62 », entre les usines « Octobre Rouge » et « Barrikady ». C'est par là qu'arrivèrent la plupart des renforts en hommes et en matériel, car le débarcadère était protégé des vues ennemies par des palissades, s'ajoutant aux falaises et aux bâtiments des usines voisines.

Il n'empêche que la traversée de la Volga, par l'un ou l'autre des passages, était une épreuve effroyable pour les soldats venus participer à la bataille. La vue d'une ville embrasée et le tonnerre de centaines de canons tirant sans arrêt avaient de quoi faire reculer les plus intrépides. Mais les commissaires du parti communiste, les « politrouk », ne les lâchaient jamais et s'efforçaient avec un zèle inlassable de les calmer. Ils les conduisaient aux bateaux transbordeurs — parfois de vieux vapeurs comme le « Abkhazets », datant de vingt-six ans — et, avant l'embarquement, remettaient aux hommes des tracts intitulés : « Ce Qu'un Soldat Doit Savoir, et Comment Agir dans un Combat de Rue. » En général, ces meneurs montaient à bord les premiers, et les soldats suivaient, aussi dociles que des moutons. Dès que les navires quittaient la rive, les « politrouk » se plaçaient le long des rambardes et gardaient la main sur la crosse du revolver, prêts à interdire toute tentative de désertion.

De leur observatoire de Mamaev, les Allemands repéraient souvent les bateaux et les signalaient à l'artillerie. Quand les projectiles commençaient à siffler, les commissaires politiques s'efforçaient de distraire leurs hommes en lisant à haute voix des articles de journaux, ou en distribuant du courrier, ce qui n'était pas toujours efficace. Lorsque des soldats, atteints d'éclats d'obus, criaient ou mouraient, les « politrouk » se démenaient pour empêcher leurs camarades de s'affoler. Parfois ils n'y réussissaient pas, et des gens se jetaient dans le fleuve, poursuivis par les balles des gardes.

Durant le mois d'octobre, près de 100 000 hommes de troupe furent ainsi amenés à Stalingrad, c'est-à-dire l'équivalent de 7 divisions et de 2 brigades. Or, ils furent si vite décimés que Tchouïkov ne disposa bientôt que de 53 000 soldats en état de porter les armes. En moins d'un mois, son armée avait perdu plus de 80 000 tués, blessés ou disparus.

Pour ravitailler ses unités en vivres et en munitions, Tchouïkov avait ajouté aux bateaux transbordeurs des passerelles jetées sur le fleuve dans sa partie la plus étroite, c'est-à-dire à hauteur de l'île Zaitsevski. Elles furent maintes fois détruites en partie mais aussitôt reconstruites. Faites d'un assemblage de poutres, de fûts, de barres de fer et de tubes d'acier, elles étaient relativement solides, mais il va sans dire que, si une bombe éclatait à proximité, elles ne pouvaient résister, ne fût-ce qu'au souffle du projectile, et souvent des soldats étaient précipités à l'eau. Néanmoins, un courant continu d'hommes passa par cette voie improvisée, et ces porteurs contribuèrent beaucoup à approvisionner les combattants en cartouches, grenades et obus de mortier.

Ayant occupé le sud de la ville, les Allemands concentrèrent désormais leurs attaques sur les usines de la zone nord, et pour amollir la résistance russe ils déclenchèrent un bombardement continu d'artillerie sur ce secteur. Le 2 octobre, une pluie d'obus s'abattit en particulier sur l'usine « Octobre Rouge », et derrière elle les réservoirs prétendus vides de la raffinerie de pétrole explosèrent en un vacarme assourdissant. Le carburant enflammé dévala la pente abrupte de la falaise jusqu'à la Volga, formant une vague effrayante. Sur l'autre rive, des spectateurs hurlèrent afin d'avertir une grande chaloupe à rames qui traversait le fleuve, mais déjà il était trop tard pour qu'elle fît demi-tour. Quand le mur de flammes l'atteignit, les rameurs gesticulèrent frénétiquement avec leurs avirons, dans le vain espoir de repousser l'incendie. En quelques minutes, le bateau s'embrasa et ses occupants ne purent que se jeter dans le fleuve. Leurs têtes reparurent çà et là, très brièvement, puis le feu inexorable couvrit la Volga et poursuivit sa marche vers l'aval.

Ce dramatique incendie faillit de peu carboniser le général Tchouïkov et tout son état-major. Les lignes téléphoniques furent détruites, et quand Tchouïkov sortit de son abri, la fumée était si dense qu'elle l'aveugla. A côté de lui, le général Krylov, chef d'état-major, cria :

— Que tout le monde reste à son poste ! Groupez-vous dans les abris intacts ! Etablissez le contact avec les troupes par radio !

Puis se penchant vers son chef, il murmura :

— Qu'en penses-tu ? Crois-tu que nous allons pouvoir tenir ?

— Oui, bien sûr ! Mais à tout hasard, nettoyons tout de même nos pistolets !

Sur l'autre rive, au quartier général du commandant en chef, on craignait le pire, et la radio ne cessait de demander :

— Où êtes-vous ?... Où êtes-vous ?

Enfin la réponse parvint, à peine compréhensible :

— Nous sommes là où il y a le plus de flammes et de fumée !

Les Allemands interceptèrent le message et concentrèrent leur tir sur l'holocauste. Des obus de mortier tuèrent des hommes sur le seuil de l'abri de Tchouïkov, si bien que celui-ci dut se hâter d'en partir. Longeant la rive vers le nord, il se rapprocha de la fabrique de tracteurs, que les Allemands se préparaient à attaquer de trois côtés à la fois.

Au milieu des préparatifs des adversaires en vue de l'affrontement final, un sinistre combat singulier se déroula entre les lignes. Les deux antagonistes se connaissaient de réputation : le major Konings était venu d'Allemagne se mesurer en duel à Vassili Zaitsev. Les Russes apprirent sa présence par un prisonnier. Le champion de tir, révéla-t-il, allait et venait dans les positions avancées, pour se familiariser avec le terrain. Dès qu'il en fut informé, le colonel Nikolaï Batyouk, commandant la 384e division, réunit ses tireurs d'élite et les mit au courant du danger qu'ils couraient.

— Je pense, dit-il, que vous n'aurez pas de mal à battre ce grand as allemand à son propre jeu. N'est-ce pas, Zaitsev ?

— Certainement, camarade colonel. Mais d'abord il faut le découvrir, étudier ses habitudes, comprendre ses méthodes, et puis attendre l'occasion favorable pour une seule balle, bien ajustée.

Zaitsev ignorait comment son antagoniste opérait. Il avait tué de nombreux tireurs d'élite allemands, mais après de longs jours passés à les observer. En ce qui concernait Konings, il lui manquait des renseignements essentiels, tels que ses procédés de camouflage, ses ruses, ses méthodes de tir. De leur côté, les Allemands connaissaient la technique des tireurs d'élite soviétiques, car la propagande russe la décrivait abondamment dans des tracts. Zaitsev ne doutait pas que Konings les avait étudiés avec soin, mais rien n'indiquait où et quand le major se manifesterait.

Les guetteurs russes scrutèrent longtemps les ruines de la ville et proposèrent diverses tactiques à Zaitsev. Il les repoussa toutes, étant décidé à attendre que son adversaire fît le premier pas. Pendant quelque temps rien d'anormal ne se produisit ; puis, coup sur coup, deux tireurs d'élite russes tombèrent, abattus d'une balle en pleine tête. Aux yeux de Zaitsev, il était évident que Konings donnait ainsi le signal du début de leur duel, et il se mit aussitôt à la recherche de cet ennemi personnel.

Il parvint en rampant à la limite du territoire qui séparait les armées antagonistes, entre Mamaev et

« Octobre Rouge », et procéda à un examen détaillé du champ de bataille. A la jumelle, les lignes ennemies ne présentaient pas d'irrégularité exceptionnelle, et le terrain demeurait tel qu'il l'avait observé depuis des semaines, avec ses tranchées et ses abris bien reconnaissables. Tout l'après-midi, avec son ami Nikolaï Koulikov, Zaitsev demeura étendu sous un camouflage, à regarder les lignes ennemies d'un bout à l'autre, cherchant un indice révélateur. Malgré le bombardement qui faisait rage du matin au soir, les deux hommes restèrent indifférents à la grande bataille et ne pensèrent qu'à découvrir un seul individu.

Quand le soleil commença de se coucher, un casque émergea à peine de la tranchée ennemie. Zaitsev eut envie de tirer, mais son instinct l'en empêcha, car ce pouvait être une ruse imaginée par Konings, dont un camarade tentait de lui faire révéler sa présence. Exaspéré, Koulikov se demandait où l'Allemand se cachait, car celui-ci n'avait pas fourni le moindre indice sur sa position. La nuit tombée, les deux amis regagnèrent leur abri et discutèrent longuement de la tactique du major, sans parvenir à un résultat.

Avant l'aube, ils regagnèrent leur observatoire et recommencèrent à scruter le terrain, mais Konings garda le silence. Reconnaissant la remarquable patience de son adversaire, Zaitsev commença d'admirer sa valeur professionnelle. Enervé par cette dramatique attente, Koulikov ne cessait de parler, tandis que le soleil passait au zénith puis se couchait derrière Mamaev. La nuit venue, les combattants regagnèrent leurs lignes pour s'y reposer.

Le troisième matin, Zaitsev eut un visiteur, un commissaire politique nommé Danilov, qui vint assister au duel. Dès les premières lueurs de l'aurore, les gros canons reprirent leur concert, et tandis que les projectiles sifflaient au-dessus de leurs têtes, les Russes recommencèrent à chercher l'indice révélant la présence de celui qu'ils cherchaient. Tout à coup, Danilov se redressa dans le trou d'obus où ils se terraient et s'écria :

— Le voilà ! Je vais te le montrer !

Il n'en eut pas le temps, car Konings lui logea une balle dans l'épaule. Tandis que des brancardiers l'emportaient, Zaitsev se garda de se montrer. Plus tard, il procéda à la jumelle à un examen minutieux du terrain. A gauche se trouvait un char démoli, à droite il y avait un fortin dont la fente de visée était obturée, donc inutilisable. Quant au char, il était beaucoup trop exposé pour qu'un tireur d'élite s'y fût posté. C'est pourquoi Zaitsev continua d'observer les lignes ennemies. Il découvrit ainsi, entre le char et le fortin, une aspérité anormale : elle était constituée par une plaque de tôle ondulée reposant sur des briques, à ras du sol. Après avoir longtemps regardé l'emplacement, le champion de tir russe fut convaincu que c'était un créneau idéal.

Pour en avoir le cœur net, il mit un gant au bout d'un bâton qu'il dressa lentement au-dessus du parapet. Un coup de feu claqua, et quand il eut abaissé le bâton il constata que le gant était percé d'une balle. Il ne s'était donc pas trompé : Konings se cachait bien sous la plaque de tôle ondulée. Son ami Nikolaï Koulikov fut de cet avis et murmura :

— Notre vipère est bien là !

Quittant leur abri, les deux hommes rampèrent pour gagner une position dans laquelle ils auraient le soleil couchant juste derrière eux, ce qui leur fut facile à cause du dessin en zigzag des lignes. Ce soir-là, ils revinrent à l'arrière, mais le lendemain à la première heure, ils retournèrent se tapir à l'endroit choisi. A leur gauche, c'est-à-dire à l'est, ils apercevaient les bateaux transbordeurs qui s'efforçaient de franchir la Volga malgré une pluie de projectiles. Au sud-est, sous son camouflage, leur ennemi devait lui aussi se terrer. Pour attirer son attention, Koulikov tira un coup de feu au hasard, puis les deux amis attendirent que le soleil eût passé au-dessus de leur tête. En fin d'après-midi, plongés dans l'ombre, ils jouissaient d'un gros avantage par rapport au major, dont Zaitsev ne cessait de scruter l'emplacement à la jumelle.

Soudain, le soleil couchant se refléta dans la lunette de visée télescopique du major, juste sous la plaque de tôle. Zaitsev épaula son arme et fit signe à Koulikov de hisser lentement son casque au bout d'un bâton, au-dessus du parapet. Konings tira immédiatement. Koulikov se leva alors et poussa un hurlement, feignant d'être touché. Convaincu qu'il venait de triompher de son adversaire, l'Allemand se dressa pour mieux voir sa victime, et Vassili Zaitsev le tua d'une balle entre les yeux. Konings bascula en arrière et lâcha son arme. Jusqu'au coucher du soleil, on vit le reflet des rayons dans le télescope de l'Allemand, puis au crépuscule il s'éteignit.

Avant de donner l'assaut au secteur des usines, Paulus tint à ce qu'on éliminât un saillant russe, situé autour de la ville d'Orlovka, à 5 km à l'ouest de l'usine de tracteurs. L'ordre d'attaquer cette agglomération fut donné à la 60ᵉ division motorisée allemande, et quelques-uns de ses officiers s'en plaignirent amèrement. L'un d'eux, le lieutenant Heinrich Klotz, estimait que c'était absurde. A quarante-trois ans, il commandait sans doute l'unité composée des plus anciens combattants de toute l'armée. Un tiers de ses hommes avaient fait la Première Guerre mondiale, au cours de laquelle Klotz avait lui-même été blessé. Lors d'une conférence préliminaire à l'opération, il demanda si des chars soutiendraient l'assaut, mais son chef de corps lui répondit qu'il n'y en avait plus de disponibles. Hors de lui, le vieil officier protesta et prédit que, dans ces conditions, l'attaque se solderait par un échec. Son supérieur, très irrité, lui ordonna de se taire et déclara :

— Je regrette, messieurs, mais il faut que nous prenions Orlovka !

Dans la brume grise qui précédait l'aube, le lieutenant Klotz, tapi dans un trou d'obus, se dit que le carnage allait maintenant prendre fin pour lui et ses hommes. Quand l'heure d'attaquer sonna, il n'en donna pas moins le signal de bondir des trous individuels, pour gravir la colline. Des avions russes surgirent alors et surprirent la compagnie de Klotz en plein terrain découvert. Des chapelets de bombes explosèrent et, juste devant Klotz, deux brancardiers soudain disparurent. A plat ventre sur le sol, il regarda, hébété, le trou énorme qui béait maintenant là où ils étaient un instant auparavant, et il ne trouva pas trace de ces hommes. Tout autour de lui, ses subordonnés mouraient sous les bombes et les rafales de mitrailleuses. Quand l'attaque des avions fut terminée, il cria à ses vétérans de se replier, et il regagna lui-même les lignes allemandes. Dans la nuit, il alla ensuite avec des infirmiers ramasser les morts et les blessés. Pendant des heures, il appela par leur nom des amis qu'il avait conduits à un massacre. Sur les 120 hommes qui, ce matin-là, étaient montés à l'assaut, il n'en revint que 30.

Dans les postes de secours et hôpitaux de campagne de la 60ᵉ division motorisée allemande, les médecins et chirurgiens travaillaient fiévreusement à sauver des vies humaines. Presque guéri du malencontreux accident de motocyclette qui lui avait brisé la mâchoire, le Dr Ottmar Kohler avait rapproché son infirmerie à moins d'un kilomètre du front. Insistant avec opiniâtreté pour que les hommes fussent soignés dans les quelques minutes suivant leur blessure, il s'était opposé aux traditions du service de santé de l'armée allemande, mais en soignant ainsi les victimes de la bataille d'Orlovka, il eut la preuve formelle que sa méthode était la bonne. Il sauvait ainsi des soldats qui, sans cela, seraient certainement morts. En outre, il recevait depuis quelque temps des cartes postales en grand nombre, émanant de blessés qui, rentrés en Allemagne, le remerciaient de leur avoir sauvé la vie. Certain d'avoir raison, le vaillant docteur était décidé à poursuivre sa campagne, au besoin contre la hiérarchie, pour que tout homme blessé à Stalingrad eût au moins une chance de survivre.

En dépit de divers échecs, comme celui de la compagnie de Klotz, la bataille d'Orlovka fut un succès pour les Allemands, et les défenses russes ne tardèrent pas à s'effondrer dans ce secteur. Néanmoins, le général Paulus eut à faire face à de nouvelles difficultés, de caractère interne cette fois, car il se trouva en violente opposition avec l'armée de l'Air, à propos de la conduite des opérations.

Le général comte von Richthofen, l'acerbe et fulminant commandant de la IIIᵉ Escadre aérienne, avait fortement affirmé que Stalingrad serait tombé depuis longtemps si le commandement des forces terrestres ne s'était pas montré aussi timide. Paulus trouva inadmissibles les allégations de Richthofen. Le 3 octobre, avec le général Seydlitz-Kurzbach, il rencontra le chef de la « Luftwaffe » dans le sud-est de la Russie et le représentant personnel de Goering, Albert Jeschonnek. Les deux aviateurs déplorèrent les pertes énormes en hommes et en matériel dans les rues de Stalingrad, mais Paulus affirma que de prompts renforts allaient sous peu décider d'un succès total sur le front, et les généraux de l'armée de l'Air repartirent, rassurés et contents.

Toutefois, Richthofen donna par la suite à Jeschonnek son avis sur la situation : « Ce qui nous manque, c'est une appréciation claire et une définition précise de l'objectif à atteindre par priorité. Il est tout à fait inutile de patauger comme nous le faisons, ici et là, pour ne pas dire partout. C'est d'autant plus futile que nous disposons de peu de forces. Ce qu'il faut faire, c'est poursuivre un seul but et non pas courir plusieurs lièvres à la fois. C'est l'évidence même. Et avant tout, il faut en finir avec ce que nous avons commencé, en particulier à Stalingrad. » Or, en s'exprimant ainsi, Richthofen ne critiquait pas seulement le comportement de Paulus. Il contestait les décisions du Führer lui-même, qui avaient amené ses armées à « patauger » dans diverses directions et suscité la grave crise du sud-est de la Russie.

Pour obtenir les renforts dont il avait besoin, Paulus fit état, dans ses dépêches au quartier général du Groupe d'Armées, des pertes considérables qu'il avait subies : 40 000 hommes mis hors de combat en six semaines. En conséquence, Hitler lui envoya la 29e division motorisée et la 14e division blindée, retirées de la IVe Armée de Hoth, au sud de Stalingrad, ainsi que quelques remplacements individuels provenant d'Ukraine, qui n'avaient guère de valeur parce que ces soldats n'étaient pas aguerris.

Leurs premières heures au front furent particulièrement dangereuses. Ils durent se fier à leur instinct et réagir, d'une manière en quelque sorte animale, aux bruits et aux mouvements qu'ils percevaient. S'ils tardaient à le faire, ils étaient vite tués. Dans un secteur tenu par la 9e division antiaérienne, 6 hommes prirent position sur le front, un soir. Un à un, poussés par la curiosité, ils voulurent jeter un coup d'œil aux positions russes. A 10 heures, le lendemain, 4 d'entre eux avaient été tués d'une balle en plein front.

Vassili Tchouïkov avait organisé un service de renseignement efficace, afin de se tenir au courant des plans de Paulus. Des patrouilles effectuaient régulièrement des reconnaissances entre les lignes et notaient les modifications apportées dans le dispositif ennemi. Parfois même, certains éléments sélectionnés réussissaient à s'infiltrer à travers les positions allemandes ; opérant à l'arrière de l'ennemi, ils espionnaient les mouvements de troupes et capturaient des prisonniers.

Le 9 octobre, une escouade de 4 hommes se réfugia dans un wagon de charbon, sur la voie ferrée entre Mamaev et les logements des ouvriers de l'usine « Octobre Rouge ». Les Russes restèrent dans cet abri presque toute la journée, rendant compte par radio de l'activité ennemie. Ils repérèrent des douzaines de pièces d'artillerie, bombardant la ville, des pentes nord de Mamaev. Ils signalèrent des colonnes de canons et de mortiers motorisés qui se dirigeaient, par les routes périphériques, vers un lieu de rendez-vous qui semblait se trouver dans les faubourgs ouest de Stalingrad. Derrière ces canons motorisés venaient des centaines de camions pleins de munitions. Selon ces guetteurs, un grand rassemblement de forces était en train de s'effectuer, mais il fallait en avoir la confirmation par un prisonnier.

La nuit tombée, les hommes coupèrent une ligne téléphonique et attendirent qu'un Allemand vînt la réparer. Dès que celui-ci apparut, les Russes le tuèrent et l'un d'eux revêtit sa tenue. Il attendit alors l'arrivée d'un autre Allemand, venu à son tour réparer la ligne. C'était le soldat Willi Brandt. Assommé avant d'avoir pu réagir, il reprit connaissance pour trouver 4 hommes penchés sur lui et exigeant des réponses rapides à leurs questions. Terrifié, Brandt donna son nom et la formation à laquelle il appartenait. Il précisa en outre que la 24e division blindée venait d'être affectée au secteur des usines, que la 94e division était passée du sud au nord de la ville, et que celle-ci devait être prise avant le 15 octobre, par ordre formel de Hitler.

Satisfaits de ces réponses, les Russes dirent à leur

prisonnier qu'en échange des secrets militaires qu'il avait révélés, ils lui rendaient la liberté. L'ayant conduit à la voie ferrée, ils le laissèrent partir vers les lignes allemandes. Tout en s'éloignant dans la nuit, Brandt tremblait de peur et s'attendait à recevoir une balle dans le dos. Tel ne fut pas le cas, en sorte qu'il finit par se retourner et cria : « Danke, Kamerad ! »

Aussitôt informé, Vassili Tchouïkov ajouta ce précieux renseignement à ceux qu'il possédait déjà sur les préparatifs de l'ennemi. Sachant que tout le poids de la VIᵉ Armée allemande allait désormais se porter sur le secteur des usines, il tenta de retarder l'inéluctable offensive par des contre-attaques locales, espérant ainsi déséquilibrer le dispositif de Paulus. Mais chacune de ces actions échoua : l'adversaire était trop fort.

Le 14 octobre à l'aube, des centaines de « Stukas » noirs surgirent dans le ciel de Stalingrad et, actionnant leurs sirènes, piquèrent sur les positions russes défendant les usines. Quoique la journée fût ensoleillée, la fumée des bombes et des incendies réduisit bientôt la visibilité à 100 m. Après les avions, ce furent 200 chars qui passèrent à l'attaque et enfoncèrent les lignes soviétiques ; puis la 389ᵉ division d'infanterie allemande, sous les ordres du général Erwin Jaenecke, donna l'assaut au labyrinthe des ateliers de l'usine de tracteurs, s'étendant sur 1 500 m, et l'énorme complexe industriel ne tarda pas à devenir un charnier.

Des millions de morceaux de verre provenant des toits vitrés jonchaient le sol et les murs étaient éclaboussés de sang. Balles et projectiles ricochaient de tous côtés. Les 8 000 hommes de la 37ᵉ division de la Garde soviétique luttèrent souvent au corps à corps avec l'assaillant, et en deux jours 5 000 d'entre eux furent tués ou blessés. Le général Joloudev resta lui-même enseveli sous des décombres pendant des heures avant qu'on pût l'en retirer, blessé. Transporté au quartier général de Tchouïkov, il s'effondra en relatant le combat qui venait d'anéantir son unité.

Tchouïkov n'eut guère le temps de s'apitoyer, car toute son armée courait un danger mortel. Il ne lui restait plus aucune ligne téléphonique, les chefs de corps envoyaient des coureurs demander des instructions et s'assurer que les services de la LXIIe Armée soviétique fonctionnaient toujours. Tchouïkov remédia à ce manque de liaisons en installant sur la rive gauche un poste de radio improvisé, à qui il envoyait ses ordres et qui les transmettait aux troupes souvent encerclées dans les ruines des usines. A tous ses subordonnés le général répéta l'ordre de tenir, coûte que coûte. Pour sa part, il se demandait combien de temps il pourrait survivre. Quand il proposa à Ieremenko d'envoyer une partie de son état-major sur la rive gauche, celui-ci refusa. Or, 30 hommes avaient été tués aux abords immédiats du quartier général, par balles ou par éclats d'obus, et souvent on passait des heures à dégager l'accès de l'abri, encombré de ruines.

Les troupes soviétiques occupant encore les basses pentes de la colline Mamaev pouvaient voir les violents combats qui se déroulaient dans le nord de la ville. C'est ainsi que, de sa tranchée, Pyotr Deriabin assista aux attaques répétées des avions allemands, piquant au milieu de tourbillons de flammes et de fumée. Quand les bombes explosaient, des pans de murs entiers pirouettaient dans le ciel avant de retomber en avalanche sur le sol et sur les combattants.

Dans l'angle nord-ouest de l'usine « Barrikady », la 308e division russe dut se replier à l'intérieur des ateliers de fabrication de canons, et son chef, le grand et mince colonel L.N. Gourtiev, se trouva coupé de ses hommes. Alerté par radio, Tchouïkov chargea une petite troupe de rétablir le contact, sous la direction du général Smekhotvorov. Ils rampèrent de la rive à l'usine, sous un feu d'artifice effrayant, car les artilleries adverses se livraient à un véritable duel par-dessus leurs têtes. Après une heure d'efforts, les sauveteurs parvinrent à l'abri de Gourtiev. Vieil ami du général, le colonel l'étreignit et les deux hommes pleurèrent d'émotion.

De l'autre côté du fleuve, le général Ieremenko se tourmentait d'heure en heure davantage : Tchouïkov réussirait-il à tenir ? Sentant que les rapports du général, transmis par radio, témoignaient d'un découragement croissant, il décida d'aller lui-même se rendre compte de la situation sur la rive droite. Tchouïkov lui déconseilla cette traversée trop risquée, mais Ieremenko était un habitué des combats et en portait les traces dans sa chair. Pendant la nuit du 16 octobre, il embarqua avec quelques officiers à bord d'une chaloupe et traversa la Volga au milieu des obus. Ils abordèrent non loin de l'usine « Octobre Rouge ». Le ciel était presque aussi clair qu'en plein jour, à cause des fusées que les Allemands tiraient sans discontinuer, tandis que le petit groupe marchait vers le nord, afin de gagner le quartier général de Tchouïkov. Ils eurent souvent à enjamber des monceaux de décombres et rencontrèrent en chemin des blessés qui se traînaient vers l'embarcadère. Ieremenko les examina avec grande attention et s'émerveilla de leur courage, alors qu'ils achevaient leur douloureuse marche.

Il ne trouva pas Tchouïkov chez lui, car ce dernier était allé l'accueillir en compagnie de Kouzma Gourov, membre du Conseil militaire, au débarcadère. Pendant qu'il attendait avec inquiétude son chef, déjà arrivé, celui-ci parcourait les 8 km du trajet menant au quartier général de la LXIIe Armée. Quand Tchouïkov y revint, quelques heures plus tard, les deux généraux discutèrent des problèmes urgents. Tchouïkov avait besoin de munitions et d'hommes, non pas d'unités entières mais de combattants, pour remplacer les effectifs décimés des formations en place. Ieremenko promit d'agir rapidement dans ce sens, puis parla à chaque chef de corps de ses difficultés particulières. Par téléphone, il donna ses conseils à Rodimtsev et à Gourtiev, après quoi il écouta le général Victor Joloudev lui expliquer la destruction de la 37e division de la Garde dans l'usine de tracteurs. Cet officier généralement flegmatique ne put s'empêcher de fondre en larmes, quand il raconta le sacrifice de plus de 5 000 hommes, anéantis dans ce combat inhumain.

Après l'avoir consolé de son mieux, le commandant en chef dit au revoir à Tchouïkov et lui promit encore de le ravitailler. Il exigea aussi que le chef de la LXIIe Armée installât son quartier général dans un abri moins exposé. Juste avant l'aurore du 17 octobre, Ieremenko regagna la rive gauche dans un meilleur état d'esprit. Tchouïkov ne perdait pas courage et restait calme, malgré les pertes effrayantes subies par son armée : en trois jours, 13 000 de ses hommes étaient tombés sur le champ de bataille, soit près du quart de son effectif. Dans la seule nuit du 14 octobre, 3 500 blessés avaient tant bien que mal gagné les embarcadères de fortune. Tandis que ces victimes du carnage des usines attendaient les bateaux transbordeurs, le fleuve écumait positivement sous la pluie des projectiles. Quand certains de ces bâtiments accostaient enfin, il ne restait à leur bord aucun homme d'équipage valide pour porter les blessés et les embarquer.

C'est alors que, pour la première fois, les avions soviétiques apparurent en force dans la bataille. Venant d'autres régions de la Russie, ils commencèrent à dominer le ciel de Stalingrad, surtout la nuit. Surpris par cette intervention de l'aviation ennemie, à laquelle ils n'étaient pas habitués, beaucoup de combattants allemands réagirent à cette nouvelle menace et s'en plaignirent vivement à leurs supérieurs. Au quartier général de Goloubinka, un officier de l'état-major de la IVᵉ Armée nota dans son journal :

> « La prédominance indiscutable des appareils russes opérant la nuit s'est accrue d'une manière intolérable. Les troupes ne peuvent se reposer, si bien que leur énergie est usée jusqu'à la garde. Nos pertes en personnel et en matériel finissent par être trop élevées. L'armée demande au Groupe d'Armées B d'effectuer des attaques plus nombreuses, de jour et de nuit, contre les aérodromes ennemis, afin de soutenir les soldats combattant sur le front. »

Dans les trois principales usines au nord de Mamaev, les Allemands continuèrent d'attaquer, espérant briser la résistance russe. Le 20 octobre, ils tenaient tous les ateliers de l'usine de tracteurs, avaient enfoncé les puissantes défenses de « Barrikady », et occupaient l'extrémité ouest de « Octobre Rouge ».

Décidés à rejeter tous les Russes dans la Volga, ils s'en prirent au fortin de Jacob Pavlov, au centre de Stalingrad, maintenant tranquille. Quatre chars s'approchèrent et tirèrent à bout portant sur le bâtiment. Mais le rusé Pavlov les attendait. Sachant que les canons ennemis ne pouvaient atteindre de près des objectifs trop hauts ou trop bas, il avait posté ses hommes au quatrième étage et dans la cave. Un seul obus antichar détruisit le premier tank, et ses occupants furent dispersés à la mitrailleuse. Les autres blindés se replièrent. Pavlov et ses hommes jubilèrent : ils tenaient la maison depuis trois semaines.

CHAPITRE XII

L'usine de canons « Barrikady » offrait un spectacle sinistre. Sous le soleil matinal, les voies ferrées entourant les ateliers luisaient d'humidité, là où elles ne disparaissaient pas sous les débris de wagons détruits. Dans les vastes terrains vagues, des montagnes de scories rouges ou noires se dressaient, encore dominées çà et là par quelques cheminées restées debout. Et partout, tant à l'extérieur qu'à l'intérieur des bâtiments, d'innombrables projectiles avaient creusé des cratères. Les hommes vivaient dans des terriers et ne mettaient le nez dehors que pour observer un instant l'ennemi. Ils ne gardaient que peu d'espoir de revoir leur famille, de caresser un enfant, d'embrasser des parents. Ils se bornaient à remercier la Providence d'être toujours vivants, chaque fois que le soleil se levait, avant de les aveugler et d'ajouter à leurs épreuves celle de sa chaleur suffocante.

Ernst Wohlfahrt, démobilisé après la campagne de France, avait été rappelé sous les drapeaux avec beaucoup de camarades, pour compenser les pertes de l'armée en Russie, et l'ancien sergent d'artillerie appartenait maintenant à la 305ᵉ division d'infanterie. Équipé non seulement d'un fusil et d'un pistolet mais d'un petit poste émetteur-récepteur de radio, il avançait avec peine parmi les ruines des maisons ouvrières proches de « Barrikady ». Au-dessus de sa tête sifflaient ou éclataient les « katyoucha » russes, ces maudites « orgues de Staline », véritables comètes en feu, qui s'abattaient en pluie sur le secteur. N'y tenant plus, Wohlfahrt se coucha à plat ventre sur le sol. A côté de lui, un homme cria : « Maman ! » et mourut.

Wohlfahrt l'abandonna et courut en avant avec ses camarades, car il se méfiait des tireurs d'élite soviétiques qui abattaient de préférence les isolés. A bout de souffle, il s'était appuyé un instant à un mur, quand un Russe surgit d'une cave derrière lui et le visa avec son fusil. Par miracle, un autre soldat allemand arriva et l'abattit avant qu'il eût fait feu. Au crépuscule, Wohlfahrt trouva une cave qui lui parut commode pour y passer la nuit. Au moyen de caisses il installa une sorte d'abri autour de son sac de couchage et bientôt il s'endormit, épuisé. Quelques heures plus tard, un avion ennemi — que les Allemands surnommaient la « machine à coudre » à cause du bruit aigu du moteur — largua une bombe juste sur l'abri du sergent, qui se retrouva indemne à 6 m de son lit. Il avait été en partie sauvé par les caisses.

Heinz Neist fit connaissance d'une manière aussi sinistre avec le secteur des usines. Cet homme de trente et un ans avait longtemps pensé qu'il n'aurait jamais à se battre. Grâce à un ami influent, il s'était fait affecter dans l'industrie, à un poste où l'on considérait sa présence indispensable. Il ne pouvait être mobilisé qu'en cas d'exceptionnelle urgence, et cela finit par se produire lors de l'invasion de la Russie. Neist alla donc faire un stage d'instruction, au cours duquel il se montra d'ailleurs le moins ambitieux des soldats allemands.

Or, du jour où il eut à se battre, son attitude changea complètement. Tout au long de l'offensive à travers la steppe, il se comporta avec courage, sans doute parce qu'il s'agissait de survivre dans la bataille, et fut décoré pour fait d'arme. Devenu spécialiste de radio, il participa à l'infernal assaut, entre l'usine de tracteurs et « Barrikady », en traversant un quartier ouvrier détruit.

Avec une dizaine d'hommes, il pénétra dans un bâtiment à peu près intact et occupa le rez-de-chaussée. Pendant qu'il installait son poste de radio, ses camarades découvrirent que des Russes se trouvaient dans les étages supérieurs. Ils tentèrent de les en déloger au moyen de grenades, mais n'y parvinrent pas. Très fatigués, ils décidèrent alors d'attendre le lendemain pour reprendre le combat et de dormir, en laissant deux des leurs monter la garde à tour de rôle. En haut, les Russes ne bougèrent pas.

Par contre, ils descendirent dès l'aube l'escalier, tirèrent des rafales de mitraillettes, puis remontèrent. Redoutant de riposter en gravissant les marches trop exposées, Neist parvint à joindre par radio son chef de corps et lui demanda du renfort, en précisant l'emplacement de la maison. Il dut attendre toute la journée l'arrivée de ces secours, mais pendant ce temps les Russes restèrent tranquilles. En fin d'après-midi, des tireurs d'élite allemands se postèrent dans un bâtiment, de l'autre côté de la rue, d'où ils virent les soldats ennemis dans les étages supérieurs. Quelques coups de feu claquèrent, Neist entendit des cris au-dessus de sa tête, puis ce fut le silence. Après une longue attente, les Allemands montèrent prudemment l'escalier, écoutèrent derrière la porte et, n'entendant rien, l'enfoncèrent. Sept cadavres gisaient sur le plancher. Neist redescendit et s'endormit aussitôt, malgré le vacarme de la bataille qui se poursuivait sans répit.

Le 24 octobre, le lieutenant Wilhelm Kreiser, de la 100e division, fêtait son vingt-sixième anniversaire quand un obus, tiré par un char russe, pénétra dans la pièce où il était assis, passa sans éclater entre ses jambes et ressortit en crevant un mur. Indemne mais commotionné, Kreiser resta dans une cave ce soir-là.

Le lendemain, il conduisit sa compagnie à l'attaque de « Barrikady », dont la principale position de résistance se trouvait le long du remblai de la voie ferrée. Quand les pelotons eurent atteint les emplacements d'où ils se lanceraient à l'assaut, Kreiser attendit les « Stukas » qui devaient lui ouvrir la voie. Ils arrivèrent en effet et larguèrent leurs bombes à 200 m devant les unités allemandes, si bien que Kreiser dut tirer des fusées pour les empêcher de bombarder ses troupes. Or, malgré la précision de cet appui aérien, l'assaut de l'infanterie échoua.

Dans la soirée, le lieutenant reçut l'ordre de se préparer pour une nouvelle attaque. Le lendemain, 26 octobre, à 10 heures, l'artillerie allemande déclencha un barrage roulant sur les positions russes. Des milliers d'obus les pilonnèrent, au point que Kreiser n'avait jamais rien vu de semblable. Au bout d'une demi-heure de cet enfer, ce fut un silence impressionnant. Aussitôt, les hommes bondirent à l'assaut, traversèrent la voie ferrée et le remblai, puis coururent vers la falaise dominant la Volga. De son poste de commandement, Kreiser vit les fusées lancées par ses hommes pour annoncer leur arrivée sur la berge, et il poussa un grand soupir de soulagement : l'objectif final était atteint, les Russes n'en pouvaient plus, et la guerre allait se terminer sous peu. Il se trompait lourdement.

En réalité, le bombardement avait paralysé les Soviétiques, qui s'étaient terrés au plus profond des abris, laissant passer la vague des assaillants. Ceux-ci, au bord du fleuve, avaient maintenant les Russes derrière eux. Kreiser, resté en haut de la falaise, fit avancer quelques pelotons pour renforcer les éléments les plus exposés. C'est ainsi qu'il se heurta à une école très endommagée mais tenue par l'ennemi. Il l'encercla et demanda l'aide de l'artillerie pour venir à bout de ce point d'appui. Or, le bâtiment se révéla plus solide que prévu, et les obus ne le démolirent pas : leur charge, plus brisante qu'explosive, était insuffisante.

Convaincu que ses chefs allaient lui envoyer des renforts, Kreiser choisit une cave pour y établir son poste de commandement et attendit en vain. La nuit tomba, et les Allemands, pris au piège au bord de la Volga, tinrent bon, tirant au jugé sur des ombres qui se rapprochaient constamment. En fin de compte, seuls quelques-uns d'entre eux réussirent à regagner les lignes, en rampant dans l'obscurité. Ainsi, le front semblait s'immobiliser, ni l'un ni l'autre des adversaires n'ayant la force de l'emporter.

Ce même jour, l'intendant Karl Binder vint, lui aussi, à l'usine « Barrikady ». Il s'était rendu au silo à grain, afin d'y prélever un peu du précieux blé pour la possession duquel tant de sang avait été versé en septembre. Sur le chemin du retour, il fut impressionné de voir à quel point la ville était détruite. Presque tous les pavillons et chalets n'existaient plus. Des civils russes traînaient des cadavres dans des trous d'obus et les recouvraient d'un peu de terre. Binder ne put s'empêcher de penser que cette situation allait s'aggraver.

A « Barrikady », il grimpa sur une éminence et observa le chaos des ruines, des barres de fer et des tubes de canon à demi usinés, épars dans les cours. Tandis qu'il regardait, effaré, ces destructions, un groupe de combat allemand traversa un terrain découvert, à quelque distance, pour s'emparer d'un atelier de fabrication. Arrivés devant les fenêtres, les hommes lancèrent des grenades à l'intérieur, puis bondirent dans le bâtiment. Binder attendit, curieux de voir ce qui allait se produire : pas un des assaillants ne ressortit.

Quand il revint à son cantonnement, l'intendant rencontra le lieutenant-colonel Codre, qui lui demanda ce qu'il pensait de la situation à Stalingrad.

— La même chose que vous ! grommela-t-il.

Il savait maintenant que Codre ne se trompait pas en

déclarant depuis des semaines que ce qui se passait à Stalingrad ne servait rigoureusement à rien.

Hersch Gourewicz aurait pu exprimer une opinion identique. Enfin guéri de sa blessure, reçue en août sur la route de Sety dans des circonstances tragiques, il avait quitté l'hôpital et gagné Stalingrad à pied, sur une passerelle. A peine arrivé dans une tranchée, au sud de l'usine de tracteurs, il reçut l'ordre de monter à l'assaut de la position ennemie. Comme il franchissait en courant un terrain découvert, un soldat allemand surgit d'un trou devant lui, armé d'un fusil à baïonnette. Plus rapide, Gourewicz déchargea son pistolet dans la figure de l'ennemi, qui bascula en avant ; mais dans sa chute, il enfonça la pointe de la baïonnette dans la paume de l'officier russe.

La plaie était si sérieuse qu'il dut aller se faire soigner au poste de secours du bataillon. Il y rencontra une infirmière, tomba amoureux d'elle et devint son amant. Revenu à sa compagnie, il continua de voir la jeune femme, qui venait souvent panser les blessés légers dans les tranchées. Cette fragile liaison les aida tous deux à rendre un peu plus supportable leur dure existence. Il ne l'avait pas vue depuis quelques jours, lorsqu'on l'appela d'urgence au poste de secours, sur la berge de la Volga : l'infirmière était blessée et le demandait. Il y courut et la trouva entièrement enveloppée de pansements.

Elle avait marché sur une mine et n'était plus qu'un torse, car ses quatre membres avaient été déchiquetés, et elle se mourait. Déjà elle ne pouvait plus parler, et il resta longtemps à regarder ce corps momifié qu'il aimait, trop bouleversé pour articuler un mot ; puis il s'en alla et regagna son poste en chancelant.

Contrairement à Gourewicz, d'autres Russes ne méditaient jamais sur le carnage quotidien dont Stalingrad était le théâtre. Certains même considéraient l'affreuse boucherie comme une croisade punitive, un juste châtiment. Ainsi, le capitaine Ignacy Changar, un tout jeune officier aux cheveux blonds et frisés, était venu dans cette ville dévastée pour y remplir la mission qu'il préférait entre toutes : tuer des Allemands. Rompu au combat de guérilla, il affectionnait surtout l'arme blanche et savait user du poignard, grâce à l'expérience acquise en Ukraine, durant les premiers mois de lutte des partisans contre l'envahisseur. Celui-ci s'était alors montré sous son jour le plus odieux, et Changar en demeurait profondément marqué.

Un jour, caché dans un bosquet aux abords d'un village, il vit deux soldats ennemis malmener une paysanne, exigeant qu'elle leur donnât une vache. Comme elle protestait, expliquant qu'elle n'en avait plus parce que d'autres Allemands étaient déjà venus les lui prendre, ils saisirent son bébé, chacun par une jambe, et l'écartelèrent. De sa cachette, Changar pouvait abattre les brutes mais son chef l'en empêcha, pour ne pas révéler leur présence à l'ennemi, très supérieur en forces. Pendant des mois, au cours de la retraite, le jeune homme fut hanté par les cris de douleur de la malheureuse mère, et en ce mois d'octobre 1942 il tuait des Allemands par plaisir.

Depuis dix jours, il livrait un combat assez bizarre. Ayant reçu l'ordre d'occuper un bâtiment à moitié démoli, à l'ouest de l'usine « Barrikady », il s'y rendit à la tête de 50 hommes et fit une découverte : une importante troupe allemande occupait une grande salle, de l'autre côté d'un couloir de 3 m de large. Ce couloir était infranchissable, chacune des parties n'osant attaquer l'autre, jugée trop puissante.

Les jours passèrent, et Changar se fit ravitailler par les fenêtres, mais il se dit que, sur le façade opposée, les Allemands devaient opérer de la même manière. Décidé à en finir, il demanda à ses chefs de lui envoyer des pelles, des pioches et 100 kg de dynamite. Dès qu'il reçut ce matériel, il se mit au travail. Après avoir défoncé le sol cimenté, ses hommes creusèrent en se relayant un tunnel sous le corridor. Pour masquer le bruit des travaux, les Russes chantaient à gorge déployée. A leur tour, les Allemands se mirent à chanter par moments, et Changar en conclut qu'ils voulaient aussi le faire sauter.

Le onzième jour, il décida d'arrêter les travaux. Quand la dynamite eut été placée tout au fond du tunnel, il disposa une mèche lente, qui la relia à la pièce habitée par les Russes. Tandis que les Allemands chantaient au son d'un harmonica, les hommes de Changar entonnèrent un dernier refrain à leur intention et la mèche fut allumée, puis tout le monde s'enfuit par les fenêtres. Or, l'explosion se produisit trop vite et surprit les fuyards disséminés dans la cour, les soulevant de terre et les projetant sur le sol. Changar vit le bâtiment s'élever lentement dans l'air, s'y désintégrer en s'élargissant, puis une grosse boule de feu jaillir vers le ciel, en même temps que des milliers de débris retombaient de tous côtés.

Le calme revenu, l'officier procéda à l'appel : aucun de ses hommes n'était blessé, mais deux n'avaient pas eu le temps de sortir de la maison et étaient restés enfouis sous les décombres. Il se le reprocha amèrement, comprenant qu'il avait mal calculé la longueur de la mèche. Voulant ensuite se rendre compte des pertes subies par l'ennemi, il alla examiner les ruines et ne trouva pas moins de 360 jambes de soldats ennemis, éparses parmi les pierres. C'est un peu rasséréné qu'il regagna les lignes : la mort de 180 Allemands compensait en partie la disparition de ses deux camarades, dont il se sentait responsable.

Plus au sud, près de l'usine « Octobre Rouge », le tireur d'élite Vassili Zaitsev continuait, lui aussi, sa chasse à l'ennemi en première ligne. Il en avait maintenant abattu plus de 100 et portait la croix de l'ordre de

Lénine. Sa réputation s'était étendue dans toute l'Union soviétique. En outre, ses élèves causaient des ravages dans les rangs adverses. Des hommes tels que Viktor Medvedev et Anatoli Chekhov rendaient les Allemands si prudents qu'ils répugnaient à lever la tête au-dessus du parapet pendant la journée. Quant à Tania Chernova, elle avait acquis une rare précision de tir et comptait à son tableau de chasse près de 40 Allemands, qu'elle continuait d'appeler des « piquets ». Néanmoins, il lui restait encore beaucoup à apprendre.

Postée derrière un tas de briques avec d'autres bons tireurs, à l'étage supérieur d'un immeuble, elle observait depuis des heures les allées et venues de l'ennemi entre les tranchées de première ligne et l'arrière. Zaitsev avait interdit à ses élèves d'ouvrir le feu avant son autorisation formelle ; pour l'instant, ils devaient se borner à calculer et se rappeler les distances des principaux objectifs. Cet ordre exaspérait Tania, qui rageait de n'avoir pas brisé tant de « piquets » si faciles. Lorsque soudain une troupe d'infanterie surgit en terrain découvert, la tentation fut trop forte et elle donna l'ordre d'ouvrir le feu. En quelques secondes, 17 cadavres gisaient sur la chaussée, et Tania, ravie, félicita ses camarades.

Or, quelques Allemands avaient pu échapper au massacre et regagner leurs lignes. Ils fournirent à l'artillerie les coordonnées exactes de la maison d'où étaient partis les coups de feu et, peu après, une pluie d'obus s'abattit sur les tireurs russes, dont la plupart furent tués ou écrasés sous les ruines du bâtiment. Miraculeusement indemne, Tania courut rendre compte à Zaitsev de ce qui venait de se passer. Hors de lui, il la gifla à toute volée, lui reprocha violemment sa stupidité et la rendit responsable de la mort de ses camarades. Honteuse, désespérée et redoutant un châtiment, Tania pleura pendant des heures.

Dans la partie sud de la ville, la bataille statique continuait. Ainsi, autour du fortin tenu par Jacob Pavlov, les cadavres en décomposition attestaient de la farouche défense qu'il opposait à l'ennemi depuis un mois. Les Allemands le laissaient tranquille durant de courtes périodes, puis revenaient à l'attaque. Il profitait de ces répits pour renforcer l'observatoire installé tout en haut de l'immeuble, et il y posta ses meilleurs tireurs, qui interdisaient à tout ennemi d'approcher.

Sur les cartes et plans directeurs des états-majors, ce fortin situé entre les lignes adverses était maintenant désigné sous le nom de « Dom Pavlov », la « Maison Pavlov ». Elle constituait à la fois une position de résistance fortifiée dans le système défensif russe et un point de repère auquel on se référait aisément. Ainsi, les troupes rendaient compte de leurs observations, en disant que l'ennemi progressait à 200 m à l'ouest de la Maison Pavlov, ou que des chars étaient signalés à 100 m au nord de cette maison.

Au poste de commandement du général Rodimtsev, installé dans une minoterie délabrée, à 100 m de la Volga, les officiers de son état-major assistaient avec une intense satisfaction aux duels qui chaque nuit suscitaient autour du fortin de magnifiques feux d'artifice de balles traçantes. De plusieurs endroits, des tunnels avaient été creusés, aboutissant à la Maison Pavlov, que Rodimtsev décida de désigner sous le nom de code : « Phare. » Aussi Pavlov, paysan simple et solide, avait-il l'impression d'être un commandant de division, tandis qu'il adressait par radio ses rapports quotidiens, riches en renseignements précieux. Sa nouvelle importance l'enchantait.

CHAPITRE XIII

Le 27 octobre, au quartier général de la 376ᵉ division, sur le flanc gauche de la VIᵉ Armée allemande, les généraux Paulus et Schmidt écoutèrent le rapport d'un officier de renseignements, ému et nerveux. Le jeune lieutenant Ostarhild méritait toute leur attention, car il les avertissait d'un désastre imminent. Certes impressionné par ces chefs illustres, il ne s'en exprima pas moins avec l'assurance d'un homme qui connaît à fond le sujet qu'il traite. Depuis des semaines, il collationnait une quantité d'informations provenant de diverses sources — avions d'observation, prisonniers, agents secrets, messages interceptés par la radio — et les ayant recoupées, il ne doutait pas de leur exactitude. Elles soulignaient toutes un danger croissant au nord. Il déclara donc :

— Une grande concentration d'hommes et de matériel a été décelée dans la région de Kletskaya. Comme nous en avions reçu l'ordre, nous avons procédé à une reconnaissance soigneuse de cette concentration... Il s'agit d'une armée considérable, rassemblée en vue d'une offensive et disposant de gros moyens. Nous connaissons les unités qui la composent, leur armement, leur provenance, et même les noms de leurs chefs, ainsi que le plan de l'attaque, qui s'étend jusqu'à la mer Noire.

Imperturbable, Paulus demanda brusquement à lire

les documents sur lesquels Ostarhild se basait et, quand il en eut pris connaissance, dit à Schmidt :

— Le service de renseignement de l'armée est-il au courant ?

Sur la réponse affirmative de son chef d'état-major, le commandant de la VIᵉ Armée rassura ses conseillers, en affirmant qu'il allait demander des renforts pour défendre son flanc gauche. Après son départ, Ostarhild ne put que retourner à ses cartes, non sans inquiétude. Il avait tenté d'alerter les dirigeants de l'armée, mais doutait du résultat de ses efforts : ses chefs ne semblaient pas se rendre compte de l'énormité du danger.

Rentré à Goloubinka, le général Paulus lança à ses troupes une proclamation peu ordinaire :

1. L'offensive d'été et d'automne s'achève avec succès par la prise de Stalingrad... La VIᵉ Armée a joué un rôle significatif et tenu les Russes en échec. Les actions des chefs de corps et des troupes pendant l'offensive s'inscriront dans l'histoire en une page particulièrement glorieuse.

2. L'hiver arrive sur nous... Les Russes en profiteront.

3. Il est peu probable que les Russes se battront avec la même énergie que l'hiver dernier... »

Ainsi, après avoir entendu le rapport d'Ostarhild, Friedrich von Paulus ne semblait pas s'en soucier. En fait, ce qui le préoccupait sans cesse, c'était le bain de sang de Stalingrad et les énormes pertes subies par ses troupes. Il s'en voulait de n'avoir pas pu prendre la ville en septembre, continuait à s'accrocher mortellement à ses ruines, le long de la Volga, et faisait confiance à Hitler pour protéger ses flancs.

Cependant, le 1ᵉʳ novembre, il fut de nouveau l'objet d'une sévère attaque de l'« avocat du diable », le général von Richthofen, venu le voir à Goloubinka. Le chef des forces aériennes se plaignit avec véhémence de ce que l'infanterie ne profitât pas du soutien efficace des « Stukas » et bombardiers. Déprimé, Paulus répliqua qu'il ne pouvait mieux faire, faute d'effectifs et de munitions.

Le bouillant aviateur n'admit pas cette excuse et déclara qu'il userait de son influence personnelle pour obtenir les approvisionnements nécessaires, puis il se lança dans une diatribe :

— La véritable explication, la voici : c'est la faiblesse et des troupes et du commandement ! C'est l'esprit de conservatisme rigide qui règne dans l'armée, cet esprit qui lui fait accepter sans broncher de mettre en première ligne 1 000 hommes, là où il en faudrait 10 000, et qui incite les généraux à donner des ordres, sans se soucier de leur exécution...

Se refusant à discuter sur ce ton, Paulus se borna à rejeter les accusations de Richthofen et lui répéta calmement qu'il manquait d'hommes ainsi que de munitions. En restant maître de lui, Paulus commit une erreur, car Richthofen interpréta cette attitude d'une manière inexacte ; rentrant à sa base, il fut convaincu que Paulus était conscient de s'être trompé mais ne voulait pas l'admettre.

Pendant ce temps, au nord du Don, les Russes continuaient d'amasser leurs forces. Elles se déplaçaient de nuit, en longs convois venant de la région de Moscou et de l'Oural. Plus de 200 000 hommes arrivèrent ainsi à pied d'œuvre. De l'artillerie lourde, des centaines de chars, près de 10 000 chevaux de selle, furent transportés sur des lignes de chemin de fer à voie unique, jusqu'aux deux principaux points de rassemblement : Serafimovich et Kletskaya, à 150 et 200 km au nord-ouest de Stalingrad. Des commissaires politiques travaillaient inlassablement à insuffler du fanatisme aux troupes. Dans tous les régiments, les recrues recevaient leurs armes au cours d'une cérémonie, face au drapeau. On chantait en chœur des marches guerrières, les dirigeants politiques prononçaient des discours enflammés, exaltant le dévouement à la patrie soviétique, si bien que les soldats étaient aussi armés moralement que matériellement.

Ce mouvement considérable de forces armées ne pouvait passer inaperçu des Allemands. Ils l'apprirent d'autant mieux que des déserteurs russes en informèrent des interrogateurs stupéfaits. Ils annoncèrent l'arrivée de divisions et d'armées entières, non seulement sur le Don mais au sud de Stalingrad, dans les régions de Beketovka et du lac Tzatza, face à la IVe Armée blindée allemande. A l'exemple de Karl Ostarhild, les officiers de renseignement des diverses unités concernées recoupèrent ces révélations et les observations faites sur le terrain, pour parvenir à la même conclusion évidente : l'ennemi était sur le point d'attaquer sur les deux flancs.

L'alerte fut également donnée par les alliés satellites des puissances de l'Axe. Dans la seconde semaine d'octobre, la IIIe Armée roumaine s'était établie sur le Don, couvrant le flanc gauche de la VIe Armée allemande. Très vite, ses officiers de renseignement firent les mêmes constatations que le lieutenant Ostarhild. Le général roumain Dumitrescu se hâta donc de demander à son collègue allemand comment il allait remédier à cette situation, et sa question fut transmise en Prusse-Orientale, pour qu'Adolf Hitler y répondît en personne. Entre-temps, le chef roumain au nez crochu vit ses soucis empirer. Son armée dut assumer la défense de secteurs supplémentaires, occupés jusqu'alors par les Italiens. Il en résulta que chacune de ses 7 divisions eut à couvrir un front de 20 km. Ne disposant que de maigres réserves pour renforcer ces unités trop étirées, en cas d'attaque ennemie, Dumitrescu estima que ses troupes couraient un risque intolérable et s'en plaignit aux Allemands. Ceux-ci lui répondirent de prendre son mal en patience.

A Stalingrad, Vassili Tchouïkov dirigeait maintenant

son propre combat d'un nouveau quartier général, invulnérable celui-ci. Les attaques allemandes contre les usines l'avaient contraint de quitter son précaire abri, le quatrième en sept semaines, un projectile l'ayant presque entièrement détruit. Il s'était replié au sud, le long de la Volga, à l'arrière de la 284e division, dont les sapeurs venaient de creuser un tunnel à la dynamite dans la falaise, pour y loger l'état-major. S'enfonçant à 10 m de profondeur, cet abri en forme de « T » était protégé par 12 m de roches solides. Tchouïkov le réquisitionna aussitôt et s'y installa.

Il pouvait enfin travailler en sécurité, mais c'était un faible réconfort, car son armée avait presque disparu. La lutte au corps à corps dans les usines se soldait par la perte de bataillons entiers, de régiments, voire de divisions dont il ne restait que de rares survivants. Ainsi, la 95e division du colonel Gorichny dut être répartie en d'autres unités qui absorbèrent ses derniers effectifs. La 37e division d'élite de la Garde du général Joloudev ne comportait plus que quelques éléments, qui passèrent au 118e régiment du colonel Ivan Ilyich, de la 138e division. Son chef, le général Lyoudnikov, reçut aussi les rescapés de la 308e division de Gouriev, massacrée dans « Barrikady ». Sur les 7 000 ou 8 000 hommes que comportaient certaines unités à leur arrivée à Stalingrad, il n'en restait que quelques centaines, affectés à d'autres formations, sous d'autres chefs.

Tchouïkov savait, par ses informateurs, que Paulus préparait une nouvelle attaque contre les usines. Ainsi, la célèbre division « Hoch und Deutschmeister », venue d'Autriche, progressait vers le nord-est, franchissait les arrières de l'armée et marchait sur « Barrikady ». Pour parer à cette menace, Tchouïkov regroupait désespérément ses unités décimées et réclamait des renforts à Ieremenko. Or, celui-ci se démenait pour envoyer le plus de troupes et d'approvisionnements possible dans la région de Beketovka, au sud de Stalingrad, en vue de la contre-offensive imminente.

Par téléphone, le commandant du front de Stalingrad recommanda à Tchouïkov de tenir les Allemands en haleine dans la ville, de manière à empêcher Paulus de faire passer une partie de ses forces sur ses flancs.

En s'exprimant ainsi, Ieremenko répondait à une question que Tchouïkov se posait depuis quelque temps : pourquoi les Allemands ne s'étaient-ils pas attelés à renforcer leurs flancs ? Sur la rive gauche de la Volga, l'artillerie russe, qui avait depuis des semaines soutenu puissamment la LXIIᵉ Armée luttant dans la ville, intervenait beaucoup moins : le Haut Commandement soviétique envoyait une partie des batteries dans un autre secteur. Or, se dit Tchouïkov, les Allemands avaient dû remarquer comme lui cette diminution des tirs d'artillerie et en arriver aux mêmes déductions.

Le général fit une autre remarque, plus troublante : la Volga commençait à charrier des glaçons, et c'était un signe très inquiétant pour son armée. Jusqu'au jour où les glaces, cessant de dériver, formeraient entre les berges un pont solide et permanent, les bateaux transbordeurs ne pourraient plus la ravitailler. Cette situation, si elle se prolongeait, risquerait d'entraîner un véritable désastre pour les Russes, pris au piège dans la ville.

CHAPITRE XIV

Le 7 novembre, à l'occasion du vingt-cinquième anniversaire de la Révolution bolchevique, Joseph Staline prit la parole et annonça à son peuple que 8 millions d'Allemands avaient été tués dans la « Grande Guerre Patriotique ». Quoique ce chiffre dépassât de 6 millions la réalité, le maître de la Russie fit une autre déclaration, plus exacte, en prophétisant : « Bientôt, nous connaîtrons un jour de fête dans nos rues. » Alors que ses compatriotes pleuraient la perte de millions de parents et d'amis, victimes des dix-sept mois de guerre, ils n'avaient guère de raisons d'imaginer un « jour de fête » proche. Affamés et épuisés, tout au plus trouvaient-ils un léger réconfort à se dire que les Allemands n'avaient pas encore pris Stalingrad et le Caucase. Mais ils n'osaient plus rêver, depuis longtemps déjà, qu'ils auraient de nouveau un motif pour se réjouir, pour rire et danser.

En Allemagne, le IIIe Reich, qui en était à sa neuvième année d'existence, fêtait aussi un anniversaire. Dans la célèbre brasserie « Löwenbräukeller » de Munich, des ouvriers tendaient d'énormes drapeaux à croix gammée entre les voûtes de la vaste salle. Sur une estrade fleurie et décorée de massifs d'aigles dorés, on installait la tribune. Les responsables du parti allaient et venaient nerveusement, veillant à ce que tout fût impeccable pour ce grand jour, vérifiant les moindres détails et exhortant chacun à la perfection. Car Adolf Hitler allait venir retrouver ses vieux camarades et évoquer avec eux les jours glorieux du putsch de 1923.

Son train spécial roulait lentement à travers les collines de Thuringe, car les bombardements aériens des Alliés avaient souvent endommagé les voies, que de nombreux convois de troupes encombraient fréquemment. Dans la soirée du 7 novembre, Hitler commentait les événements de la journée avec ses collaborateurs, partageant leur repas au wagon-restaurant. D'Espagne, des agents secrets signalaient le passage de nombreux navires alliés dans le détroit de Gibraltar, en direction de la Méditerranée. Nul ne connaissait leur destination, mais cette audacieuse manœuvre intéressa beaucoup Hitler, qui chercha à deviner les intentions de l'ennemi avec une sorte de détachement, comme si l'opération ne le concernait pas au premier chef.

Tandis qu'on servait le dîner dans de la porcelaine ravissante, le train dut s'arrêter une fois de plus sur une voie de garage. Or, un convoi de blessés vint à son tour stopper dans la petite gare, si bien que les hommes étendus sur des brancards virent, à quelques mètres, le wagon brillamment éclairé au milieu duquel Hitler discutait avec animation. Tout à coup, il redressa la tête et découvrit ces visages émaciés qui le regardaient fixement. Très en colère, il ordonna qu'on fermât les rideaux, en sorte que les malheureux invalides retombèrent dans l'ombre de leur univers de souffrances.

Toute la soirée, pendant qu'il roulait dans les plaines verdoyantes de Bavière, Hitler continua d'imaginer ce que pouvaient être les plans de ses ennemis. A leur place, se dit-il, j'occuperais Rome immédiatement, puisque rien ne pourrait les arrêter... Or, au moment où il se couchait, peu avant l'aube, les troupes anglaises et américaines débarquaient en Algérie et au Maroc, dans le but d'opérer leur jonction avec la VIIIe Armée britannique du général Bernard Montgomery, qui venait de vaincre les forces de Rommel à El Alamein, en Egypte.

Pourtant, le lendemain, le Führer affecta d'ignorer ces désastreuses nouvelles, quand il fit son entrée dans la brasserie de Munich sous les acclamations serviles et gutturales de ses fidèles. L'ambiance familière de cette réunion le réconforta, et tous chantèrent à pleine voix le « Horst Wessel Lied », l'hymne du parti nazi. Pour la circonstance, il avait revêtu la « chemise brune », ornée d'un brassard à croix gammée sur la manche gauche. Fièrement planté sur la tribune, le bras levé, il reçut l'hommage de la foule hurlant d'interminables : « Sieg Heil ! Sieg Heil ! Sieg Heil ! » Puis il se lança dans une harangue véhémente, s'en prenant surtout aux Anglais :

> « Ils s'apercevront... que l'esprit inventif des Allemands n'a pas chômé, et ils recevront une réponse à leurs raids sur notre pays qui leur coupera le souffle ! »

Traitant par le mépris les débarquements en Afrique, il déclara :

> « L'ennemi va et vient, avance et recule, mais c'est le résultat final qui seul compte, et pour cela faites-nous confiance ! »

Quand il en vint à parler de Stalingrad, il le fit avec une sorte d'affectation prétentieuse :

> « Je voulais prendre la ville — et vous savez que nous sommes modestes — et maintenant nous l'avons vraiment. Il ne reste que quelques petits points d'appui à faire tomber. Alors, les autres disent : « Pourquoi ne progressez-vous pas plus vite ? » Je leur réponds : « Parce que je ne veux pas créer un nouveau Verdun... et préfère finir l'opération avec de petites troupes de choc. »

Ses amis l'applaudirent sans fin.

C'était le général d'aviation comte von Richthofen qui avait provoqué l'envoi à Stalingrad des « petites troupes de choc » auxquelles Hitler faisait allusion. Après son altercation avec Paulus, il s'était mis en rapport avec le général Jeschonnek et l'avait persuadé d'insister auprès du Führer, pour qu'il libérât le régiment d'élite du génie et l'envoyât participer à l'assaut final. Prêt à saisir n'importe quelle planche de salut, Hitler donna sans hésiter son accord à ce plan, en se persuadant que, par cctte mesure, il allait éliminer toutes les résistances organisées des Soviétiques le long de la Volga. En conséquence, au moment où leur maître allait parader à Munich avec ses partisans, les cinq bataillons de « pionniers » — c'est ainsi qu'on les appelait — se hâtaient de faire leurs préparatifs de départ pour Stalingrad.

Près de Voronej, à quelque 500 km à l'ouest de cette ville, le cuisinier du 336ᵉ Bataillon du génie chargeait son matériel dans un wagon. Autour de lui, les soldats ne se gênaient pas pour protester contre cette nouvelle mission, tout en vérifiant le bon état de l'armement lance-flammes, pistolets automatiques, explosifs, etc. Giebeler était habitué à ces accès de mauvaise humeur, qui se reproduisaient à la veille de chaque « corvée » spéciale. Sachant combien ses camarades connaissaient la technique du combat de rues, il ne doutait pas du moral de ces professionnels, qui allaient triompher sur la Volga comme ailleurs.

Quand ils arrivèrent à Stalingrad, sous les ordres du colonel Herbert Selle, ils furent accueillis par le major Josef Linden. Le 7 novembre à 9 heures, cet officier avait procédé à une reconnaissance du terrain compris entre « Barrikady » et la Volga. Jamais, devait-il déclarer par la suite, un champ de bataille ne lui était apparu sous un jour aussi horrible : « Des plaques de tôle rouillée pendaient çà et là, grinçant sous le vent d'une manière sinistre... De tous côtés, c'était un chaos informe de décombres, de barres de fer, de tubes de canon, de longrines... D'énormes cratères s'ouvraient partout... Les caves étaient transformées en fortins... Dominant la scène, un vacarme assourdissant ne cessait de retentir, provoqué par des bombes et des obus de tout calibre... »

Dans l'usine même, le major Eugen Rettenmaier, rentré d'une permission de quinze jours en Allemagne, inspectait ses 4 compagnies : sur 400 hommes, il ne lui en restait que 37, les autres étant tués, blessés ou disparus. Quelques heures plus tard, il vit arriver les 600 soldats d'un bataillon de « pionniers ». Les quatre autres bataillons se répartirent sur les positions avancées, en vue d'une attaque concertée vers la Volga. Ces spécialistes expliquèrent le plan de l'opération au major, qui fut impressionné par leur assurance mais sceptique sur le résultat.

Deux nids de résistance russes devaient être enlevés : il s'agissait d'une pharmacie et, à quelques centaines de mètres, de la « Maison Rouge », siège du commissaire de l'usine ; ce bâtiment en brique dominait le terrain environnant, légèrement en pente. Les pionniers posèrent quelques questions sur ces constructions et sur la falaise bordant le fleuve. Ils s'exprimaient d'un ton sec et avec concision. Lorsque Rettenmaier et ses officiers voulurent leur expliquer qu'à Stalingrad les Russes combattaient d'une manière spéciale, se cachaient dans les caves et les égouts, les techniciens répliquèrent qu'ils avaient connu bien pis que cela, par exemple à Voronej, et qu'ils étaient prêts pour ce genre de tactique.

Le 9 novembre à minuit, les groupes de combat se rassemblèrent dans divers ateliers, du côté est de « Barrikady ». Lourdement chargés d'armes, d'outils et de munitions — cartouches, grenades, explosifs —, les hommes gagnèrent dans l'ombre les positions de départ et attendirent le signal pour bondir en terrain découvert. Quelques-uns fumèrent discrètement une dernière cigarette. Pour sa part, le sergent Wohlfahrt se contenta d'observer avec attention l'opération. Prisonnier en quelque sorte dans l'usine depuis des semaines, il n'enviait pas les pionniers pour leur mission. Il passait ses journées caché derrière un mur, sans oser lever la tête. Jamais les Russes ne l'avaient laissé un instant se sentir en sécurité et, malgré l'assurance un peu prétentieuse des nouveaux venus, il doutait du succès de leur attaque.

Tout à coup une explosion fracassante retentit dans l'atelier voisin, suivie de hurlements. Wohlfahrt s'y précipita, pour trouver 18 cadavres : une mine adroitement placée avait décimé la section, et les quelques survivants étaient effarés. A 3 h 30, l'artillerie allemande ouvrit le feu sur les lignes russes, provoquant aussitôt une riposte des batteries soviétiques. Quand le tir de barrage allemand s'apaisa, les unités d'élite du génie de l'armée allemande avancèrent en terrain découvert, éclairés de temps à autre par les déflagrations des projectiles. En les voyant progresser dans ce paysage lunaire, le major Rettenmaier ne put que leur souhaiter un secours providentiel.

La pharmacie fut prise sans difficulté, mais à la « Maison Rouge » les assaillants tombèrent dans un véritable piège. Chaque ouverture du bâtiment avait été bouchée avec des débris, au milieu desquels étaient aménagés de très petits créneaux, permettant aux Russes de tirer avec une précision mortelle. Plus au sud, le 576e Régiment atteignit la Volga, mais là encore les Soviétiques s'accrochèrent au terrain, cachés dans des caves ou dans les failles de la falaise. Les sapeurs allemands leur lancèrent des grenades, et celles-ci rebondirent sur les rochers, pour exploser dans le fleuve, sans endommager les défenseurs.

Le lendemain matin, quand les pionniers du 50e Bataillon prirent enfin d'assaut la « Maison Rouge », les Russes se retranchèrent dans les caves. Ayant alors défoncé le plancher du rez-de-chaussée, les attaquants lancèrent dans ce sous-sol des bidons d'essence, des charges de dynamite et des cartouches de fumée, puis mirent le feu au tout. Les caves explosèrent donc, et des nuages de fumée s'échappèrent des ruines, si bien qu'il fut possible de rendre compte au major Rettenmaier que le fortin était désormais aux mains des Allemands.

Néanmoins, au bord de la Volga, les pionniers arrivés la veille découvraient peu à peu qu'ils avaient remporté une victoire à la Pyrrhus, car à l'exception d'un seul homme ils étaient tous blessés. Une importante troupe leur fut alors envoyée en renfort, mais lorsqu'elle arriva elle ne comportait plus que trois soldats valides.

Le colonel Herbert Selle était sincèrement convaincu, en arrivant à Stalingrad, que ses bataillons s'empareraient vite des parcelles de terrain encore aux mains de l'ennemi, mais en quelques jours il dut se rendre à l'évidence : ses 5 unités, soit environ 3 000 hommes, avaient perdu le tiers de leur effectif. Il ne put donc que rassembler ce qui lui restait de rescapés pour constituer une solide troupe de choc, en vue d'autres attaques.

Dans une lettre à sa famille, il fit allusion à ces pertes tragiques : « On va verser beaucoup de larmes en Allemagne... Heureux celui qui n'est pas responsable de tant de sacrifices injustifiés. » A ses yeux, Stalingrad ne valait plus le prix que coûtait sa capture. Il avait le sentiment que la bataille dégénérait en un combat singulier entre Staline et Hitler.

Les pionniers avaient néanmoins porté un coup terrible aux Russes. Le colonel Ivan Ilyich Lyoudnikov et sa 138ᵉ division se trouvaient enfermés sur la rive, dans une étroite bande de territoire d'environ 400 m de long sur 100 m de large. Devant eux gisaient les morts du 118ᵉ Régiment, qui avait résisté aux pionniers allemands en terrain découvert et dans des maisons en partie détruites : sur les 250 soldats qu'il comptait, seuls 6 survivaient à l'effroyable lutte. Lyoudnikov ne disposait plus que de quelques centaines d'hommes et de femmes capables de combattre, et il demanda par radio du secours à Tchouïkov.

Cependant, à Moscou, l'état-major général russe continuait de mettre en œuvre sa stratégic. Enchanté de constater que les Allemands persistaient à ne se préoccuper que des rives en ruine de la Volga, le « STAVKA » accélérait l'envoi de troupes et de matériel sur les flancs de l'armée ennemie. Il demanda aussi des précisions à ses réseaux d'espionnage, en particulier à celui de Suisse :

> « 11-11-1942 — A Dora (nom de code de Lucy).
> Où se trouvent les positions de résistance des Allemands sur leurs arrières, au sud-ouest de Stalingrad et le long du Don ? Existe-t-il des positions défensives organisées dans les secteurs Stalingrad-Kletskaya et Stalingrad-Kalach ? Leurs caractéristiques ?...
>
> Le Directeur »

Les Russes obtinrent ainsi presque tous les renseignements dont ils avaient besoin. Quelques-unes de ces informations provinrent des observations personnelles du maître d'œuvre de toute cette entreprise, Gheorghi Joukov, qui télégraphia à Staline ses impressions du front :

> « 1-11-1942 — N° 4657
> Je viens de passer deux jours avec Ieremenko. J'ai... examiné les positions de l'ennemi, face aux 51e et 57e Armées... J'ai donné des instructions pour qu'on intensifie les reconnaissances et qu'on travaille au plan d'opérations, en se fondant sur les renseignements obtenus... Il est urgent que les 51e et 57e Armées reçoivent les armes et munitions nécessaires, au plus tard le 14 novembre.
>
> Konstantinov (nom de code de Joukov) »

Le haut commandement allemand se décida enfin à prendre une mesure pour protéger ses flancs. Le 48e Corps blindé, cantonné à plus de 80 km au sud-ouest des redoutables têtes de pont russes de Kletskaya et de Serafimovich, sur le Don, reçut l'ordre impératif de se rendre d'urgence dans le secteur menacé.

Sous les ordres du général Ferdinand Heim, ami intime et ancien aide de camp de Paulus, cette grande unité prit bruyamment la direction du nord-est. Or, à peine avait-elle parcouru quelques kilomètres qu'elle dut s'arrêter, plusieurs chars ayant pris feu. Dans d'autres engins, les moteurs pétaradèrent puis cessèrent de fonctionner. Les mécaniciens s'affairèrent à découvrir la cause de ces pannes et ne tardèrent pas à la trouver. Pendant plusieurs semaines d'inactivité à l'arrière, des mulots s'étaient introduits dans les véhicules et avaient rongé l'enveloppe isolante des canalisations électriques. C'est avec beaucoup de retard que le 48e Corps blindé finit par arriver en se traînant sur ses nouvelles positions. Il était presque complètement incapable de remplir sa mission, puisque sur les 102 chars que comptait par exemple la 22e division blindée, il n'y en avait que 42 aptes au combat. Mais personne ne rendit compte à Hitler de cette situation des réserves.

Pour sa part, le général von Richthofen s'efforçait de gêner les concentrations soviétiques, par les raids de ses avions sur les têtes de pont de Kletskaya et de Serafimovich, où ils attaquaient voies ferrées et cantonnements. Malgré cela, les Russes continuèrent de traverser le Don légèrement gelé sur des ponts de bateaux ; certains d'entre eux étaient immergés à 30 cm sous la surface de l'eau, pour échapper aux vues des avions observateurs et des « Stukas ». Déçu et découragé, le célèbre aviateur confia ses craintes à son journal :

« 12 novembre — Les Russes procèdent résolument à leurs préparatifs d'offensive contre les Roumains... Ils ont maintenant concentré leurs réserves. Je me demande quand viendra l'attaque... On commence à voir arriver des canons sur les emplacements préparés par l'artillerie. Je ne peux qu'espérer que les Russes ne réussiront pas à percer de trop nombreuses et profondes brèches dans les lignes ! »

Sur l'étroite bande de terre qu'elle continuait d'occuper au bord de la Volga, la 138e division de l'Armée Rouge restait en liaison par radio avec le quartier général de l'armée, situé plus en aval. Le colonel Lyoudnikov parlait en clair, mais ni lui ni Tchouïkov ne se nommaient. Le général promettait d'envoyer des renforts, tout en n'imaginant pas où il pourrait se les procurer. Lyoudnikov comprenait fort bien les terribles difficultés auxquelles son chef se heurtait. Il lui suffisait par exemple de regarder les glaçons dérivant sur le fleuve pour se rendre compte des problèmes insolubles qui se posaient : aucun bateau ne pouvait plus naviguer, les passerelles avaient été emportées par les glaces, et les approvisionnements ne parvenaient plus aux défenseurs de Stalingrad.

Pourtant ils luttaient toujours. Tapis dans des trous creusés dans le ravin où les hommes de Lyoudnikov résistaient, quatre soldats russes, connus de leurs camarades sous le nom de « Groupe Rolik » défiaient les pionniers allemands. Quand ceux-ci laissaient pendre du haut de la falaise des musettes bourrées de dynamite, « Rolik » en coupait les fils et jetait les charges dans la Volga avant qu'elles n'eussent explosé. Mieux encore, les quatre hommes parvenaient à riposter, si bien que leurs camarades écoutaient attentivement ce duel. Lorsque « Rolik » était silencieux, l'inquiétude s'emparait des combattants, mais dès que la fusillade reprenait, la nouvelle se répandait dans les tranchées et réconfortait tout le monde.

Le 14 novembre, Tchouïkov rendit compte à Ieremenko : « Aucun bateau n'est arrivé aujourd'hui. Depuis trois jours, les approvisionnements en vivres et munitions sont inexistants, aucun renfort n'a pu franchir le fleuve, et nos unités commencent à manquer de tout... Les glaces ont complètement coupé nos liaisons avec la rive gauche. »

CHAPITRE XV

Le 15 novembre, le journal *Das Reich* publia un article du Dr Joseph Goebbels, le ministre de la propagande de Hitler, qui marquait un tournant caractéristique dans la pensée des dirigeants du IIIe Reich. Goebbels avait décidé de préparer le peuple allemand à toute éventualité, y compris à un désastre en Russie. « Nous avons jeté dans la balance, écrivait-il, l'existence même de la nation. Désormais il est impossible de faire demi-tour. »

Pendant ce temps, les maréchaux Joukov et Vassilevsky allaient et venaient constamment entre Moscou et les fronts du Sud. Ils procédaient à un examen minutieux du terrain, repéraient les principaux objectifs de l'artillerie, déterminaient l'importance des concentrations de forces ennemies, et achevaient de mettre au point les tactiques que leurs généraux auraient à employer. Or, tandis qu'il se trouvait au quartier général du général Vatoutin, au nord des têtes de ponts de Serafimovich et de Kletskaya, Joukov reçut de Staline un télégramme important :

« 15-11-1942 — Personnel

Camarade Konstantinov, tu peux fixer la date de Fedorov et d'Ivanov (ces noms désignaient les offensives respectives de Vatoutin et de Ieremenko) comme bon te semblera, et tu me la feras connaître à ton retour à Moscou. Si tu estimes nécessaire que l'un ou l'autre attaque un ou deux jours plus tôt ou plus tard, je te donne pleins pouvoirs pour en décider selon ce que tu jugeras le plus avantageux.

Vasilyev » (nom de code de Staline)

Joukov et Vassilevsky vérifièrent une dernière fois les préparatifs sur les deux fronts et, d'un commun accord, décidèrent de déclencher la contre-offensive dans le secteur nord le 19 novembre, et dans le secteur sud le lendemain. Staline approuva le plan sans commentaire. L'« Opération Uranus » allait donc commencer dans quatre-vingt-seize heures.

De l'Obersalzburg, où il se reposait depuis la manifestation de Munich, Adolf Hitler envoya par radio le message suivant à sa VIᵉ Armée, combattant au loin dans l'Est :

« Je connais les difficultés de la bataille pour Stalingrad et les pertes des troupes. Cependant, la dérive des glaces sur la Volga rend la situation des Russes encore plus difficile. Si nous savons profiter de cette période avantageuse, nous éviterons un bain de sang ultérieur. Je compte donc que le commandement suprême, avec l'énergie qu'il a maintes fois prouvée, et les troupes, dont le courage s'est si souvent manifesté, feront le maximum d'efforts pour atteindre la Volga et occuper le secteur des usines, dans le nord de la ville. »

Conformément à cet ordre, les pionniers parvenus sur la rive du fleuve luttèrent vers la droite et vers la gauche pour élargir leur zone d'occupation, tandis que d'autres éléments tentaient d'anéantir la résistance fanatique qu'on leur opposait derrière « Barrikady ». La bataille fit rage toute la journée. La nuit tombée, deux biplans soviétiques vinrent en rase-mottes au-dessus de la position de Lyoudnikov pour larguer du ravitaillement. Les Russes encerclés allumèrent des feux pour délimiter leur petit secteur, mais les Allemands s'empressèrent d'en allumer d'autres, si bien que les pilotes furent incapables de déterminer avec précision l'endroit où il convenait de lancer leur cargaison. Celle-ci tomba en majeure partie dans les lignes allemandes ou dans la Volga.

Le cuisinier Wilhelm Giebeler avait installé son matériel à l'arrière et à l'ouest de « Barrikady », d'où il s'efforçait d'envoyer des vivres aux combattants. Un de ses camarades, agent de liaison, le tenait au courant du déroulement de la bataille. Le premier jour, il l'assura que tout allait bien, mais dès le lendemain il rapporta du front des papiers personnels — lettres, photos — et des objets ayant appartenu à des hommes que Giebeler avait bien connus : on le chargeait de les envoyer aux familles de ces tués. Maintenant, Giebeler attendait de pouvoir expédier en Allemagne plusieurs centaines de petits paquets confectionnés avec soin. Tout en triant ces reliques, il écoutait le grondement continu de la canonnade, avant l'arrivée de son ami. Mais celui-ci ne vint pas, cette nuit-là. Giebeler ne le revit jamais, ni lui ni un seul des pionniers du 336e Bataillon.

Le général von Richthofen n'avait pas renoncé à critiquer le commandant de la VIe Armée. Dans la nuit du 16 novembre, le pétulant aviateur téléphona au nouveau chef d'état-major général Kurt Zeitzler, à Ratensburg, et explosa :

— Le commandement est aussi apathique que les troupes ! Ça ne nous mènera nulle part ! Ou bien battons-nous, ou bien abandonnons complètement l'attaque ! Si nous n'en finissons pas maintenant, alors que la Volga est impraticable et cause les pires difficultés aux Russes, nous n'en sortirons jamais ! Les jours raccourcissent, et le temps empire très vite !

Zeitzler partageait cette opinion.

211

En effet, le temps se gâtait. Il changea brusquement, comme c'est toujours le cas dans la steppe, où l'on passe d'un extrême à l'autre : du jour à la nuit, de l'abondance à la famine, d'une chaleur accablante à un froid de glace, de la vie à la mort, bref de tout à rien. La température s'était maintenue élevée durant le mois d'octobre, et le froid sévit du soir au lendemain. Ce furent d'abord des averses de pluie fine qui trempèrent la plaine, puis la neige fit son apparition, surprenant en terrain découvert les hommes, n'ayant que le col de leur manteau pour s'en protéger. Le ciel ne se colora plus de teintes chatoyantes ; il resta sombre, gris, menaçant, annonciateur de l'hiver.

Les intendants de la VIᵉ Armée avaient appris de sévères leçons au cours de l'hiver précédent, et c'est pourquoi ils s'étaient déjà préoccupés de faire creuser des milliers d'abris aux flancs des nombreux et profonds ravins coupant la vaste plaine. Les uns servaient à entreposer des vivres ou des munitions, tandis que les autres étaient aménagés en logement pour les troupes, afin de les préserver des vents glacés. En outre, pour ne pas manquer de vêtements chauds, la VIᵉ Armée augmentait par tous les moyens ses réserves dans ce domaine, réquisitionnant ce dont elle avait besoin dans les dépôts, tout le long de la ligne de ravitaillement et jusqu'à Kharkov, distant de plus de 600 km.

C'est ainsi qu'elle constitua dix stocks, répartis sur les voies ferrées menant à Stalingrad, à l'intention de ses propres troupes et des divisions blindées opérant au pied du Caucase. Mais il était difficile d'acheminer ces approvisionnements vers l'Est, car les partisans russes avaient reçu l'ordre d'entraver de leur mieux le trafic routier et ferroviaire entre Don et Volga. A tout moment, des explosifs faisaient sauter des ponts ou des voies ferrées, si bien que de Kharkov à Stalingrad il fallait continuellement reconstruire les ouvrages détruits.

Par un heureux hasard, les entrepôts de Chir, une tête de ligne située à 100 km à l'ouest de Stalingrad, regorgeaient de matériel en sorte que, dès les premières gelées de novembre, quelques unités de la VIᵉ Armée reçurent des vêtements chauds. Des convois de camions firent la navette à travers la steppe pour en apporter aux combattants. D'autres véhicules transportaient des renforts, si nécessaires aux troupes durement éprouvées.

Le simple soldat Ekkehart Brunnert avait pris place dans un train de troupes, à Boblingen en Allemagne, après avoir dit adieu à son épouse Irène, qu'il vit peu à peu disparaître au loin, agitant tristement un mouchoir à bout de bras. Entouré de 14 camarades, il se familiarisa vite avec l'ambiance de la troupe. Pendant d'interminables journées, le train roula vers l'est et, à partir de l'Ukraine, les traces laissées par la guerre se multiplièrent : villages réduits en cendres et wagons dont il ne restait que les châssis tordus. La nuit, les soldats se relayaient pour monter la garde, mais jamais les partisans ne les attaquèrent.

Enfin le bataillon arriva à Chir, où Brunnert monta une tente. Quand il se réveilla le lendemain matin, tout était couvert de givre. Il vit aussi des milliers de réfugiés russes qu'on envoyait en Allemagne et dans des camps de travail. Ils étaient serrés les uns contre les autres sur des wagons en plate-forme. Vêtus presque tous de loques, ils mâchaient des graines de tournesol pour toute nourriture. Autour des voies ferrées, d'autres Russes fouillaient dans les tas de détritus et en retiraient de la pourriture qu'ils mangeaient. Brunnert en fut indigné.

Il resta à Chir quelques jours, puis partit en camion avec un groupe de camarades pour le front. Ils traversèrent l'immense steppe désolée et se rapprochèrent peu à peu de la zone où la terre ne cessait jamais de trembler, tandis qu'un grondement continu emplissait l'air. Pour la grande majorité des soldats de la VIᵉ Armée allemande, ce tonnerre persistant à l'horizon oriental fut le seul contact qu'ils eurent avec les horreurs du combat sur les rives de la Volga. Ils ne virent qu'en de brefs et terribles moments les conséquences de cette bataille périphérique : l'arrivée de blessés criant de douleur quand on tirait les brancards des ambulances, les tas d'uniformes ensanglantés autour des tentes des hôpitaux de campagne, ou encore les milliers de croix de bois dans les cimetières hâtivement aménagés en pleine steppe.

Au dépôt de Peskavotka, à 65 km au nord-ouest de Stalingrad, Karl Englehardt exerçait les fonctions de magasinier, distribuant des vivres et du matériel aux unités qui venaient s'y approvisionner. Il avait sous ses ordres une vingtaine de « travailleurs volontaires » russes, des déserteurs pour la plupart. Naturellement les soldats soviétiques haïssaient ces traîtres et les abattaient sur-le-champ lorsqu'ils les capturaient. Englehardt, qui comptait de nombreuses années de service actif, s'était assuré le concours de cette main-d'œuvre par la bonté. Ayant trouvé dans une école abandonnée un paysan incroyablement sale et affamé qui s'y cachait, il le nourrit et l'habilla, si bien que l'homme lui devint très dévoué et recruta une équipe de travailleurs russes ; ils exécutaient les corvées du dépôt, moyennant un salaire et des rations identiques à celles des soldats allemands.

Avec sa section, Friedrich Breining passa l'inspection des maisons abandonnées du village qu'ils occupaient, dans l'espoir d'y trouver des vivres, du bois de chauffage ou des objets utiles. Dans une de ces demeures à demi détruites, Breinig eut la surprise, en ouvrant la porte, de trouver deux cadavres en partie décomposés, ceux d'une jeune femme et d'une petite fille, qui ne portaient aucune trace visible de blessure. Ses camarades lui ayant demandé ce qu'il venait de découvrir, l'ancien instituteur se borna à leur montrer d'un geste le macabre tableau. Aucun des hommes ne pénétra dans la pièce, dont Breining referma la porte avant de s'en aller.

Le vétérinaire Herbert Rentsch envisageait d'envoyer encore 400 chevaux en Ukraine pour les remettre en état. Il commençait à remplacer les gros animaux réquisitionnés en Belgique par les petits « panjes » russes, car il savait que ceux-ci rendraient de meilleurs services en hiver. Il trouvait encore le temps de galoper dans la steppe avec sa jument Lore. Il continuait de la soigner impeccablement, la montait tous les jours et prenait grand plaisir à cet exercice.

A 80 km au nord-ouest de Stalingrad, le sergent Gottlieb Slotta revint à sa 113ᵉ division, après un séjour à l'hôpital. Quelques semaines auparavant, il avait tout à coup aperçu des chars russes qui fonçaient sur sa batterie et alerté ses camarades. Mais ceux-ci s'étaient moqués de lui en criant : « Ça va, Slotta ! Chaque fois que les Russes tirent, tu as la frousse ! » Poursuivi par les « T-34 » soviétiques, Slotta courut vers les lignes allemandes, pour inciter chacun à se mettre à l'abri. Les obus ennemis arrivèrent avant lui, et Slotta trouva sa batterie complètement dévastée. Désespéré, il se laissa choir sur le sol. C'est là qu'on finit par le trouver, incapable de prononcer un mot. Transporté à l'arrière, il passa des semaines à délirer et à essayer d'oublier le cauchemar qu'il venait de vivre, parce que personne n'avait voulu l'écouter. Plus tard, on le renvoya à sa batterie où, observant de nouveau la plaine balayée par des vents glacés, il chercha à déceler l'approche d'autres chars russes.

Emil Metzger se préoccupait également des blindés soviétiques. Peu sensible d'ordinaire aux ragots, il commençait à écouter avec attention les propos des pilotes qu'il rencontrait tous les jours, quand ils rentraient de missions d'observation au-dessus des lignes ennemies, pour le compte de l'artillerie. Ces aviateurs expérimentés avaient vu des centaines de chars russes se dirigeant vers Kletskaya. La grande inquiétude de ces pilotes, à cause de cette concentration de forces ennemies, ne tarda pas à atténuer beaucoup l'optimisme de Metzger qui, jusqu'alors, croyait en une fin rapide de la guerre et à son retour prochain auprès de Kaethe, son épouse.

Pour soutenir le moral des troupes, la VIᵉ Armée avait organisé un système de permission de vingt jours par roulement, comportant deux jours supplémentaires de voyage. C'est ainsi que le soldat Franz Deifel revint d'un séjour dans sa famille, à Stuttgart, où il était allé voir les dirigeants de l'usine Porsche, car il y occupait avant la guerre les fonctions de contremaître à l'atelier de garnissage. Son ancien directeur l'informa qu'on venait de faire les démarches nécessaires pour qu'il fût démobilisé et rendu à l'industrie civile. En outre, il lui remit 200 marks, représentant le fruit d'une collecte organisée par ses anciens camarades de l'usine. Ravi, Deifel regagna Chir via Kharkov.

Tel fut aussi le cas du capitaine Gerhard Meunch. Au cours de sa brève permission, il s'était efforcé d'oublier le carnage au centre de Stalingrad, mais n'y avait pas réussi. Avant de repartir, il informa son épouse qu'il avait contracté une police d'assurance sur la vie, pour le cas où il ne reviendrait pas de la Volga.

A l'abri sous 12 m de terre, le général Vassili Tchouïkov continuait à tenir tant bien que mal un dixième du territoire de Stalingrad. Derrière lui, les glaçons dérivant sur la Volga la rendaient impraticable, et Tchouïkov se félicitait d'avoir réquisitionné 12 tonnes de chocolat, en prévision d'une telle éventualité. Il avait calculé que, si le fleuve tardait à se geler complètement, une ration d'une demi-barre par jour permettrait à chaque homme de tenir deux semaines de plus.

Tandis que la LXIIe Armée tentait de surmonter la crise due à l'interruption de son ravitaillement par les voies normales, les soldats de la 284e division de Batyouk assistèrent à un conflit extraordinaire, ayant pour objet certains approvisionnements. Chacun de ces combattants, qui tenaient les abords de la colline Mamaev, recevait une ration quotidienne d'un décilitre de vodka. A quelques exceptions près, les hommes appréciaient beaucoup cet alcool, et c'était surtout le cas du lieutenant Ivan Bezditko. Surnommé « Ivan le Terrible » par ses subordonnés, il avait trouvé le moyen de ne jamais manquer de vodka : quand sa compagnie de mortiers subissait des pertes, il continuait de faire figurer les morts dans son tableau d'effectif, si bien qu'en peu de temps il put constituer une importante réserve avec les rations des morts.

Cependant, l'intendant de l'armée, le major Malygin, ne tarda pas à être surpris, en contrôlant les distributions, de la remarquable résistance de cette unité, après des semaines de bombardements et de combats intenses. Méfiant, il compara ses bordereaux avec les effectifs réels, tenus à jour au quartier général, et constata qu'en réalité cette compagnie avait été aussi éprouvée que les autres. Appelant Bezditko au téléphone, il lui dit qu'il avait découvert sa supercherie, qu'il en rendait compte au grand quartier général et que jusqu'à nouvel ordre il ne lui donnerait plus de vodka. Il avait été trop loin.

— Ah ! C'est comme ça ? lui cria Bezditko. Eh bien, si je ne reçois pas mes rations, c'est toi qui trinqueras !

Haussant les épaules, Malygin raccrocha, signala l'incident à ses chefs et cessa, comme il l'avait dit, d'envoyer de l'alcool à Ivan. Celui-ci, furieux, calcula les coordonnées du dépôt et donna l'ordre à une batterie de mortiers de 122 mm d'ouvrir le feu sur cet objectif. Trois salves tombèrent droit sur le dépôt, brisant des centaines de précieuses bouteilles. D'un abri voisin, Malygin téléphona au quartier général et annonça ce dont il était certain : Ivan le Terrible venait de le faire « trinquer ». On lui répondit avec calme et sans le plaindre :

— Bon ! La prochaine fois, donne-lui sa vodka ! Il vient de recevoir la croix de l'Etoile Rouge, alors donne-lui de quoi fêter ça ! Il l'a bien mérité !

Hors de lui, Malygin alla remettre de l'ordre dans son dépôt bouleversé et trouva le moyen d'envoyer, quelques heures plus tard, de la vodka à Bezditko. A dater de ce jour, il ne contesta jamais les bordereaux d'Ivan le Terrible. L'histoire se répandit vite dans les tranchées, où elle fit la joie des troupes. Pour le soldat russe, la recherche de réserves d'alcool cachées était une occupation importante, qui parfois avait des conséquences désastreuses. Ainsi, des hommes de la 284e division avaient récemment découvert des réservoirs pleins d'alcool. Ils les vidèrent, puis en trouvèrent d'autres, également remplis, qu'ils burent de la même manière. Or, cette fois, c'était de l'alcool de bois. Quatre soldats en moururent et beaucoup d'autres devinrent aveugles. Cette tragédie ne calma pourtant pas les envies des combattants : pour se donner du courage et résister aux terribles angoisses de la bataille autour de Mamaev, ils commençaient à boire de l'eau de Cologne.

D'autres éléments de la 284e division se réconfortaient d'une manière différente. Deux femmes avaient refusé de quitter leur demeure et vivaient, en plein champ de bataille, dans une cave à laquelle on accédait en soulevant une trappe. La pièce, de quatres mètres carrés, était éclairée d'une lampe à pétrole. Sur le sol, recouvert de paillasses et de coussins, les femmes recevaient leurs visiteurs ; l'une, pâle et blonde, était jeune et semblait malade, tandis que l'autre, une brune d'une trentaine d'années et très fardée, paraissait plus vigoureuse.

Elles possédaient un vieux gramophone et quelques disques. Celui qu'elles faisaient entendre de préférence aux soldats était un tango argentin, et ils le connaissaient tous par cœur. Certains désapprouvaient le comportement de ces créatures, et l'un d'eux alla même jusqu'à dire : « Ces carnes attendent tout simplement l'arrivée des Allemands. » Pour le moment, elles recevaient des hommes qui, en passant quelques minutes dans leur misérable cave, oubliaient les balles et les obus.

A 1 500 m à l'ouest de cette étrange maison de passe, deux autres femmes luttaient pour subsister. Natacha Kornilov et sa mère blessée vivaient depuis sept semaines dans le hangar attenant à leur maison détruite, derrière les lignes ennemies. Chaque matin, la fillette de onze ans allait fouiller dans les poubelles des cuisines allemandes, tous les soirs elle peignait les cheveux de sa mère et lui chantait des romances. Elle avait des joues creuses, des yeux exorbités, et se déplaçait avec lenteur, mais elle souriait toujours à sa mère qui, étendue sur la dalle cimentée, pouvait seulement prier pour une impossible délivrance. Les Allemands les laissaient tranquilles ; c'était le seul sursis dont bénéficiaient les deux affamées.

A Dar Gova, à 3 km au sud du misérable hangar des Kornilov, le jeune Sacha Fillipov continuait de mener sa double vie. Allant de bureau en bureau, de baraque en baraque, ce cordonnier de quinze ans réparait des centaines de bottes allemandes, tout en volant des documents sur les tables des officiers, pour les porter pendant la nuit aux officiers de renseignement russes. Quand il ne travaillait pas, Sacha jouait à la marelle dans les rues. Jamais les Allemands n'imaginèrent qu'il pût y avoir corrélation entre la présence de ce garçon frêle et les explosions de grenades qui détruisaient certains logements de soldats.

Lorsqu'il allait, plusieurs fois par semaine, rendre compte des mouvements de troupes ennemies, il rentrait sans incident des lignes russes et ne donnait jamais de détails à ses parents sur son expédition nocturne. Ils savaient seulement qu'il travaillait pour l'Armée Rouge. Une nuit cependant il leur dit, à son retour, qu'ils devraient dès l'aube quitter leur demeure. Peu après qu'ils furent sortis avec lui, une pluie d'obus s'abattit sur un quartier général allemand, situé à proximité : Sacha ne s'était pas trompé dans les coordonnées fournies à ses chefs.

Dans la poche de Beketovka, à 8 km au sud de Stalingrad, on avait réalisé une concentration considérable de troupes et de matériel. C'était la force de frappe constituée par Joukov pour participer dans la zone méridionale à l'« Opération Uranus », mais elle ne comportait qu'un faible pourcentage d'unités retirées de l'holocauste qui se poursuivit dans la malheureuse cité.

Un des rares officiers à l'avoir quittée était le lieutenant Hersch Gourewicz. Enfin libéré de l'horrible atmosphère du quartier des usines, où l'on vivait dans la crasse et un vacarme continuel, il avait pu non sans peine repasser sur la rive gauche avec les survivants de sa batterie antichar : 20 hommes sur un effectif initial de 100. Ils mangèrent à leur faim des conserves de viande américaines, en sorte que pour la première fois l'officier eut la preuve de l'aide fournie à son pays et reprit un peu espoir en un redressement de la situation. Peut-être qu'après tout, cette opération « insensée » de résistance à tout prix dans la zone des usines avait été utile ? Il voulait le croire.

Au lieu de quinze jours de repos, il reçut bientôt de nouveaux ordres. Ses effectifs ayant été complétés, il franchit encore la Volga, mais beaucoup plus au sud, puis gagna avec son unité la poche de Beketovka. Quoique personne ne parlât d'une offensive, chacun sentait qu'elle était proche.

Après son orgie de meurtres dans les rues de Latachanka en septembre, le sergent Alexeï Petrov était retourné à son canon de 122 mm et vivait dans un trou d'obus grossièrement aménagé, à 300 m à l'ouest de la falaise dominant le fleuve. Comme tous ses hommes, il ne se lavait jamais et gardait sur lui l'unique uniforme dont il disposait. Il était couvert de poux, des pieds à la tête et jusque dans les coutures de ses vêtements. Sa seule distraction consistait à les aligner sur le sol et à parier avec ses camarades à qui en avait le plus grand nombre.

A sa grande joie, le jour vint enfin où ses chefs le relevèrent et l'envoyèrent dans un camp de repos, sur la rive gauche de la Volga. Là, pendant quelques jours, il subit une désinfection totale et s'abandonna aux délices de bains très chauds. Puis, ayant touché un uniforme d'hiver, comprenant entre autres une parka blanche et des bottes fourrées, il fut de nouveau projeté dans la guerre. Au sud de Stalingrad, il eut à apprendre à des recrues les rudiments du service d'un canon de campagne de gros calibre. En même temps qu'il instruisait ses hommes, les commissaires politiques, toujours omniprésents, les haranguaient pour leur insuffler la volonté d'anéantir les fascistes. Tout en écoutant ces « politrouk », Petrov pensait souvent à sa famille, laissée là-bas, bien loin dans l'ouest. Où était-elle maintenant ? Il n'avait jamais reçu la moindre nouvelle de son village natal et souffrait beaucoup de ne rien savoir des siens.

Nikita Khrouchtchev vint aussi dans la poche de Beketovka. Vêtu de fourrures, il alla de camp en camp, plaisantant avec les soldats et leur demandant s'ils n'avaient pas la colique. Il était d'excellente humeur, contrairement à son camarade, le général Andreï Ieremenko. S'énervant dans son quartier général de la rive gauche, celui-ci s'inquiétait du rôle secondaire qu'on lui faisait jouer dans l'« Opération Uranus ». Il ne décolérait pas, depuis que le maréchal Rokossovsky avait été chargé de superviser la défense de Stalingrad, car il estimait qu'il méritait d'être traité avec plus d'égards par Staline.

L'heure fatidique du déclenchement d'« Uranus » approchait rapidement, mais à Stalingrad les Allemands continuaient d'ignorer la réalité des faits. Convaincu que le 48e Corps blindé était assez puissant pour tenir son flanc gauche, Paulus obéit à l'ordre de Hitler, exigeant qu'on attaquât le plus possible les Russes, pendant que la dérive des glaces interrompait le ravitaillement des troupes de Tchouïkov. Au nord de l'usine de tracteurs, maintenant prise, la 16e division blindée tenta une fois de plus de s'emparer du faubourg de Rynok, où les chars avaient été bloqués en août. Elle attaqua simultanément au nord et au sud, mais trouva l'agglomération truffée de canons, de positions défensives organisées en un labyrinthe de tranchées, de chars camouflés et de bazookas. Méthodiquement, les soldats allemands avancèrent dans les rues, faisant sauter les abris et fortins ennemis. Les cadavres des combattants des deux camps jonchaient les chaussées.

Un bataillon commandé par le capitaine Mues, ayant progressé dans la partie sud de Rynok, atteignit la Volga et tourna vers le nord. L'intention de Mues était de rejoindre au centre de la ville les autres unités attaquant de diverses directions. Le brouillard et une neige légère commencèrent à diminuer la visibilité, mais l'énergique capitaine poursuivit son offensive. Intrépide et adoré de ses hommes, qui le considéraient comme « immortel », il fut repéré par un tireur d'élite russe qui le tua d'une balle en plein front. Du coup, l'attaque s'arrêta net. Désespérés, les soldats se groupèrent autour du corps inanimé de leur chef et, indifférents à la mitraille, pleurèrent sa mort.

Un officier de l'unité voisine arriva enfin sur les lieux, prit Mues dans ses bras et regagna les lignes allemandes en chancelant sous le poids. Dès lors, les hommes qui avaient combattu courageusement sous les ordres de Mues, d'un bout à l'autre de la Russie, se débandèrent. La nouvelle de sa disparition se répandit comme une traînée de poudre et rendit les autres soldats allemands timides, voire craintifs. Les Russes en profitèrent et continuèrent à tenir Rynok. La 16ᵉ division blindée se trouvait sans doute à l'intérieur de la ville, mais en vingt-quatre heures elle n'avait progressé que de quelques centaines de mètres.

A moins de trente-six heures d'« Uranus », Joseph Staline fut soudain pris de peur. Derrière les fenêtres hermétiquement closes du Kremlin, il marchait de long en large dans son vaste bureau, fumant la pipe et écoutant les maréchaux Joukov et Vassilevsky, qu'il venait de rappeler d'urgence auprès de lui. A la veille de l'Heure « H », alors que leur présence était plus que jamais indispensable sur le front, ils ne s'attendaient certes pas à être obligés de plaider devant le dictateur les mérites de l'opération.

C'est qu'ils n'avaient pas prévu l' « insubordination » d'un de leurs principaux collaborateurs, le général Viktor T. Volsky, dont le 4e Corps mécanisé devait constituer le flanc gauche de la contre-offensive du sud. De son quartier général, établi près des lacs Tzatza au sud de Stalingrad, le général avait écrit une lettre personnelle à Staline, lui faisant part « en loyal communiste » de ses vives inquiétudes, parce qu'à son avis l'insuffisance des moyens en hommes et en matériel allait entraîner l'Armée Rouge dans un désastre, lors de la prochaine offensive.

Staline réagit aussitôt à cette affirmation et, soucieux de protéger sa propre réputation, convoqua aussitôt les maréchaux pour entendre leur réponse à ces accusations. Sans passion, ils exposèrent avec précision les faits incontestables, et Staline s'en montra satisfait, si bien qu'il téléphona à Volsky. S'abstenant de toute colère, il l'assura que l'offensive avait été conçue avec le maximum de précautions et, en présence de maréchaux ahuris, se borna à accepter cordialement les excuses de Volsky. Vassilevsky fut alors autorisé à regagner immédiatement le front du Don par avion, mais Staline garda Joukov à Moscou, afin de monter une attaque de diversion à l'ouest de la capitale, dans le but de déséquilibrer les forces allemandes.

Quant au général Volsky, dans son quartier général proche du lac Tzatza, il essaya de reprendre le dessus après son entretien avec Staline. Ruisselant de sueur, il fut pris d'une quinte de toux et, quand il s'essuya la bouche avec un mouchoir, celui-ci était rouge de sang. Depuis des semaines, malgré son extrême pâleur, l'officier s'efforçait de cacher la vérité à son entourage. Un mal déjà ancien et inexorable, la tuberculose de la gorge, ravageait maintenant son organisme avec une virulence accrue. Sur les deux plans physique et psychologique, le commandant du 4ᵉ Corps n'était plus apte à participer à une opération aussi considérable, mais il refusait de s'avouer vaincu par la maladie et d'aller se soigner dans un sanatorium. Depuis des mois, il luttait de toutes ses forces pour surmonter sa déficience physique. Pour cela, il avait consenti à suivre des cures, à se ménager, afin d'obtenir de ses médecins un certificat de bonne santé. A la veille de la grande riposte contre les nazis, il était résolu à ne pas renoncer à son commandement, mais il portait chaque jour davantage les stigmates de ses épreuves. Très maigre, il ne buvait que du thé et grignotait des biscuits. Le plus grave était qu'il traversait d'insurmontables crises de dépression morale qui affectaient son jugement, et sa lettre pessimiste à Staline avait été rédigée au cours d'une de ces déplorables périodes. Ce soir-là, il ne put que se mettre au lit et tenter de récupérer des forces, en vue du grand jour de l'attaque.

Le 18 novembre, la nuit tomba sur la steppe dès 16 heures. Des rafales de vent glacé, de plus en plus violentes, incitèrent les soldats à se mettre à l'abri. A l'est, l'horizon ne cessait de retentir du tonnerre des bombardements, et les illuminations sporadiques du ciel marquaient les tentatives obstinées de pionniers allemands pour déloger les hommes de Lyoudnikov, toujours accrochés aux flancs de la colline Mamaev. Comme chaque soir, les projectiles et les balles traçantes dessinaient d'étranges arabesques au loin, au-dessus des usines « Lazur » et « Octobre Rouge ». Pour les hommes cantonnés dans la steppe, cette nuit à Stalingrad ne différait pas des précédentes.

Mais il n'en était pas de même à 160 km au nord-ouest de la ville, le long des méandres luisants du Don gelé : là, il n'y avait plus rien de normal. Les sentinelles roumaines commençaient à signaler par téléphone que les moteurs de centaines de chars russes ronflaient, que des milliers de canons roulaient sur les routes menant aux têtes de ponts de Serafimovich et de Kletskaya. Des avions d'observation annoncèrent aussi que des colonnes de troupes soviétiques étaient rassemblées en ordre de marche, derrière les blindés et l'artillerie motorisée.

De son poste de conseiller au quartier général de l'armée roumaine, le lieutenant Gerhard Stöck transmit les inquiétantes nouvelles à l'état-major de la VIᵉ Armée, à Goloubinka. Ancien champion olympique de javelot, le jeune officier informa le capitaine Winrich Behr, chef du bureau des opérations, qui s'empressa d'indiquer sur la carte les mouvements des Russes. Ces informations confirmaient ce qu'avait dit, le matin même, un officier capturé : selon ce prisonnier soviétique, la contre-offensive préparée depuis longtemps commencerait dans les vingt-quatre heures.

Behr avertit ses chefs, les généraux von Paulus et Schmidt, qui gardèrent un calme extraordinaire. Ils donnèrent l'ordre au 48ᵉ Corps blindé de se tenir prêt à toute éventualité, et exprimèrent leur conviction que ces chars seraient capables d'interdire à l'ennemi toute percée du flanc gauche de l'armée.

Winrich Behr ne partageait pas cet optimisme, car il se rappelait un entretien avec son prédécesseur, en octobre. Plaquant ses deux mains ouvertes sur la carte, l'officier avait montré comment les Soviétiques attaqueraient la VIᵉ Armée sur ses deux flancs. « Ils se rejoindront par ici ! » fit-il en désignant la ville de Kalach, à 65 km à l'ouest de Stalingrad. Il y avait un mois de cela, et maintenant Behr se tourmentait en évoquant cette prophétie. Le téléphone ne cessait de sonner, apportant de nouveaux renseignements inquiétants. Aucun coup de feu n'avait encore été tiré, mais les positions russes grouillaient d'activité et témoignaient d'une énergie menaçante. Des messages chiffrés expédiés par radio se succédaient sans arrêt. Le capitaine Behr mettait sa carte à jour aussi vite que possible, tandis que la neige recouvrait le sol d'un mince tapis blanc.

Peu avant minuit, dans son abri donnant sur la Volga, le général Vassili Tchouïkov s'efforça d'interpréter un message de ses chefs, l'avertissant de se tenir prêt à recevoir une communication importante. N'y parvenant pas, il vit soudain le commissaire politique attaché à son état-major, Kouzma Gourov, se frapper le front en criant :

— Je sais ! C'est l'ordre de la grande contre-offensive !

L'ordre leur arriva à minuit. Tchouïkov éprouva une immense satisfaction à se dire que les 68 jours de combat dans Stalingrad avaient permis au haut commandement de préparer la contre-attaque. Bientôt, il allait pouvoir se venger de la VIᵉ Armée allemande.

DEUXIÈME PARTIE

CHAPITRE XVI

Dans le but de conquérir Stalingrad, Paulus avait concentré la quasi-totalité de ses unités combattantes dans le territoire compris entre Don et Volga. Mais la plupart des dépôts d'approvisionnements nécessaires à ces divisions se trouvaient de l'autre côté du Don, à l'intérieur de l'immense boucle que décrit le fleuve, avant de prendre la direction de la mer d'Azov, au sud. Or, c'est ce secteur vulnérable des arrières de la VIᵉ Armée allemande que le haut commandement russe avait désigné comme premier objectif à atteindre, dans la phase initiale de l'« Opération Uranus ».

Le 19 novembre à 6 h 30, le ciel encore obscur s'illumina soudain, avant l'aube, d'innombrables lueurs multicolores entre Serafimovich et Kletskaya : 3 500 canons russes annonçaient le début de la contre-offensive. Dans leurs tranchées couvertes de chaume, les hommes de la IIIᵉ Armée roumaine virent les projectiles s'abattre avec précision, d'un bout à l'autre des positions. Les abris s'effondrèrent, étouffant les occupants par centaines. Commotionnés par les explosions, les soldats terrifiés hurlaient et se bouchaient les oreilles pour ne plus entendre l'épouvantable avalanche. Quand elle eut cessé, un autre bruit sinistre lui succéda : c'était celui des moteurs des chars des Vᵉ et XXIᵉ Armées blindées soviétiques, qui commençaient à surgir des têtes de ponts. Dans le brouillard et la neige, les « T-34 » enfoncèrent les lignes des Roumains effarés. La plupart des soldats, pris de panique, s'enfuirent, et rares furent ceux qui restèrent pour combattre la ruée russe.

A 13 km au sud, un météorologiste allemand, le sergent Wolf Pelikan, fut tiré de son sommeil par le bombardement sur les rives du Don, mais il ne sortit pas tout de suite de son sac de couchage, chaud et moelleux. Toutefois, le bruit persistant, il se leva et s'habilla, non sans pester contre la poussière qui tombait du toit de l'abri. Quand les canons se turent brusquement, il acheva sans hâte de se mettre en tenue, tout en pensant au petit déjeuner ; peut-être aurait-il le temps de faire sauter des crêpes... Il en raffolait. Soudain quelqu'un l'appela du dehors : c'était un agent de liaison de la compagnie qui criait, le bras tendu vers le nord :

— Les Ivan arrivent ! Les Ivan arrivent !

— Tu es raide fou ! répliqua Pelikan.

Les autres soldats occupant l'abri, réveillés aussi, joignirent leurs sarcasmes à ceux du sergent, et l'un d'eux alla jusqu'à lancer un soulier à la tête de l'homme, qui continua de montrer du doigt le nord, sans rien dire. Sortant alors de la tranchée, Pelikan regarda dans cette direction et fut cloué sur place. Le vent avait chassé la brume, et sur une éminence, distante d'environ 2 km, de gros chars noirs, immobiles, étaient nettement visibles. Pelikan en eut le souffle coupé.

A ce moment, les premiers Roumains affolés arrivèrent, criant et courant sans armes. Ils ne s'arrêtèrent pas et se bornèrent à hurler au passage que les Russes les suivaient de près. Dès lors, les Allemands perdirent à leur tour toute notion de discipline. Ordres et contrordres se succédèrent. Le commandant de compagnie courut à un petit avion d'observation, qui décolla aussitôt. Ses subordonnés entassèrent pêle-mêle les sacs dans les camions qui démarrèrent avec peine. Pelikan bondit dans celui de la boulangerie et remercia Dieu d'être encore vivant.

A Goloubinka, à 80 km au sud-est, le capitaine Winrich Bebr apprit les détails de l'offensive soviétique par le lieutenant Gerhard Stöck, officier de liaison auprès de la IIIᵉ Armée roumaine, à Kletskaya. Stöck lui annonça que l'armée roumaine était enfoncée et que les rescapés fuyaient à toute allure vers Goloubinka. Behr courut informer Paulus et Schmidt, qui prirent la terrible nouvelle avec un calme stupéfiant. Réconforté par l'attitude de ses chefs, l'officier attendit qu'ils aient analysé la situation. Finalement Schmidt s'écria : « Nous pouvons tenir ! » Paulus partagea cette opinion et ordonna au 48ᵉ Corps blindé de marcher vers le nord, pour colmater la brèche le long du Don.

Pendant ce temps, à 2 000 km de là, Hitler dormait profondément au « Berghof », dans les Alpes bavaroises. Il se baguenaudait depuis quinze jours dans sa retraite montagnarde, alors que les problèmes dont il s'était refusé à rechercher la solution, en été et durant l'automne, se posaient avec plus d'acuité que jamais. En Afrique, les Alliés s'efforçaient d'encercler les légions de Rommel. En Russie, le chef de son service de renseignements, le colonel Reinhard Gehlen, venait de l'avertir qu'une offensive soviétique contre les arrières de la VIᵉ Armée était plus que probable.

Néanmoins, le Führer restait convaincu que son IIIᵉ Reich surmonterait ces difficultés. Il était incroyablement fier que ses armées soient parvenues à dominer plus de 300 millions d'individus. Elles occupaient l'Europe, de l'Atlantique au Caucase et de la Norvège à la Méditerranée, et combattaient même en Libye. Il avait atteint l'apogée de sa puissance. Mais en ce 19 novembre 1942, lorsque l'Armée Rouge lança

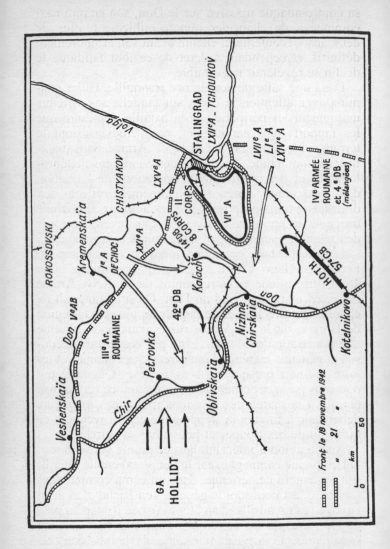

L'encerclement de Stalingrad

sa contre-attaque massive sur le Don, son empire nazi commença de chanceler imperceptiblement. Plus de deux ans s'écouleraient encore avant son effondrement définitif, et cependant à dater de ce jour fatidique le déclin se révélerait irréversible.

Dans une salle de conférence tranquille, Hitler examina avec attention la carte, sur laquelle ses officiers marquaient les péripéties de la bataille, à mesure que les rapports leur parvenaient, et il étudia surtout le terrain sur le flanc gauche de la VIe Armée. Sans manifester d'inquiétude, il s'enquit des conditions météorologiques et des possibilités d'opérations de l'aviation dans ce secteur. Après avoir calmement réfléchi aux diverses options proposées par ses adjoints, il prit une décision, la première d'une série qui devait, au cours des semaines suivantes, avoir les pires conséquences.

L'ordre du haut commandement parvint au général Ferdinand Heim à 11 h 30, alors qu'il conduisait son 48e Corps blindé à la rencontre de la XXIe Armée russe, en marche au sud du Don. On lui enjoignait de changer de direction et de gagner au plus tôt la région de Blinov, où la Ve Armée russe avait aussi effectué une pénétration profonde. Irrité par ces ordres décousus et gênants, le général dut arrêter ses colonnes et les faire tourner, presque en sens inverse. Quand il put non sans peine reprendre sa progression, ce fut pour se heurter à la marée des divisions roumaines, en pleine débandade à travers la steppe enneigée. Il récupéra ce qu'il put de ces troupes et poursuivit sa marche.

Aucun avion n'intervint dans ce drame qui se déroulait en pleine campagne, car le temps exécrable interdisait toute activité aérienne, dans un camp comme dans l'autre. C'est pourquoi le général von Richthofen avait envoyé ses escadrilles harceler l'Armée Rouge au pied du Caucase, où les conditions atmosphériques étaient excellentes. Il dirigeait une série de bombardements de la vallée du Terek, quand il apprit avec stupeur la puissante offensive soviétique qui se déroulait sur ses arrières. Ne pouvant lancer ses appareils dans la tempête de neige sévissant au nord, le long du Don, il excusa son impuissance en déclarant : « Une fois de plus, les Russes ont magistralement profité du mauvais temps. »

Ce mauvais temps avait presque incité le maréchal Vassilevsky à retarder l'« Opération Uranus ». Son déclenchement fut précédé de très nombreux entretiens téléphoniques entre le maréchal et ses généraux — Vatoutine, Christiakov et Romanenko — et avec la STAVKA à Moscou. En fait, les Russes se lancèrent à l'attaque en redoutant une catastrophe, parce qu'ils ne disposaient d'aucun soutien aérien et que les chars n'y voyaient rien, dans la neige et la brume. Aussi furent-ils stupéfaits des incroyables succès remportés dès les premières heures par leurs troupes. Les prisonniers roumains affluèrent en masse dans les lignes soviétiques, tandis que les avant-gardes des blindés avançaient de 35 km vers le sud et parvenaient, dans l'après-midi, à portée de canon des dépôts de ravitaillement de la VIe Armée allemande.

Dans la ville de Bolche Nabatoff, à 50 km au sud de Kletskaya, l'intendant Karl Binder s'efforçait désespérément de sauver les réserves de vivres qu'il avait amassées avec un soin jaloux. Pour nourrir sa division pendant l'hiver, il était parvenu à rassembler 800 bêtes à cornes, et maintenant que les chars russes approchaient, il décida d'envoyer cet énorme troupeau vers l'est, de l'autre côté du Don, avant que le pont d'Akimovski ne tombât aux mains de l'ennemi. Pendant qu'il donnait ses instructions à huit bouviers, des obus commencèrent à tomber dans les enclos des animaux qui, affolés, s'enfuirent. Les bouviers réussirent à diriger cette masse galopante et éperdue vers le Don, à plusieurs kilomètres.

Dès que le bétail eut disparu, Binder fit charger fébrilement les camions de sacs de farine, de pain, de vêtements et de couvertures. Les troupes roumaines battant en retraite prélevèrent tous les vivres qu'elles pouvaient emporter et, pour une fois, aucun Allemand n'exigea des reçus de ces marchandises. Le bombardement d'artillerie s'intensifia, en sorte que bientôt les bâtiments du dépôt s'embrasèrent. Ayant sauvé tout ce qu'il pouvait, Binder prit la tête du convoi de ses camions et quitta Bolche Nabatoff, où ce qui restait de ses approvisionnements flambait comme une torche.

Tout au long de la journée, des unités de chars russes sillonnèrent la steppe, attaquant des postes de commandement, des dépôts et des centres de communications, puis se repliant dans la brume pour reprendre l'offensive, quelques kilomètres plus loin. Cette tactique déconcerta les Allemands et les démoralisa. A Goloubinka, les comptes rendus affluaient sans arrêt, signalant tour à tour la présence des Russes à 65 km au sud du Don, puis à 80 km au sud-est du fleuve, bref partout. Au bout du fil, des voix affolées suppliaient l'état-major de la VIe Armée allemande d'envoyer des renforts et de donner des instructions.

Dès lors, la discipline se relâcha, plus ou moins complètement. Certains chefs de corps décidèrent, sans en avoir reçu l'ordre, de diriger leurs hommes vers Stalingrad à l'est. Les troupes étaient souvent devenues craintives, moroses, voire ouvertement hostiles aux chefs qui, pour maintenir leur autorité, allaient et venaient en menaçant les rebelles du conseil de guerre.

C'est dans cette ambiance de panique que le lieutenant Hermann Kästle entreprit de faire passer sa batterie de mortiers sur la rive gauche du Don. Progressant à grand-peine sur des routes encombrées, il lui fallut souvent repousser par la force d'autres unités dont les chefs prétendaient le devancer, avec leurs hommes et un important matériel. Affolés, ces officiers perdaient toute mesure ; quant à la troupe, elle réglait parfois des désaccords à coups de poing pour des motifs futiles.

En fin d'après-midi, Kästle approchait d'un pont sur le Don, lorsque soudain un de ses camarades, lieutenant de char, surgit devant lui, revolver au poing, pour exiger qu'il le laissât passer par priorité. Kästle ayant répliqué que des mortiers étaient aussi importants qu'un char, l'autre braqua son arme sur lui et ordonna qu'il dégageât la route. Le regardant avec soin, Kästle fut convaincu que son antagoniste n'hésiterait pas à l'abattre pour obtenir le passage. Ayant du mal à en croire ses yeux, il ne put que s'incliner et donna l'ordre à ses hommes de s'écarter, puis il regarda tristement l'officier indigne grimper dans son char et franchir triomphalement le pont.

Au quartier général de la VIᵉ Armée, le capitaine Behr resta toute la journée en liaison téléphonique avec Gerhard Stöck, qui se révéla dans cette situation chaotique le témoin le plus digne de confiance. Il signala sans discontinuer la désertion des officiers roumains, abandonnant des milliers de soldats qui erraient dans la steppe, et il ne faisait malheureusement aucun doute que son récit de la tragédie était véridique. En même temps, Behr notait sur sa carte la lente progression des forces du général Heim. Le 48ᵉ Corps blindé atteignit enfin Blinov dans l'après-midi, mais les Russes l'y avaient devancé, démolissant tout avant de se replier dans la plaine. Le général Heim tenta de les poursuivre, mais l'ennemi se refusa à tout affrontement direct.

Pendant ce temps, à 150 km à l'est de ce champ de bataille fluide, la ville de Stalingrad continuait d'offrir le même aspect volcanique, les obus et les balles traçantes sillonnant le ciel sombre. Sur la rive de la Volga, la division encerclée du colonel Ivan Lyoudnikov continuait de s'accrocher à cet îlot de territoire, au pied de la falaise et derrière « Barrikady ». Au-dessus des Russes, les pionniers allemands passèrent une journée de plus à tenter de les déloger, mais ce fut en vain. Dans l'usine même, le major Eugen Rettenmaier apprit la grande contre-offensive soviétique sur le Don, et cette nouvelle le déprima beaucoup. Il ne comprenait pas comment ses chefs ne s'étaient pas préparés à recevoir ce coup si prévisible. Quant à la situation à Stalingrad, il savait qu'elle était désespérée.

Au nord de « Barrikady » et au-delà des ruines de l'usine de tracteurs, la 16e division blindée allemande avait encore passé une journée très éprouvante aux abords de Rynok, lorsque à la nuit tombante elle reçut l'ordre de quitter les rives de la Volga. Les mécaniciens s'affairèrent à vérifier le bon état des chars et des camions, tandis que les hommes recevaient un supplément de vivres et de munitions. Puis ils quittèrent les « balkas » où ils vivaient, profondément enterrés, depuis août, et partirent boucher la brèche creusée dans les lignes, le long du Don, à quelque 150 km à l'ouest. Le temps ne faisait qu'empirer. Un vent puissant soufflait de la neige dans les visages. Les colonnes croisèrent quantité de fuyards, errant dans la plaine, des Roumains pour la plupart, portant de maigres ballots, véritables épaves humaines provenant d'une débâcle invisible, survenue loin à l'ouest.

A Goloubinka, le général Schmidt prit connaissance des derniers rapports et tenta de déterminer l'importance de la pénétration russe. Un grand nombre de rumeurs s'ajoutaient aux nouvelles vérifiées, pour former un kaléidoscope de repérages de chars ennemis, si bien qu'il était impossible de déterminer avec exactitude les emplacements des unités soviétiques. A 22 h 30, le général déclara brusquement : « Je vais me coucher ! » Comme il regagnait sa tente, le capitaine Behr reprit ses entretiens téléphoniques avec son collègue Stöck. Il ne pouvait s'empêcher d'admirer le calme imperturbable de son chef : c'était une bénédiction, dans une ambiance aussi déprimante.

Au sud de Stalingrad, d'autres forces russes attendaient dans la nuit glacée le moment de commencer la seconde phase de l'« Opération Uranus ». Des faubourgs de Beketovka aux rives des lacs salés — Sarpa, Tzatza et Barmantsak — les LXIVe, LVIIe et LIe Armées soviétiques étaient massées sur un front de 200 km. Leur faisant face, la IVe Armée roumaine était beaucoup trop déployée dans la steppe pour protéger efficacement le flanc droit de la VIe Armée allemande. Le haut commandement russe avait l'intention d'enfoncer très vite les positions roumaines, puis de se porter à la rencontre des armées descendant du nord, le long du Don.

Aux premières heures du 20 novembre, les soldats grelottants de l'Armée Rouge achevèrent de nettoyer les armes et d'écrire une lettre aux familles vivant en Russie non occupée. Beaucoup, comme le sergent Alexeï Petrov, étaient seuls au monde ; d'autres, tel le lieutenant Hersch Gourewicz, ignoraient où se trouvaient leurs proches.

A son quartier général, Ieremenko ne pouvait dormir. Convaincu qu'il fallait retarder son attaque, jusqu'à ce que les réserves allemandes se fussent portées au nord pour résister à l'offensive sur le Don, il avait passé des heures au téléphone, à tenter de convaincre la STAVKA de Moscou de cette nécessité, mais il s'était heurté à un refus catégorique, en sorte qu'il se faisait beaucoup de souci et redoutait un échec de son opération.

A l'aube, ses inquiétudes s'accrurent, à cause du mauvais temps : un épais brouillard mêlé de neige enveloppait ses armées. Les troupes avaient du mal à se rassembler, les chars se heurtaient, les avions restaient cloués au sol, incapables de décoller. Ieremenko retarda l'« Heure H ». De Moscou, la STAVKA exigea des explications, que le général fournit, et malgré les protestations de l'état-major général, il maintint son point de vue, attendant jusqu'à 9 heures du matin une éclaircie, qui finit par se produire.

A 10 heures, l'artillerie commença le bombardement massif des lignes ennemies, et les soldats de la IVe Armée roumaine s'enfuirent aussitôt dans toutes les directions. Quelques heures plus tard, Ieremenko stupéfait téléphona à Moscou qu'il avait déjà fait 10 000 prisonniers. Refusant d'y croire, la STAVKA le pria de vérifier ses chiffres : ils étaient exacts.

Le simple soldat Abraham Spitkovsky vit les combattants ennemis sortir de leurs tranchées dès la fin du bombardement, les mains en l'air. Bondissant avec ses camarades en criant : « Hourra ! » il courut dans la neige à la rencontre de ces centaines d'hommes sans armes, qui se rendaient en levant les bras. Tout à coup, plusieurs Russes ouvrirent le feu sur cette masse dépenaillée. Un instant choqué, Spitkovsky songea à tous les mois de terribles épreuves qu'il venait de vivre, aux camarades tombés, à tant de destructions, à la faim, aux poux, aux cadavres puants. Alors, à son tour, il braqua sa mitraillette sur cette foule et la déchargea en longues rafales. Quand il s'arrêta pour recharger l'arme, il regarda les files de cadavres gisant devant lui et demeura complètement indifférent à ce spectacle.

A 200 km au nord-ouest de la percée effectuée presque sans effort par le général Ieremenko, les Allemands tentaient encore de s'opposer à l'avance des forces russes venant de Serafimovich et de Kletskaya. C'est aux abords du village de Peschanyy, à 50 km au sud de Serafimovich, que le 48e Corps blindé engagea le combat avec les « T-34 », mais elle était réduite à 20 chars et, même avec le concours de l'artillerie antichar, ne put détruire que 26 chars russes. C'était insuffisant. Les Soviétiques rompirent le contact, poursuivis tant bien que mal par les Allemands, et dans la soirée ceux-ci se trouvèrent encerclés par de nouvelles formations qui menaçaient de les anéantir.

Dans la steppe, le champ de bataille évoquait une mer parsemée d'îles. Les unités encerclées se formèrent en hérissons pour riposter aux forces ennemies qui les attaquaient de tous côtés. Ceux des Roumains qui continuèrent à se battre étaient presque complètement isolés. Un officier de la 6e division tenait un journal que les Russes trouvèrent plus tard. On y lit :

« 20 novembre — Dans la matinée, l'ennemi a déclenché un lourd bombardement d'artillerie sur le secteur tenu par la 13e division du Prut... Elle a été anéantie... Plus aucune liaison avec le haut commandement... Complètement encerclés par les troupes ennemies. Dans la poche se trouvent les 5e, 6e, 15e divisions et ce qui reste de la 13e division. »

On aurait pu en dire autant de toutes les forces roumaines.

Pendant la nuit, l'intendant Karl Binder avait maintes fois traversé le Don, pour apporter des vivres et des vêtements à sa 305e division. Revenu de nouveau sur la rive droite du fleuve gelé, il découvrit que le dépôt de Bolche Nabatoff était encore aux mains des Allemands. Les chars russes avaient disparu dans la brume, après s'être bornés à incendier quelques bâtiments. Binder récupéra ce qu'il put parmi les ruines, puis regagna le pont d'Akimovski pour y attendre son troupeau, que personne n'avait revu depuis la veille, lors de sa disparition dans le brouillard.

Sur une crête dominant la ville, Binder observait la steppe à l'ouest, tandis que tout près de lui un officier allemand interrogeait deux prisonniers russes. Tout à coup, il se mit en colère et les menaça de son revolver. L'un d'eux, pris de peur, voulut s'enfuir, et l'officier l'abattit, d'une balle dans la nuque. Horrifié, Binder se précipita et supplia son collègue d'épargner l'autre Russe, qu'il proposa de garder comme chauffeur. Haussant les épaules avec dédain, l'officier rengaina son arme et s'éloigna. Binder revint à sa voiture avec celui dont il avait sauvé la vie, et grande fut sa surprise en l'entendant le remercier avec effusion dans un allemand impeccable : le jeune homme avait appris sa langue en étudiant la médecine à Moscou.

Les tirs d'artillerie russes s'intensifièrent, des cadavres gisaient au bord des rues, des blessés appelaient au secours. Un officier roumain, couché près d'un buisson, agita faiblement la main pour attirer l'attention de Binder, qui s'approcha de lui avec son nouveau chauffeur. L'homme était blessé au bras et à la jambe. Binder coupa le pantalon, puis le Russe prouva ses qualités d'étudiant en médecine, par la dextérité avec laquelle il enleva des éclats d'obus des plaies, sans autre outil que la pointe de son couteau. Le blessé s'évanouit.

Le laissant aux soins du prisonnier, Binder reprit sa faction, et il entendit son troupeau bien avant de l'apercevoir à l'horizon. Tandis que des projectiles continuaient de tomber par intermittence sur Akimovski, il resta patiemment à l'entrée du pont, écoutant le grondement des sabots frappant le sol. Quand les bêtes surgirent enfin, chassées devant eux par les bouviers qui vociféraient, elles soulevaient un gros nuage de neige poudreuse dans lequel elles disparaissaient par moments. Des glaçons pendaient à leurs naseaux et une couche de givre couvrait presque leurs yeux. Le troupeau tout entier franchit le Don sur le pont, puis les bouviers le conduisirent dans des enclos, aménagés au fond de « balkas » ou gorges profondes, entre Don et Volga.

Satisfait d'avoir réussi son opération, l'intendant déposa le Russe et le blessé roumain à un poste de secours, puis il repartit organiser de nouveaux dépôts pour sa division à l'est du Don.

A quelques kilomètres seulement se trouvait Goloubinka, où le général Arthur Schmidt informait Friedrich von Paulus de la situation toujours plus grave. La 24e division blindée avait du mal à franchir d'immenses congères, en venant de Stalingrad pour participer à la défense du pont de Kalach, d'importance vitale pour l'armée entière. En outre, une colonne de chars russes était signalée à portée de canon de Goloubinka.

— Eh bien, Schmidt, dit brusquement Paulus en mettant un terme à la discussion, je ne vais pas rester ici. Il faut déménager...

Il semblait soudain agité, et même Schmidt perdit un peu de son calme habituel. Les deux hommes dirent un bref au revoir aux officiers du quartier général et allèrent faire leurs valises. Peu après, ils décollèrent et se rendirent d'abord à Goumrak, le principal aérodrome situé à 8 km à l'ouest de Stalingrad. Après un bref entretien avec le général Seydlitz-Kurzbach, ils reprirent la direction du sud-ouest, pour gagner l'important nœud de communications de Chir, d'où Paulus espérait maintenir de bonnes liaisons par radio avec les échelons supérieurs.

Entre-temps, il prit très vite une importante décision, afin de briser la seconde phase de la contre-offensive russe, en ordonnant à la 29e division motorisée d'engager le combat au sud de Stalingrad. Or, cette unité était en route vers le Don, pour aller dégager le 48e Corps blindé du général Heim. quand elle reçut ce nouvel ordre. Son chef, le général Leyser, réussit à l'exécuter avec adresse. Profitant du brouillard, il surgit subitement sur le flanc droit de la LVIIe Armée soviétique, qui venait d'enfoncer sans grande résistance les lignes roumaines. Cette contre-attaque stupéfia les Russes. Dès que les chars ouvrirent le feu, ils infligèrent des pertes dans les deux camps, puis l'infanterie motorisée entra en action et la bataille fit rage. Le brouillard s'étant levé, les Allemands repérèrent au loin un train blindé russe, suivi de plusieurs convois de troupes, arrêtés en rase campagne pour permettre aux soldats de descendre des wagons. Les canons allemands arrosèrent d'obus ces cibles bien nettes, et leurs servants purent voir à la jumelle les ravages causés par ce tir : d'innombrables corps étaient projetés en l'air puis retombaient dans la neige. De part et d'autre de la voie ferrée, des chars soviétiques endommagés tentaient en vain de se dégager mais ne pouvaient que tourner sur eux-mêmes, s'entrechoquant souvent, et tiraient au jugé, n'importe comment.

Dans ces conditions, le 13e Corps mécanisé russe, comportant 90 chars, ne tarda pas à être mis en pièces par un adversaire dont tous les coups atteignaient l'objectif. C'est pourquoi le général Ernst Leyser sentit qu'il tenait l'occasion de bloquer complètement la percée soviétique sur le flanc sud de la VIe Armée, et il se prépara à anéantir les forces russes disloquées. Or, à ce moment même, le Groupe d'Armées B lui cnvoya, de Starobelsk distant de 300 km, l'ordre de se replier pour protéger les arrières de la VIe Armée, sur les rives du Don.

Au crépuscule du 21 novembre, Leyser rompit donc le contact avec l'ennemi et, profondément déçu d'être ainsi frustré d'une victoire complète, prit la direction du nord-ouest. Autour de sa voiture et souvent par-dessus sa tête, des chars tiraient sur des objectifs invisibles, et parfois il se demanda si ces canons étaient les siens ou ceux de l'ennemi. Quoique incomplet, son succès fut utile à Paulus. La nouvelle de la sanglante défaite du 13e Corps mécanisé russe ne tarda pas à parvenir au général Viktor Volsky, dont le 4e Corps blindé se dirigeait vers Kalach. Toujours crachant ses poumons, l'officier tuberculeux et timoré ne voulut pas poursuivre sa progression, de peur de se trouver isolé dans la steppe, et réclama des renforts pour résister à de nouvelles attaques allemandes. Mais les Allemands étaient partis.

Extrêmement inquiet des brèches pratiquées par l'ennemi sur ses deux flancs, le général von Paulus prit sa décision concernant l'avenir. Dans une dépêche adressée au Groupe d'Armées B, à Starobelsk, il préconisa une solution qui, de toute évidence, semblait imposée par les faits : retrait de la VIᵉ Armée de la Volga et de Stalingrad, sur des positions situées au sud-ouest, dans les vallées de la Chir et du Don inférieur. Le commandant du Groupe d'Armées B, le général comte von Weichs, transmit en l'approuvant chaleureusement cette proposition à l'« O.K.W. », au quartier général de Rastenburg, en Prusse-Orientale. Comme Paulus, il était convaincu que seule une retraite immédiate pouvait empêcher un véritable désastre.

Or, le désastre était imminent. Au sud de Stalingrad, les forces du général Ieremenko, après avoir écrasé les Roumains venaient de couper en deux la IVᵉ Armée blindée de « Papa » Hoth. Le général était assiégé dans une ferme délabrée, près de Bousinovka. Le vent hurlait aux fenêtres, dont les carreaux et le mastic étaient remplacés par de mauvaises planches et du papier ou de l'étoffe. A l'intérieur, quelques officiers exténués essayaient, à la lueur de bougies vacillantes, de garder le contact avec les éléments dispersés de l'armée, qui continuaient de combattre dans la steppe. Des estafettes se succédaient, apportant des demandes urgentes de renfort, de la part d'unités encerclées. Devant un téléphone, un officier griffonnait l'ultime message de formations décimées, qui se trouvaient submergées par les blindés soviétiques.

Hoth était réduit à l'impuissance. Après la destruction de la IVᵉ Armée roumaine, il disposait de trop peu de chars et de canons pour arrêter l'ennemi. En outre, il devenait évident que le plan des Soviétiques était d'une envergure impressionnante. Sur les cartes d'état-major, des flèches et des drapeaux de diverses couleurs montraient déjà que les forces ennemies occupaient le terrain au nord-ouest, selon un arc de cercle bien net, à mesure qu'elles se dirigeaient vers Kalach. Si le pont sur le Don, dans cette ville, tombait aux mains des Russes avant que la VIe Armée allemande se fût repliée, Hoth prévoyait que Stalingrad deviendrait pour les Allemands un immense cimetière.

Et pourtant, à 2 000 km de là, dans son « Berghof » alpin, Hitler avait une opinion différente sur cette tragique situation. Dès qu'il reçut la proposition de Paulus, tendant à battre en retraite vers le sud-ouest, il riposta par un ordre catégorique de résister :

« Message Radio N° 1352 — ULTRA SECRET et Urgent — 21-11-1942, 15 h 25.

Au Groupe d'Armées B, pour la VIe Armée.

Ordre du Führer : La VIe Armée tiendra sur ses positions malgré la menace d'un encerclement temporaire... Elle conservera le plus longtemps possible ses liaisons ferroviaires. Des ordres particuliers relatifs à son ravitaillement par les voies aériennes seront donnés sous peu. »

Cet ordre était stupéfiant, par tout ce qu'il impliquait. Tandis que Paulus et Schmidt analysaient ses conséquences, ils reçurent un coup de téléphone du général Martin Fiebig, commandant le 8e Corps aérien. Discutant avec Schmidt des derniers événements, en particulier du point névralgique de Kalach, l'aviateur sursauta quand il entendit le chef d'état-major estimer qu'il n'y avait pas de danger immédiat à redouter là-bas.

— Le commandant en chef, déclara-t-il, compte organiser une défense en hérisson.

— Mais comment envisagez-vous de ravitailler l'armée ?

— Il faudra que cela se fasse par la voie des airs.

— Quoi ? s'écria Fiebig abasourdi. Une armée entière ? Mais c'est absolument impossible, voyons ! Ne soyez pas si optimiste !

Dès qu'il eut raccroché, Fiebig alerta son chef, le général von Richthofen, qui à son tour téléphona au général Jeschonnek, l'adjoint de Goering. Hors de lui, il l'adjura d'intervenir :

Il faut que vous arrêtiez ça ! Par le temps ignoble qui sévit ici, il n'y a pas le moindre espoir de ravitailler par air une armée de 250 000 hommes ! C'est de la folie furieuse !

Dans la nuit du 21 novembre, l'avant-garde de la 16e division blindée allemande, qui avait quitté les faubourgs de Stalingrad deux jours plus tôt, atteignit le Don. Sa mission consistait à protéger la retraite des unités poursuivies par les Russes dans la grande boucle du fleuve. Or, la division arriva trop tard et dut se borner à garder quelques ponts par lesquels passaient les fuyards allemands ou roumains. Affecté à la défense d'un de ces ponts avec sa batterie de canons antichars, le lieutenant Eberhard von Loebbecke vit soudain un « T-34 » surgir sur la route. Ce courageux officier avait perdu le bras gauche en 1939, au cours d'un coup de main en Lorraine. Comme il donnait l'ordre d'ouvrir le feu, il fut devancé par le Russe, dont le projectile le frôla, emportant sa manche vide avant d'éclater plus loin en arrière. Renversé par le souffle de l'obus mais indemne, Loebbecke se releva immédiatement et cria à ses hommes de riposter. De leur tourelle, les Russes furent stupéfaits de voir cet officier, dont un bras venait d'être arraché, et qui avait encore l'énergie de commander. Profitant de leur hésitation, les canonniers allemands détruisirent le char dès le premier obus.

Cette nuit-là, les vents continuels créèrent dans la steppe des congères énormes, qui ressemblaient à de petites collines. La température baissa au-dessous de zéro et de gros nuages annoncèrent de nouvelles chutes de neige. Sur des milliers de kilomètres carrés à l'ouest et à l'est du Don, l'immense plaine semblait dépourvue de toute vie. Ce n'était qu'une apparence, car en réalité elle fourmillait de petits groupes de soldats en fuite, roumains ou allemands, qui erraient dans la nuit à la recherche de nourriture, d'un abri, surtout de formations amies et armées, capables de leur assurer une protection.

D'autres éléments sillonnaient la plaine, pour des motifs tout différents. Tel fut le cas du lieutenant-colonel Grigor Fillipov, commandant la 14e Brigade d'Artillerie motorisée. Participant à la ruée vers le sud du Don, il décida de s'écarter du gros des troupes et de foncer avec son unité droit vers Kalach. Il ne disposait que de quelques chars et de camions pleins d'hommes ou de matériel. Pour gagner du temps et éblouir l'ennemi, tous les véhicules roulèrent avec leurs phares allumés, si bien qu'ils dépassèrent des centaines de fuyards roumains, sans être reconnus et poursuivirent leur route, soucieux d'atteindre au plus vite l'objectif.

Le 22 novembre à 6 heures, Fillipov aperçut dans ses phares un vieux paysan russe qui traînait une charrette à bras, encadré par deux soldats allemands. Ralentissant, le colonel donna l'ordre à ses hommes d'abattre les ennemis, puis fit arrêter le « T-34 » à côté du vieillard terrifié et mit pied à terre.

— Oncle Vanya, demanda-t-il, est-ce bien la route du pont ?

Emerveillé de s'entendre interpeller par des compatriotes, le bonhomme grimpa dans le char pour guider la colonne vers le pont de Kalach. Or, dans la petite ville, la garnison allemande vivait dans une expectative inquiète. Au cours des dernières 36 heures, les réfugiés n'avaient pas cessé d'affluer, et le bruit de la canonnade au nord-ouest s'était constamment rapproché, mais personne ne savait à quel point la situation se détériorait.

Le colonel Mikosch dirigeait là un centre d'instruction du génie. Sur une colline dominant la ville à l'est, les pionniers commencèrent leur entraînement quotidien, pour acquérir la technique du combat de rues, des démolitions et du maniement des armes, tant allemandes que russes. En outre, les élèves utilisaient quelques chars russes capturés pour exécuter des tirs réels sur des cibles dans la steppe, de l'autre côté du fleuve. Chaque jour, les chars traversaient donc le pont et gravissaient la pente raide de la rive droite, afin de permettre aux canonniers allemands de perfectionner leurs qualités de tireurs.

Ce 22 novembre, un correspondant de guerre, Heinz Schröter, s'était joint aux élèves pour filmer cette séance d'instruction, à l'intention du ministère de la Propagande. Quand les chars franchirent le fleuve et grimpèrent la côte, il les photographia. Peu après, il entendit des coups de canon et se dit que les exercices avaient commencé.

Dans un poste de guet situé à 300 m du pont, sur la berge est du fleuve, le sergent Wiedemann somnolait à côté de son canon antiaérien de 88 mm, tandis que les huit servants dormaient encore dans une cabane proche. Il avait remarqué, lui aussi, les chars qui partaient comme chaque matin et disparaissaient en haut de la pente. Peu à peu, la garnison reprenait son activité habituelle. Il ne neigeait plus, le temps s'était éclairci, et l'on entendait nettement les voix des soldats s'interpellant à distance ; quelques-uns se battaient en riant à coups de boules de neige.

Soudain les chars revinrent, et Wiedemann vit d'un air indifférent les deux premiers repasser sur la rive gauche à bonne allure. Mais au moment où le troisième s'engageait sur le pont, une mitrailleuse se mit à crépiter. Saisissant ses jumelles, le sergent constata que les trois blindés se postaient de chaque côté du pont.

— Alerte ! hurla-t-il. Voilà les Russes !

Bondissant de la cabane, ses hommes pointèrent aussitôt leur canon sur les deux « T-34 » qui s'engageaient à leur tour sur le pont. Le premier prit feu tout de suite, et le second bascula dans le vide, pour s'écraser sur la glace du fleuve gelé.

Quant au journaliste Schröter, qui se trouvait encore à proximité du pont, il ne comprenait rien à ce qui se passait. Tout à coup, il vit arriver un lieutenant qui courait à toutes jambes, en criant des mots inintelligibles, et brandissait un pistolet. Une mitrailleuse crépita, et l'officier s'écroula. Schröter s'enfuit, de même que tous ses compatriotes. Pour sa part, le colonel Fillipov émettait fébrilement par radio des appels au secours, pour que la 36e Brigade blindée vînt le rejoindre. Par une chance extraordinaire, il venait de s'emparer du pont de Kalach, mais il s'attendait à une violente réaction des Allemands.

Pendant que le colonel Fillipov cherchait à consolider sa position à Kalach, le téléphone sonnait à Chir, 25 km plus au sud, dans le bureau du général Schmidt. C'était le général d'aviation Martin Fiebig qui, de nouveau, alertait le chef d'état-major de la VIe Armée contre la folie d'un ravitaillement des troupes par la voie des airs, déclarant entre autres : « Le temps et l'ennemi sont des facteurs absolument incalculables... » Or, l'entretien fut interrompu par un groupe de généraux allemands qui envahirent soudain le quartier général.

L'un d'eux était « Papa » Hoth, arrivé de Bousinovka, où le flanc sud de la VIe Armée s'était désintégré. Incapable de trouver les mots pour décrire le cauchemar qu'il venait de vivre, Hoth écouta avec passion la discussion entre Schmidt et un de ses camarades de collège, le général Wolfgang Pickert, cherchant une solution. Imitant un de leurs anciens professeurs, Schmidt ordonna :

— Pickert ! Décision, avec bref exposé des motifs !

La réponse du général ne se fit pas attendre :

— Ficher le camp d'ici, et en vitesse !

— C'est plus facile à dire qu'à faire, ne serait-ce que par manque de carburant.

Pickert offrit alors le concours de ses unités d'artillerie antiaérienne, qui pourraient selon lui tirer les pièces et les caissons de munitions à la main sur le sol gelé. Schmidt ne voulut pas en entendre parler et déclara :

— Nous avons, bien entendu, envisagé d'effectuer une percée, mais pour atteindre le Don, il faudrait que l'armée traverse 50 km de steppe, c'est-à-dire de terrain complètement découvert... Non, Pickert ! Une telle opération ne pourrait que se terminer à la manière de la campagne napoléonienne... L'armée a reçu l'ordre de tenir dans Stalingrad, par conséquent nous y fortifierons nos positions, en comptant sur un ravitaillement par la voie des airs.

Ne pouvant en croire ses oreilles, Pickert protesta :

— Par la voie des airs et par ce temps ? Il n'en est pas question ! Il faut sortir d'ici, vous dis-je ! Commencez tout de suite !

Mais la VIe Armée ne commença pas à battre en retraite. Quoique le général von Paulus fût convaincu de la nécessité de ce repli, il attendit pour l'ordonner l'approbation de Hitler. Toutefois, il alerta ses troupes, pour qu'elles fussent prêtes à se mettre en mouvement, au cas où l'« O.K.W. » l'autoriserait.

A 14 heures, après que le général Hoth fut reparti par avion pour rassembler les rescapés de sa IVe Armée disloquée, Paulus et Schmidt retournèrent à Goumrak, aux abords de Stalingrad. Survolant le gros de l'armée, enserrée entre Don et Volga, ils virent quantité d'incendies : les troupes faisaient brûler le matériel dont elles n'avaient plus besoin, et de nombreux dépôts de vivres ou de vêtements étaient en feu.

Dans l'un d'eux, le lieutenant Gerhard Dietzel tenta de sauver quelque chose des flammes. Voyant qu'une réserve de champagne et de vin allait être la proie des flammes, il rentra dans le brasier et réussit à en retirer plusieurs caisses des précieuses bouteilles. Quand il les eut chargées dans sa voiture, un officier de l'intendance prétendit lui barrer le chemin en demandant :

— Pouvez-vous payer tout ça ?

Dietzel répondit par un énorme éclat de rire et s'écria, en montrant l'incendie :

— Ne comprenez-vous pas que l'argent n'a plus aucune valeur ?

Cela dit, il mit le moteur en marche et démarra, emportant son trésor.

A Kalach, le colonel Fillipov eut la satisfaction inattendue de voir arriver les renforts demandés : les chars de la 26ᵉ Brigade blindée, fonçant à travers la plaine, débouchèrent soudain sur le pont et occupèrent avcc lui la partie est de la ville. Ne rencontrant, à leur vive surprise, qu'une résistance sporadique des Allemands, ils poursuivirent leur offensive vers le sud-est, en direction de Sovetsky, à 50 km de là. Or, au-delà de cette agglomération, les troupes du général Ieremenko progressaient rapidement à leur rencontre, afin d'opérer la jonction entre les forces soviétiques venues du Nord et du Sud.

Les soldats allemands qui se trouvaient à l'intérieur de la poche, ainsi formée en peu de temps, apprirent leur funeste sort de diverses manières. Ainsi, dans un hôpital de campagne, un pharmacien nommé Wendt remettait de la morphine et des bandes à des infirmiers quand un soldat surgit et cria :

— Les Russes ont fermé le pont de Kalach !

Wendt crut d'abord à une mauvaise plaisanterie, mais un coup de téléphone donné par un camarade au quartier général confirma la nouvelle. Le pharmacien refusa pourtant de s'affoler et pensa que la situation serait bientôt rétablie.

Un sergent, Eugen Steinhilber, qui comptait déjà beaucoup d'années de service, découvrit l'amère réalité quand plusieurs de ses camarades, partis en camion pour Chir d'où ils devaient gagner l'Allemagne, afin d'y passer une permission de détente, revinrent quelques heures plus tard et déclarèrent :

— Nous n'avons pas pu traverser le Don. Les Russes tiennent le pont.

Steinhilber s'était déjà trouvé une fois encerclé de cette façon mais avait réussi à s'en tirer, en sorte que la nouvelle ne l'impressionna pas outre mesure. Il venait d'écrire à sa femme : « Je serai rentré à la maison pour Noël. Ensuite, je compte bien reprendre et achever mes études d'ingénieur électricien... »

De son nouveau quartier général de Goumrak, Paulus envoya un autre message par radio au Groupe d'Armées B, suppliant qu'on lui laissât une chance de sauver son armée :

« Q.G. de la VIe Armée — Section G 3 — 22-11-42, 19 heures.

Message radio au Groupe d'Armées B.

L'armée est encerclée... Le front sud demeure encore ouvert à l'est du Don, qui est gelé et franchissable... Il ne reste que peu de carburant, et quand il sera consommé, les chars et l'artillerie lourde seront immobilisés. Les réserves de munitions, très faibles, seront épuisées dans six jours... Je demande donc qu'on me laisse une complète liberté d'action... Il se pourrait que la situation nous contraigne à abandonner Stalingrad ainsi que le front nord... »

Trois heures plus tard, il reçut du Führer une réponse vague :

> « La VIᵉ Armée doit savoir que je fais tout pour l'aider et la soulager... Je donnerai mes ordres en temps voulu. »

Hitler était indécis, quant au moyen de sauver Paulus, mais tant qu'il n'aurait pas opté pour une solution du problème, il entendait maintenir la VIᵉ Armée sur ses positions. Il passa la majeure partie de l'après-midi en conférence avec les généraux Zeitzler et Jeschonnek, venus au « Berghof » pour le dissuader de ravitailler les troupes encerclées par la voie des airs. Jeschonnek fit valoir que le temps était impraticable et qu'il n'y avait pas assez d'aérodromes proches de Stalingrad.

Quoique Zeitzler estimât que Jeschonnek ne s'était pas montré assez énergique dans sa démonstration, Hermann Goering fut d'un avis contraire. Informé des détails de la conférence, il recommanda à son adjoint de ne pas « mettre le Führer de mauvaise humeur ». Toujours est-il que, ce soir-là, Hitler descendit de sa montagne, gagna Leipzig par le train, puis s'envola pour Rastenburg en Prusse-Orientale, d'où il ferait connaître ses ordres.

CHAPITRE XVII

Dans l'abri souterrain où il avait installé son nouveau quartier général, à proximité de l'aérodrome de Goumrak, Friedrich von Paulus attendait avec impatience que le Führer l'autorisât à quitter les rives de la Volga. Pour donner plus de poids à sa thèse, il tint à préciser de nouveau, dans une dépêche à son chef direct, les dangers qui menaçaient la VIe Armée :

> « 23-11-42, 11 h 45 Au Groupe d'Armées B
>
> Attaques meurtrières de l'ennemi sur tous les fronts... L'approvisionnement par la voie des airs en quantités suffisantes est estimé impossible, même si le temps s'améliorait. La situation au point de vue du carburant et des munitions est telle que les troupes seront désarmées dans un très proche avenir... »

Une fois de plus, le Groupe d'Armées B transmit ce message à Hitler, à Rastenburg. Le général von Weichs y joignit un rapport personnel, dans lequel il se déclarait entièrement d'accord avec l'analyse du commandant de la VIe Armée.

Cependant, au-delà du Don, le 48e Corps blindé du général Heim continuait de livrer des batailles de chars contre des colonnes soviétiques fluides et habiles à se dérober dans la steppe. Il en résultait une série de mouvements imprévisibles, qui rendaient impossible une liaison efficace avec les unités roumaines combattant encore. Les Russes s'employaient d'ailleurs à brouiller les messages des émetteurs de radio ennemis et lançaient eux-mêmes de faux signaux, pour tromper ceux qui cherchaient à joindre Heim.

Or, entre les vallées de la Chir et du Don, les derniers nids de résistance roumains étaient sur le point de tomber. Le général Mihail Lascar, un chef énergique et moustachu, avait rassemblé les survivants de quatre divisions, au milieu de « maisons incendiées et de cadavres roumains ». Les Russes lui ayant demandé de se rendre, il sollicita par radio du Groupe d'Armées B l'autorisation de tenter un repli vers le sud. Quand on finit par la lui accorder, il était encerclé. Au lieu de capituler, il envoya 4 000 hommes dans la steppe, avec mission de rejoindre le 48e Corps blindé allemand du général Heim, et continua de combattre sur place pour couvrir leur retraite. Puis, submergé par les forces soviétiques, il fut fait prisonnier, sans que cette défaite entachât sa belle réputation. Il laissait derrière lui un champ de bataille présentant « un aspect fantastique..., couvert de cadavres de chevaux... Certains animaux, à demi morts, tenaient encore debout sur trois membres gelés et agitaient le quatrième, brisé... »

Les soldats qu'il avait autorisés à se replier errèrent au hasard dans la plaine, mourant de froid sur les routes, où les colonnes russes les dépassèrent souvent, sans même s'arrêter pour les capturer. Seuls quelques-uns parvinrent à rejoindre Heim, qui les recueillit et les emmena vers le sud. Par miracle, il réussit à gagner les positions allemandes de la vallée de la Chir, mais quelques heures plus tard la police militaire l'arrêta. Hitler l'accusait d'avoir manqué à son devoir en n'arrêtant pas l'offensive russe. Le Führer estimait qu'il avait désobéi aux ordres du haut commandement, en n'attaquant pas l'ennemi quand il le pouvait, aux premières heures de la bataille. Stupéfait d'apprendre les accusations portées contre lui, Heim fut ramené sous escorte dans sa patrie, pour y être jugé par un tribunal militaire.

A Rostov, le général Steflea, chef de l'état-major général de l'armée roumaine, rencontra un officier de liaison allemand qui, au cours d'un entretien dramatique, l'informa de la reddition de Lascar. Atterré en apprenant la destruction des IIIe et IVe Armées roumaines, Steflea accabla son allié de reproches véhéments :

— Depuis des semaines, je n'ai cessé d'alerter les autorités allemandes, et l'on n'a tenu aucun compte de mes avertissements... Sur les quatre divisions de la IVe Armée roumaine, il ne reste aujourd'hui que trois bataillons... Le haut commandement allemand s'est refusé à prendre les mesures que nous exigions, il a failli à ses engagements envers nous, et voilà pourquoi deux armées roumaines ont été détruites !

Ces accusations, l'officier de liaison ne put les réfuter. Il se borna à promettre au général de les transmettre à ses chefs.

A mi-chemin de Sovetsky, soit à 25 km au sud-est de Kalach, les « T-34 » soviétiques engagèrent un combat rapproché avec l'arrière-garde allemande qui tentait de conserver la petite ville. Le bruit de la bataille fut entendu par les patrouilles avancées du 4e Corps mécanisé du général Viktor Volsky, qui progressaient avec précaution au sud et à l'ouest de l'agglomération. Redoutant de tirer sur leurs compatriotes, ces unités ne cessaient de lancer des fusées vertes pour se faire reconnaître d'eux. Le 23 novembre à 16 heures, d'autres fusées vertes jaillirent au nord-ouest, et aussitôt les chars de Volsky foncèrent dans cette direction. Bientôt, des centaines de soldats russes vêtus de blanc s'avancèrent en gesticulant et criant dans la plaine, à la rencontre de leurs frères. Les deux forces opérèrent leur jonction, dans une folle explosion de joie, d'embrassades et d'exclamations. Les larmes aux yeux, les hommes dansaient sur la neige, célébrant l'incroyable triomphe qu'ils venaient de remporter. En moins de quatre-vingt-seize heures, ils avaient refermé un piège dans lequel la VIe Armée allemande était maintenant encerclée, avec ses 250 000 hommes désormais prisonniers et isolés dans la vaste plaine enneigée.

D'un bout à l'autre de la Russie, la radio proclama les extraordinaires victoires de l'Armée Rouge. Les noms de Kalach et de Sovetsky retentirent sur les ondes, tandis que pour la première fois le peuple soviétique apprenait l'encerclement de l'ennemi à Stalingrad.

Pourtant, à Moscou, Staline ne se laissait pas aller à cette joie populaire, car il bouillait d'impatience, sentant qu'une occasion de victoire encore plus considérable s'offrait peut-être à ses armées dans le Sud. Plus il regardait la carte, plus il y voyait la possibilité de créer une poche plus vaste, dans laquelle les armées allemandes seraient définitivement prises. A plusieurs centaines de kilomètres au sud de celle de Stalingrad, le Groupe d'Armées A demeurait immobile, au pied du Caucase. Si l'Armée Rouge pouvait reprendre Rostov, sur la mer d'Azov, l'encerclement de la VIe Armée à Stalingrad ne serait qu'une première phase d'un triomphe beaucoup plus important. C'est pourquoi Staline pressa ses généraux de poursuivre les opérations :

« Le 23-11-1942, 19 h 40

Au camarade Dontsov (Rokossovsky).

Copie au camarade Mikhailov (Vassilevsky).

Selon le rapport de Mikhailov, l'ennemi a retiré de ton front, totalement ou en partie, sa 3e division motorisée et sa 16ᵉ division blindée... Cette circonstance rend la situation favorable pour que toutes les armées de ton front accélèrent les opérations. Galinine est trop lent... Dis aussi à Jadov d'activer le mouvement et de s'efforcer d'immobiliser l'ennemi... Secoue Batov : dans la situation actuelle, il pourrait être beaucoup plus énergique. »

Quant au général von Paulus, il était décidé à briser l'encerclement et à mettre un terme à une situation que les Allemands venaient d'appeler « Der Kessel », c'est-à-dire « Le Chaudron ». En quelques heures, il rassembla aux abords de Goumrak une force de frappe — blindés, artillerie et infanterie motorisée — qui, tel un bélier, enfoncerait les lignes soviétiques et ouvrirait un passage vers le sud-ouest.

Le lieutenant Hans Oettl était là et, comme tous ses camarades, attendait avec impatience le moment de passer à l'action. Content de voir qu'on préparait une offensive, il regardait les équipages des chars peindre leurs engins en blanc et les troupes recevoir des parkas de camouflage également blanches.

Le lieutenant Emil Metzger se trouvait aussi à Goumrak et affichait un grand enthousiasme. Sa batterie devait contribuer à fournir la puissance de feu nécessaire pour crever les lignes soviétiques dans la région de Sovetsky, et il avait la conviction que l'attaque serait un succès.

Des heures passèrent et Paulus ne donna pas l'ordre d'attaquer. Hitler n'avait toujours pas autorisé la percée, en sorte que le général lui envoya un nouveau télégramme :

« 23-11-1942, 21 h 30.

Mon Führer,

Depuis votre message du 22 novembre, la situation a évolué avec une extrême rapidité... Les munitions et le carburant s'épuisent... Il n'est pas possible de nous ravitailler... Il faut donc que je retire toutes les divisions de

Stalingrad, et ensuite d'autres forces du périmètre nord...
Vu la situation, je vous demande de m'accorder une
complète liberté d'action.

Heil, mon Führer !

Paulus »

Or, tandis que ce message était transmis, un des
généraux de Paulus, Seydlitz-Kurzbach, tenta de provoquer sans autorisation une retraite de la Volga vers
le sud-ouest. Pour cela, il ordonna à la 94ᵉ division
d'infanterie d'évacuer son secteur, dans le coin nord-
est de la poche. Le but de ce repli était de provoquer
la retraite des unités voisines et de contraindre ainsi
Paulus à retirer la VIᵉ Armée de cette poche, du
« Chaudron ».

En conséquence, dans la nuit du 23 novembre, les
guetteurs russes virent de gigantesques incendies illu-
miner le ciel, dans la zone occupée par l'ennemi, et
alertèrent aussitôt le quartier général de Vassili Tchouïkov. A mesure que les dépôts de munitions sautaient,
les flammes continuèrent de jaillir dans l'ombre. Dans
leurs tranchées, les soldats allemands bouclèrent les
sacs et prirent les armes, avant de détruire les abris à
la grenade. Les documents importants et encombrants
furent brûlés dans des poêles. Des officiers supérieurs,
portant la célèbre culotte à bande rouge des membres
de l'état-major général, l'enlevèrent et la brûlèrent
pour la remplacer par une culotte ordinaire. Au poste
de commandement d'un régiment, où l'on reçut l'ordre
de quitter abris et tranchées, un officier remarqua froidement que cette « retraite organisée » allait coûter la
vie à un tiers des hommes.

Effectivement, dès que la 94ᵉ division quitta ses
positions, la LXIIᵉ Armée soviétique se précipita sur
elle. Le lieutenant Toepke entendit les Russes arriver
en masse et hurler sans arrêt des « Hourras » fréné-
tiques. Tandis qu'il réussissait à trouver un abri, ses
camarades périssaient en grand nombre, surpris en ter-

rain découvert par un véritable « rouleau compresseur » de troupes ennemies. A l'aube, la 94ᵉ division avait pratiquement « cessé d'exister ». En outre, le plan du général Seydlitz-Kurzbach se retourna contre lui, car les unités allemandes voisines de la sienne tinrent bon, et la massive retraite vers le sud-ouest n'eut pas lieu. Il ne manifesta pourtant aucun regret de sa funeste initiative. Au contraire, il maintint avec une arrogante obstination que seule sa stratégie était la bonne ; à ses yeux, la perte de quelques milliers d'hommes était un faible prix à payer, en regard du grand but qu'il avait cherché à atteindre : le salut de la VIᵉ Armée.

Or, son action unilatérale devait entraîner des conséquences imprévues et incalculables. De Stalingrad, un observateur de la « Luftwaffe » informa directement par radio Hitler, à Rastenburg, du repli non autorisé et de la destruction de la 94ᵉ division, mais il s'abstint d'en rendre compte à Paulus, qui se trouvait à 30 km du théâtre de la tragédie.

La nouvelle mit Hitler hors de lui. Furieux contre Paulus, qui semblait avoir désobéi à l'ordre de tenir à tout prix, il résolut d'empêcher à l'avenir d'autres insubordinations. Aussi, le 24 novembre à 8 h 38, envoya-t-il à la VIᵉ Armée un message catégorique. Sous le titre « Führerbefehl » (« Ordre du Führer »), qui marquait la plus haute priorité alors en usage, il précisa les lignes de la nouvelle forteresse (« Festung ») que Paulus aurait dorénavant à défendre, en attendant l'arrivée des secours :

« La VIᵉ Armée adoptera une méthode de défense en hérisson... Les fronts actuels sur la Volga et au nord seront tenus à tout prix... Le ravitaillement se fera par la voie des airs. »

Ainsi, après deux jours d'échange de communications de la plus extrême gravité, le Führer prononçait un verdict insensé. Il refusait à Paulus toute liberté de mouvement ou de décision, et qui pis est, il privait la VIe Armée de sa dernière chance de salut, alors que les Russes commençaient déjà à renforcer leur emprise autour de la poche. En agissant ainsi, Hitler comptait que Paulus se soumettrait à l'autorité suprême, et il ne se trompait pas. Foncièrement incapable de rejeter un tel ordre, le général renonça à son projet de percée et mit sa confiance dans la promesse d'un ravitaillement de son armée par la voie des airs.

Or, celui-ci faisait encore l'objet de discussions au grand quartier général de Prusse-Orientale. Hitler ignorait si son armée de l'Air était capable de ravitailler les troupes encerclées, et il attendait sur ce point l'opinion du principal responsable. Ce jour-là, un train spécial franchit les enceintes concentriques de barbelés, de miradors et de fortins qui protégeaient la « Tanière du Loup ». L'énorme maréchal du Reich Hermann Goering en descendit, couvert de décorations et haletant, pour saluer son maître. Le chef de l'aviation allemande avait subi de cuisantes défaites, d'abord dans la bataille aérienne d'Angleterre, ensuite en n'empêchant pas les forces aériennes alliées de bombarder quotidiennement sa patrie, en sorte que sa situation dans la hiérarchie toujours changeante du régime nazi en était diminuée. Certes, il continuait d'occuper en nom le rang d'héritier du pouvoir exercé par Hitler, mais celui-ci l'ignorait, et des hommes comme Martin Bormann ne se gênaient pas pour le brocarder. Depuis quelque temps il vivait isolé dans sa somptueuse propriété de Karinhall, au sud de Berlin. De là, il dirigeait une chasse aux trésors artistiques des musées d'Europe occupée, tout en s'adonnant à des drogues qui l'aidaient à oublier l'amertume de ses échecs.

Quand la question d'un pont aérien ravitaillant Stalingrad se posa, le « Reichsmarschall » dépité y vit une occasion de rentrer en grâce auprès de Hitler et de reprendre de l'influence. Ayant écarté comme négligeables les objections du général Jeschonnek, relatives aux mauvais aérodromes et aux conditions météorologiques exécrables, il se rendit en toute hâte à Rastenburg, où il arriva en pleine discussion. Le général Kurt Zeitzler plaidait contre la thèse d'un pont aérien considérable et expliquait :

— L'armée de l'air devrait consacrer tous ses moyens uniquement à apporter le carburant et les munitions. De cette manière, la percée peut réussir.

Hitler ayant demandé son avis à Goering, celui-ci répondit :

— Mon Führer, j'ai tenu à venir moi-même annoncer que la « Luftwaffe » ravitaillera la VIe Armée par la voie des airs !

— La « Luftwaffe » en est absolument incapable ! s'écria Zeitzler, furieux. Savez-vous, « Herr Reichsmarschall », combien il faudrait de vols quotidiens pour approvisionner cette armée ?

— Je ne le sais pas personnellement, répliqua Goering en rougissant, mais mon état-major le sait.

— Eh bien, je vais vous le dire ! tonna le chef de l'état-major général. Il faut 700 tonnes par jour ! A supposer même qu'on abatte tous les chevaux dans la zone encerclée, il faudra encore 500 tonnes ! Je répète : 500 tonnes apportées tous les jours par vos avions !

S'étant ressaisi, le commandant en chef de la « Luftwaffe » répliqua, d'un air supérieur :

— Je peux arranger ça !

— Vous mentez ! cria Zeitzler, hors de lui.

Un grand silence suivit. Goering devint écarlate et serra les poings, comme s'il voulait frapper son antagoniste. Hitler laissa ses collaborateurs se disputer avec feu puis finit par intervenir. D'une voix dure et sans manifester la moindre sympathie pour le général, il conclut :

— Le « Reichsmarschall » s'est prononcé, et je suis obligé de croire ce qu'il affirme. C'est maintenant à moi d'en décider.

Le général Adolf Heusinger, qui attendait dans la

pièce voisine, vit alors sortir de la salle de conférences un Goering rayonnant et un Hitler non moins content. Aux yeux de Heusinger, le sort de toute une armée allemande, errant dans la steppe russe enneigée, dépendait maintenant des promesses de Goering, et comme il doutait beaucoup qu'elles fussent tenues, il eut le pressentiment d'une catastrophe.

Le soir même, ordre fut lancé de Rastenburg à la IVᵉ Escadre aérienne, en Russie, de transporter chaque jour 300 tonnes de ravitaillement à Stalingrad. Dès qu'un plus grand nombre d'avions seraient disponibles, l'armée de l'air aurait à satisfaire les besoins minimaux de Paulus et à lui livrer 500 tonnes de ravitaillement par jour, afin de permettre à ses troupes de survivre. Goering s'y était formellement engagé devant Hitler.

Celui-ci fixa alors son attention sur Paulus. Ignorant que le général Seydlitz-Kurzbach s'était rendu coupable d'insubordination, il envoya à Goumrak un nouveau message, très sec, par l'intermédiaire du Groupe d'Armées B :

« Ultra Secret — par ordre du Führer

Radio Message Urgent Nᵒ 1422 au Q. G. de la VIᵉ Armée.

Le Führer désire que, à cause de son importance cruciale pour la VIᵉ Armée, la partie nord de la zone fortifiée de Stalingrad... soit placée sous le commandement d'un seul chef militaire. Celui-ci sera responsable devant le Führer de ce que ce secteur sera conservé à tout prix. En conséquence, le Führer a chargé de cette responsabilité le général d'artillerie von Seydlitz. Ceci ne modifie en rien la responsabilité globale du commandant de la VIᵉ Armée... »

Quand il reçut le message, Paulus connaissait la faute désastreuse commise par Seydlitz-Kurzbach. Or, pour une raison demeurée inexpliquée, il se refusa à révéler au Führer l'indiscipline de l'homme en qui il

265

plaçait sa confiance. Au lieu de dénoncer son subordonné, il alla lui porter dans son abri le dernier ordre reçu de Hitler. Le général aux cheveux argentés en prit connaissance, et Paulus lui demanda :

— Et maintenant, qu'allez-vous faire ?

Seydlitz-Kurzbach ne put que répondre laconiquement :

— J'ai idée que je n'ai qu'à obéir.

Beaucoup de soldats allemands acceptèrent avec résignation la nouvelle de l'annulation de l'attaque pour sortir de la poche. Ainsi, le caporal Heinz Neist ne pouvait pas imaginer qu'on laissât croupir une aussi grande armée. S'il s'inquiétait un peu, à la pensée que personne ne pourrait peut-être venir à leur secours, Neist ne voulait pas perdre son moral. A trente et un ans, il était philosophe. Dans la cave qu'il occupait à l'ouest de « Barrikady », il écoutait la radio et attendait qu'on vînt le tirer de là.

Josef Metzler apprit par son chef de corps que la tentative de percée n'aurait pas lieu. Quand le major se hâta d'ajouter qu'à son avis les Russes ne seraient pas capables de maintenir leur encerclement de la VIe Armée, Metzler le crut. Son principal souci était de se procurer des bottes fourrées. Trop scrupuleux pour voler celles des prisonniers russes ou en arracher aux jambes de soldats morts, il attendait avec impatience l'occasion qui lui permettrait d'en trouver, car il avait les pieds comme des glaçons.

Le sergent Albert Pflüger, un combattant énergique de la 27e division, occupant des positions au sud de la poche, ne fut pas non plus démonté par la nouvelle. Lorsque son colonel lut aux officiers et gradés le communiqué officiel relatant l'offensive russe et l'encerclement « temporaire » de l'armée, Pflüger l'écouta distraitement et trouva drôle que certains mots de ce texte semblaient rimer. Après la réunion au poste de commandement, il repartit en pataugeant dans la neige vers sa section, mais se perdit et erra longtemps dans le froid très vif avant de retrouver son abri. Il mit des heures à se réchauffer.

En revanche, l'annulation de la percée suscita de terribles épreuves pour d'autres troupes allemandes, qui en conçurent du dégoût et des doutes. Ces hommes étaient venus à Goumrak, quittant leurs positions dans le coin sud-ouest de la poche, pour mener l'attaque qui devait libérer l'armée. Il leur fallait maintenant regagner des abris construits depuis plusieurs mois, en prévision de l'hiver russe. Or, ils ne les retrouvèrent plus : pendant leur absence, les Soviétiques s'étaient infiltrés dans les lignes allemandes et avaient occupé la plupart de ces positions.

C'est ainsi que Friedrich Breining, l'ancien instituteur, dut creuser de nouvelles tranchées peu profondes, en terrain découvert battu par les vents et les bourrasques de neige. Dans ces conditions, il ne tarda pas à se demander s'il lui serait possible de survivre longtemps...

La situation du lieutenant Hans Oettl était identique. Ecœuré de la tournure des événements, il pestait intérieurement contre le haut commandement allemand. « Nous sommes fichus », grommelait-il. Mais il était presque seul de cet avis. La plupart de ses hommes exprimaient la conviction que le Führer ne les abandonnerait jamais, et Oettl leur répliquait amèrement par un rire sarcastique.

Le lieutenant Wilhelm Kreiser apprit la nouvelle dans la cave dont il s'était emparé en octobre et qui servait alors de magasin où les Russes stockaient des pommes de terre.

— C'est comme si on recevait un coup de marteau sur la tête ! dit-il à ses compagnons, qui pour la plupart ne croyaient pas à la possibilité d'organiser un pont aérien.

Déjà, les Russes en face de lui devenaient plus agressifs. Alors qu'il disposait de quantités limitées de vivres et de munitions, l'ennemi faisait pleuvoir les obus sur sa position. Chaque fois qu'il allumait du feu, la fumée servait de repère aux tireurs soviétiques qui bombardaient la maison. Redoutant que celle-ci ne fût détruite, Kreiser fit creuser une tranchée à proximité.

Le sergent Hubert Wirkner, natif de Haute Silésie, était trop occupé pour analyser l'avenir. A vingt et un ans, il avait déjà participé aux campagnes de Pologne, de France et de Crète. Maintenant il appartenait à la 14e division blindée, qui venait de recevoir l'ordre de se replier vers l'est, de franchir le Don et de gagner les environs de Stalingrad. Tous les documents secrets devaient être brûlés, et il fallait détruire les véhicules ne pouvant servir au combat. Dans un brouillard chassé par le vent glacé, Wirkner et ses camarades s'affairèrent donc, au milieu des voitures fumantes et des explosions, pour exécuter les ordres. Puis ils foncèrent à travers ce chaos en direction de l'est, traversèrent le Don gelé et atteignirent le périmètre ouest de la poche, aux environs de Peskovatka. Les Russes ne les suivirent pas de près.

Au quartier général de la VIe Armée, un nouveau venu se présenta à Paulus : le major Celestin von Zitzewitz, arrivant de Rastenburg. La veille au soir, au quartier général du Führer, le général Kurt Zeitzler lui avait donné des ordres verbaux peu ordinaires :

— La VIᵉ Armée étant encerclée, vous allez vous rendre à Stalingrad par avion, avec une section de spécialistes des transmissions. Je désire que vous me rendiez compte directement de l'évolution de la situation, aussi vite et complètement que possible. Vous n'aurez pas à participer aux opérations. Nous ne sommes pas inquiets sous ce rapport, car le général von Paulus s'en tire très bien. Avez-vous des questions à me poser ?

Déconcerté mais prudent, le major répondit par la négative.

— Bon ! conclut Zeitzler. Dites au général von Paulus que nous faisons tout ce qu'il faut pour rétablir le contact.

C'est donc ce que l'officier déclara le lendemain au commandant de la VIᵉ Armée. Celui-ci lui demanda comment le haut commandement allemand comptait lever le siège. Zitzewitz ne pouvant fournir aucune explication, Paulus parla du pont aérien et insista sur la nécessité de recevoir 500 tonnes d'approvisionnement par jour, ce qui lui avait été promis. Enfin, avant de congédier ce visiteur imprévu, le général tint à exprimer sans détours son opinion sur la situation : à son avis, la VIᵉ Armée jouerait un rôle beaucoup plus utile, si elle était autorisée à se replier vers l'ouest, sur des positions plus faciles à défendre, autour de Rostov. A plusieurs reprises il répéta cette déclaration, affirmant que ses généraux partageaient son point de vue.

En écoutant Paulus, Zitzewitz éprouva une vive sympathie pour ce chef séduisant, distingué, qui parlait avec calme et douceur. Le tic qui ne cessait de déformer ses traits semblait révéler qu'il supportait mal le fardeau d'une responsabilité écrasante. Telle fut l'impression du major, dont l'arrivée à Goumrak suscita parmi les officiers de l'état-major de nombreux commentaires. Certains d'entre eux, en particulier le général Arthur Schmidt, se demandèrent s'il n'était pas envoyé par l'« O.K.W. » pour espionner les chefs de la VIᵉ Armée, en cette période cruciale.

Sur ces entrefaites, Paulus reçut un télégramme qui fit naître en lui un espoir imprévu :

« Manstein à Paulus, le 24-11-1942 à 13 heures.

Prendrai le commandement le 26 novembre. Ferai tout en mon pouvoir pour vous délivrer... Entre-temps il est impératif que la VIᵉ Armée, tout en tenant la Volga et le front nord, conformément aux ordres du Führer, rassemble des forces de manière à dégager, si nécessaire, un couloir d'approvisionnement vers le sud-ouest.

Manstein »

Le feld-maréchal Erich von Manstein avait été alerté par l'« O.K.W. » le 21 novembre, à son quartier général de Vitebsk, à 450 km à l'ouest de Moscou. On le nommait commandant du Groupe d'Armées du Don qui, nouvellement formé, comprenait la VIᵉ Armée encerclée, ce qui restait de la IVᵉ Armée blindée de « Papa » Hoth, et les éléments des divisions roumaines décimées, éparses dans la steppe. La première tâche de Manstein, selon les ordres de l'« O.K.W. », devait consister à percer les lignes russes, de manière à créer un couloir d'accès à la VIᵉ Armée et à ravitailler les troupes combattant sur la Volga. Mais à aucun moment on ne prescrivit au feld-maréchal de faire sortir la VIᵉ Armée du « Chaudron ». Il devait seulement « l'aider », tout en s'employant, avec les Groupes d'Armées A et B, à protéger les flancs de la « Wehrmacht » en Russie méridionale.

Sceptique quant à la possibilité pratique de conserver Stalingrad, Manstein se rendit en train à Novocherkassk, tout près de Rostov. Regardant par la fenêtre l'interminable plaine enneigée, il évoqua un autre voyage : dix ans auparavant, il avait traversé cette steppe, comme invité du gouvernement soviétique. Cela se passait pendant l'incroyable période de coopération secrète entre Staline et la République de Weimar. Durant plusieurs années, des officiers allemands de valeur étaient allés effectuer des stages avec leurs collègues de l'Armée Rouge, et des aviateurs allemands avaient étudié la technique du bombardement en piqué, sur des objectifs proches du Don. Les grandes puissances occidentales, victorieuses de la Première Guerre mondiale, s'étaient toujours opposées au réarmement allemand, mais jamais elles n'avaient eu connaissance de cet accord clandestin. Quand elles l'apprirent, il était trop tard.

L'ironie de la situation parut saisissante à Manstein, tandis qu'il contemplait la steppe sinistre et hostile. Sans cesse sa pensée se reportait vers ses camarades pris au piège à Stalingrad, et il ne se faisait guère d'illusions sur leur destin. Il était convaincu que Paulus avait déjà laissé passer les occasions de briser l'encerclement. Or, à son arrivée à Novocherkassk, il trouva deux lettres qui l'attendaient. L'une était de Paulus. Manuscrite et plaintive, elle tendait à mettre en lumière le dilemme de son armée :

« ... En l'espace de deux jours, mes deux flancs se sont trouvés à découvert... L'avenir est très incertain. Dans cette situation difficile, j'ai alerté le Führer et demandé ma liberté d'action... Je n'ai reçu aucune réponse directe à cette requête... Dans les tout prochains jours, le manque de ravitaillement risque de provoquer une crise de la plus extrême gravité... Je crois cependant que l'armée peut encore tenir quelque temps. En revanche, même en admettant qu'on parvienne à percer un couloir d'accès jusqu'à moi, il est impossible de dire si, vu l'affaiblissement quotidien et croissant des troupes, l'armée pourra continuer longtemps à tenir le secteur périphérique de Stalingrad... Je serais reconnaissant qu'on me fournisse plus de renseignements que par le passé, pour me permettre de renforcer la confiance de mes hommes... »

En terminant, Paulus s'excusait pour la mauvaise qualité du papier et de son écriture.

L'autre lettre venait du maréchal Ion Antonescu,

chef de l'Etat roumain, qui se plaignait amèrement des mauvais traitements subis par ses soldats, de la part des officiers et hommes de troupe allemands. Cette protestation exaspéra Manstein, car il respectait la contribution des Roumains à l'effort de guerre. En outre, il était indigné par les détails qu'il venait d'apprendre, concernant la destruction des armées d'Antonescu. A l'origine, elles comportaient 22 divisions ; 9 avaient été anéanties sur le champ de bataille, 9 autres s'étaient débandées, et il n'en restait que 4 aptes à combattre.

Agacé par ces lettres déprimantes, le maréchal s'attela aussitôt à sa principale mission : atteindre la VIe Armée. Partant du principe que le pont aérien de Goering permettrait aux troupes de subsister, il envisagea de se frayer un chemin à travers les lignes soviétiques par une double attaque. La première, de diversion, viendrait de l'ouest vers Kalach, afin d'attirer dans ce secteur le plus possible d'unités soviétiques. La seconde partirait de Kotelnikovo, à 120 km au sud-ouest de la poche.

Cette dernière offensive présentait l'avantage d'éviter la traversée du Don. Elle ne rencontrerait que deux affluents du fleuve, l'Aksai et la Michkova, peu importants, puis pourrait progresser à travers 50 km de steppe uniforme, jusqu'au périmètre sud du « Chaudron ». Manstein comptait que, le jour où son offensive atteindrait la Michkova, Paulus lancerait son armée à sa rencontre et qu'ainsi la jonction serait réalisée.

Mais en premier lieu Manstein avait besoin, pour exécuter son plan, d'un important renfort en troupes et en blindés. Après un long voyage, la 6e division blindée venue de France commença de débarquer des trains à Kotelnikovo : elle comportait 160 chars et des équipages d'élite. Quelques jours plus tard, ce fut la 17e division blindée qui arriva, presque à effectifs complets. En outre, Manstein fit appel à la 16e division motorisée, qui occupait le terrain abandonné, à une cinquantaine de kilomètres à l'est de son quartier général, par la IVe Armée roumaine. Enfin, il alerta aussi la 23e division blindée, sans savoir qu'elle était dans un état déplorable et réduite à 25 chars.

Pour protéger les flancs de ces forces, destinées à dégager la VIe Armée, le feld-maréchal disposait de ce qui restait des divisions roumaines, hâtivement rassemblé en deux corps d'armée sans grande valeur. Cependant, tous ses projets étaient voués à l'échec, si deux conditions ne se trouvaient pas tout d'abord remplies : un pont aérien devrait assurer le ravitaillement de l'armée encerclée, et une force improvisée, sous les ordres du colonel Walter Wenck, devrait empêcher les Russes de progresser dans la steppe au sud du Don.

Quelques jours plus tôt, Wenck avait reçu l'ordre urgent de quitter son poste au Caucase, pour prendre le commandement de la ligne « protectrice », destinée à tenir tête aux Russes qui, venant de Serafimovich et de Kletskaya, voulaient pousser vers le sud pour atteindre Rostov.

Manquant de troupes et de matériel, le colonel opéra selon des règles qui lui étaient personnelles. Parcourant les routes, il ramassa les traînards et les embrigada dans des formations improvisées. Posté aux carrefours, il récupéra les fuyards épuisés et en refit des combattants. Un de ses sous-officiers, ayant découvert un dépôt de carburant abandonné, planta des écriteaux ainsi libellés : « Vers le Poste de Distribution de Carburant. » Des centaines de voitures, de camions et même des chars, vinrent à cette oasis, où les hommes de Wenck les réquisitionnèrent, pour constituer la nouvelle formation.

Le 27 novembre, quand le colonel rencontra Manstein à Novocherkassk pour examiner la situation, le feld-maréchal lui dit rudement :

— Wenck, vous me répondrez sur votre tête de l'exécution de cet ordre : il ne faut pas que les Russes percent vos lignes et parviennent à Rostov. Le front

Don-Chir doit tenir, quoi qu'il arrive, sinon ce sera la perte non seulement de la VIe Armée mais de tout le Groupe d'Armées A.

Wenck n'avait pas besoin qu'on lui fît la leçon. Il avait besoin d'une chance extraordinaire.

CHAPITRE XVIII

« Manstein arrive ! Manstein arrive ! » La nouvelle se répandit comme une traînée de poudre dans les « balkas » gelés du « Chaudron », entre Don et Volga. Les soldats acclamèrent son nom et se redirent les uns aux autres les hauts faits de ce chef génial : le plan par lequel, prenant la ligne Maginot à revers, il provoqua en six semaines la chute de la France, ou encore la prise de Sébastopol en quelques jours. A écouter ces récits, les hommes de la VIe Armée se réjouirent ardemment : puisque le légendaire maréchal, aux cheveux d'argent et au nez en bec d'aigle, prenait la direction des opérations, il fallait endurer avec le sourire cette situation provisoire de « souris dans la souricière ».

Le général Seydlitz-Kurzbach ne souriait pas des épreuves de l'armée. Très déprimé par l'ordre de Hitler, selon lequel il devait désormais partager avec Paulus la responsabilité de la défense de la poche, il décida de se prémunir contre tout blâme, au cas où la VIe Armée périrait. Dans cet esprit, il écrivit :

« 25-11-1942 au matin.

Le commandant du 51e Corps d'Armée au commandant de la VIe Armée.

J'ai bien reçu l'ordre du 24 novembre relatif à la continuation de la lutte... Or, l'Armée se trouve face à une alternative bien claire : soit effectuer une percée au sud-ouest, en direction générale de Kotelnikovo, soit être anéantie dans les prochains jours... Les réserves de munitions ont beaucoup diminué. Il est facile de déterminer ce que va être l'action de l'ennemi, qui tient à remporter une victoire totale dans une bataille d'anéantissement classique... Il ne fait aucun doute qu'il poursuivra ses attaques sans en diminuer la violence... De toute évidence, l'ordre du haut commandement, prescrivant de tenir des positions en hérisson jusqu'à l'approche des renforts, est fondé sur des données dépourvues de réalisme... Il faut immédiatement commencer les opérations de percée des lignes ennemies et les mener à bien. »

Paulus lut ce rapport avec l'indulgence qu'un père pourrait manifester à son fils indocile. Il n'avait aucun besoin de recevoir une telle analyse, car depuis des jours il savait qu'il lui fallait impérativement se replier vers l'ouest et quitter la Volga. Dans les heures précieuses qu'on venait de perdre, une bonne soixantaine de formations soviétiques avaient pris position autour du « Chaudron » et braquaient maintenant leurs canons sur la VIᵉ Armée. En outre, au sud et à l'ouest de la poche, au moins 80 unités de l'Armée Rouge s'apprêtaient à repousser toute tentative allemande de dégager Paulus. Le 25 novembre, les prisonniers du « Chaudron » se trouvaient à 40 km des troupes amies les plus proches.

Sur les terrains d'aviation les moins éloignés de Stalingrad, l'armée de l'Air allemande s'efforçait d'organiser le pont aérien. Le général Martin Fiebig dirigeait l'opération, dont les principales bases étaient Tatsinskaya et Morosovskaya. Or, si celles-ci avaient été excellentes pendant l'été sec et chaud, qui permettait des centaines de vols quotidiens, l'hiver y suscitait par contre d'énormes difficultés aux escadrilles. Les « Ju-52 », camions aériens trimoteurs, arrivaient souvent de loin, beaucoup étaient vieux et peu sûrs, certains manquaient d'armement et de radios. Les équipages, très disparates, comportaient aussi bien des anciens combattants rappelés sous les drapeaux que des jeunes, frais émoulus des écoles spécialisées allemandes. Un bon nombre étaient encore vêtus de l'uniforme normal et n'avaient pas reçu de tenues convenant aux très basses températures de l'hiver russe.

C'est le 25 novembre que les premiers avions décollèrent pour l'aérodrome de Pitomnik, au centre du « Chaudron ». Deux jours durant, les allers et retours se succédèrent, non sans mal, pour apporter aux encerclés du carburant et des munitions. Le surlendemain, 27 novembre, le mauvais temps interdit tout vol, et Fiebig dressa le bilan de ces premières 48 heures : 130 tonnes transportées au lieu des 600 exigées. Il ne put donc que noter tristement dans son journal : « Temps atroce. On essaye de voler, mais c'est impossible. Ici, à Tatsinskaya, les tempêtes de neige se succèdent sans interruption. Situation désespérée. »

Le général von Richthofen partageait sans réserve cctte opinion. Convaincu qu'un pont aérien était impossible à réaliser, il téléphona aux généraux Zeitzler et Jeschonnek pour leur donner un avertissement très ferme et les prier de le transmettre à Hitler : il fallait que la VIe Armée sortît par les armes de son encerclement, avant qu'elle eût perdu la force physique de combattre et de bouger. Or, mis au courant, Hitler refusa une fois de plus de céder. Il déclara à Zeitzler que la VIe Armée pouvait et devait tenir sur ses positions, car, dit-il, « si elle quitte Stalingrad, nous ne la récupérerons jamais ».

Lorsque Richthofen apprit le verdict du Führer, il estima que ses généraux et lui-même « n'étaient que de vulgaires sous-officiers payés très cher ». Complètement dégoûté, le chef des unités de l'armée de l'air allemande opérant en Russie méridionale se domina pourtant et poursuivit sa tâche, en soldat discipliné dont la règle immuable était : « Un ordre est un ordre. »

Pendant ce temps, le haut commandement russe s'efforçait de résoudre son propre problème : réussir le plus grand encerclement. Ni Staline, ni Vassilevsky, ni Joukov n'avaient osé imaginer l'étendue de leur triomphe. Ayant d'abord prévu qu'ils auraient affaire à 100 000 ennemis, ils se rendirent soudain compte qu'il leur fallait liquider près de 300 000 hommes de troupe armés. Jamais on n'avait envisagé, dans les écoles d'état-major soviétiques, une opération de cette envergure. Seul, Joukov possédait l'expérience d'un combat de ce genre : à Khalkin Gol, en Mandchourie en 1939, il était parvenu à éliminer en onze jours une partie de l'armée japonaise de Kouan-Tong. Mais ces forces ne représentaient que le quart de l'armée de von Paulus, certes encerclée mais encore dangereuse et combative.

Le 28 novembre, Staline téléphona à Joukov pour discuter avec lui des difficultés que posait l'anéantissement de la « forteresse » allemande de Stalingrad. Une fois de plus, le dictateur soviétique avait besoin, pour résoudre un problème majeur, de l'analyse réfléchie de son adjoint. Le lendemain matin, Joukov fit connaître son opinion dans le télégramme suivant :

> « Les forces allemandes encerclées ne pourront vraisemblablement pas tenter une percée sans l'aide d'une autre force, venant de l'extérieur à leur secours... Il est évident que le commandement allemand s'appliquera à conserver ses positions à Stalingrad... Il va rassembler des troupes pour tenter de créer un couloir de secours, par lequel il pourrait soit ravitailler les troupes encerclées soit les évacuer... Il conviendrait donc de couper en deux les forces ennemies enfermées dans Stalingrad... »

Or, pour atteindre un tel but, les Russes ne possédaient pas de formule magique et rapide. Pour le moment, 7 armées soviétiques tenaient la VIᵉ Armée allemande dans leur solide et redoutable étreinte. Les LXVIᵉ et XXIVᵉ étaient venues du nord ; les XXIᵉ et LXVᵉ interdisaient toute fuite vers l'ouest ; les LVIIᵉ et LXIVᵉ progressaient du sud vers la ville ; enfin, dans celle-ci, la LXIIᵉ Armée de Vassili Tchouïkov tenait depuis septembre une portion de la rive de la Volga.

Le « Chaudron » avait environ 50 km de large (d'est en ouest) et 30 km de long (du nord au sud). Dans sa partie occidentale, il ressemblait au nez d'un fourmilier géant, par son allongement. Au centre, 5 corps d'armée avaient établi dans la steppe leur quartier général autour de celui de Paulus, tandis que les divisions, plus ou moins affaiblies, étaient réparties sur le pourtour de la poche, face à l'ennemi.

Le front nord, touchant par endroits à la Volga, était tenu par les 24ᵉ et 16ᵉ divisions blindées. A leur gauche se trouvaient deux formations épuisées : la 60ᵉ division motorisée et la 113ᵉ division d'infanterie. Dans le secteur nord-ouest, les 76ᵉ, 384ᵉ et 44ᵉ divisions, presque détruites, pansaient les plaies terribles résultant de leur retraite du Don. A l'extrémité ouest du « nez », les rescapés de la 376ᵉ division et la 3ᵉ division motorisée s'efforçaient tant bien que mal de conserver des positions précaires. Sur le périmètre sud de la poche, les 29ᵉ motorisée, 297ᵉ et 371ᵉ divisions occupaient anxieusement de trop longues étendues de steppe. Les 14ᵉ division blindée et 9ᵉ division antiaérienne, en réserve, allaient et venaient à l'intérieur de la poche, pour renforcer des secteurs plus menacés que d'autres.

Enfin, plus près de Stalingrad, les défenses étaient un peu étoffées par deux divisions roumaines et un régiment croate. Dans la ville même, des groupes de combat très las s'accrochaient aux caves et abris aménagés en septembre et octobre. Ces éléments, occupant seulement 5 % de l'agglomération urbaine, comprenaient les survivants des 71ᵉ, 295ᵉ, 100ᵉ, 79ᵉ, 305ᵉ et 389ᵉ divisions.

Sur la rive de la Volga, le général Tchouïkov n'était pas content. Bloqué dans son abri, il maudissait sa malchance, car son combat prenait un caractère statique et n'était que le remous suscité par les grandes opérations se déroulant dans la steppe, au sud et à l'ouest. En outre, la Volga continuait de lui causer les pires difficultés : d'énormes blocs de glace dérivaient toujours, et leurs bords coupants comme des couteaux se heurtaient en grinçant. Ainsi, le 27 novembre, le commandant de la LXIIᵉ Armée rendit compte à ses chefs par radio :

« Les bras du fleuve à l'est des îles Golodny et Sarpinski sont rendus impraticables par les glaces... Nous n'avons reçu aucun approvisionnement en munitions, et aucun blessé n'a été évacué. »

Les offensives dans la steppe n'avaient donc pas résolu tous ses problèmes. Par surcroît, il souffrait d'une directive qu'il jugeait injuste, selon laquelle les rations des hommes devaient être diminuées. Exaspéré, il protesta :

« ... Alors que tous les soldats aspirent du fond du cœur à élargir la tête de pont, afin de respirer plus librement, de telles économies constituent une cruauté injustifiée. »

Les Allemands ne touchaient déjà plus que la moitié de la ration normale. Encerclée, alors que la majeure partie de ses réserves d'approvisionnements se trouvait sur la rive droite du Don, où l'offensive russe avait balayé la plaine, la VIᵉ Armée ne disposait, au début de l'investissement, que de six jours de vivres pour chacun de ses hommes. Cependant, l'intendant Karl Binder avait fait du bon travail : ayant déplacé vers l'est les vivres, les vêtements et même le bétail de sa division, la 305e, il se flattait maintenant que celle-ci fût une des rares unités « riches » de l'armée. Il ne put s'en réjouir longtemps, car Paulus ordonna un inventaire général des stocks, en insistant pour qu'ils fussent répartis équitablement entre tous les corps de troupe.

Binder en fut indigné. Il n'éprouvait guère de sympathie envers ses collègues qui n'avaient pas su prévoir cette calamité et se prémunir contre elle. Néanmoins il obéit et livra une importante partie de ses réserves : 300 têtes de bétail, 80 sacs de farine, du beurre, du miel, des conserves, des saucisses et des vêtements, dont profitèrent ses voisins démunis. Il avait le sentiment que ses efforts en faveur de ses propres troupes étaient réduits à néant.

Le problème du vétérinaire Herbert Rentsch était différent. Tous les chevaux, « panjes » russes ou bêtes de trait provenant de Belgique, devaient être abattus pour nourrir l'armée. Aussi le docteur se félicitait-il de ne pas avoir renvoyé 400 animaux en Ukraine, à la veille de l'encerclement. Toutefois, il s'inquiétait pour une raison personnelle : sa jument Lore maigrissait, faute de pouvoir paître, et l'on commençait à voir ses côtes malgré son poil d'hiver. Personne ne l'avait encore contraint d'envoyer Lore à l'abattoir, et Rentsch se refusait à imaginer cette éventualité.

Sur la bordure occidentale de la poche, les dernières troupes allemandes franchissaient en courant les quelques ponts sur le Don que tenaient encore des arrière-gardes. Le dernier à traverser celui de Loutschinski fut un lieutenant nommé Mutius. De grand matin, le 29 novembre, alors que la steppe était encore plongée dans la nuit, il fit sauter le pont. A 3 h 20, une boule de feu orange illumina les deux rives du fleuve, ainsi qu'une longue file de véhicules allemands se dirigeant vers l'est, dans le « Chaudron ».

Le 30 novembre, 40 bombardiers « He-111 » se joignirent aux « Ju-52 » de transport pour ravitailler Stalingrad. Il fallait aux appareils cinquante minutes pour survoler la steppe blanche et atteindre la piste du terrain de Pitomnik. L'aérodrome était une ruche débordant d'activité. Dès qu'un avion atterrissait, on se précipitait pour le décharger, et les mécaniciens vidaient même les réservoirs supplémentaires, situés dans les ailes, afin de remplir ceux des chars. Ce jour-là, près de 100 tonnes furent ainsi apportées aux assiégés. Paulus commençait à croire que l'armée de l'air allait satisfaire ses besoins. Il se trompait. Le temps se gâta de nouveau et, pendant deux jours, aucun appareil ne put atteindre Pitomnik.

Depuis le début de l'offensive du général Ieremenko, le lieutenant Hersch Gourewicz était resté à sa place, à l'aile droite du dispositif russe, c'est-à-dire dans le secteur le plus rapproché de Stalingrad. Le 2 décembre, quand les autorités soviétiques voulurent déterminer exactement le contour méridional du « Chaudron », Gourewicz prit la place de l'observateur dans un avion, afin d'examiner en détail le terrain.

Sous les ailes de l'appareil, les lignes allemandes apparaissaient en taches sombres ou en cicatrices irrégulières sur le sol. Tandis que l'officier les notait sur sa carte, une salve d'obus antiaériens secoua l'avion, dont le pilote perdit un instant le contrôle. Gourewicz se carra dans son siège, pendant que le pilote essayait de sortir d'un piqué à mort. Il y parvint trop tard, et l'appareil s'écrasa brutalement sur le sol. Une explosion formidable fit perdre connaissance au lieutenant. Quelques heures plus tard, il revint à lui, pour constater que la carlingue était en miettes et que le pilote avait cessé de vivre. Baissant les yeux, il vit que son pantalon était ensanglanté et que sa jambe droite, très douloureuse et brisée, présentait un angle de 45 degrés avec son corps.

Fébrilement, il essaya de sortir de l'avion, mais le corps du pilote retombait constamment sur lui. Affolé, il appuya de toutes ses forces sur la porte de la carlingue, qui finit par céder, et bascula dans une congère. Il s'aperçut alors que sa jambe ne tenait à la cuisse que par un morceau de peau au-dessus du genou, et il la tira à lui avec sa main droite. Tout à fait conscient, il se rendit compte que, si l'avion avait été détruit, c'était à cause d'une mine : par conséquent, il se trouvait entre les lignes, au milieu d'un champ de mines.

Avec beaucoup de précautions, il se mit à ramper dans la neige, cherchant à déceler le moindre indice de danger. Au crépuscule, il n'y vit presque plus rien, son haleine couvrait de givre son visage, et sa jambe le faisait cruellement souffrir, encore que le grand froid eût l'avantage de coaguler le sang de la plaie et de stopper l'hémorragie. Au prix d'efforts immenses, il poursuivit sa progression sur le ventre. Sa tête était couverte de neige, et de la glace entourait ses yeux et ses lèvres. Dans la nuit noire, il perdit courage. Craignant de bouger sans y voir au milieu des mines, il resta étendu dans la neige, grelottant de froid et de fièvre. Il souffrait tellement qu'il avait envie de vomir.

Tout à coup, il distingua au loin la lueur vacillante d'une lampe de poche et entendit des hommes parler à voix basse. Ils se rapprochèrent, et quand il reconnut les phrases musicales de la langue russe, sa joie fut telle qu'il se mit à pleurer, pour la première fois depuis le début de la guerre. C'est un homme en larmes que ses compatriotes portèrent affectueusement sur une civière. Dès son arrivée à l'hôpital, on l'amputa à la cuisse. Les chirurgiens déclarèrent que, pour lui, la guerre était finie et qu'il aurait besoin d'un an de convalescence. Il traversa donc pour la dernière fois la Volga, tandis que derrière lui l'Armée Rouge renforçait son étreinte sur la VIᵉ Armée allemande, prise dans la poche de Stalingrad.

Le sergent Albert Pflüger était certain que, dans un délai plus ou moins court, les Russes attaqueraient à travers les collines environnantes. Occupant avec sa compagnie un avant-poste de la 297ᵉ division, il remarquait depuis plusieurs jours une recrudescence de l'activité ennemie, surtout en chars et en artillerie motorisée. Or, les Allemands n'y pouvaient rien, car ils commençaient à manquer de munitions.

Ce matin-là, l'aube fut splendide, un soleil écarlate surgissant à l'horizon, au-delà de la Volga. A peine était-il levé qu'une pluie d'obus s'abattit sur la position, contraignant les hommes à rester terrés dans les abris. Quand le barrage roulant eut cessé, Pflüger sortit et aperçut des chars soviétiques qui approchaient, dans un nuage de fumée. Il en compta trois, descendant prudemment de la colline voisine. Le premier disparut dans un ravin, ce que le sergent avait prévu, en postant un canon antichar de 75 mm, bien camouflé entre les lignes.

Dès que le tank surgit du ravin, Pflüger donna l'ordre d'ouvrir le feu. L'obus creva la tourelle mais n'explosa qu'ensuite. Deux soldats russes sautèrent à bas de l'engin et coururent vers l'arrière. Pflüger en visa un avec son fusil et allait tirer, lorsqu'il se dit : « Bah ! Puisqu'ils ont eu la chance de ne pas se faire démolir, pourquoi les abattre maintenant ? » Et il les laissa fuir.

Les autres chars arrivèrent. Le second reçut un projectile dans la tourelle, qui fut projetée en l'air et retomba sur lui. Quant au troisième, c'est sa chenille qui fut démolie par un obus, si bien qu'il tourna sur lui-même plusieurs fois avant de s'arrêter. Ainsi, le sergent avait gagné la première manche, mais les Russes ne tardèrent pas à riposter par un tir de fusées « Katyoucha » ; c'est pourquoi il demanda un barrage d'artillerie à l'arrière. Il n'obtint que 7 salves, à cause du rationnement des munitions.

D'autres chars surgirent, et le canon de 75 accomplit encore de la bonne besogne. Après avoir tiré 15 obus, Pflüger reçut un coup de téléphone de son commandant de batterie qui, très irrité, lui dit de ne faire feu qu'à coup sûr. Ainsi, en plein combat, le sergent dut expliquer pourquoi il consommait tant de munitions, et on lui reprocha de ne pas tenir ses hommes d'une main assez ferme. Pour avoir efficacement repoussé cette attaque, Pflüger reçut donc un blâme, parce qu'il gaspillait des obus.

Le 4 décembre, les Russes attaquèrent le « Chaudron » au nord et au nord-ouest. La 44ᵉ division fut la plus éprouvée, et la 14ᵉ division blindée — la « brigade des pompiers » — courut à son secours. Le combat fit rage autour d'une colline baignant dans la brume, la cote 124,5. Un régiment allemand y perdit plus de 500 hommes, et des centaines d'autres souffrirent de graves gelures. Le sergent Hubert Wirkner participa à la reprise d'une position, qui avait été défendue par une unité autrichienne, finalement submergée par les chars soviétiques. Il trouva ses camarades gisant nus dans la neige : ils avaient tous été abattus.

Sur la bordure nord du « Chaudron », le guetteur avancé Gottlieb Slotta, de la 113ᵉ division, observait les positions ennemies en compagnie de son vieux camarade Norman Stefan, originaire comme lui de Chemnitz. Depuis des semaines, les deux hommes partageaient non seulement les vivres et les abris mais aussi les plus intimes pensées. L'un et l'autre avaient la conviction que Hitler ne les abandonnerait pas dans la steppe russe. Quand ils évoquaient le passé, Slotta revenait souvent sur sa tragique expérience de septembre, lorsque ses camarades étaient morts dans un bombardement d'artillerie, pour n'avoir pas tenu compte de ses avertissements. Ce souvenir continuait de le hanter.

Chaque jour, il voyait à la jumelle que l'activité de l'Armée Rouge déployée devant lui se faisait plus intense, et il ne cessait de signaler le fait par téléphone au quartier général, mais c'était en vain : la 113e division disposait à peine des munitions nécessaires pour résister à une attaque concertée. Stefan observait le terrain avec lui et se déplaçait souvent dans la tranchée sans se baisser. Comme il était grand, Slotta le mit en garde contre cette imprudence, car il risquait de recevoir la balle d'un tireur d'élite soviétique. C'est bien ce qui finit par se produire : un coup de fusil claqua et Stefan s'écroula. La nuit tombée, Slotta alla au poste de secours et passa un moment au chevet de son ami, mais Stefan mourut sans avoir repris connaissance.

Dans l'est du « Chaudron », à l'usine « Barrikady » de Stalingrad, le major Eugen Rettenmaier avait à faire face à une recrudescence des combats. La maison du commissaire et les bâtiments 78 et 83 de l'usine firent brusquement explosion : des soldats soviétiques s'y étaient infiltrés pendant la nuit et luttaient pour reprendre possession de ces ruines. Des grenades éclataient tout à coup dans des pièces plongées dans l'obscurité. A l'aube, les caves et les escaliers étaient jonchés de cadavres à demi nus.

Le major Rettenmaier envoya, les uns après les autres, des officiers avec mission de tenir ces points d'appui aux trois quarts démolis, derrière « Barrikady ». En général, ils y restèrent au maximum trois jours, avant d'être tués ou de revenir blessés. Les renforts qu'on lui avait envoyés, pour la plupart de jeunes Autrichiens, étaient presque totalement épuisés fin novembre. Le bâtiment 83 devenait de plus en plus un creuset, d'où la majorité des Allemands qu'on y avait envoyés ne revenaient pas. Des hommes se battirent là, parfois deux jours de suite, pour s'emparer d'une seule pièce. Une épaisse fumée s'échappait des ouvertures béantes, et les grenades tuaient en éclatant les combattants, sans distinction du camp auquel ils appartenaient.

Quand un sergent revint en titubant au poste de commandement du major Rettenmaier et demanda des grenades, un médecin regarda ses yeux injectés de sang et lui dit : « Reste ici. Si tu retournes là-bas, tu risques de devenir aveugle. » Mais l'homme refusa d'écouter ce conseil et déclara : « Les camarades, là-bas, n'y voient presque rien, mais il leur faut des grenades. » Lorsque enfin un autre sous-officier s'offrit pour aller porter les précieuses munitions, le sergent consentit à s'effondrer sur un siège, où il s'évanouit. Finalement, le major dut abandonner le bâtiment 83. En revanche, ses chasseurs alpins souabes conservèrent la maison du commissaire, avec l'opiniâtreté qui caractérisait ces troupes.

Rettenmaier avait un autre souci : une baisse très sensible du moral parmi ses hommes. La diminution de moitié de leurs rations alimentaires contribuait à une mélancolie générale, qui s'exprimait surtout par la nostalgie de la terre natale. Privés de courrier régulier, ils étaient assaillis de pressentiments sinistres et imaginaient le pire. Dans les abris, les conversations se faisaient à voix basse, à peine audible. Beaucoup restaient assis sur leur paillasse pendant des heures, seuls et ruminant de sombres pensées. Ils écrivaient fébrilement des messages, espérant qu'un avion du pont aérien emporterait au moins leurs pensées les plus intimes vers les familles inquiètes d'Allemagne. Lorsque, par extraordinaire, quelques lettres arrivaient de la patrie à « Barrikady », les heureux destinataires les relisaient sans cesse, en caressant le papier et cherchant à respirer un parfum évocateur du foyer.

Le caporal Franz Deifel, rentré d'une permission à Stuttgart depuis quinze jours, attendait impatiemment l'arrivée de l'ordre de démobilisation, qui lui permettait de quitter le « Chaudron » et de reprendre ses fonctions à l'usine Porsche. Pour le moment, il conduisait un camion de munitions qui, tous les jours, approvisionnait un avant-poste sur les pentes de la colline Mamaev. C'était une tâche ennuyeuse et monotone, rendue plus mouvementée de temps à autre par des bombardements russes imprécis. Aussi Deifel s'amusait-il à deviner quelle serait la partie de la route que l'ennemi s'efforcerait de démolir. Jusqu'à ce jour, il ne s'était pas trompé dans ses prévisions.

Enfin, il reçut un beau jour l'ordre de se présenter au poste de commandement de son régiment. Il y courut, et le secrétaire du colonel lui tendit un papier en disant : « Tiens ! Voici ta démobilisation ! » Deifel lut lentement le document, tandis que le secrétaire grommelait : « Tu parles d'une veine ! » L'ordre arrivait trop tard : seuls les blessés et les hommes bénéficiant de mesures exceptionnelles pouvaient quitter Stalingrad.

Un de ces rares favorisés, qui prirent place dans les avions repartant de Pitomnik, reçut ainsi un cadeau de Noël anticipé. Le Dr Ottmar Kohler fut stupéfait quand l'état-major de la 60e division motorisée insista pour qu'il rentrât en Allemagne afin de voir sa famille. Par gratitude envers le chirurgien pour son inlassable dévouement, on avait obtenu qu'il allât en permission pendant dix jours. Quand il refusa cette faveur, ses chefs lui donnèrent l'ordre de partir. Abasourdi devant une telle sollicitude, Kohler prit congé de ses camarades, qui n'avaient guère de chances de revoir leurs proches, dans un avenir plus ou moins lointain, et promit de revenir au terme de sa permission.

La patrie que Kohler retrouva était mal à l'aise, parce que la population avait enfin appris un peu de la vérité relative à Stalingrad. Quand l'U.R.S.S. publia un communiqué spécial concernant sa victoire du 23 novembre, Hitler fut contraint de laisser le haut commandement allemand donner quelques renseignements à ce sujet. Sans parler d'encerclement, on reconnut seulement que les Russes avaient enfoncé les flancs de la VIe Armée au nord-ouest et au sud. On attribuait ce fait inquiétant au « gaspillage des forces soviétiques en hommes et en matériel »...

L'imprécision de ces nouvelles suscita beaucoup d'inquiétude dans la population civile, surtout parmi ceux qui avaient des proches sur le front de l'Est. Mme Metzger était du nombre. N'ayant reçu aucune lettre d'Emil depuis longtemps, elle téléphona au receveur des postes de son village et lui demanda :

— Est-ce que le secteur postal 15693 fait partie de ceux correspondant à Stalingrad ?

Quoiqu'il lui fût interdit de fournir un tel renseignement, l'employé, un vieil ami, répondit :

— Un instant, Kaethe, je vous prie.

La jeune femme attendit, le cœur battant, puis la voix du receveur reprit, d'un ton grave :

— Dois-je comprendre qu'Emil est là-bas ?

Kaethe fut incapable de lui répondre, et il insista :

— Allô, Kaethe, allô !

Les yeux pleins de larmes, elle raccrocha l'appareil sans répondre et resta longtemps prostrée, regardant par la fenêtre sans rien voir.

L'ambiance qui régnait au quartier général du Groupe d'Armées du Don, à Novocherkassk, n'était guère plus optimiste. Rien ne marchait comme il fallait, et Hitler continuait de mettre des bâtons dans les roues de l'offensive projetée par Manstein en direction de Stalingrad. Ainsi, la 17e division blindée n'était pas arrivée à destination, parce que Hitler avait arrêté ses trains pour la garder en réserve, à cause d'une attaque probable des Russes, loin à l'ouest de Stalingrad. En outre, à l'est de Novocherkassk, la 16e division motorisée restait sur ses positions, parce que Hitler redoutait une autre attaque ennemie dans ce secteur.

En outre l'Armée Rouge avait déclenché une série d'opérations de harcèlement contre l'armée improvisée du colonel Wenck, qu'on appelait maintenant le groupe de combat Hollidt. Cette offensive réduite, « Petit Saturne » dans le langage codifié des Soviétiques, avait pour objet d'affaiblir les unités allemandes que Manstein destinait à son Opération « Wintergewitter » (« Tempête d'Hiver »), ayant pour objet l'établissement d'un couloir reliant la VIe Armée à ses voisines.

Or, à Moscou, la STAVKA connaissait en détail les intentions du feld-maréchal, grâce aux renseignements communiqués sans défaillance par le réseau d'espionnage Lucy opérant en Suisse. C'est pour cela que Joukov et Vassilevsky avaient monté « Petit Saturne », qui retardait provisoirement la mise en œuvre de leur plan grandiose, « Grand Saturne », visant à la destruction de l'armée italienne et des armées allemandes opérant dans le Caucase.

Quant à Manstein, il ne pouvait plus attendre longtemps pour attaquer. Quelques jours de retard risquaient de réduire à néant les chances de salut déjà minces de la VIe Armée. Aussi pressa-t-il le mouvement, mettant sa confiance et son espoir dans les chars rassemblés autour de Kotelnikovo. Au moins, les 6e et 23e divisions blindées étaient prêtes à se mettre en marche.

Malgré son encerclement, la VIe Armée demeurait disciplinée et très bien organisée. Sur le réseau routier, la police militaire réglait une importante circulation et dirigeait les traînards vers les unités qu'ils avaient perdues. Les principaux itinéraires étaient constamment dégagés des congères, et des poteaux indicateurs montraient le chemin vers les quartiers généraux des diverses unités et formations. Les dépôts de vivres et de carburant délivraient à chaque corps de troupe les rations limitées auxquelles il avait droit, d'une manière ordonnée et efficace. Les hôpitaux fonctionnaient avec le minimum de désordre, malgré le nombre croissant des blessés, environ 1 500 par jour. Ils ne manquaient ni de pansements ni de médicaments.

A l'aérodrome de Pitomnik, les blessés étaient évacués dans les « Ju-52 » et les « He-111 », au rythme de 200 par jour. Ils partaient en bon ordre, sous la surveillance attentive de médecins qui veillaient à empêcher les simulateurs de recouvrer indûment la liberté. Dans l'ensemble et compte tenu de la situation, les services de l'armée fonctionnaient mieux qu'on ne l'aurait cru. Pourtant, certains signes de délabrement commençaient à devenir manifestes. Le 9 décembre, deux soldats tombèrent soudain par terre et moururent : il étaient les premières victimes de la famine.

Vers le 11 décembre, Paulus comprit que ses chefs avaient manqué à leurs engagements à son égard. Pendant les premiers 17 jours du pont aérien, il était arrivé en moyenne à Pitomnik 84,4 tonnes d'approvisionnement quotidien, soit moins de 20 % de ce qu'il fallait pour permettre à l'armée de subsister. Paulus ne décolérait pas. Lorsque le général Martin Fiebig, responsable du pont aérien, vint le voir pour lui expliquer les difficultés auxquelles il se heurtait, Paulus, toujours si poli d'ordinaire, le couvrit d'injures et vitupéra contre le haut commandement allemand. N'éprouvant à l'égard de son collègue qu'une profonde sympathie, Fiebig le laissa exhaler sa rancœur, bien compréhensible, et exprimer son indignation devant la faillite totale du pont aérien. A ces reproches fondés, il ne put que répliquer par la vérité brutale : il n'avait reçu qu'un sixième des approvisionnements promis.

— Avec ça, dit Paulus ulcéré, mon armée ne peut ni subsister ni combattre.

Il ne lui restait qu'un très faible espoir, auquel il fit indirectement allusion dans une lettre à son épouse, Coca :

« Pour l'instant, j'ai sur les bras un problème vraiment difficile, mais j'espère le résoudre bientôt. Ensuite je pourrai t'écrire plus souvent... »

Paulus savait que Manstein était sur le point de tenir, lui au moins, sa promesse personnelle : tenter de sauver la VIe Armée.

CHAPITRE XIX

Partant des faubourgs de Kotelnikovo, les chars peints en blanc et les camions de la 6e division blindée s'égaillèrent vers le nord-est et, le 12 décembre à 5 h 15, foncèrent vers Stalingrad. L'Opération « Tempête d'Hiver », ayant pour objet de crever les positions russes pour atteindre la VIe Armée, avait commencé. « Allez, les gars, montrez-leur qui vous êtes et rentrez dedans ! » criait à ses équipages le colonel Hunersdorff, un expert en combat de chars, du haut de sa tourelle de commandement. Les blindés labourèrent la neige et partirent vers le « Chaudron », à 120 km de là. A leur vive surprise, ils ne rencontrèrent qu'une résistance négligeable des Russes. Déconcertés par la rapidité de l'offensive allemande, ceux-ci se replièrent, se bornant à couvrir leur retraite par des tirs peu nourris des arrière-gardes. Le principal obstacle à l'avance des chars fut la glace, qui empêchait les chenilles de mordre dans le sol et faisait patiner les roues.

Dans le village de Verkhne-Tsaritsyn, à 70 km au nord-est de Kotelnikovo, les chefs russes, sérieusement préoccupés, se réunirent pour discuter de la nouvelle offensive allemande, sous la présidence du maréchal Vassilevsky. Celui-ci analysa la situation avec ses généraux et Nikita Khrouchtchev. Convaincu que ses moyens étaient trop faibles pour arrêter les blindés ennemis, il essaya de téléphoner à Staline mais ne put le joindre. De plus en plus inquiet, à mesure que l'approche de l'ennemi se confirmait, il demanda au général Rokossovsky d'envoyer la IIe Armée de la Garde, en réserve sur le front de Stalingrad, pour occuper des positions au nord de la Michkova. Mais Rokossovsky refusa, ayant lui-même besoin de toutes ses troupes pour renforcer l'encerclement de Paulus. Malgré l'insistance de Vassilevsky, il maintint ce refus, et la longue discussion s'envenima, au point que le maréchal menaça de se plaindre à Staline. Il ne put cependant le faire dans la journée, car les lignes téléphoniques avec le Kremlin ne fonctionnaient pas. Très nerveux, il passa des heures à se tourmenter, tandis que l'offensive de Manstein se développait.

Dans l'après-midi de ce même jour, Hitler tint conférence à Rastenburg avec ses conseillers : Jodl, Zeitzler, Heusinger et six autres officiers d'état-major.

Zeitzler commença par un rapport pessimiste sur la situation de tout le front de l'Est. Evoquant l'état des troupes italiennes défendant les flancs du dispositif allemand, il estima, avec les autres participants à la conférence, qu'on ne pouvait pas leur faire confiance. Quant à Stalingrad, le Führer admit avec son chef d'état-major que c'était un problème délicat, mais il continua de se refuser catégoriquement à ordonner une retraite. Il estimait que celle-ci compromettrait « toute la signification de la campagne » de l'été précédent.

Le général Jodl aborda alors un autre sujet de discussion : les dangers résultant de l'invasion anglo-américaine en Afrique du Nord, et de la défaite du feld-maréchal Erwin Rommel à El Alamein. A plusieurs reprises, Hitler intervint durement, pour émettre des jugements acerbes sur les armées et leurs chefs. A propos de Rommel, il déclara : « Il faut tout le temps qu'il se batte contre toutes sortes d'éléments insignifiants.

Quand on fait ça pendant deux ans, on finit par s'épuiser... C'est d'ailleurs l'impression du "Reichsmarschall". Il estime que Rommel a complètement perdu courage. »

Poursuivant sa diatribe, Hitler s'en prit aux troupes italiennes d'Afrique et de Russie : « Je n'ai pas dormi la nuit dernière, parce que j'éprouvais un sentiment d'incertitude. Quand une unité a commencé de s'enfuir, les règles de la loi et de l'ordre ne tardent pas à être transgressées, si l'on n'instaure pas une discipline de fer... Nous remporterons des succès avec les Allemands, mais pas avec les Italiens. Nous n'arriverons à rien, nulle part, avec les Italiens. »

La conférence dura jusqu'à 15 heures et s'acheva par un bref rapport sur le pont aérien de Stalingrad. Les chiffres étaient impressionnants, en ce qui concernait les tentatives de vol quotidiennes. Or, les statistiques cachaient la vérité : certes, les avions décollaient en direction du « Chaudron », mais leurs cargaisons ne parvenaient pas toutes aux troupes encerclées. Il s'en fallait de beaucoup. Le mauvais temps les contraignait souvent à rebrousser chemin, l'aviation de chasse russe commençait à les harceler, et l'artillerie antiaérienne soviétique s'était renforcée. Il en résultait que la steppe devenait une grand-route jonchée de carcasses d'avions détruits, un cimetière d'appareils.

Au quartier général de la VIe Armée, on savait que Manstein arrivait. Réconfortés et nerveux, Paulus et Schmidt attendirent toute la journée les nouvelles de la progression de « Tempête d'Hiver ». Ils espéraient son succès mais savaient, l'un et l'autre, que le temps privait de jour en jour la VIe Armée de la force nécessaire pour effectuer une percée et courir à la rencontre de ceux qui voulaient la sauver.

Le journal de guerre, tenu par l'état-major, reflète ce dépérissement précipité des troupes :

« Le 12 décembre 1942 à 17 h 45.

Rations diminuées depuis le 26 novembre. Une nouvelle réduction, décidée le 8 décembre, a eu pour effet d'affaiblir la puissance combative des hommes. En ce moment, la ration quotidienne n'est que le tiers de la normale. Ici et là, on signale des pertes dues à l'épuisement. »

Cette nuit-là, le maréchal Vassilevsky finit par joindre Staline au téléphone et lui rendit compte des derniers événements. Les Allemands ayant déjà atteint la rive sud de l'Aksai, il demanda la permission de détacher du front de Stalingrad la IIe Armée de la Garde, et de l'envoyer à toute allure barrer la route aux chars ennemis. La réponse fut aussi immédiate que violente. Staline refusa cette autorisation et reprocha à Vassilevsky d'avoir essayé d'enlever des troupes à Rokossovsky, sans s'être d'abord mis d'accord avec la STAVKA sur ce point. Il l'avertit qu'il le tiendrait personnellement responsable du respect de ses ordres.

Le maréchal protesta avec véhémence, car il était tout à fait conscient de son devoir : maintenir la sécurité des armées engagées sur les deux fronts ; mais sa colère ne servit à rien. Staline se borna à lui dire que sa demande serait examinée dans la nuit, à la réunion du Comité de la Défense Nationale, puis il raccrocha l'appareil, de la manière la plus sèche. Pourtant il téléphona à son tour, dès 5 heures du matin, pour se déclarer d'accord avec la proposition de Vassilevsky. La IIe Armée de la Garde, déjà alertée, se dirigeait à marches forcées vers le secteur menacé.

Il n'était que temps. Le 13 décembre à 8 heures, les premiers chars allemands franchirent l'Aksai sur un pont branlant. Les équipages aux yeux las et brûlants ne rencontreraient plus qu'un obstacle naturel, la Michkova, avant d'atteindre le « Chaudron ».

Voulant être tenu constamment au courant de la progression des forces venant à son secours, Paulus chargea dix opérateurs de radio de rechercher, sur toutes les longueurs d'ondes, les messages qui lui étaient expédiés par ces unités. Mais les techniciens russes ne cessaient de brouiller les émissions ou de diffuser de fausses informations.

Tandis qu'il attendait avec impatience des nouvelles de ses sauveteurs, le général subissait de fortes pressions ennemies dans tous les secteurs du « Chaudron ». A l'intérieur de Stalingrad en particulier, la LXIIᵉ Armée soviétique harcelait, en dépit de sa propre faiblesse, les Allemands occupant les ruines, entre l'usine de tracteurs et la gorge de Tsaritsa. Cette tactique agressive correspondait bien au tempérament militaire du général Tchouïkov, ce chef combatif qui ne concevait la guerre que par l'attaque.

De Kouibychev où elle habitait, son épouse lui avait écrit récemment et rappelé ce trait de caractère :

> « Mon cher Vassili,
>
> Il y a des moments où j'imagine que tu as engagé un combat singulier avec Hitler. Je te connais depuis vingt ans et je connais ta force... Il est difficile d'imaginer qu'un type comme Adolf puisse te battre. Ça ne peut pas arriver. Une vieille dame, ma voisine, me dit tous les matins en me rencontrant : Je prie Dieu pour Vassili Ivanovich... »

Quoique assailli par des problèmes d'approvisionnement et écœuré d'être rationné en munitions par ses chefs, Tchouïkov continuait de monter de petites attaques contre les Allemands, de plus en plus fatigués. Un de ses groupes d'assaut concentra ses efforts sur la cave à pommes de terre que le lieutenant Wilhelm Kreiser occupait depuis la fin d'octobre. Pendant que ses hommes épuisés dormaient sur leurs pièces, les

Russes rampèrent et les obligèrent à sortir de leur abri, dans les tranchées voisines.

Kreiser mena la contre-attaque mais oublia de rester baissé. Un Russe, posté dans un pavillon proche, l'atteignit de deux balles au bras et à l'épaule. Tombé dans la neige, le lieutenant passa le commandement de la compagnie à un autre officier, puis gagna en chancelant l'arrière, où son successeur ne tarda pas à le rejoindre, blessé lui aussi. Après avoir demandé du renfort par radio, Kreiser parvint à conduire un groupe de blessés au poste de secours. Là, un médecin le bourra de morphine et le mit sur un traîneau, tiré par des « Hiwis » russes. Sous l'effet de la drogue, il s'endormit, tomba du traîneau dans une congère et dut en être retiré, inconscient. Quelques jours plus tard, il allait être un des privilégiés qu'on évacuait par avion.

Cette nuit-là, une autre patrouille soviétique s'infiltra à l'intérieur des lignes allemandes. Un faux renseignement ayant signalé que le général Paulus avait établi son quartier général dans la ville, plusieurs tireurs d'élite résolurent de s'en approcher et de tuer le commandant de la VIᵉ Armée. Il y avait là Vassili Zaitsev et la blonde Tania Chernova, avec deux autres de leurs camarades, en particulier une jeune fille grassouillette et assez maladroite. Elle trébuchait souvent, faisait trop de bruit, et agaçait beaucoup Tania qui la traitait de « grosse vache ».

Or, tandis que la patrouille s'efforçait d'éviter les sentinelles allemandes, dont les silhouettes se détachaient sur la neige, la « vache » trébucha de nouveau, provoquant cette fois une forte explosion. Tania, qui se trouvait juste derrière elle, fut projetée à quelques mètres et resta sans connaissance sur le sol, le ventre ouvert. Zaitsev la prit tendrement dans ses bras et la porta non sans peine jusqu'à un poste de secours. Là, les docteurs mirent des heures à arrêter l'hémorragie et désespérèrent longtemps de la sauver ; mais dans la matinée elle reprit le dessus et l'on put organiser son transport à l'hôpital, de l'autre côté de la Volga, où elle subit avec succès une grave opération.

Dès qu'elle reprit connaissance, elle demanda des nouvelles de la patrouille : la « vache » s'était mieux tirée qu'elle de l'aventure et n'avait que des blessures superficielles, ce dont Tania ne se réjouit pas outre mesure. Pour sa part, elle ne pourrait plus désormais assouvir sa vengeance contre les Allemands. En trois mois de présence au front, elle avait « brisé 80 piquets », mais elle en voulut longtemps à cette « maudite vache », dont l'image lui revenait trop souvent à la mémoire et l'exaspérait.

Le 14 décembre au matin, la 6e division blindée allemande fonçait vers le « Chaudron », quand elle se heurta à environ 300 chars russes, arrivés dans la nuit en renfort. Au cours du combat, un peloton de blindés allemands fut poursuivi par 40 « T-34 » soviétiques. Une batterie cuirassée se porta aussitôt vers lui pour le dégager. Parvenus en haut d'une pente, les artilleurs virent les chars russes à moins d'un kilomètre : peints en blanc, tout comme les blindés allemands, leurs numéros noirs se lisaient clairement sur les tourelles, et ils étaient entourés de nombreux soldats.

Pendant un moment, le lieutenant Horst Scheibert se demanda s'il n'était pas en présence d'éléments de la 23e division blindée allemande, qui opérait en soutien de la 6e division dans la progression vers Stalingrad. Toutefois, malgré la grande ressemblance des deux formations, l'officier remarqua que les canons étaient plus gros et courts ; quant aux tourelles, elles ne comportaient pas de dômes. Nerveux et hésitant à se prononcer, il continua d'avancer. A 600 m de ces chars, il n'avait pas encore pris sa décision, quand il vit les soldats bondir dans leurs engins.

Il eut juste le temps de crier : « Achtung ! » dans son micro, et déjà deux chars russes fonçaient vers lui. « Feu ! Feu ! » hurla-t-il. Mais l'ennemi tira le premier et, par miracle, pas un de ses obus n'atteignit l'objectif, alors que la distance n'était que de 300 m. La riposte allemande fut plus efficace. Les deux premiers « T-34 » explosèrent, semant la confusion parmi la formation, si bien que « le reste fut un jeu d'enfant ». Rechargeant leurs pièces avec une extrême rapidité, les artilleurs allemands firent une hécatombe des engins ennemis. 34 colonnes de fumée noire marquèrent la destruction de cette unité blindée, aux abords de la petite ville de Verkhne-Koumski. Toutefois, d'autres groupes de chars russes tenaient solidement l'agglomération, si bien que les Allemands ne réussirent pas à atteindre la Michkova.

Tandis que les éclaireurs de la 6e division blindée recherchaient le point faible des défenses russes, ils entendaient et voyaient souvent les avions se dirigeant vers Pitomnik, pour ravitailler les troupes encerclées dans le « Chaudron ». A la suite des protestations véhémentes de Paulus à Fiebig, le 11 décembre, la quantité d'approvisionnement apporté chaque jour par l'aviation à Stalingrad s'était accrue de 50 tonnes, ce qui demeurait très insuffisant.

Les pilotes allemands n'en étaient pas seuls responsables, car ils avaient à résoudre des problèmes aussi nombreux que divers et souvent insolubles. L'aviation de chasse et l'artillerie antiaérienne russes détruisaient de plus en plus d'appareils affectés au pont aérien, mais l'obstacle le plus exaspérant à son fonctionnement était le mauvais temps qui sévissait en Russie méridionale. Les courants continentaux et maritimes ne cessaient de s'affronter et de tournoyer dans cette région, au point que les prévisions météorologiques en étaient souvent rendues inexactes, voire impossibles.

Des avions s'attendant à trouver un temps clair à Pitomnik se heurtaient au contraire à un plafond très bas, à du brouillard ou même à des blizzards qui les obligeaient à gagner d'autres terrains, à des centaines de kilomètres à l'ouest. Appareils et cargaisons étaient alors perdus pour la VIᵉ Armée pendant plusieurs jours.

Pour parer à ces défectuosités de la météorologie, les techniciens auraient voulu se fier aux indications données par les observateurs placés à l'intérieur du « Chaudron », mais souvent ceux-ci n'arrivaient pas à transmettre les renseignements par radio, faute du carburant nécessaire pour alimenter les génératrices de courant.

Adversaire plus redoutable encore du pont aérien, il y avait la glace, le terrible froid qui détériorait les moteurs, immobilisant les appareils pendant des semaines, contraignant les mécaniciens à prélever sur des épaves les pièces détachées, indispensables pour des réparations impossibles à effectuer autrement. Or, ces mécaniciens étaient eux-mêmes exposés à des dangers inattendus : s'ils enlevaient leurs gants pour un travail particulièrement délicat, il leur arrivait d'avoir les doigts gelés au contact du métal. Ainsi, l'entretien des appareils ne pouvait être assuré, et les résultats en furent catastrophiques.

Des erreurs humaines provoquèrent d'autres incidents fâcheux. Ainsi, la « Luftwaffe » refusa aux intendants de l'armée de superviser le chargement des avions destinés à Stalingrad, si bien que les soldats affamés de la VIᵉ Armée ouvrirent souvent des caisses remplies de marchandises absolument inutiles. Un jour, c'étaient des milliers d'enveloppes protectrices en cellophane pour grenades à main, mais sans les grenades. Une autre fois, c'étaient quatre tonnes de poivre et de marjolaine, alors que les troupes tuaient des souris pour se nourrir. Ou encore, on envoya plusieurs milliers de souliers droits, mais pas les gauches. L'expédition la plus ironique fut celle de millions de préservatifs, en petits paquets soigneusement emballés.

Tandis que les aviateurs bravaient la mort pour apporter des marchandises aussi anormales au « Chaudron », les soldats allemands occupant une partie de Stalingrad cherchaient par tous les moyens des protéines. Un jour, le caporal Heinz Neist, âgé de trente et un ans, rencontra un officier, le lieutenant Till, qui lui proposa avec un sourire malicieux :

— As-tu envie de casser la croûte ?

Enchanté, Neist accepta et s'assit devant une assiette pleine de viande, de pommes de terre et de sauce. Comme il la regardait d'un air méfiant, Till lui dit en riant :

— N'aie pas peur, ce n'est pas de la chair humaine !

Rassuré, le caporal fit honneur au repas et n'en laissa pas une miette. La viande avait le goût du veau. Quand il fut rassasié, il demanda ce que c'était et Till le lui apprit : il s'agissait du dernier Doberman de sa meute. Neist n'en fut nullement troublé : pour la première fois depuis des semaines, il avait l'estomac plein.

Dans son trou enneigé de guetteur, face aux lignes russes, le soldat Ekkehart Brunnert ne pouvait imaginer un tel menu. Ses vêtements gelés lui collaient au corps, mais il souffrait surtout d'affreuses crampes d'estomac qui, tels des coups de poignard, l'obligeaient à se courber en se tenant le ventre à deux mains.

Son principal repas quotidien consistait en une soupe trop liquide, et il ne pouvait même pas en obtenir une seconde gamelle, car son nom était coché dès qu'on le servait. Ce qui l'exaspérait, c'était de voir les sergents se gaver d'assiettées pleines de nourriture solide. N'osant protester contre ces privilèges des gradés, le simple soldat en vint à se demander si la solidarité des défenseurs du « Chaudron » n'était pas un vain mot. Comme des milliers de camarades, il s'efforçait de trouver ici et là de quoi manger. Un jour, il se régala de la cervelle d'un cheval gelé ; une autre fois, il apaisa sa faim avec un flacon de cachets pharmaceutiques.

Quand on lui accorda un peu de repos, Brunnert revint à l'arrière, où il tenta de se réchauffer. Mais après quelques heures de sommeil, il dut se préparer à une inspection des armes. N'ayant jamais reçu de lubrifiants convenables, il s'appliqua à gratter fébrilement son fusil avec son couteau, des pierres et même ses ongles, jusqu'à ce que la majeure partie de la rouille eût disparu. Or, le sous-officier qui examina les armes du peloton utilisa à cet effet une allumette taillée en pointe fine, grâce à laquelle il décela de la saleté dans tous les fusils. Scandalisé, il punit les coupables en leur donnant des tours de garde supplémentaires. Cette nuit-là, lorsque Brunnert se retrouva dans son trou à veiller, il avait à peine la force de tenir sur des jambes en caoutchouc et craignait que cette faction n'achevât de l'épuiser.

A 70 km au sud du « Chaudron », au village de Verkhne-Koumski, la 6e division blindée allemande était toujours incapable d'enfoncer les défenses russes. Au nord et à l'est, l'horizon paraissait rempli de chars et de canons antichars soviétiques, qui arrosaient sans cesse les Allemands de projectiles. On eût dit un duel d'artillerie sur un océan, mais ici les champs de neige offraient un tableau incohérent, à cause des sillons creusés par les chenilles de blindés et des longues traînées noires laissées par les explosions d'obus. Etant donné les fréquentes manœuvres des adversaires, il se produisait souvent une confusion, dans un camp comme dans l'autre, les canonniers tirant sur leurs propres compatriotes.

Quand des « T-34 » pénétrèrent dans le village, l'officier allemand qui l'occupait demanda par radio la permission de l'abandonner. Elle lui fut refusée, et d'autres chars ne tardèrent pas à venir le renforcer : à midi, ils avaient épuisé presque toutes leurs munitions. C'est alors que le colonel Hunersdorff entreprit de galvaniser ses hommes. Ayant reçu un nouvel appel au secours des défenseurs du village, il invectiva les équipages des blindés groupés autour de lui dans la steppe. Penché sur le bord de la tourelle de son char, il leur cria :

— J'ai honte de cette journée ! Est-ce ça que vous appelez une attaque ? Il est temps que vous vous montriez digne du régiment auquel vous appartenez ! Vous allez foncer sur le village à toute allure et en chasser les Russes, à n'importe quel prix !

Ces propos exaspérèrent certains des hommes, qui ne se gênèrent pas pour le dire, mais le colonel obtint le résultat cherché. Cinq compagnies formèrent une colonne, dont l'avant-garde comprenait les quelques chars armés de canons tirant des obus capables de crever les plus épais blindages. Quoique fustigés par leur chef en colère contre lui, les équipages se ruèrent à l'attaque, en tirant à la mitrailleuse dans tous les sens.

Cette tactique peu orthodoxe terrifia les Russes, qui abandonnèrent le village et s'enfuirent dans la plaine. Les Allemands eurent l'impression qu'ils les prenaient pour des fous. Verkhne-Koumski fut donc occupé sans peine, mais pour peu de temps. Quelques heures plus tard, des renforts « inépuisables » de troupes soviétiques contre-attaquèrent, si bien que le colonel Hunersdorff se vit contraint de se replier vers l'ouest. A bout de munitions et presque de carburant, chaque véhicule transportait de nombreux blessés, et le journal quotidien de la formation contint cette phrase laconique : « La journée a été marquée par de lourdes pertes. »

Ce fut aussi une journée de lourdes pertes pour la 87ᵉ division de la Garde russe. A la suite de l'appel pressant du maréchal Vassilevsky à Staline, elle avait parcouru, marchant sans arrêt pendant trente-six heures, le trajet entre Beketovka, au sud de Stalingrad, et la Michkova.

Le sergent Alexeï Petrov faisait partie de l'avant-garde de la division. Il venait d'achever l'instruction des nouveaux servants de son canon antichar, et il les exhortait à presser l'allure. La neige l'aveuglait souvent, mais son pire ennemi était l'épuisement. Pourtant, il ne permettait à personne de se reposer, et il lui arrivait lui-même de dormir en marchant, appuyé au tube du canon. Ils finirent par arriver à la Michkova, et ce fut pour prendre aussitôt part à la bataille contre la 6ᵉ division blindée allemande, autour de Verkhne-Koumski.

Jamais Petrov n'avait vu ni entendu une canonnade pareille. Sans discontinuer, les projectiles soulevaient des colonnes de terre et de neige, et l'horizon demeurait embrasé. Aux yeux du sergent, c'était pire qu'à Stalingrad. Sur la plaine, des milliers de cadavres gisaient, telles des poupées brisées, la plupart étant des Russes, victimes de l'artillerie et des « Stukas » allemands.

Alors que le bombardement faisait rage, Petrov aperçut soudain une petite silhouette, ayant à peine un mètre de haut, qui gesticulait follement. Déconcerté, il s'en approcha et constata qu'il s'agissait du tronc d'un soldat russe, dont les jambes venaient d'être arrachées par un obus et se trouvaient sur le sol, à côté de lui. L'homme regarda Petrov, ouvrit la bouche pour respirer une dernière fois, puis laissa retomber les bras. Ses yeux devinrent vitreux et, par extraordinaire, le buste demeura en position verticale, auprès du reste du corps.

CHAPITRE XX

Ne sachant pas exactement où se trouvaient les forces envoyées par Manstein à son secours, Paulus se prépara à prendre la décision cruciale de lancer également une attaque contre les positions russes au sud du « Chaudron », afin d'aller à la rencontre de ses sauveteurs. Ayant confié au 53e Régiment de mortiers la lourde mission de constituer l'avant-garde de la percée, il rassembla dans le secteur sud-ouest de la poche le plus possible d'unités blindées : il ne put trouver que 80 chars en état de combattre.

Il fit aussi appel au major Josef Linden, dont les bataillons du génie avaient été décimés quelques semaines auparavant dans le secteur de « Barrikady ». Il le chargea de deux tâches spéciales. La première était de dégager les routes à la périphérie du « Chaudron », ce qui aurait paru simple en temps ordinaire mais se révéla très difficile, à cause du rationnement d'essence. La seconde avait autant d'importance pour la réussite de l'opération : deux bataillons de terrassiers et une compagnie de pontonniers devraient procéder au déminage des routes empruntées par les unités participant à l'attaque et remplacer les ponts détruits par des ponts improvisés, dès que Paulus en aurait donné l'ordre.

Or, après quatre jours de combat, les soldats de Manstein marchaient toujours vers Stalingrad à une allure de limace. Le groupe de combat du colonel Hunersdorff, de la 6e division blindée, n'avait pas encore réussi à se rendre maître du village de Verkhne-Koumski. Soutenus par une partie de la 23e division blindée, ses chars dûment ravitaillés repartirent à l'assaut.

Celui-ci fut une fois de plus tenu en échec, en sorte que les Allemands optèrent pour une autre tactique : pivotant vers l'ouest, ils tentèrent de tourner les positions soviétiques. Mais les Russes avaient prévu la manœuvre et organisé, autour du village de Sogotskot, un important réseau de fossés antichars, bien défendus par des armes automatiques, ce qui rendit impossible la progression des blindés allemands. En effet, aucun des points d'appui soviétiques ne céda ni ne se rendit. Les chars allemands tiraient sur les tranchées ennemies à moins de trois mètres. « Ils avaient l'air », dit un témoin, « d'éléphants gigantesques allongeant leur trompe ». Dès que les Russes se montraient, les « trompes » reculaient et crachaient du feu, sans parvenir à déloger l'adversaire. Finalement, d'autres unités blindées soviétiques entrèrent en action et forcèrent de nouveau le colonel Hunersdorff à se replier, tandis que le crépuscule descendait sur la plaine, au soir du 16 décembre, entre l'Aksai et la Michkova.

Ce soir-là, tous les Russes occupant la rive de la Volga dans Stalingrad entendirent un craquement formidable. Vassili Tchouïkov fut du nombre et bondit de son abri, aménagé dans la falaise, pour contempler un magnifique spectacle : une énorme vague de glace descendait lentement sur la Volga, devant l'île Zaitsevski. Selon un témoin oculaire, elle « brisait tout ce qu'elle rencontrait, écrasait et pulvérisait les blocs de glace existants, si gros fussent-ils, et faisait voler en éclats les plus grosses poutres, comme s'il s'agissait d'allumettes ». Tandis que le général retenait son souffle, cette monstrueuse masse de glace ralentit peu à peu et finit par s'arrêter, dans une sorte de frémissement, juste à hauteur de son quartier général. Pendant quelques minutes, elle gémit et parut se soulever, tandis que des milliers de blocs de glace venaient la heurter avec une violence terrifiante, mais ce pont naturel résista et ne bougea plus.

Un peu plus tard, le commandant de la LXIIe Armée soviétique envoya des sapeurs examiner la glace et déterminer si elle était assez solide pour supporter le poids de véhicules. A 21 heures, ces hommes revinrent, sains et saufs, et aussitôt ordre fut donné de couvrir la glace de planches, de manière à constituer une grand-route reliant les deux rives. Pour le défenseur de Stalingrad, le problème des approvisionnements était désormais résolu.

Or, à quelques centaines de mètres à l'ouest de l'abri dans lequel Tchouïkov jubilait, le capitaine Gerhard Meunch devait au même moment faire face, pour la première fois, à une indiscipline de ses subordonnés. Elle avait été provoquée par la quête annuelle de Noël, instituée par le parti nazi et ayant lieu jusque dans les unités les plus exposées du front de l'Est. Un peloton de la compagnie de Meunch refusa catégoriquement de faire le moindre don et, quand Meunch en demanda la raison, un de ses officiers lui répondit froidement :

— Je vous laisse le soin de déterminer vous-même ce qui ne va pas.

Meunch alla voir ces hommes — ils n'étaient plus que six — et leur demanda la raison de leur attitude. Ils lui répondirent qu'ils ne voulaient plus se battre, et l'un d'eux déclara :

— Mon capitaine, je ne marche plus. On en a ras le bol !

Stupéfait d'un tel comportement, Meunch décida de ne rien répliquer. Il envoya ces survivants du peloton à l'arrière et resta lui-même à côté de leur mitrailleuse, jusqu'à ce qu'une autre escouade fût venue les remplacer. Rentré à son poste de commandement, il fit venir les rebelles et leur dit que, cette nuit-là, ils pourraient dormir dans son abri personnel. Le lendemain matin, il partagea leur petit déjeuner et remarqua que, peu à peu, ils se détendaient en buvant du café, accroupis sur le sol à côté de lui. Avec précaution, il finit par mettre la conversation sur le sujet abordé la veille, et les hommes répondirent sans hésiter.

La cause essentielle de leur mutinerie était une lettre, reçue la veille par l'un d'eux : sa femme lui demandait pourquoi il se trouvait au front, quand bon nombre de ses amis étaient chez eux. Bouleversé, le soldat n'avait pas pu s'empêcher de lire ce message à ses camarades. Il en était résulté une ambiance de révolte parmi ces soldats, qui se demandèrent pourquoi ils avaient à se battre, quand leurs compatriotes manquaient à leur devoir. Meunch les laissa exprimer une amertume compréhensible, puis les ramena à une vue plus réaliste des choses :

— Selon la loi martiale, vous êtes passibles du pire châtiment. Vous savez comment on punit le refus d'obéissance caractérisé. Acceptez-vous maintenant de regagner votre position, sans intention de déserter ou de commettre je ne sais quelle stupidité ? Pouvez-vous me promettre cela ?

Spontanément ils répondirent tous par l'affirmative, et l'un d'eux alla plus loin :

— Nous nous battrons pour vous, tant que vous commanderez le bataillon. Mais si vous êtes blessé ou tué, nous désirons rester libres de prendre la décision que nous jugerons la meilleure.

Après un instant de réflexion, Meunch décida d'accepter l'offre.

— C'est d'accord, répliqua-t-il. Serrons-nous la

main. Tant que je commanderai le bataillon, vous devrez vous battre. Après ma disparition, vous pourrez faire ce qu'il vous plaira.

Ses hommes lui serrèrent la main pour sceller ce marché.

Ce 17 décembre, mais beaucoup plus tard, Erich von Manstein dîna à Novocherkassk, à 240 km de là, avec le général comte von Richthofen. Tout en dégustant un excellent vin, les deux hommes passèrent en revue leurs problèmes respectifs, pour atteindre le même but : le salut de la VIᵉ Armée. Richthofen venait de perdre deux de ses escadrilles de bombardiers, que l'« O.K.W. » avait transférées à un autre secteur, sans même l'en avoir avisé. Aux yeux de Richthofen, cette décision équivalait à un « abandon pur et simple de la VIᵉ Armée à son sort... » Sans mâcher ses mots, il s'écria que c'était « ni plus ni moins qu'un meurtre » !

Il avait téléphoné en Prusse-Orientale au général Albert Jeschonnek, pour exprimer cette accusation, mais son interlocuteur « déclina toute responsabilité » de cet ordre. Richthofen fit donc part de cet entretien à Manstein, et tous deux furent effarés par des décisions prises, en pleine sécurité, à 1 500 km de là, dans la « Tanière du Loup ». A la fin du repas, les chefs allemands tombèrent d'accord : ils n'étaient que les « vulgaires employés d'un asile de fous ».

Cependant, après le dîner, la décision de l'« O.K.W. » de transférer des « Stukas » au secteur du Don supérieur s'expliqua brusquement. Une autre offensive russe avait mis en déroute deux divisions italiennes, à 80 km à l'ouest de Serafimovich. Personne ne se rendait compte, ce jour-là, que c'était le début de la seconde grande attaque de Staline, visant à s'emparer du port de Rostov et à encercler toute l'armée allemande opérant en Russie méridionale. Pour l'instant, les renseignements étaient fragmentaires, mais Manstein les ajouta à son appréciation pessimiste de l'avenir, et il ne se fit aucune illusion sur le désastre que ces nouvelles impliquaient. Si l'armée italienne ne résistait pas sur le front qu'on lui avait affecté, ses propres divisions allemandes devraient se précipiter au secours de l'allié déficient, et il en résulterait automatiquement la perte de la VIᵉ Armée à Stalingrad. Sentant venir la catastrophe, le feld-maréchal ne cessait de penser aux hommes enfermés dans le « Chaudron », qu'il fallait délivrer de toute urgence, avant qu'il ne fût trop tard.

Depuis des jours, il bombardait Hitler et Zeitzler de rapports, soulignant la nécessité de lancer l'ordre du Führer relatif à l'opération « Donnerschlag », c'est-à-dire « Coup de Tonnerre ». Celle-ci impliquait l'évacuation complète du « Chaudron ». Elle signifiait par conséquent que la VIᵉ Armée devrait se replier en masse vers l'ouest à travers la steppe, ce qui l'exposerait à combattre les forces russes la harcelant de toutes parts. Or, si coûteuse que pût être une telle retraite, dans les conditions de la bataille à cette époque, Manstein estimait que c'était pourtant la seule solution pratique du problème. De toute évidence, le pont aérien avait échoué, et les blindés de Hoth ne pourraient au mieux faire parvenir dans la poche que quelques journées de ravitaillement en vivres et en munitions.

Néanmoins, Hitler n'avait à ce jour consenti qu'à l'Opération « Tempête d'Hiver », c'est-à-dire à la jonction des forces de Hoth et de Paulus pour ravitailler la VIᵉ Armée. Il persistait à interdire à Paulus de quitter le « Chaudron ». A ses yeux, il n'était pas question d'abandonner Stalingrad, et son raisonnement sur ce point reflétait typiquement son arrogance : « Trop de sang a été versé là-bas par les Allemands ! »

Cependant, lorsque le général Zeitzler se déclara d'accord avec Manstein sur la nécessité de lancer « Coup de Tonnerre » et promit d'obtenir l'accord de Hitler dans les prochaines heures à ce sujet, le feld-maréchal estima que cette décision du Führer ne faisait plus de doute. En conséquence, le 17 décembre, il mit le chef de son service de renseignements, le major Eismann, au courant de la situation et lui ordonna de se rendre par avion dans le « Chaudron », afin d'y discuter stratégie avec les chefs de la VIᵉ Armée.

Le lendemain après-midi, Paulus fit une tournée d'inspection sur le front. Elle le déprima beaucoup, parce qu'il vit des preuves abondantes du dépérissement physique de ses troupes. Les hommes se déplaçaient avec lenteur et étaient indifférents aux ordres donnés. Ils avaient les traits tirés, les yeux profondément enfoncés dans les orbites, les pommettes saillantes, et le regard perdu dans le lointain.

De retour à Goumrak, il y trouva le major Eismann, qu'il reçut cordialement, de même que son chef d'état-major, le général Schmidt, qui avait combattu en France avec cet officier en 1940. Dès le début de l'entretien, Eismann expliqua que l'offensive de Hoth ne pourrait se prolonger que très peu de temps. Il fit allusion aux mauvaises nouvelles du front italien, et déclara que les divisions de Hoth pourraient être envoyées d'un jour à l'autre au secours de ces alliés déficients. Il ajouta que les chars de Hoth ne pourraient au mieux avancer qu'à 30 km au-delà de la Michkova, à Bousinovka, où la jonction avec la VIᵉ Armée avait été envisagée par Paulus, et il demanda même à celui-ci de prolonger de 25 km la percée qu'il comptait effectuer.

Paulus et Schmidt confirmèrent leur ferme intention d'attaquer le plus tôt possible, mais ils précisèrent que « Tempête d'Hiver » ne pouvait réussir, tant que la VIᵉ Armée ne recevrait pas du carburant pour ses chars. Elle ne disposait pour le moment que d'une réserve correspondant à une percée de 20 km, donc insuffisante pour atteindre la Michkova et la 6ᵉ division blindée. Dans ces conditions, il était impossible d'allonger le trajet prévu par l'offensive. Les deux généraux insistèrent fortement pour que « Coup de Tonnerre », c'est-à-dire le plan de retraite de toute la VIe Armée de la Volga, fût mis en œuvre en même temps que « Tempête d'Hiver ». A leur avis, tout le poids de l'armée, si fatiguée qu'elle fût, pourrait se concentrer sur un seul point, et c'était l'unique chance de succès d'une percée.

Eismann pressa ses interlocuteurs d'accepter de courir le risque d'opérer leur jonction avec les forces venant à leur secours, même si les chances de réussite de l'opération étaient peu favorables. Ils refusèrent obstinément de participer à « Tempête d'Hiver » sans autres approvisionnements. Schmidt fut très opiniâtre sur ce point. A son avis, le pont aérien était la pierre angulaire de tout le projet, et il alla jusqu'à affirmer, mi-sérieux mi-plaisantant, que « l'armée pourrait tenir sur ses positions jusqu'à Pâques, si elle était mieux approvisionnée ».

La discussion s'acheva sans résultat. Découragé, Paulus rentra sous sa tente et écrivit à sa femme, qu'il n'importunait jamais avec ses propres soucis : « Nous vivons en ce moment des jours très durs, mais nous en sortirons, et après l'hiver il y a toujours un beau mois de mai qui suit... »

CHAPITRE XXI

Depuis plusieurs semaines, les officiers de transmissions à l'intérieur du « Chaudron » s'efforçaient d'établir une bonne liaison téléphonique avec le quartier général de Manstein, situé à 240 km au sud-ouest. Ne pouvant utiliser les câbles des lignes normales, constamment coupés par les Russes, ils réalisèrent un petit miracle technique. Sur la bordure de la poche, ils dressèrent un mât d'antenne de 40 m de haut et relièrent Goumrak à Novocherkassk par un radiotéléphone, combiné avec un dispositif émetteur-récepteur à ondes ultracourtes, que l'ennemi ne pouvait pas brouiller ni intercepter.

Maintes fois bombardé et réparé, le mât permettait de transmettre des messages à des stations de relais installées en territoire occupé par les Allemands. Mais à mesure que l'offensive soviétique se développpait, ces relais furent pris les uns après les autres, et la liaison radiotéléphonique devint impossible. Il ne resta plus alors qu'un téléscripteur enregistrant les mots prononcés par les interlocuteurs. Au moment où Manstein et Paulus avaient plus que jamais besoin de rester en contact permanent, afin de prendre des décisions capitales, cette machine crépitante fut le seul moyen qui restât jusqu'au bout à leur disposition.

Si les deux hommes avaient pu se parler de vive voix, il est possible que certaines intonations ou inflexions auraient contribué à résoudre de graves problèmes. Toujours est-il que, dans cette situation critique, le major Eismann ne put que rendre compte de sa mission à son chef : il ne croyait pas que Paulus tenterait une percée dans de telles conditions. Tout en comprenant l'état d'esprit du général, Manstein commençait à se demander s'il ne subissait pas exagérément l'influence de son chef d'état-major : le général Schmidt était partisan de ne pas attaquer, tant que des quantités suffisantes de carburant ne seraient pas arrivées. Or, pour le feld-maréchal, il était indispensable d'agir dans les prochaines heures. A ses yeux, la VIe Armée ne pouvait pas s'offrir le luxe de chicaner à propos de livraisons d'essence, au moment où Manstein avait l'obligation de faire n'importe quoi pour sauver son flanc gauche menacé [1]

Dans l'impossibilité de s'entretenir de vive voix avec son chef et de lui exprimer son émotion, Paulus dut se contenter de rester assis près du téléscripteur, dans son abri de Goumrak, peu après minuit le 19 décembre, et d'attendre le cliquetis du clavier de l'appareil. Enfin, celui-ci se mit à bourdonner, et la conversation suivante s'engagea :

« +++ Ici le chef d'état-major du Groupe d'Armées du Don (C'était le général Schulz).

1. La mission d'Eismann a suscité une controverse entre les dirigeants allemands. Le feld-maréchal von Manstein déclara que le rapport du major, relatif à cette conférence, l'avait convaincu que Paulus et Schmidt n'envisageaient pas d'effectuer une percée, dans les conditions où ils se trouvaient. Or, Arthur Schmidt a repoussé cette allégation, en précisant que Paulus et lui-même s'étaient bornés à souligner les redoutables problèmes imposés à la VIe armée, à cause de l'insuffisance du ravitaillement par le pont aérien. En outre, Schmidt estime que Manstein s'est servi des remarques de cet « humble » major pour justifier ses propres actions ultérieures. Quant à Friedrich von Paulus, il n'a jamais fait publiquement la moindre allusion à la visite du major Eismann à Goumrak, donnant ainsi l'impression qu'il n'y attachait pas d'importance particulière. En tout cas, il n'existe pas aux archives de relevé sténographique de cette conférence.

+++ Le général Paulus vous écoute.

+++ Le feld-maréchal désire connaître votre opinion sur la question suivante : estimez-vous possible d'effectuer une percée vers l'ouest, en direction de Kalach ?... Il est certain que l'ennemi est en train de consolider ses positions sur le front sud...

+++ Vis-à-vis de quel front sud cette consolidation est-elle décelée ? Face à la VIᵉ Armée, ou face au Groupe Hoth ?

+++ Face au front sud de la VIᵉ Armée.

+++ Je vais vous répondre par radio.

+++ Avez-vous d'autres questions à me poser ?

+++ Le général a dit que non et il est parti, répondit l'opérateur. »

Paulus ne tarda pas à envoyer sa réponse par T.S.F :

« N° 404 — 19-12-1942, 1 h 35 — Ultra Secret.

Au Groupe d'Armées du Don.
Sortie vers le sud plus facile encore actuellement, les Russes opposés au front sud de l'armée étant moins préparés à se défendre de ce côté, et plus faibles que dans le secteur de Kalach à l'ouest... Paulus. »

A 70 km au sud du « Chaudron », la 17ᵉ division blindée allemande fonça pour se placer à la gauche de la 6ᵉ division blindée, qui cherchait à crever les lignes soviétiques pour atteindre la VIᵉ Armée. Hitler s'était enfin décidé à laisser cette belle unité renforcer de sa puissance de feu l'offensive de Manstein, en sorte qu'au début de l'après-midi du 19 décembre les chars allemands se ruèrent de nouveau à l'attaque de Verkhne-Koumski. Des centaines de soldats de l'Armée Rouge sortirent tout à coup de leurs trous individuels, levèrent les bras en signe de reddition, et les équipages des engins leur firent signe de marcher vers l'arrière.

La 6ᵉ division blindée reçut alors l'ordre de s'emparer au plus vite du pont de Vassilevska, à 25 km au nord-est, sur la Michkova. Le « Chaudron », dans lequel d'autres chars et de l'artillerie se tenaient prêts, n'était plus qu'à 40 km à vol d'oiseau de cette ville. Tandis que le crépuscule d'hiver tombait de bonne heure, les Allemands ragaillardis se hâtèrent vers leur nouvel objectif, sur une route enduite de glace. Devant eux, l'horizon s'illumina bientôt, à mesure que les canons russes, bien camouflés, commençaient à ouvrir le feu sur les assaillants.

Pendant ce temps, à Novocherkassk, Erich von Manstein préparait avec soin le rapport dans lequel il exposait à Adolf Hitler le moyen de sauver la VIᵉ Armée. Ce document était ainsi conçu :

« Par Télétype — 19-12-1942, 14 h 25 — Ultra Secret.

"Chefsache" — Transmission Uniquement par officiers Au chef de l'état-major général de l'armée, pour remise immédiate au Führer.

La situation... s'est développée de telle manière qu'il est impossible d'envisager dans un proche avenir le dégagement de la VIᵉ Armée.

A cause de la pénurie d'avions et du mauvais temps, il est impossible de ravitailler l'armée par la voie des airs et d'assurer son entretien, comme cela a été prouvé au cours des quatre semaines écoulées depuis l'encerclement... De toute évidence, le Corps cuirassé ne peut à lui seul dégager un couloir pour atteindre la VIᵉ Armée, et il pourrait encore moins le maintenir ouvert. *Je crois donc maintenant qu'une sortie de la VIᵉ Armée vers le sud-ouest est la dernière possibilité qui reste de sauver au moins la masse des troupes et les armes encore mobiles.*

L'objectif immédiat de la percée sera d'établir le contact avec le 57ᵉ Corps cuirassé (6ᵉ blindée, etc.) approximativement sur la Michkova. Cela ne peut être réalisé que par le combat des troupes encerclées, se frayant un chemin vers le sud-ouest, tout en opérant un repli de toute l'armée, de telle manière que l'on abandonnera, secteur par secteur, la zone fortifiée du nord, à mesure qu'on gagnera du terrain au sud-ouest. Il est impératif qu'au cours de l'opération, l'aviation assure le ravitaillement de l'armée, par chasseurs et chasseurs-bombardiers...

Si l'on tarde davantage, le 57e Corps cuirassé sera immobilisé avant longtemps sur la Michkova ou au nord de la rivière, ce qui exclura la possibilité d'attaquer simultanément l'ennemi de l'extérieur et de l'intérieur. De toute manière, avant de se rassembler pour la percée, la VIe Armée aura besoin de plusieurs jours pour regrouper ses unités et faire le plein de carburant.

Les réserves alimentaires dans la poche dureront jusqu'au 22 décembre. Les hommes montrent déjà des symptômes de débilité... Selon un rapport de l'armée, il n'est plus possible d'utiliser les chevaux, ceux-ci étant soit trop exténués soit abattus pour nourrir les troupes.

Le commandant en chef du Groupe d'Armées du Don
von Manstein »

Ainsi, le feld-maréchal demandait en quelque sorte l'évacuation du « Chaudron » et la retraite complète des troupes occupant la « passion » de Hitler ; la ville de Stalingrad.

Parvenue à une soixantaine de kilomètres du périmètre sud du « Chaudron », la 6e division blindée progressait à travers un secteur qui ne lui était pas familier. Allant toujours de l'avant, elle n'avait pas le choix : affronter un barrage meurtrier d'artillerie tirant des projectiles antichars. De chaque côté de la route, des mitrailleuses russes criblaient les assaillants de balles traçantes, qui ricochaient sur les tourelles closes. A l'intérieur des engins, les équipages étaient souvent éblouis par l'explosion toute proche d'un obus. Dans ses écouteurs, chaque commandant de char entendait l'ordre constamment répété : « Ne vous arrêtez à aucun prix ! » Ainsi, les pelotons continuèrent leur charge et finirent par dépasser les positions de l'artillerie russe. Dès lors, ils s'enfoncèrent dans une zone inconnue, laissant derrière eux un grand nombre de chars détruits, explosant ou brûlant.

Cependant, le téléscripteur reliant Goumrak à Novo-cherkassk recommença de cliqueter, enregistrant un nouveau dialogue :

« 19-12-42, 17 h 50.

+++ Etes-vous présents, messieurs ? demanda Man-stein.

+++ Oui, monsieur le feld-maréchal.

+++ Veuillez me donner brièvement vos commentaires sur le rapport Eismann. »

Paulus analysa minutieusement les solutions envisagées :

« +++ *Cas n° 1.* — Une sortie vers le sud, au-delà de Bousinovka pour rejoindre Hoth, n'est possible qu'avec des blindés. Nous manquons d'infanterie, et celle-ci est indispensable pour la défense de Stalingrad. Si cette solution est adoptée, il ne restera aucune réserve dans la forteresse...

Cas n° 2. — Une percée sans établir le contact avec Hoth ne peut être envisagée qu'en cas d'extrême urgence. Il faut alors accepter la perte de grandes quantités de matériel. La condition préalable à une telle opération est l'arrivée ici d'approvisionnements suffisants (vivres et carburant), afin d'améliorer l'état de santé des troupes avant l'attaque. La solution serait facilitée si Hoth pouvait établir un contact provisoire, de manière à nous envoyer des tracteurs. Pour l'instant, les divisions d'infanterie sont pratiquement immobiles, et chaque jour cet état de choses empire parce que nous sommes obligés d'abattre tous les chevaux.

Cas n° 3. — Etant donné la situation actuelle, la poursuite de la défense dépend du ravitaillement et de renforts suffisants. Jusqu'à présent, les approvisionnements ont été tout à fait insuffisants. A la cadence actuelle de leur arrivée, il ne sera pas possible de continuer longtemps à tenir la forteresse.

+++ A quelle date pourriez-vous, au plus tôt, être prêts pour la deuxième solution ("Coup de Tonnerre"), c'est-à-dire l'évacuation complète du "Chaudron" ?

+++ Une période préparatoire de trois ou quatre jours est nécessaire.

+++ De combien de vivres et de carburant avez-vous besoin pour atteindre la Michkova ?

+++ Une fois et demie la quantité normale de carburant, que l'intendant général du Groupe d'Armées déterminera facilement. En vivres, il faudra dix jours de rations réduites pour 270 000 hommes...

+++ Bien... Avez-vous d'autres questions ?

+++ Oui, deux. Primo, le Corps Cuirassé pourrait-il participer à nos entretiens pour préparer la deuxième solution ? Secundo, quelle est la situation du Groupe Hoth ?

+++ Pour la première question, attendez notre conversation de ce soir... Pour la seconde, Hoth attaque et progresse de chaque côté de Verkhne-Koumski... »

Peu après, les deux généraux conférèrent de nouveau par téléscripteur, car Manstein venait de recevoir de Prusse-Orientale la permission de donner à la VIe Armée un accord partiel pour préparer une sortie. Le feld-maréchal déclara :

« +++ Bonsoir, Paulus. Tout a bien marché pour Hoth aujourd'hui. La 6e division blindée a atteint la Michkova.

Après cet entretien, vous recevrez un ordre, mais je tiens à ce que vous compreniez bien ceci : "Coup de Tonnerre" est une solution possible, qui ne deviendra effective que sur un ordre spécial. Eismann m'a exposé en détail votre situation, et je suis pleinement conscient de vos difficultés... Si vous avez des questions à me poser à propos de cet ordre, nous en reparlerons cette nuit. Pour l'instant je n'ai rien d'autre...

+++ Si vous me le permettez, je voudrais vous rendre compte brièvement de ce qui s'est passé aujourd'hui. Il y a eu divers combats, plus ou moins heureux, dans le sud du front occidental et sur le front du Sud-Ouest. L'ennemi a attaqué avec 60 ou 80 chars. A cette occasion, nous avons observé un régiment de chars complètement neufs, portant le N° 25. Puissant soutien de l'aviation ennemie. Plusieurs chars russes qui avaient pénétré dans nos lignes ont été détruits en arrière de notre front. En divers points, nos positions ont été enfoncées, mais sans gravité, et la situation y sera bientôt redressée... Les combats de cette journée ont nécessité l'emploi temporaire de tous nos chars et d'une partie de nos forces. Ils prouvent que, dans le secteur ouest, celui de Kalach, l'ennemi dispose de forces particulièrement importantes, en chars et en artillerie. Nous avons détruit aujourd'hui 26 chars... Je dois signaler que, pour la première fois, le ravitaillement par avion a été satisfaisant : 128 appareils ont atterri, apportant 220 tonnes d'approvisionnements divers.

+++ Félicitations pour vos opérations défensives. Amitiés.

+++ Merci beaucoup, monsieur le feld-maréchal. Est-ce que vous me transmettez l'ordre maintenant ?

+++ Tout de suite. Un instant, je vous prie. »

Quelques minutes plus tard, le téléscripteur inscrivit :

« Télétype N° 60 328 — Ultra Secret — *« Chefsache »* — Transmission uniquement par officiers. 19-12-42, 18 heures.

Ordre à la VIe Armée :

1. Le 57e Corps cuirassé (6e et 17e divisions blindées) de la IVe Armée blindée a vaincu l'ennemi dans la région de Verkhne-Koumski et atteint la Michkova... Une attaque contre d'importantes forces ennemies a commencé dans la région de Kamenka et au nord de ce secteur. Il faut s'attendre à de durs combats...

2. La VIe Armée se rassemblera le plus tôt possible pour l'Opération "Tempête d'Hiver", qui aura pour objectif d'établir le contact avec le 57e Corps cuirassé, de manière à recevoir par cette voie quantité d'approvisionnements.

3. Il se peut que l'évolution de la situation nécessite une extension du paragraphe 2, sous la forme d'une percée effectuée par la VIe Armée entière, dans le but d'opérer sa jonction avec la 6e division blindée sur la Michkova. Ce sera alors l'Opération "Coup de Tonnerre". Dans ce cas, il serait aussi utile de réaliser une rapide percée avec des chars, pour établir le contact et permettre l'arrivée d'un convoi d'approvisionnements. La VIe Armée avancerait alors vers la Michkova en couvrant ses flancs... tout en évacuant la zone fortifiée, secteur par secteur.

Dans certaines circonstances, il pourrait devenir nécessaire de faire immédiatement suivre « Tempête d'Hiver » par « Coup de Tonnerre ». Dans l'ensemble, la VIᵉ Armée devra opérer en recevant par avion son ravitaillement normal, et sans constituer au préalable des stocks importants. Il faudra conserver le plus longtemps possible l'aérodrome de Pitomnik en état de fonctionnement. Tout l'armement mobile devra être emporté, et dans ce but il faudra le concentrer au plus tôt dans le secteur sud-ouest.

4. Préparez tout en vue de l'exécution du paragraphe 3. l'opération ne devant être déclenchée que sur l'ordre précis "Coup de Tonnerre".

5. Rendez compte du jour et de l'heure du déclenchement de l'Opération "Tempête d'Hiver".

Q. G. du Groupe d'Armées du Don,
G3 Nº 0369/42 von Manstein, général feld-maréchal »

Cet ordre déçut profondément Paulus et Schmidt. Alors qu'ils espéraient être autorisés à combiner « Tempête d'Hiver » et « Coup de Tonnerre » en une seule et puissante opération, on leur disait de chercher seulement à opérer une jonction avec les forces venant au secours de l'armée. Une fois de plus, Adolf Hitler refusait de les laisser tenter une percée libératrice.

Entre-temps, la 6ᵉ division blindée avait commencé de progresser de manière remarquable vers le « Chaudron ». Sa vitesse était incroyablement rapide. Par une nuit si froide que les hommes avaient du mal à respirer l'air glacé, la lune se leva dans un ciel étoilé et fit paraître la neige fluorescente. Même lorsque les chars se trompaient de chemin, les Russes ne s'opposaient plus à leur passage.

Vers 22 heures, l'avant-garde marqua une courte pause. Les véhicules formaient une longue file sur la plaine blanche. Par les fentes de visée des chars, les équipages distinguaient la ligne des poteaux téléphoniques se perdant à l'horizon, barrée par une série de petites collines, l'une d'elles étant surmontée d'un village. Des fossés antichars et des tranchées avaient été creusés de part et d'autre de la route. A peine la colonne avait-elle stoppé, que des soldats soviétiques sortirent de leurs abris et s'approchèrent sans méfiance des blindés. Les Allemands retinrent leur respiration. Le lieutenant Horst Scheibert crut d'abord qu'il était victime d'une illusion d'optique, mais son canonnier lui murmura à l'oreille que ces hommes étaient bien armés. Scheibert le fit taire, mais se prépara à un combat rapproché, en prenant dans une main une grenade et dans l'autre son revolver.

Cependant, les Russes interpellaient en plaisantant les occupants des chars, entièrement clos et silencieux. Scheibert se demanda s'ils allaient mettre longtemps à découvrir leur méprise. Il commençait à sentir la sueur couler sous son casque jusqu'à ses yeux. Certes, il pouvait donner l'ordre d'ouvrir le feu, mais il éprouva une étrange répugnance à « assassiner ces innocents » sur la route.

Soudain un coup de canon partit d'une colline proche, aussitôt suivi de rafales de mitrailleuses. Tous les Russes coururent se réfugier dans leurs tranchées, tandis que Scheibert mettait fin à l'étonnante situation en donnant l'ordre de repartir, et les chars foncèrent de nouveau dans la nuit.

Ce soir-là, il y eut encore un entretien par téléscripteur entre les généraux Schmidt et Schulz :

« Le 19-12-42, de 20 h 40 à 21 h 10.

+++ Ici, Schulz. Bonsoir, Schmidt.
+++ Bonsoir, Schulz. Voici les nouvelles.
1. Les combats de cette journée ont nécessité l'action défensive de tous nos chars et d'une bonne partie de l'infanterie. Il a fallu pour cela puiser beaucoup dans les réserves de carburant et de munitions destinées à la percée. Or, nous sommes certains que les Russes vont pour-

suivre leurs attaques de harcèlement au cours de la journée de demain. Il est évident que nous ne pouvons rassembler nos forces, en vue d'une attaque au sud, que si elles ne sont pas engagées dans des opérations défensives. Quand cela se produira-t-il ? Il nous est impossible de le dire. Nous avons néanmoins fait des préparatifs, afin que les troupes soient rassemblées environ 20 heures après qu'elles auront été libérées du front défensif. Nous ne pourrons donc vous donner des précisions que plus tard, peu avant le rassemblement. La date la plus proche ne saurait être que le 22 décembre, à condition que nous ayons reçu dans l'intervalle assez de carburant et de munitions. Nous comptons attaquer à l'aube.

2. Une percée avec l'infanterie, au-delà de la rivière Donskaya-Tsaritsa, c'est-à-dire avant la Michkova, est impossible sans compromettre la défense de la forteresse. On ne peut envisager qu'une brève sortie de blindés au-delà de ce cours d'eau, étant entendu que les chars devront rester prêts à tout moment à regagner la forteresse : ce sera en quelque sorte une intervention semblable à celle d'une brigade de pompiers.

3. Cela signifie que — si Stalingrad doit toujours être défendu — la VIᵉ Armée ne pourra effectuer une percée que si le 57ᵉ Corps, en particulier la 6ᵉ division blindée, atteint Bousinovka et approche dès aujourd'hui de ce secteur.

4. Vous recevrez demain soir notre opinion concernant "Coup de Tonnerre", car elle implique une enquête approfondie...

+++ Votre opinion concorde entièrement avec la nôtre.

+++ Parfait. Pas d'autres questions. »

Après un bref échange de vues relatif aux besoins les plus urgents en approvisionnements, Schulz conclut :

« Rien de plus pour ce soir. Je vous souhaite le plus de succès possible... *Heil und Sieg.* »

A 200 km au nord-ouest de Goumrak, la seconde offensive soviétique se déclenchait à ce moment contre les forces italiennes assurant la défense du Don supérieur. Dans un hôpital de campagne, les infirmiers parcoururent soudain les salles, en criant que les Russes avaient enfoncé les positions et n'étaient plus qu'à quelques centaines de mètres. Ce fut aussitôt un sauve-qui-peut général. Ayant chargé ses blessés dans des camions, le Dr Cristoforo Capone et son adjoint grimpèrent dans un des véhicules, qui partit avec une extrême lenteur sur la route enneigée.

Bientôt une pluie d'obus s'abattit sur la colonne, en sorte que le médecin jugea plus prudent de sauter du camion dans une congère. Un instant plus tard, un projectile explosa au milieu du véhicule, tuant l'adjoint de Capone. Éperdu, le docteur s'éloigna du brasier. Quelques heures plus tôt, il se réjouissait à la pensée d'aller passer Noël en famille. Maintenant, il fuyait sur une route jonchée de morts et de mourants, avec des soldats affolés qui maudissaient leur sort. La VIIIe Armée italienne s'était débandée.

Ignorant ce nouveau désastre, la 6e division blindée allemande, fonçant vers le « Chaudron », pénétra dans un village sur la rive sud de la Michkova. Peu avant l'aube du 20 décembre, l'avant-garde de la colonne aperçut une voiture soviétique qui se dirigeait à toute allure vers le pont intact menant à Vassilevska, sur l'autre rive. Elle parvint à le franchir, mais ses occupants commirent une lourde faute en ne faisant pas sauter l'ouvrage.

Les chars allemands purent donc occuper Vassilevska au petit jour et organiser une défense en hérisson, en attendant de recevoir du ravitaillement, des munitions et du carburant. Ils avaient devant eux, barrant la route de Stalingrad, toute la IIe Armée de la Garde soviétique, déployée sur une grande largeur. Alors que les guetteurs cherchaient en vain à distinguer à l'arrière les camions tant désirés, les Russes commencèrent à contre-attaquer, et un officier allemand put noter à juste titre dans son journal :

« 20-12-42, 6 heures — La résistance ennemie se renforce d'heure en heure... Nos troupes fatiguées — 21 chars sans essence et 2 compagnies d'artillerie d'assaut affaiblies — sont insuffisantes pour élargir la tête de pont... »

Sur le Don supérieur, le soleil levant éclaira une scène effroyable. Le froid rigoureux avait tué des milliers de soldats italiens, qui s'étaient arrêtés un moment pour dormir pendant la nuit. Ces malheureux semblaient confortablement assis au bord des routes, tels les spectateurs ennuyés d'un spectacle aux arènes romaines. Tandis que leurs compatriotes en déroute passaient devant eux, la neige s'agglutinait peu à peu aux visages et aux manteaux de ces cadavres gelés. Quand elle les eut complètement recouverts, ils devinrent des jalons indiquant leur chemin aux survivants.

Hébété, Cristoforo Capone continuait de marcher, lui aussi, devant ces sinistres statues de glace, sans parvenir à saisir vraiment la réalité de la situation. Soudain les plaintes d'un blessé attirèrent son attention, et il s'accroupit près d'un jeune soldat. N'ayant aucun moyen de le soigner, il lui prit la tête à deux mains et, le regardant tristement, murmura :

— Je ne peux hélas rien pour toi, mon petit. Il faut que tu aies du courage...

Comme le blessé fixait sur lui un regard désespéré, un obus éclata tout près, et un éclat le scalpa, faisant gicler sa cervelle et son sang sur le docteur. Pendant quelques longues secondes, celui-ci continua de tenir dans ses mains ce masque sanglant, puis il s'effondra à côté du cadavre et vomit. Quand la nausée fut passée, il se redressa lentement et vit à ses pieds un petit sachet rempli de sucre, que quelqu'un avait laissé tomber dans la neige. Affamé, il se mit à dévorer cette nourriture providentielle.

Pendant que la VIIIe Armée italienne se désintégrait, le téléscripteur de Goumrak enregistrait une nouvelle et longue conversation entre deux chefs d'état-major.

« 20-12-42, après-midi.

+++ Ici le général Schulz.

+++ Ici le général Schmidt. Bonjour, Schulz. Voici les nouvelles.

1. Par suite de nos pertes de ces derniers jours, la situation des troupes, sur le front ouest et dans la ville de Stalingrad, est devenue extrêmement critique. Les pénétrations ennemies ne peuvent être repoussées que par les forces destinées à être engagées dans l'Opération "Tempête d'Hiver". Si l'ennemi réussissait à enfoncer nos positions d'une manière importante, nous aurions besoin pour l'arrêter de toutes nos réserves, et en particulier des chars... Jusqu'à présent, les chars n'ont eu à intervenir sur le front ouest que tous les deux ou trois jours — comme une brigade de pompiers, pour ainsi dire. Cela signifie — nous l'avons signalé hier — que, si nous faisons sortir des forces importantes trop loin de la forteresse, on est en droit de se demander si celle-ci pourra continuer de résister... C'est pourquoi le déclenchement de l'attaque dépendra du succès de la progression de la 6e division blindée et du secteur qu'elle atteindra... Toutefois, le Groupe d'Armées peut être assuré que nous ne jugerons jamais la situation en nous plaçant à notre seul point de vue et que nous n'agirons pas égoïstement. Cependant, nous demandons une fois de plus qu'on ne nous ordonne pas de nous rassembler pour l'attaque, tant qu'on n'aura pas la certitude que les forces de Hoth atteindront le secteur de Bousinovka... A ce sujet, il serait particulièrement important à nos yeux que nous recevions des informations plus détaillées et continues sur la situation de Hoth et ses opérations.

2. *La situation serait sensiblement différente, si l'on avait la certitude que "Coup de Tonnerre" suivra sans délai "Tempête d'Hiver".* Dans ce cas, nous pourrions endurer des pénétrations locales de l'ennemi, pourvu qu'elles ne compromettent pas la retraite de l'armée

entière. Nous serions alors beaucoup plus forts pour réussir une percée vers le sud, parce que nous pourrions retirer de nombreuses réserves locales des autres fronts, pour les concentrer dans la zone sud. Par conséquent, il serait essentiel pour la VIe Armée de savoir à temps si "Coup de Tonnerre" est toujours projeté...

3. Au cas où "Coup de Tonnerre" serait mis en œuvre, il est nécessaire qu'une partie des 8 000 blessés soient évacués par avion. Chaque jour, nous avons 500 ou 600 pertes supplémentaires. Si donc on évacue quotidiennement 1 000 blessés, 6 à 8 jours suffiraient pour que la moitié du total parte par avion ; la seconde moitié pourrait être évacuée par air ou par camion pendant l'opération...

4. Si nous exécutons "Tempête d'Hiver", il faut garder présent à l'esprit que "Coup de Tonnerre" pourra suivre aussitôt, à condition de nous laisser 5 à 6 jours de préparatifs, sinon nous serions contraints d'abandonner ou de détruire beaucoup de matériel...

5. ... De notre côté, tout a été préparé selon votre ordre d'hier, et les mouvements pour les deux opérations peuvent commencer très rapidement. Terminé. »

Le major Eugen Rettenmaier dut quitter son régiment, le 576e, qui occupait toujours l'usine « Barrikady », pour remplir une mission dans les quartiers ouest de Stalingrad. Il faisait ce jour-là un froid sibérien : moins 30 degrés. Le nez de l'officier coulait, et la morve gelait sur ses lèvres. Comme il marchait avec son ordonnance dans une rue défoncée, il remarqua un homme assis dans la neige et le reconnut : il appartenait à l'une de ses compagnies.

— Es-tu fatigué ? lui demanda-t-il.

Le soldat fit un signe de tête affirmatif, sans dire un mot.

— Allons, lève-toi ! reprit Rettenmaier. On va t'aider.

Le tenant chacun par un bras, le major et son ordonnance emmenèrent l'homme au poste de secours le plus proche, où un médecin l'examina. Il était trop tard : une heure plus tard, le malheureux mourait. Le premier diagnostic émis par le docteur avait été : mort d'inanition. Mais il se hâta de le modifier et inscrivit : « Epuisement ou troubles circulatoires. »

Rettenmaier, pour sa part, savait exactement à quoi s'en tenir : ce soldat était mort de faim, et de rien d'autre.

CHAPITRE XXII

Sur le Don supérieur, à l'ouest de Serafimovich, le lieutenant Felice Bracci — qui était venu en Russie pour voir la merveilleuse steppe — la traversait maintenant aussi vite que possible, pour tenter de sauver sa vie. Il avait été brutalement réveillé la veille par un de ses subordonnés, lui criant que son régiment, le 3e Bersagliers, s'était en grande partie enfui vers le sud. Mal réveillé, Bracci crut d'abord à une mauvaise plaisanterie, mais le regard terrifié du sous-officier eut tôt fait de le convaincre qu'il disait la vérité. Saisissant un fusil, il courut au poste de commandement de sa compagnie, dont le chef affolé lui ordonna de se replier sur Kalmikoff, 50 km au sud, en n'emportant que ses deux canons antichars. Tout le matériel lourd devait être détruit avant le départ.

La 5e compagnie de ce régiment se mit donc en route et, quelques heures plus tard, d'autres éléments disparates de l'armée italienne en retraite se joignirent à la colonne, dont Bracci commandait l'arrière-garde. Ses deux lourdes pièces étaient tirées à bras par les hommes, derrière lesquels il n'y avait rien que l'immense plaine blanche où soufflait un vent du nord glacé. La nuit tombée, la température continua de baisser et les canons devinrent plus durs à traîner. Bracci aidait les soldats, qui souffraient souvent de profondes crevasses aux mains, les exhortant à avancer malgré la neige qui parfois bloquait la route.

Cependant, ils furent de plus en plus nombreux à perdre courage. L'un d'eux se jeta sous un camion qui passait. Un autre assis sur le talus, au bord de la route, se mit à pleurer. Bracci tenta vainement de l'inciter à se lever. Sa mitraillette entre les jambes, l'homme refusa de bouger et resta à sangloter, tandis que la colonne s'éloignait dans la nuit.

Le 20 décembre à 9 heures, Bracci arriva à Kalmikoff, où se trouvaient des milliers de soldats épuisés et effarés. La ville était encombrée de canons, de camions et de matériel, au milieu desquels les troupes allaient et venaient, cherchant leurs camarades. Bracci reçut alors de nouveaux ordres. Son régiment, reformé, allait cette fois mener la retraite vers Mechkov, un nœud routier important sur le chemin de Millerovo. Le piétinement monotone de milliers de bottes dans la neige glacée engourdissant les marcheurs, lorsque soudain le bruit lointain de moteurs les fit tressaillir : ils ne connaissaient que trop ce qu'il signifiait.

Bracci et ses hommes camouflèrent leurs pièces derrière un épais bosquet et attendirent. Sur la route, des centaines d'yeux inquiets semblaient implorer une protection éphémère. Bientôt des « T-34 » apparurent à moins d'un kilomètre, exécutèrent un mouvement tournant, comme pour mieux évaluer l'importance de l'ennemi, puis s'éloignèrent sans avoir ouvert le feu, en sorte que les Italiens reprirent la marche vers Mechkov.

En fin d'après-midi, Bracci distingua les flèches d'une cathédrale qui se détachaient à l'horizon. Les bersagliers se dispersèrent en tirailleurs pour aborder l'agglomération, et bien leur en prit : des mortiers et des mitrailleuses ne tardèrent pas à ouvrir le feu sur eux. Désespérés, ils comprirent que les Russes les avaient devancés et barraient la route du sud. Il n'y avait pas le choix : il fallait les attaquer.

La belle et antique église de pierre servait de point d'appui central aux défenseurs soviétiques, car ses murs épais défiaient toute destruction. Dans la pénombre du soir, des milliers d'Italiens se lancèrent à l'assaut du monument, en poussant leur cri de guerre : « Savoia ! Savoia ! » Ils furent reçus par un feu nourri de balles traçantes. Bénéficiant d'un bon champ de tir, Bracci cribla l'église d'obus, sans que la résistance de l'ennemi parût faiblir. Tout autour de cette véritable forteresse, c'était un embrasement permanent, et les plaintes des blessés se mêlaient au fracas des explosions.

Finalement les chefs italiens se rendirent compte que, malgré un combat acharné, la lutte était vaine et trop coûteuse. Ordre fut donc donné de battre en retraite et de regagner Kalmikoff. Le lendemain matin, le colonel de Bracci lui ordonna de bien enterrer ses canons, de manière à défendre la ville jusqu'à l'arrivée de secours allemands. Il prenait ses désirs pour la réalité. En fait d'alliés, ce furent des canons soviétiques qui, postés sur des collines environnantes, arrosèrent bientôt Kalmikoff de projectiles, semant la panique parmi les bersagliers qui s'enfuirent. Accroupi près d'une maison, Bracci vit celle-ci voler en éclats. Couvert de débris mais indemne, il bondit sur le marche-pied d'une voiture qui passait, mais celle-ci ne tarda pas à s'enliser. A ce moment, des cavaliers russes apparurent. Encerclés, les soldats italiens commencèrent à lever les bras et à se rendre. A côté de Bracci, un colonel regarda sa montre et dit tristement :

— C'est la fin pour nous. Nous sommes prisonniers.

C'était le 21 décembre, à 9 h 30.

Ce même matin, des officiers de renseignements du Groupe d'Armées du Don recevaient un hôte de marque. La veille au soir, le général Ivan Pavlovitch Kroupennikov, commandant la IIIe Armée de la Garde soviétique, était tombé avec son état-major dans une embuscade tendue par les Allemands et, après un combat sans espoir, avait fini par se rendre. Traité avec les égards dus à son grade et bien nourri, le général fut assailli de questions, auxquelles il répliqua en demandant des nouvelles de son fils Youri, porté disparu après l'engagement. Les officiers de Manstein promirent de faire une enquête et de ramener ce lieutenant à son père, si bien que celui-ci leur en fut reconnaissant et se mit à parler.

Il commença par préciser qu'il faisait seulement fonction de commandant de son armée et que le chef titulaire de ce poste, le général Lelyouchenko, était malade depuis dix jours. Sachant que les Allemands allaient les apprendre par les documents trouvés dans sa serviette, il fournit aussi divers renseignements. L'effectif de son armée s'élevait à environ 97 000 hommes, il disposait de 274 chars, et son artillerie comportait plus de 500 canons de calibre supérieur à 75 mm. Mais quand ses interrogateurs insistèrent pour obtenir d'autres informations — nouvelles unités arrivées sur le front, leur constitution et leurs objectifs il se déroba en arguant de son honneur de soldat.

Changeant de tactique, les Allemands l'interrogèrent sur la situation à l'intérieur de la Russie. Il répondit qu'il y avait des rationnements, dus surtout à des difficultés de transport. Ainsi, explique-t-il, on avait fait de belles récoltes en Sibérie et en Asie centrale, mais le gouvernement laissait ses stocks, afin de consacrer les voies ferrées au transport exclusif de troupes et de matériel lourd, à destination des fronts.

Spontanément, Kroupennikov raconta qu'à un moment il avait pensé que la Russie perdrait la guerre ; mais depuis qu'il avait vu le pitoyable état des prisonniers allemands près de Moscou, il ne considérait plus les nazis comme des « surhommes ». Maintenant, il ne donnait pas cher des chances de victoire de l'Allemagne.

Pendant cet entretien, on avait recherché le fils du général sans retrouver sa trace, si bien que les enquêteurs pensaient qu'il avait dû succomber à ses blessures sur le champ de bataille enneigé. Ils revinrent donc et dirent un mensonge à Kroupennikov : Youri était blessé, ne pouvait être transporté, mais ne courait pas de danger. Très soulagé, le chef soviétique continua de répondre aux questions posées.

En ce qui concernait les plans soviétiques, il le fit avec beaucoup de clarté. La principale stratégie des Russes consistait à pousser jusqu'à Rostov et à couper la retraite aux forces allemandes opérant dans le Caucase. Leurs premières offensives, du 19 novembre sur le Don et du 20 au sud de Stalingrad, ne visaient qu'à un but limité : l'encerclement de la VIe Armée à l'ouest de la Volga. La seconde phase, qui se développait maintenant, avait pour objectif de « crever le front de la VIIIe Armée italienne à l'ouest de Serafimovich sur le Don, puis de tomber sur les arrières des troupes allemandes à Morozovskaya... »

L'ordre définitif d'avoir à foncer vers le sud jusqu'à Rostov n'avait pas encore été lancé, au moment où Kroupennikov était tombé dans l'embuscade, mais il estimait que cette opération se révélait possible, « du fait des pertes légères suscitées par la victorieuse attaque contre le front italien ». Ce dernier renseignement, jugé d'une extrême importance par les interrogateurs, fut aussitôt transmis à Novocherkassk, et un secrétaire se hâta de dactylographier un rapport pour le feld-maréchal von Manstein, relatif aux révélations de Kroupennikov. Celles-ci consternèrent les officiers d'état-major, car ils comprirent tout de suite qu'elles allaient nécessairement avoir des conséquences néfastes sur le plan de sauvetage de la VIe Armée, encerclée à Stalingrad.

A vrai dire, l'exécution de ce plan était déjà compromise. Tandis qu'on interrogeait le général, les troupes russes interdisaient à la 6e division blindée de progresser davantage vers le « Chaudron ». Incapables de dépasser Vassilevska, qui se trouvait seulement à 65 km au sud de Stalingrad, les chars allemands ne purent que conserver avec ténacité la tête de pont sur la rive nord de la Michkova, malgré une pénurie d'approvisionnement qui devenait catastrophique. Les équipages manquaient autant d'eau potable que d'essence : pour étancher leur soif, ils devaient s'emplir la bouche de neige sale. Enfermés dans les chars, incapables de bouger, ils étaient des cibles faciles à atteindre, non seulement pour les canonniers ennemis, mais aussi pour l'infanterie russe : d'audacieux tireurs soviétiques parvinrent jusqu'à 15 m du poste de commandement du colonel Hunersdorff, qui dut mener en personne une contre-attaque et les repousser. Un grand nombre de blessés gisaient, sans soins, et leurs officiers se demandaient avec inquiétude où ils les mettraient, au cas où l'ordre de battre en retraite leur parviendrait. Tandis que des obus sifflaient à tout moment dans l'air, certains hommes, atteints peu gravement, cessèrent soudain de gémir et moururent : le froid rigoureux les avait tués.

Dans l'après-midi de cette journée, les chefs d'état-major eurent une nouvelle conversation par téléscripteur :

« 21-12-42, de 16 h 05 à 17 h 05.

+++ Ici, général Schmidt.
+++ Ici, Schulz. J'ai plusieurs questions importantes à vous poser.
1. Combien de carburant vous reste-t-il ? Donnez séparément les chiffres pour les diesels et les autos.
2. Combien de kilomètres cela représente-t-il ? Cette quantité suffirait-elle pour élargir la poche vers le sud, tout en continuant à tenir les fronts restants ?
3. Si votre stock de carburant vous permet d'avancer

au sud sur cette distance, pouvez-vous le faire, étant donné les effectifs de troupes dont vous disposez ?

4. Combien de carburant consomme-t-on quotidiennement pour les allées et venues indispensables au ravitaillement des unités à l'intérieur de la poche ?

Pouvez-vous répondre tout de suite à ces questions ? »

Schmidt fournit, quelques minutes plus tard, les renseignements :

« +++ Voici les réponses, par paragraphe :

1. Le stock actuellement disponible de carburant est à peu près de 130 000 litres pour les autos et de 10 000 litres pour les diesels, y compris ce que nous avons reçu aujourd'hui par avion, et ce qu'il nous faudra pour ravitailler les troupes, en allées et venues, au cours des prochains jours.

2. *Ce stock permettrait aux troupes combattantes de la percée d'avancer de 20 km, y compris le rassemblement pour attaquer.*

3. Même en tenant compte de la situation des effectifs, nous pourrions avancer de 20 km. Mais nous ne pourrons pas tenir à la fois le front de la percée et la forteresse, pendant un certain laps de temps, sans les troupes affectées à l'attaque et, tout particulièrement, sans les blindés. Il nous faut, dans un très proche avenir, des renforts en hommes dans la forteresse, si nous devons la conserver. Toute sortie occasionnera inévitablement des pertes, qui compromettront la défense de la forteresse elle-même.

4. La consommation quotidienne de carburant pour le ravitaillement est de 30 000 litres.

+++ C'est noté. J'ai d'autres informations. Le Commandement Suprême de l'Armée n'a pas encore approuvé la mise en œuvre de « Coup de Tonnerre »... Etant donné le grand nombre de troupes amenées par l'ennemi dans le sud de Stalingrad, il est peu probable que Hoth réussisse à progresser rapidement vers le nord, tant que l'ennemi ne subira pas une autre pression des forces de la VIᵉ Armée, exercée de l'intérieur de la poche. C'est pourquoi il est nécessaire que vous déclenchiez "Tempête d'Hiver" le plus tôt possible. Quand pouvez-vous vous rassembler pour l'attaque ? »

A cette question il était presque impossible de répondre. La VIe Armée essayait certes de se rassembler pour l'attaque, mais l'incertitude de Paulus quant à la date exacte de la percée, jointe à ses soucis dus au manque de carburant, provoqua souvent la confusion parmi ses troupes. Le simple soldat Ekkehart Brunnert fit la pénible expérience des conséquences entraînées par ces erreurs de commandement.

Son régiment ayant été désigné pour prendre la tête de l'attaque vers le sud, on se hâta de détruire tout le matériel inutile — voitures, camions et motocyclettes. Pour sa part, Brunnert en fut enchanté, car il vit dans cette mesure la preuve qu'on était vraiment décidé à sortir de la souricière. En outre, il avait remarqué un camion plein de vêtements chauds, que les civils allemands envoyaient aux combattants du front de l'Est. Le véhicule allait sûrement être détruit, mais on commencerait par distribuer aux soldats son contenu — bottes, gants, cache-nez, etc. Il n'en doutait pas, alors qu'il se tenait à son rang, devant le gros autocar qui allait les conduire sur le front sud. Or, à sa stupéfaction, un soldat répandit de l'essence dans le précieux camion et y mit le feu. Brunnert ne put même pas crier son indignation, car on lui ordonna de monter dans le car, pendant que les vêtements convoités et si nécessaires s'embrasaient. Se laissant choir sur son siège, il ne put retenir des larmes de rage et dit amèrement à son voisin :

— Pourvu qu'ils soient chaudement vêtus, nos chefs se fichent du reste !

A côté du car, sept « Hiwis » russes attendaient qu'on les fît monter. Or, trois seulement reçurent cet ordre, les quatre autres devant rester dans le « Chaudron ». Ces derniers supplièrent un sous-officier de les laisser partir, mais il refusa. Comme ils insistaient et l'imploraient à genoux, il les chassa à coups de pied et s'éloigna. Désespérés, ils allèrent s'accroupir à l'écart, la tête basse pour ne pas regarder leurs camarades, plus favorisés et tout heureux de quitter la souricière.

A l'intérieur du car, Brunnert avait fini par se ressaisir et, pour la première fois depuis des semaines, se détendait à la pensée de la proche libération. Il avait touché une forte ration de vivres et ne se laissait pas aller aux craintes habituelles d'une veillée d'armes. Tout à coup, un officier passa la tête à la porte et cria l'ordre : « Tout le monde en bas ! » Paulus avait changé d'avis. Ecœuré, Brunnert prit son sac et descendit lentement du car. Il avait perdu tout espoir de salut.

Ignorant en partie les dangers provoqués par l'effondrement de la VIIIe Armée italienne, le général Schmidt poursuivit son dialogue par téléscripteur avec son collègue Schulz :

« +++ Si nous devons nous rassembler, sans nous soucier de savoir si la forteresse pourra ou ne pourra pas être tenue, la date la plus rapprochée pour une telle attaque serait le 24 décembre. D'ici là, nous espérons que nous aurons reçu le carburant permettant de regrouper et de rassembler les forces affectées à l'offensive. Toutefois, le général Paulus estime que la forteresse ne pourra pas être tenue, si la percée entraîne de lourdes pertes en effectifs et en blindés. C'est pourquoi, s'il n'y a pas de perspective de libération dans le proche avenir, il serait plus judicieux de s'abstenir d'une sortie pour le moment. Au lieu de cela, il faudrait approvisionner par avion l'armée, en quantités suffisantes pour que les hommes puissent recouvrer leur force, et pour que nous ayons les munitions indispensables à des opérations défensives pendant une longue période. Si tel était le cas, nous croyons que nous pourrions tenir quelque temps la forteresse, même sans l'arrivée de forces venant nous dégager.
+++ Je vais immédiatement rendre compte de votre opinion au feld-maréchal, et elle sera aussi soumise à l'appréciation du Commandement Suprême de l'Armée.

Avez-vous d'autres questions à me poser concernant la situation ?

+++ Oui. Sur les forces affectées à l'attaque, nous avons déjà été contraints de prélever un bataillon et de l'envoyer sur le front ouest, à cause des lourdes pertes subies ces jours derniers dans cette zone, où quelques brèches se sont déjà produites dans nos lignes. Un de ces jours, nous devrons aussi envoyer un autre bataillon dans Stalingrad, car les effectifs ne cessent d'y diminuer et, depuis que la Volga est gelée, il faut renforcer davantage ce front. Les Russes se montrent très combatifs dans la ville et nous causent de sérieuses pertes. Au contraire, notre puissance combative décroît, et c'est pour cela que le général Paulus considère une sortie comme extrêmement dangereuse, à moins qu'un contact ne puisse être établi aussitôt après la percée, et que la forteresse soit tout de suite renforcée par l'arrivée de troupes supplémentaires. *Nous croyons que la percée aura plus de chances de réussir si "Tempête d'Hiver" est immédiatement suivi de "Coup de Tonnerre", car dans ce cas nous pourrons retirer des troupes d'autres fronts.* Cependant, dans l'ensemble, nous estimons que "Coup de Tonnerre" est une solution extrême qui devrait, si possible, être évitée, *à moins que la situation générale n'exige qu'on l'adopte.* Il importe en outre de ne pas oublier qu'étant donné le mauvais état physique des hommes, les longues marches et les attaques importantes seraient extrêmement difficiles. »

Dans le secteur des usines, une épaisse couche de neige recouvrait les crassiers de scories et masquait les affreuses cicatrices de la guerre. Elle avait aussi fait disparaître sous son manteau uniforme les tubes de canons rouillés, les poutres de fer tordues, les rails, ainsi que les cadavres gelés de ceux qui demeuraient oubliés et sans sépulture. Terrés dans leurs abris, les soldats allemands continuaient de mener tant bien que mal une existence précaire. Pour se réchauffer, ils faisaient du feu avec ce qui restait des planchers des usines ; souvent imbibé d'huile, le bois émettait en se consumant une épaisse fumée, et les hommes avaient des visages noirs de suie.

A l'atelier d'outillage de « Barrikady », un tour ordinaire attira l'attention des Allemands, isolés loin de leur patrie : il avait été fabriqué par une usine spécialisée dans les machines-outils, au sud-est de Stuttgart. Les hommes aimaient se glisser dans l'atelier délabré et lire sur le tour l'inscription gravée : « Gustav Wagner, Reutlingen. » D'anciens mécaniciens caressaient le métal façonné par des mains allemandes, d'autres se bornaient à regarder cette machine, qui les aidait à évoquer un monde de souvenirs du pays natal. Ils se demandaient si elle serait un jour remise en service par les Russes... Ceux qui ne connaissaient pas la région voulaient savoir où était Reutlingen. Bref, le tour de Gustav Wagner était devenu un mausolée.

A 2 000 km de là, dans la « Tanière du Loup » de Prusse-Orientale, se déroulait une tragique guerre des nerfs. Abandonnant le rôle d'adulateur inconditionnel du Führer, le général Zeitzler s'efforçait désespérément d'obtenir l'approbation de l'opération « Coup de Tonnerre ». S'étant engagé à sauver la VIᵉ Armée, il insista pour que les rations des officiers de l'état-major général fussent réduites, d'une part en hommage aux combattants encerclés du « Chaudron », d'autre part pour rappeler sans cesse aux membres de l'« O.K.W. » qu'ils avaient le devoir de faire sortir vivants ces camarades de la souricière. Au cours de ses conférences quotidiennes avec Hitler, Zeitzler commença d'agir de la même manière que son prédécesseur, Franz Halder, le pressant de déclencher « Coup de Tonnerre ». Lorsque le dictateur, agacé par cette insistance, persistait dans son refus d'y céder, le chef d'état-major regagnait souvent son bureau sans pouvoir maîtriser une violente exaspération.

Il avait au moins le réconfort de se sentir en plein

accord avec Manstein sur ce sujet, et il s'était engagé devant le feld-maréchal à vaincre la résistance du Führer. Mais lorsque les chiffres du général Schmidt, relatifs au stock de carburant de la VIᵉ Armée, arrivèrent sur le bureau de Hitler, Kurt Zeitzler perdit la partie. Aussitôt après l'entretien par téléscripteur du 21 décembre, le général Schluz avait transmis à l'« O.K.W. » le rapport de son collègue : l'armée ne disposait que de 140 000 litres de carburant et ne pourrait avancer que de 20 km vers les forces venant à son secours. Si le Führer avait eu la moindre intention d'autoriser Paulus à battre en retraite avec toute son armée, les précisions de Schmidt achevèrent de la balayer. Tourné vers Zeitzler, qui s'obstinait à réclamer la décision tant attendue, Hitler lui dit hargneusement, le rapport à la main :

— Enfin, voyons, que désirez-vous exactement que je fasse ? Paulus est incapable de faire une percée, et vous le savez fort bien !

Cette affirmation, Zeitzler n'avait aucun moyen de la réfuter, car l'argument était trop écrasant. En quittant la pièce, il ne put que penser à la tragédie qui allait inexorablement se développer. Certes, ce jour-là, Hitler avait raison en jugeant la VIᵉ Armée incapable de faire une percée, mais ce désastre, il en était l'auteur responsable, par ses erreurs antérieures et son refus obstiné, un mois plus tôt, de laisser Paulus sortir du « Chaudron ».

A son quartier général de Novocherkassk, Erich von Manstein rédigea un résumé de la situation, dans l'espoir d'amener Hitler à changer d'avis :

« 22-12-42, Télétype — Groupe d'Armées du Don. Document 39 694/5.

ULTRA SECRET, "*Chefsache*", Transmission par officiers. Au chef d'état-major général de l'armée.

1. L'évolution de la situation sur le flanc gauche du

Groupe d'Armées rend nécessaire l'envoi très prochain de troupes dans ce secteur...

2. Cette mesure signifie que la VIᵉ Armée ne pourra pas être dégagée avant quelque temps et que, par conséquent, il faudra lui fournir des approvisionnements convenables pendant longtemps. Afin de maintenir la force physique de l'armée par une alimentation correcte, il faut un minimum de ravitaillement quotidien de 550 tonnes... Or, le général von Richthofen estime que, dans cette région, nous ne pourrons compter que sur une moyenne maximale de 200 tonnes par jour, à cause de la longue distance que les avions ont à parcourir... En conséquence, s'il est impossible d'assurer le ravitaillement convenable par avion..., il ne reste qu'une solution, c'est que la VIᵉ Armée effectue au plus tôt une sortie... »

Ainsi, en soulignant l'impossibilité flagrante de ravitailler par avion les troupes encerclées, Manstein rappelait une fois de plus à Hitler que, pour sauver la VIᵉ Armée, le seul moyen consistait à faire battre en retraite toutes les troupes. Convaincu de s'être exprimé avec clarté et d'avoir montré sans ambiguïté le choix qui s'offrait, le feld-maréchal fit expédier son rapport en Prusse-Orientale et se consacra aux autres problèmes de son commandement.

Pendant ce temps, le téléscripteur continua de cliqueter régulièrement. La sécheresse des termes employés masqua la réalité du fait : les heures qui auraient permis sans doute de délivrer la VIᵉ Armée s'étaient écoulées en vain et sans espoir de retour.

« Télétype des généraux Schmidt et Schulz.

22-12-42, de 17 h 10 à 19 h 45.

Ici, le général Schulz. Bonjour, Schmidt. Voici la situation.

Les 6ᵉ et 17ᵉ divisions blindées de Hoth ont été engagées, toute la journée d'aujourd'hui, à repousser de fortes attaques provenant du sud-est, de l'est et du nord, ce qui les a empêchées de progresser vers le nord, comme c'était escompté.

Cette progression est prévue, dès qu'on aura mis un terme à ces impétueuses attaques soviétiques. L'évolution de la situation nous montrera si cela peut se produire dès demain... Malheureusement, au cours des dernières 24 heures, les conditions météorologiques ont été telles qu'aucun ravitaillement par avion n'a pu être réalisé, à cause de givrage et du brouillard, et il en a été de même pour les vols de reconnaissance. Il faut espérer que le temps s'améliorera dans le proche avenir. Les 175 appareils "Ju", destinés à accroître les vols d'approvisionnement sont en route. Voilà pour la situation.

D'autre part, le feld-maréchal vous prie de clarifier la question suivante, qui est importante au point de vue de l'estimation des réserves de vivres de l'armée. Selon le rapport de votre intendant général, il reste environ 40 000 chevaux dans la poche. Ce chiffre est contredit par le major Eismann, qui a donné celui de 800 chevaux répartis dans les diverses divisions. Pouvez-vous me dire exactement le nombre de chevaux existants, si possible en précisant les quantités de poneys russes et de chevaux normaux ? C'est très important. Enfin, avez-vous pris des mesures pour économiser la consommation de viande de cheval par les troupes ? »

Schmidt avait encore un peu plus de 23 000 chevaux, qui permettraient seulement de nourrir l'armée jusqu'à la mi-janvier. Il ne tarda pas à indiquer ce chiffre à Schulz. Toute la journée il n'avait pas cessé de fournir des statistiques au haut commandement, à savoir :

« ... *Effectifs à nourrir*, le 18-12-42 : 249 600 (y compris 13 000 Roumains), 19 300 auxiliaires volontaires russes ("Hiwis"), et environ 6 000 blessés.

... *Effectifs combattant au front* : 25 000 hommes d'infanterie, 3 200 hommes du génie...

... *Munitions* : Les stocks de réserve sont bas et comportent en particulier : 3 000 obus de mortier léger, 900 obus de mortier lourd, et 600 obus de canons de divers calibres.

... *Santé* : Les hommes perçoivent la moitié des rations

343

normales depuis le 26 novembre... Dans les conditions actuelles, ils sont incapables d'entreprendre de longues marches ou d'importantes opérations offensives, sans tomber d'épuisement pour la plupart... Terminé. »

Le 23 décembre à 6 h 30, la 6ᵉ division blindée reprit son offensive, afin d'élargir la tête de pont de Vassilevska, sur la Michkova. Six heures plus tard, le général Kirchner, commandant le 57ᵉ Corps, arriva sur le terrain « pour se rendre compte lui-même de ce qui n'allait pas ». En effet, durant toute la matinée, ses chars avaient été incapables de progresser vers Stalingrad.

Or, peu après, à 13 h 5, le téléscripteur du Groupe d'Armées du Don enregistra un message émanant de l'« O.K.W. » à Rastenburg. Le feld-maréchal von Manstein pensa qu'il s'agissait de l'ordre relatif au déclenchement de « Coup de Tonnerre ». Il se trompait. Le message était ainsi conçu :

« PERSONNEL ET IMMEDIAT

Par ordre du Führer : Le nœud ferroviaire de Morosovskaya et les deux bases aériennes de Morosovsk et de Tatsinskaya seront tenus à tout prix et gardés en bon état de fonctionnement... Le Führer est d'accord pour que des unités du 57ᵉ Corps blindé soient transférées à l'ouest du Don... Le Groupe d'Armées du Don rendra compte des mesures prises...

Zeitzler »

Hitler ne tenait donc aucun compte du rapport par lequel Manstein l'avertissait avec grand soin des dangers qui comportait le maintien de Paulus à l'intérieur du « Chaudron ». Il ne faisait même pas allusion à « Coup de Tonnerre ». Au lieu de cela, il ordonnait à Manstein de retirer des unités combattant sous les ordres de Hoth pour dégager la VIᵉ Armée, et de les envoyer sur le front italien pour y sauver la situation.

Stupéfait de constater que Hitler n'avait pas laissé à

Paulus la moindre chance de salut, le feld-maréchal fut donc contraint d'adresser à la 6e division blindée, combattant sur la Michkova, l'ordre fatidique suivant : « La division abandonnera la tête de pont cette nuit. Couvrir la retraite par une arrière-garde... » Cet ordre jeta la consternation parmi les officiers, mais ils durent reconnaître qu'il était logique, attendu que, de toute évidence, « il serait impossible de percer les lignes russes et de parvenir à Stalingrad, sans l'aide de troupes supplémentaires, qui n'étaient pas disponibles »...

A 140 km au nord-ouest de Goumrak, la steppe était couverte d'une neige dont l'épaisseur atteignait 60 cm. Le soleil, se reflétant sur la couche gelée, en dégageait une légère brume miroitante. A travers cette plaine désolée, une longue colonne noire avançait péniblement : c'étaient les prisonniers italiens, survivants des combats de Kalmikov, Mechkov, et d'autres localités de la vallée du Don. Quand les gardes soviétiques criaient : « Davai bistrel » c'est-à-dire « Plus vite ! », ils essayaient de presser l'allure mais n'y parvenaient guère, car le grand froid les paralysait, gelant les pieds et les mains.

Felice Bracci marchait au milieu de ses camarades, trébuchant souvent et mettant un pied devant l'autre comme un automate. Rendu presque inconscient par le froid, c'est à peine s'il entendait les ordres rauques des gardes et les sinistres croassements des corbeaux tournoyant dans le ciel. Par moments, un bruit le tirait de son hébétude : une détonation sèche claquait, annonçant qu'un garde venait d'abattre encore un prisonnier qui avait voulu s'arrêter pour se reposer.

Il y avait deux jours que Bracci entendait cette symphonie de meurtre. Depuis Kalmikov, les bas-côtés de la route étaient maintenant jalonnés irrégulièrement de cadavres que la neige recouvrait peu à peu. Les prisonniers marchant vers le nord pouvaient voir les vestiges de nombreux combats, épars dans la plaine : morceaux d'uniformes, caisses de balles encore pleines, mitraillettes, canons de 210 mm, membres sectionnés... Les épaves de la VIIIe Armée italienne jonchaient la steppe.

Une neige épaisse se remit à tomber, fouettant les visages barbus, gelant sur les sourcils et les mentons. Rentrant la tête le plus possible, telle une tortue, Bracci aperçut un village perché sur une crête de colline et espéra que les Russes s'y arrêteraient. Peut-être les nourriraient-ils enfin ? Ils n'avaient rien mangé depuis plus de deux jours. La colonne s'arrêta en effet au crépuscule. Bracci rampa dans une étable, à la recherche d'un coin pour dormir. Plusieurs de ses compatriotes se battaient pour se coucher dans une mangeoire pleine de foin.

D'autres éléments de l'armée italienne en déroute tentaient de s'échapper par une vallée proche de la ville d'Abrousovka, à 50 km plus à l'ouest. Or, les Russes avaient installé, sur les pentes dominant cette gorge, des batteries de leurs redoutables lance-roquettes « Katyoucha », qui arrosèrent de projectiles très puissants les fuyards avançant en désordre au fond du ravin.

Un petit détachement allemand, qui se trouvait mêlé à ces troupes italiennes, était parvenu à se procurer quelques véhicules et de l'essence, si bien que ces hommes décidèrent de foncer à travers les lignes ennemies. Quelques Italiens sautèrent sur les marchepieds des voitures, suppliant qu'on les emmenât, mais les Allemands s'y refusèrent. Pour leur faire lâcher prise, ils les frappèrent à coups de crosse et allèrent jusqu'à les abattre au revolver, puis ils disparurent vers le sud.

Après plusieurs jours de fuite dans la steppe, le Dr Cristoforo Capone était arrivé, à son tour, dans cette profonde vallée, où beaucoup de ses compatriotes allaient et venaient en tous sens, affolés et ne sachant plus quoi faire. Soudain un char russe surgit derrière le médecin, ouvrit le feu, et l'officier qui accompagnait Capone s'écroula, le cou transpercé par une balle. Le terrain était complètement découvert, il n'y avait aucun moyen de s'abriter. Des hommes s'effondraient, fauchés par la mitraille ou déchiquetés par des obus. Certains restaient debout, hébétés, attendant le projectile qui les atteindrait ; d'autres levaient les bras pour se rendre. Un chirurgien, que Capone connaissait, lui cria : « Ils vont nous tuer tous ! » et courut vers une mitrailleuse russe qui le mit en pièces. Un bref instant, Capone eut envie de l'imiter, puis il décida de se joindre à un groupe qui se rendait et leva les mains, lui aussi. Comme il restait immobile, à regarder l'ennemi approcher, plusieurs officiers changèrent d'avis, dégainèrent vite leur pistolet et se firent sauter la cervelle.

En fin d'après-midi, Erich von Manstein et Friedrich von Paulus eurent un entretien dont la gravité transparaît, en dépit de la sécheresse des termes enregistrés par le téléscripteur :

« 23-12-42, de 17 h 40 à 18 h 20.

+++ Bonsoir, Paulus. La nuit dernière, vous avez rendu compte, dans un rapport transmis au Commandement Suprême de l'Armée, que votre stock de carburant vous permettrait d'effectuer une percée de 20 km de profondeur. Zeitzler vous prie de vérifier encore cette estimation. Personnellement, je tiens à vous dire ceci. On constate qu'au sud de la poche, l'ennemi n'a cessé de recevoir des renforts, ce qui contraint Hoth à prendre des mesures défensives. En outre, la situation sur le flanc gauche du Groupe d'Armées, tenu par les Italiens, rend nécessaire d'enlever à Hoth certaines unités. Je vous laisse le soin d'apprécier les conséquences de ce fait sur votre propre situation. Dans cet esprit, je vous demande d'examiner si, *au cas où il n'y aurait pas d'autre possibilité* vous êtes prêt à déclencher « Coup de Tonnerre », étant entendu qu'au cours des prochains jours on vous enverra une quantité limitée de vivres et de carburant. Si vous ne désirez pas me répondre tout de suite, ayons un autre entretien à 21 heures. Je dois aussi insister sur le fait qu'approvisionner convenablement votre armée constitue un problème très difficile à résoudre, surtout étant donné l'évolution de la situation sur le flanc gauche du Groupe d'Armées. J'attends votre réponse. »

Paulus se hâta de souligner l'extrême danger de sa situation :

« +++ "Coup de Tonnerre" est devenu une opération difficile à entreprendre, car depuis plusieurs jours, l'ennemi a creusé des positions défensives face à nos fronts sud et sud-ouest, et selon des renseignements obtenus par radio, il a amené derrière ces lignes de résistance 6 brigades blindées. J'estime donc que, pour déclencher "Coup de Tonnerre", il nous faudrait maintenant six jours de préparatifs...

Il est évident que, d'ici, je ne peux dire si la VIᵉ Armée a la moindre chance d'être dégagée dans un proche avenir, ou s'il nous faudra tenter "Coup de Tonnerre". *Si tel doit être le cas, alors, le plus tôt sera le mieux.* Toutefois, il importe de se rendre clairement compte que ce sera une opération très difficile, à moins que Hoth ne réussisse à immobiliser à l'extérieur des forces ennemies vraiment puissantes. *Dois-je comprendre que je suis maintenant autorisé à commencer les préparatifs de "Coup de Tonnerre" ?* Une fois que l'opération sera déclenchée, il ne sera plus possible de faire marche arrière. Terminé. »

Ainsi, la discussion avait atteint son point crucial. Paulus demandait à Manstein de prononcer les mots fatidiques qui mettraient la VIᵉ Armée en marche vers la liberté... ou l'anéantissement. Parfaitement conscient qu'Adolf Hitler n'avait pas autorisé l'abandon du « Chaudron », Paulus plaçait maintenant sa propre carrière et la vie de ses milliers de soldats directement dans les mains d'Erich von Manstein. Il priait le feld-maréchal de le décharger du poids de cette décision capitale. Mais celui-ci se déroba. Ne voulant pas prendre la responsabilité de déclencher « Coup de Tonnerre » contre l'ordre formel de Hitler, il se borna à donner à Paulus une réponse indirecte :

« +++ *Je ne peux pas vous y autoriser aujourd'hui*, mais j'espère obtenir la permission demain. La question essentielle est celle-ci : êtes-vous certain que la VIᵉ Armée pourrait se frayer un chemin jusqu'à Hoth..., si nous sommes amenés à conclure que des approvisionnements convenables ne pourront pas vous être fournis pendant longtemps ? Qu'en pensez-vous ?

+++ *Dans ce cas, je n'aurai pas le choix : il faudra essayer.* Question : est-ce que le retrait de forces opérant à la tête de pont sur la Michkova va avoir lieu ?

+++ *Oui, aujourd'hui.* Combien vous faut-il de carburant et de vivres avant de déclencher "Coup de Tonnerre", étant entendu que, l'opération commencée, d'autres approvisionnements vous parviendraient au jour le jour ?

+++ Un million de litres de carburant et 500 tonnes de vivres. Avec cela, tous mes blindés et véhicules motorisés pourront fonctionner. »

Cette quantité de carburant représentait à peu près dix fois celle reçue par avion depuis le début de l'encerclement. Manstein ne fit aucun commentaire et se contenta de conclure :

« +++ Eh bien, ce sera tout pour ce soir. Bonne chance, Paulus.

+++ Merci, Monsieur le feld-maréchal, et bonne chance aussi pour vous. »

Quelques heures plus tard, les chars de la 6ᵉ division blindée, qui tenaient la tête de pont de Vassilevska, firent demi-tour et commencèrent à franchir la Michkova en sens inverse. Endurcis pourtant par maints combats, les équipages ne purent retenir leurs larmes, en se voyant contraints de tourner le dos aux compatriotes qui les attendaient à Stalingrad. Debout dans sa tourelle, un commandant de char resta longtemps tourné vers le nord, la main droite à son casque en signe de salut, avant de s'enfermer dans l'engin. A minuit, tous les blindés étaient partis pour d'autres combats, afin de sauver ce qui restait de l'armée italienne et de stabiliser le flanc gauche de Manstein. Pendant ce temps, les troupes de Paulus, en position sur le périmètre sud du « Chaudron », tendaient l'oreille pour percevoir le bruit de l'avant-garde de leurs sauveteurs, mais l'obscurité de la nuit n'avait d'égale que le silence de la steppe. Grelottant dans leurs maigres abris, les hommes s'efforçaient de ne pas céder à la crainte de ne jamais voir Manstein arriver.

Cette nuit-là, le sergent Albert Pflüger se rendit à une réunion de sous-officiers de sa division, la 297e, qui occupait un secteur de cette zone sud du « Chaudron ». Marchant sur un chemin gelé, il approchait du poste de commandement de son unité quand une silhouette sombre se dressa soudain dans l'ombre et un coup de feu claqua. La balle l'atteignit au bras, qu'elle brisa, et il s'écroula en gémissant :

— Oh, maman, ils ont fini par m'avoir !

Un autre sous-officier le trouva peu après, évanoui, et voulut le traîner jusqu'au prochain abri. Reprenant alors connaissance, Pflüger put se relever et marcher avec l'aide de son camarade. Ils gagnèrent un poste de secours, d'où on l'envoya, après un bref pansement, à l'hôpital central. Ce jour-là, le 23 décembre, il fut l'un des 686 Allemands tués ou blessés, alors qu'ils attendaient que Hitler approuvât l'opération « Coup de Tonnerre ».

A l'aube du 24 décembre, le grand aérodrome allemand de Tatsinskaya, à 300 km à l'ouest de Goumrak, commença d'être bombardé par l'artillerie de la IIIe Armée de la Garde soviétique. On s'attendait à cette attaque, depuis que l'armée italienne s'était désintégrée dans la vallée du Don. Toute la semaine, les généraux von Richthofen et Martin Fiebig avaient imploré de Hitler la permission de mettre hors de danger les avions de transport basés sur ce terrain, mais il s'y était obstinément refusé, affirmant que les réserves allemandes de cette région pouvaient repousser l'ennemi. Cette fois encore, il s'était trompé, et maintenant le général Fiebig pouvait voir, horrifié, de la tour de contrôle, deux « Ju-52 » exploser sur la piste brumeuse, atteints par des projectiles. Un colonel le supplia :

— Herr General, il faut agir ! Donnez l'ordre de décoller !

— Pour cela, répliqua-t-il, j'ai besoin de l'accord du commandant de l'escadre. D'ailleurs, par ce brouillard il est impossible de décoller.

Très pâle et au garde-à-vous, le colonel déclara :

— Ou bien vous courrez ce risque, ou bien toutes les escadrilles massées sur cette base seront anéanties. Or, ce sont elles qui ravitaillent Stalingrad, elles représentent le dernier espoir de la VIe Armée, Herr General !

Quand un autre officier émit la même opinion, Fiebig ordonna l'évacuation immédiate de l'aérodrome, sur lequel les obus s'abattaient, de plus en plus nombreux. A 5 h 30, dix minutes après le début du bombardement, les premiers « Ju-52 » démarrèrent et s'efforcèrent de gagner le ciel. Il en résulta une confusion extrême, surtout à cause de la brume. Les appareils décollèrent en tous sens. Deux d'entre eux entrèrent en collision au milieu du terrain et explosèrent, tandis que d'autres s'accrochaient, perdant l'un une aile, l'autre sa queue, et que les obus causaient des ravages. Au milieu de cet holocauste, des chars russes apparurent au bout de certaines pistes, cependant que des dizaines d'avions s'envolaient au-dessus d'eux en les rasant et grimpaient avec peine dans un ciel opaque.

Lorsqu'un « T-34 » passa devant la tour de contrôle,

son officier d'ordonnance le pressa de partir, mais il ne put s'y décider : il était comme hypnotisé par le terrible spectacle qui se déroulait à ses pieds, où les derniers avions tentaient en vain de se frayer un chemin parmi les épaves et prenaient feu avant d'avoir pu décoller. A 6 h 7 pourtant, un officier vint lui rendre compte que la base était complètement encerclée. Alors seulement il consentit à monter dans son appareil personnel, qui s'envola pour Rostov à 6 h 15. Sous ses ailes, 56 gros avions de transport, si nécessaires au ravitaillement de Stalingrad, brûlaient intensément dans le brouillard. Il n'y en avait que 124 à être sortis indemnes de ce drame.

A 100 km de là, dans le nord de la vaste plaine, le lieutenant Felice Bracci se réveillait dans l'étable d'où les gardes soviétiques faisaient impatiemment sortir les prisonniers, aux cris de « Davai bistre ! ». Derrière Bracci, quelques hommes qui s'étaient battus pour coucher dans la mangeoire pleine de foin ne bougèrent pas : durs comme du marbre, ils étaient morts de froid.

N'ayant toujours pas reçu de nourriture, la longue colonne des prisonniers repartit en trébuchant dans le matin glacé. Un soleil livide surgit à l'horizon, un astre qui parut étrange à Bracci, habitué comme ses compagnons à le voir briller avec éclat dans sa chaude patrie. Son haleine, gelant sur le col relevé de son manteau, y formait de petits cristaux blancs. Un nuage de vapeur flottait au-dessus des hommes, qui semblaient fumer d'innombrables cigarettes. Cette terrible marche se poursuivit toute la matinée. Des soldats tombaient, et aussitôt des coups de fusil claquaient, puis les cadavres étaient laissés dans la neige, au bord de la route. Bracci avançait à côté d'un officier nommé Franco Fusco, originaire de Naples. Ils ne parlaient pas, mais trouvaient un réconfort à être ensemble.

Au début de l'après-midi, un clocher apparut au loin,

puis ce fut une agglomération. La colonne franchit un pont, sous lequel la rivière gelée était un amas de blocs et de congères. Quelqu'un annonça qu'ils étaient arrivés à Bogouchar, un ancien quartier général allemand qui maintenant servait de lieu de rassemblement aux divisions soviétiques. Quantité de voitures et de camions passaient à vive allure dans les rues encombrées. Enfin, les prisonniers s'arrêtèrent devant une grande baraque. Le froid était si intense qu'ils ne pouvaient rester immobiles, sautaient sur place et suppliaient qu'on les laissât entrer dans le local.

Une foule de civils russes survint alors. Jeunes et vieux, ils se mirent à injurier les Italiens, à leur cracher au visage, à les menacer en faisant semblant de les étrangler ou de leur couper la tête. Brusquement, ils se jetèrent sur eux comme des fauves, pour s'emparer des vêtements chauds — manteaux, bottes, bonnets fourrés et couvertures. Bracci eut la chance qu'on lui laissât ses mauvaises chaussures et des guêtres, jugées trop usées.

Les gardes écartèrent enfin les villageois, puis ordonnèrent à tous les docteurs d'entrer dans la baraque. Bracci les envia et regretta de n'avoir pas étudié la médecine autrefois : les épreuves de ces privilégiés étaient terminées maintenant, et ils allaient sûrement soigner malades et blessés dans un cadre plus agréable. Or, il n'en fut rien. Ils ne tardèrent pas à reparaître, débarrassés de tous leurs médicaments ainsi que des vêtements chauds qu'ils portaient.

Un lieutenant parlant le russe ayant protesté contre ce traitement infligé à des médecins, les gardes le firent entrer dans la baraque, le rouèrent de coups, puis le jetèrent dehors. Ce ne fut pas tout. Durant toute la marche, le chien de cet officier l'avait suivi et, quand il vit son maître ensanglanté sur le sol, il vint lui lécher le visage. Aussitôt les Russes s'emparèrent de l'animal et le battirent à mort.

On finit tout de même par faire entrer les Italiens

dans la baraque, où ils se laissèrent tomber d'épuisement sur le plancher. Bracci fut un des derniers à y pénétrer. Cherchant un endroit où se reposer, il remarqua une poutre qui traversait la pièce à un mètre du parquet, l'enjamba et essaya de dormir ainsi, à califourchon. Son corps se tassa, sa tête s'appuya sur les bras croisés, mais à plusieurs reprises il perdit l'équilibre et ne le retrouva qu'en appuyant les pieds au sol. Ce faisant, sa botte heurta une petite boîte qu'il ramassa dans l'obscurité, et il eut l'impression qu'elle contenait du beurre. Affamé, il y plongea les doigts et se mit à manger le produit graisseux, qu'il avala sans difficulté. Ce fut seulement plus tard qu'il découvrit la réalité : c'était un lubrifiant.

Dans son demi-sommeil, le lieutenant entendit un bruit très lointain de cloches, résonnant à travers la campagne glacée, et plus près il lui sembla distinguer des notes d'orgue dans une église, jouant une mélodie grave. Ce que signifiait cette musique, Bracci le savait, il l'avait su tout au long de l'atroce journée. Dehors, là où les gens menaient une existence normale, que ce fût en Russie ou dans sa Rome bien-aimée, c'était une soirée de bonheur, de réunion familiale et d'amour : c'était la nuit de Noël 1942.

CHAPITRE XXIII

Vassili Tchouïkov avait le cœur en fête. Au cours des dernières vingt-quatre heures, la 138ᵉ division du colonel Ivan Lyoudnikov avait enfin réussi à établir le contact avec le reste de la LXIIᵉ Armée soviétique. Pendant plus d'un mois, Lyoudnikov et ses hommes venaient de tenir tête à la 305ᵉ division allemande et aux pionniers, qui les avaient acculés à la rive de la Volga. Celle-ci étant gelée, les Russes purent recevoir des renforts et toutes sortes d'approvisionnements, si bien qu'ils passèrent à l'attaque, reconquirent le haut de la falaise, à l'est des usines, puis avancèrent vers le sud, pour rejoindre leurs camarades des unités voisines. Le quartier général de la LXIIᵉ Armée put alors rendre compte triomphalement : « Les communications directes sont rétablies avec la division Lyoudnikov. »

Délivré de ses préoccupations sur ce point, le général Tchouïkov passa la majeure partie du 24 décembre à dire au revoir à de vieux camarades. A son poste de commandement, creusé dans la falaise, il but de nombreux verres de vodka à la santé de héros du siège qui, émus aux larmes, embrassèrent leur chef. Il y avait parmi eux le général Ivan Petrovich Sologoub, qui s'était battu à ses côtés dans la steppe pendant l'été, le général Fedor Nikandrovich Smekhotvorov, qui avait défendu l'usine « Octobre Rouge » presque jusqu'au dernier homme, et le général Victor Joloudev, dont les troupes d'élite étaient tombées dans l'usine de tracteurs.

Ces chefs valeureux venaient de recevoir l'ordre de repasser, avec les survivants de leurs divisions, sur l'autre rive de la Volga pour y prendre un repos mérité. Sur les 20 000 hommes que comptaient ces unités, il n'en restait que 2 000 à traverser le fleuve gelé, croisant en chemin des colonnes de camions et des milliers de soldats, envoyés en renfort à Stalingrad.

Non loin de l'abri dans lequel Tchouïkov recevait ses généraux, un enfant courait à travers les ruines de Dar Gova, le faubourg où habitaient encore les Fillipov.

— Venez vite ! leur cria-t-il. Ils ont arrêté Sacha !

Les Fillipov ne furent pas surpris, car depuis des semaines ils prévoyaient que ce terrible moment finirait par arriver. Mme Fillipov se hâta de faire un petit paquet de vivres, avec ce que les Allemands avaient donné à Sacha, en paiement des réparations de bottes qu'il venait d'effectuer, puis elle sortit en courant avec son mari.

Sacha passait justement dans la rue avec deux camarades, dont une fillette. Une section de soldats allemands encadrait les enfants, qui marchaient pieds nus dans la neige. S'approchant, Mme Fillipov voulut remettre le colis à son fils, mais les gardes la repoussèrent, et la procession gagna un jardin de la rue Brianskaya, où quelques arbres déchiquetés se dressaient encore. Un groupe de civils russes se rassemblèrent autour des Fillipov qui, serrés l'un contre l'autre, regardaient avec horreur des Allemands lancer des cordes par-dessus les branches d'acacias dénudés. Un soldat fit un nœud coulant avec l'extrémité d'une des cordes et le passa au cou de Sacha, en ayant soin de le serrer derrière l'oreille droite. Incapable de supporter ce spectacle, M. Fillipov poussa un long gémissement et, quittant sa femme, s'enfuit en larmes, tandis que retentissaient les ordres de l'exécution. Mme Fillipov resta donc seule à y assister et vit la langue de son fils jaillir soudain de son visage violacé.

Leur sinistre tâche accomplie, les Allemands se rassemblèrent et partirent en bon ordre. Effarés, les Russes se dispersèrent, et la rue fut brusquement déserte, à l'exception des trois enfants dont les cadavres se balançaient dans le vent et de Mme Fillipov. S'approchant alors de son fils, elle serra contre elle les jambes du supplicié et se mit à lui parler doucement, tendrement. La nuit tomba, sans que la pauvre mère cessât de veiller avec ferveur son enfant, dont les pieds nus et raidis devenaient glacés, son petit cordonnier mort par pendaison à l'âge de quinze ans.

« O Tannenbaum, O Tannenbaum, wie treu sind deine Blätter... » Dans presque tous les abris des troupes allemandes, le chant traditionnel de Noël — « Mon beau sapin, roi des forêts... » — retentit jusqu'au moment où, simultanément, le ciel s'illumina de milliers de fusées multicolores. Elles s'épanouirent dans la nuit, d'Orlovka au nord-est à Babourkin à l'ouest, puis dans les secteurs de Marinovka et de Karpovka, pour revenir à l'est par Zybenko jusqu'à la gorge de Tsaritsa. Ce brillant feu d'artifice dura plusieurs minutes, émerveillant les soldats allemands qui parfois en étaient éblouis.

C'était leur hommage à la Sainte Saison, un moment de joie pour tout Allemand, et durant plusieurs jours officiers et hommes de troupes avaient fiévreusement préparé cette fête. Le capitaine Gerhard Meunch s'était même appliqué pendant des heures, dans son abri de l'usine « Octobre Rouge », à préparer une allocution. Au début de la soirée, il se rendit à un garage proche de son poste de commandement, où un arbre de Noël, taillé dans le bois, ornait un des coins de la salle, vaste et sombre. Par groupe de 30, ses hommes se relayèrent autour de lui, pour écouter ses vœux et recevoir des cigarettes, du vin, du thé au rhum, un morceau de pain et une tranche de viande de cheval.

Dans cette ambiance détendue, Meunch parla sur un ton de conversation tranquille et expliqua la nécessité de poursuivre le combat contre les Russes. Encore sous le coup de la récente mutinerie de quelques hommes, il souligna l'impérieux devoir de tous les soldats et officiers, surtout dans une situation aussi tragique que celle de Stalingrad : obéir aux ordres des chefs. Ses propos énergiques réconfortèrent des subordonnés, qui chantèrent en chœur le traditionnel « Stille Natcht » ; nombreux furent ceux qui, trop émus, ne purent continuer de chanter et versèrent des larmes.

Quand il eut achevé de parler à chacun personnellement Meunch regagna son abri et passa le reste de la veillée à boire avec ses officiers. L'un d'eux dégaina soudain son revolver et s'écria :

— A quoi sert cette bataille, voulez-vous me le dire ? A rien ! C'est de la démence, car aucun de nous n'en sortira, j'en suis sûr ! Alors, tuons-nous tout de suite !

Stupéfait, Meunch s'efforça de le calmer. Tandis que le désespéré jetait autour de lui des regards éperdus, il se mit à l'entretenir tranquillement des avantages et inconvénients du suicide.

Le sergent Albert Pflüger souffrait tellement de sa blessure que la fête de Noël le laissait indifférent. Quand on eut nettoyé, pansé et plâtré son bras cassé, il passa dans un abri voisin où 13 blessés occupaient tant bien que mal un espace à peine suffisant pour 4 personnes. L'air y était relativement chaud mais puant. Voyant que Pflüger semblait sur le point de s'évanouir, un des hommes lui offrit sa paillasse. Reconnaissant et épuisé, il s'y étendit et s'endormit très vite. Quelques heures plus tard, il fut réveillé par de terribles démangeaisons sous son plâtre. Repoussant les couvertures, il découvrit une file de poux qui grimpaient de la paillasse sur sa main puis se glissaient sous le plâtre. Dégoûté et exaspéré, Pflüger se leva et entreprit de détruire les parasites, mais ceux qui avaient pénétré profondément jusqu'à sa blessure y restèrent et se régalèrent de son sang.

Dans des milliers d'abris aménagés aux flancs des « balkas », ou même au milieu de réduits bétonnés, construits en première ligne, les soldats allemands cherchèrent à oublier pendant quelques heures les horreurs de l'encerclement. Malgré l'absence d'arbres dans la steppe, des esprits ingénieux avaient su recréer adroitement un semblant d'ambiance de Noël. Les arbres traditionnels étaient faits de barres de fer percées de trous, dans lesquels des morceaux de bois figuraient les branches, et la décoration consistait en morceaux de coton hydrophile ou en étoiles multicolores, découpées dans du papier.

Une des veillées les plus réussies fut celle des camarades d'Ekkehart Brunnert, qui se surpassèrent. Un superbe arbre en bois sculpté avait été dressé sur une table branlante. Quelqu'un s'était procuré un gramophone, on chanta vigoureusement, et ce fut dans cette atmosphère exubérante que Brunnert reçut son cadeau de Noël : un sac contenant du gâteau enrobé de chocolat, des bonbons, du pain, des biscuits, du café, des cigarettes et même trois cigares. Ebloui par ces largesses, le soldat affamé demanda par quel miracle on avait réussi à conserver tout cela, mais personne ne le savait. Renonçant à chercher, Brunnert se régala et savoura les cigarettes, au milieu des bougies qui ornaient les couronnes de l'Avent. Pendant cette brève détente, il oublia son amère déception des jours précédents, due à la stupide destruction du camion plein de vêtements chauds. Quand son tour de prendre la garde revint, il arpenta la tranchée sous un ciel étoilé et songea à sa famille. Là-bas, à Boblingen, ses parents devaient fêter Noël avec Irène, son épouse, et sans doute celle-ci pleurait-elle en pensant à lui. Il avait aussi envie de pleurer.

Alors qu'il se rendait à un culte religieux, l'intendant Karl Binder vit des cadavres entassés sur le bord du chemin et fut scandalisé de constater à quel point l'organisation militaire allait se désagrégeant. Il y pensa pendant des heures, et cela lui parut un mauvais présage, en sorte qu'il décida d'écrire à sa femme et ses enfants pour les préparer au pire :

« Noël 1942,

... Au cours des dernières semaines, nous avons tous commencé à penser au dénouement. Il est certain que les tribulations de la vie quotidienne paraissent peu de choses au regard du destin qui nous attend et, en ces jours d'épreuves, jamais nous n'avons été plus reconnaissants pour l'Evangile de Noël. Au plus secret de son cœur, chacun conserve l'idée de Noël, la signification de Noël. C'est la fête de l'amour, du salut et de la miséricorde divine envers l'humanité. Ici, nous ne possédons rien d'autre que la pensée de Noël, et elle nous soutiendra aux heures douloureuses. Il le faut... Si dur que cela soit, nous ferons de notre mieux pour demeurer maîtres de notre destinée, et nous tenterons, par tous les moyens qui nous restent, de vaincre la sous-humanité qui nous attaque sauvagement. Rien ne peut ébranler notre foi en la victoire, car nous devons vaincre, si l'Allemagne veut survivre...

Je n'ai pas reçu de courrier de toi depuis quelque temps... A Noël, on aspire terriblement à lire les tendres messages de ceux qu'on aime, mais pour l'instant il y a plus important que cela, et nous avons appris à endurer n'importe quoi. L'essentiel, c'est que toi et les enfants soyez en bon état. Ne te tourmente pas à mon sujet, car rien ne peut plus m'arriver : aujourd'hui, j'ai fait ma paix avec Dieu...

Je t'envoie tout mon amour et mille baisers... Je t'aimerai jusqu'à mon dernier souffle.

Ton,
Karl

Embrasse tendrement les enfants. Soyez de bons enfants, et souvenez-vous de votre père... »

Indifférent au bruit qui emplissait son abri, le lieutenant Emil Metzger restait assis dans un coin, à lire une lettre de sa femme, Kaethe. C'était le plus beau cadeau de Noël qu'il eût jamais reçu. Peu avant minuit, il quitta discrètement ses camarades réunis pour la circonstance, puis sortit dans la nuit claire et glacée, où un factionnaire montait une garde solitaire. Metzger envoya le soldat grelottant se reposer et le remplaça durant le reste de sa faction, afin d'être seul.

Sous une voûte de brillantes étoiles, il marcha de long en large, ignorant les Russes et la guerre. N'ayant que Kaethe à l'esprit, il revécut en pensée leur vie commune, le bal où ils se rencontrèrent pour s'aimer aussitôt, les exaltantes promenades à bicyclette dans les forêts aussi imposantes que des cathédrales, les quatre brèves journées de leur lune de miel avant son retour au front, la permission à laquelle il avait renoncé en août parce qu'il croyait proche la fin de la guerre... Ainsi, pendant plus d'une heure, Emil se tint en communication spirituelle avec son épouse sous le ciel étoilé : c'était le seul cadeau qu'il pouvait lui faire.

Tandis que les combattants allemands de Stalingrad cherchaient l'oubli de leur sort dans la célébration de Noël, les deux chefs d'état-major discutaient des chances décroissantes de salut de la VIe Armée.

« 24-12-42 — Télétype entre les généraux Schmidt et Schulz.

+++ Mon cher Schmidt, ce soir le feld-maréchal et moi-même pensons tout particulièrement à la VIᵉ Armée entière... Je n'ai guère d'informations nouvelles à vous communiquer aujourd'hui. Hoth est toujours engagé au sud de la poche dans des opérations défensives. On constate que l'ennemi a encore reçu des renforts autour de Vassilevska et sur la Michkova... En ce qui concerne votre situation, le Commandement Suprême de l'armée ne nous a pas encore fait connaître sa décision. Le feld-maréchal désire que vous sachiez qu'il vaut mieux vous faire dès maintenant à l'idée que la solution adoptée sera, selon toute probabilité. "Coup de Tonnerre". »

Or, déjà ce jour-là, Manstein n'y croyait plus, mais il ne voulut pas, au soir de Noël, détruire cet ultime espoir de libération dans l'esprit de Schmidt et de Paulus. Schulz poursuivit :

« Nous attendons une amélioration du temps, pour affecter le maximum d'appareils disponibles à votre ravitaillement indispensable, en vivres et en carburant. Quoi de neuf de votre côté ?

+++ Est-il certain que les avions puissent décoller, malgré la menace qui pèse sur Tatsinskaya ? demanda Schmidt qui ignorait la prise de cet aérodrome par les Russes.

« +++ Leur vol est garanti, répondit Schulz en montant, et de toute manière des aérodromes de remplacement sont prêts.

+++ Est-ce que Hoth va pouvoir tenir le secteur de la Michkova ?

+++ Nous l'espérons, mais il est possible qu'il soit contraint de réduire la tête de pont actuelle. »

Or, à ce moment, la tête de pont était déjà évacuée par les éléments d'arrière-garde allemands. Schmidt insista :

« +++ Est-ce qu'on a enlevé une division cuirassée à Hoth pour l'envoyer sur la rive droite du Don ? »

Cette fois encore, Schulz ne put se résoudre à priver son ami de tout espoir, et il répondit :

« +++ Une division cuirassée a dû être transférée sur

la rive droite du Don, pour protéger l'aérodrome de Moro-sovskaya. Toutefois, la division SS motorisée Viking arrivera demain dans la région de Salsk, par fer et par la route... En outre, nous avons réclamé d'urgence l'envoi de renforts provenant du Groupe d'Armées A du Caucase, mais nous attendons toujours l'accord du Commandement Suprême sur ce point. Je n'ai rien d'autre à vous communiquer ce soir. Le commandant en chef et moi, nous vous remercions pour vos vœux de Noël, et nous vous redisons les nôtres. »

Pendant la veillée de Noël, le front de Stalingrad demeura d'un calme inquiétant. Les Russes ne se firent entendre que par les haut-parleurs, invitant les Allemands à mettre bas les armes, pour venir profiter d'une bonne nourriture, d'abris chauffés et de jolies filles tartares peu farouches. Tapis dans leurs trous enneigés, les soldats allemands écoutaient d'une oreille distraite cette propagande ; elle les amusait par sa naïveté, et les troupes redoutaient beaucoup trop les Soviétiques pour croire à des offres aussi alléchantes.

Dès les premières heures du jour de Noël, un violent blizzard se mit à souffler sur tout le « Chaudron ». La visibilité tomba à moins de 10 m, des bourrasques de 80 km à l'heure s'engouffrèrent dans les « balkas », et les hommes de la VIᵉ Armée restèrent blottis au fond des abris, à cuver les boissons alcoolisées qu'ils avaient, pour une fois, pu absorber. Puis brusquement, à 5 heures, des milliers de lance-roquettes, de mortiers lourds et de canons ouvrirent le feu, faisant pleuvoir sur le « Chaudron » une avalanche de projectiles et couvrant le hurlement du vent par le fracas des explosions. La terre trembla et se souleva, sous l'action de ce bombardement féroce, et dès qu'il eut cessé, « d'innombrables chars surgirent de la pénombre sur la plaine blanchâtre, encadrant des camions remplis de troupes d'infanterie... »

Dans le secteur tenu par la 16ᵉ division blindée, au nord de la poche, les soldats somnolents sortirent des

abris pour tenter de retarder au moins l'avance ennemie, mais les Russes bénéficiaient de la surprise, arrivaient trop vite, et bientôt leurs chars se trouvèrent au
milieu de la position allemande. Le combat se déroula
presque au corps à corps et les cadavres s'amoncelè-
rent devant les canons, jusqu'au moment où les batteries allemandes de 88 mm durent cesser le feu, faute
de munitions : les servants firent sauter leurs pièces
avec les derniers obus, avant de se replier sur une autre
ligne de résistance.

A mesure que les heures de cette matinée de Noël
s'écoulaient, les officiers de renseignements de la
VIe Armée rendirent compte que les Russes subissaient
« des pertes effrayantes... », mais ils durent aussi
reconnaître que celles des défenseurs de la forteresse
n'étaient pas moins impressionnantes. La bataille
continua de faire rage toute la journée et sur tous les
fronts du « Chaudron », car les troupes allemandes, si
affaiblies qu'elles fussent, étaient bien abritées dans le
sol et capables de résister, malgré le déchaînement des
pièces d'artillerie, lourde ou légère, des Soviétiques.

A son hôpital surpeuplé, le Dr Kurt Reuber interrompit un moment ses opérations de blessés pour recevoir quelques camarades avec lesquels il était
particulièrement lié. Quand il ouvrit la porte de sa
chambre personnelle, ils retinrent leur souffle devant
l'étonnant spectacle qui s'offrait à eux : bien éclairé
par une lampe, un tableau accroché au mur représentait
la Vierge et l'Enfant, drapés de blanc et penchés l'un
vers l'autre, au point que leurs fronts se touchaient.

Depuis des jours, Reuber y travaillait en secret.
Après plusieurs esquisses, il s'était rappelé un verset
de l'Evangile selon saint Jean, évoquant « la lumière,
la vie et l'amour ». S'inspirant de ces mots, il composa
avec des crayons de couleur les images idéales de la
Vierge Marie et de l'Enfant Jésus, symbolisant à ses

yeux ces trois vertus. Souvent interrompu et gêné par les bombardements, il finit par créer ainsi, au verso d'une carte prise aux Russes, un petit chef-d'œuvre : la Madone et l'Enfant de Stalingrad.

Ses amis restèrent un moment en contemplation muette devant l'émouvante évocation, puis Kurt Reuber déboucha en leur honneur sa dernière bouteille de champagne. Ils étaient en train de la boire et d'échanger des vœux, quand des explosions terribles retentirent et secouèrent la pièce. Le chirurgien se précipita vers son hôpital, où déjà les cris des mourants se mêlaient au vacarme du bombardement. En quelques minutes, la « chapelle » devint un poste de secours. Un des officiers qui, peu auparavant, avaient chanté devant le tableau un vieux Noël allemand, y fut porté, criblé d'éclats : il devait mourir quelques minutes plus tard, aux pieds de la Vierge et de Son Fils.

En fin d'après-midi, alors que 1 280 soldats allemands étaient morts au cours de cette journée de Noël, les deux chefs d'état-major eurent encore un entretien déprimant :

« 25-12-42, de 17 h 35 à 18 heures.

+++ Ici, le général Schulz. Le général Schmidt est-il là ?

+++ Ici, le général Schmidt. Bonsoir, Schulz.

+++ Bonsoir, Schmidt. Nous espérons que la journée n'aura pas été trop dure pour l'armée. Voici les nouvelles que je peux vous donner. Depuis l'aube, Hoth n'a pas cessé de résister à de violentes attaques d'infanterie et de blindés, très supérieurs en nombre... Il leur a infligé de lourdes pertes, mais nous en avons aussi subi et elles sont considérables. Quoiqu'il ait fallu resserrer les têtes de pont de l'Aksaï, ce secteur a pu être tenu. Selon les rapports des pilotes ayant effectué des reconnaissances, l'ennemi a amené un nouveau corps cuirassé au sud-est de l'Aksai... Il ne fait aucun doute qu'il a concentré des forces importantes entre les unités de Hoth et la poche... Nous n'avons pas encore reçu du Commandement Suprême la réponse à nos propositions, relatives à des opérations ayant pour objet la libération de la VIe Armée. Le général von Richthofen a dit aujourd'hui au feld-maréchal que, si le temps s'améliore, il pourra dans les prochains jours vous apporter 120 tonnes de ravitaillement quotidien et augmenter cet approvisionnement par la suite, jusqu'à 200 tonnes par jour. La diminution du tonnage actuel est due à la grande distance que les appareils doivent couvrir, pour venir des nouvelles bases de Slask et de Novocherkassk. J'aurais voulu, surtout aujourd'hui, pouvoir vous donner de meilleures nouvelles. Le feld-maréchal continue à demander que des blindés et de l'infanterie motorisée du Groupe d'Armées A soient envoyés en renfort à Hoth, afin de faciliter le déclenchement de « Coup de Tonnerre » par la VIe Armée. De votre côté, comment se présente la situation ?

+++ Aujourd'hui, la 16e division blindée et la 60e division motorisée ont subi de très violentes attaques, sur une faible largeur des positions, et l'ennemi a pu y pénétrer provisoirement, sur une profondeur de 1 à 2 km. Dans l'ensemble, notre contre-attaque a réussi, mais les Russes tiennent encore la colline souvent disputée et importante, la cote 139,7. Nous espérons la reconquérir demain matin... Les réserves de vivres et de carburant baissent dangereusement. Du fait d'un vent d'est glacé et de la très basse température, il nous faut augmenter beaucoup les rations, sinon nous aurons de nombreux cas d'épuisement et de membres gelés. Nous ne pouvons pas nous contenter de 120 tonnes d'approvisionnements par avion et par jour. Il faut donc prendre des mesures afin d'augmenter rapidement notre ravitaillement, *faute de quoi vous pouvez dès maintenant considérer la VIe Armée comme perdue*. Est-ce que Hoth tient toujours la vallée de la Michkova ? »

Refusant d'admettre que la tête de pont sur cette rivière avait été abandonnée, Schulz se borna à répondre :

« +++ Hoth tient le secteur de l'Aksai, avec plusieurs petites têtes de pont plus au nord.

+++ Selon certains renseignements reçus aujourd'hui, des appareils destinés à nous ravitailler ont de nouveau reçu des missions de combat. Le général von Paulus estime que ce fait est très fâcheux. Nous vous prions de ne pas juger d'une manière trop optimiste la situation de nos approvisionnements. Nous pensons que l'aviation ferait mieux de nous apporter du pain que de larguer quelques bombes, pas toujours efficaces, sur le front de Tatsinskaya. Je n'ai rien d'autre à signaler.

+++ Croyez bien que la situation de vos approvisionnements est notre principale préoccupation. Je vais tout de suite en reparler au feld-maréchal. Il est en contact permanent avec Richthofen et le Commandement Suprême, dans le but d'accroître vos approvisionnements. Nous nous rendons parfaitement compte de votre dramatique situation, et nous ferons tout ce qui est en notre pouvoir pour l'améliorer. Je n'ai rien d'autre pour ce soir. Veuillez transmettre mes respects au commandant en chef. A demain.

+++ Merci. Amitiés. Terminé. »

Après cet entretien, le général Schmidt ne se fit plus d'illusions : à ses yeux, le haut commandement allemand avait perdu le contrôle des événements en Russie méridionale. Les phrases suivantes, inscrites ce soir-là dans le journal de guerre de la VIe Armée, reflètent bien ce fait : « Quarante-huit heures sans réception de vivres. Les réserves de vivres et de carburant touchent à leur fin... Les forces des hommes déclinent rapidement à cause du froid extrême... Nous espérons recevoir bientôt de la nourriture... Aucune décision n'a encore été prise, concernant le plan de bataille pour la VIe Armée. »

Dans leur lointain isolement, les soldats allemands passèrent les dernières heures de Noël à tenter de capter à la radio les émissions de leur patrie. La veille, ils avaient écouté la célèbre cantatrice Lale Andersen chanter pour eux des airs aimés. Ce soir-là, le ministre de la propagande Joseph Goebbels diffusa une « Emission Circulaire », destinée à la population civile et émanant, disait-il, de toutes les frontières du IIIe Reich. Après les villes conquises, il passa aux divers fronts de guerre :

« Et voici Narvik ! » annonça-t-il pour faire entendre un chœur masculin. « Et voici la Tunisie ! » d'où les soldats luttant contre les Anglo-Américains devant Tunis et Bizerte chantèrent aussi Noël. « Et voici Stalingrad ! » beugla-t-il. Les milliers de soldats encerclés dans le « Chaudron » se regardèrent, ahuris : une voix joyeuse retentit pour assurer la population que tout allait bien sur les bords de la Volga. Goebbels continua son émission préfabriquée, vantant l'extension formidable de l'empire nazi, mais la plupart de ses compatriotes, pris au piège dans la steppe russe, ne l'écoutaient plus : ils avaient tourné le bouton de leur radio.

CHAPITRE XXIV

Soutenus par le faux espoir que Manstein les délivrerait, les soldats de la VIᵉ Armée avaient enduré le rationnement et les épreuves d'un climat effroyable avec un stoïcisme et une énergie remarquables. Cependant, lorsque à Noël ils commencèrent à se rendre compte que le « Chaudron » allait sans doute devenir leur tombeau, la résistance physique et morale des défenseurs de Stalingrad se désintégra peu à peu, si bien qu'ils perdirent leur capacité de tenir les positions qu'ils occupaient. Les mesures rigoureuses prises par Paulus pour économiser les maigres réserves ne firent que les déprimer davantage. Or, le général assiégé n'avait pas le choix, car une fois de plus l'aviation n'était pas parvenue à lui apporter plus de 100 tonnes d'approvisionnement par jour. Cette sombre réalité fut enregistrée le soir par le télétype :

« +++ Aujourd'hui, 26 décembre, nous avons reçu jusqu'à ce soir, 17 heures, 38 Ju et 3 He qui ont débarqué 70 tonnes, dont une partie en vivres, surtout du pain. Il ne nous en reste que pour deux jours avec un jour de vivres divers, à l'exception des matières grasses qui sont épuisées. Il faut donc envoyer immédiatement du ravitaillement complet et équilibré pour 250 000 hommes... Nous ne vivons que de ce que nous recevons par avion... Nous n'avons plus de carburant : nos derniers 20 000 litres seront distribués demain... Je vous supplie de tout faire pour qu'on nous apporte 200 tonnes demain, dont 150 de vivres et 50 de carburant, sinon nous ne tiendrons pas.

+++ Nous ferons le maximum. »

Le colonel von Kunowski, l'intendant général de Paulus, ajouta en guise de conclusion : « Jamais je ne me suis trouvé dans un merdier pareil ! Meilleures amitiés. »

Paulus savait depuis plusieurs jours qu'il allait être obligé de réduire encore les rations, mais il avait tenu à laisser passer Noël avant d'annoncer le régime de famine qui serait désormais imposé aux troupes : 60 g de pain par jour, une portion de soupe sans graisse au déjeuner, si possible une boîte de conserve de viande au dîner, sinon une autre gamelle de soupe à l'eau. Cette décision porta un coup fatal au moral des hommes, et Paulus en fut pleinement conscient. Aussi tenta-t-il encore de rappeler à ses chefs que son armée était au bord de la catastrophe. Quand il reçut ce sinistre rapport, Erich von Manstein ne put que le transmettre à Hitler :

« Les lourdes pertes, le froid et l'insuffisance des approvisionnements ont récemment entamé la puissance combative des divisions. C'est pourquoi j'ai le devoir de vous rendre compte que :

1. L'armée est encore capable, si le ravitaillement s'améliore, de repousser de petites attaques locales pendant quelque temps.

2. Si l'ennemi retire des forces importantes du front de Hoth pour les tourner contre la forteresse de Stalingrad, celle-ci ne pourra plus résister longtemps.

3. Il n'est plus possible d'exécuter une percée, à moins qu'un couloir ne soit d'abord creusé à travers les positions ennemies et que l'armée ne soit complètement ravitaillée...

En conséquence, je demande que les plus hautes autorités soient alertées et prennent les plus énergiques mesures pour délivrer au plus vite la VIe Armée, *à moins*

que la situation générale n'exige que celle-ci soit sacri-
fiée... »

Ainsi, pour la première fois, Paulus faisait allusion
à une explication qui le tourmentait depuis quelque
temps : son armée n'était-elle qu'un pion sacrifié, dans
cette infernale partie d'échecs, de manière à immobiliser le plus possible d'unités soviétiques, pendant que
Manstein s'efforçait de stabiliser ses autres fronts ?

Un officier de son état-major, le capitaine Winrich
Behr, exprima la même opinion dans une lettre remarquable, qu'il adressa au major Nikolaus von Below,
aide de camp de Hitler à Rastenburg. Les deux
hommes, amis de longue date, avaient épousé deux
sœurs et se témoignaient toujours une grande loyauté.
Behr estima le moment venu de montrer en toute franchise à son beau-frère ce qu'était l'ambiance du quartier général de Goumrak. Ce document, d'une valeur
exceptionnelle, était ainsi conçu :

« Mon cher Klaus,

Pour l'instant, nous nous sentons quelque peu trahis et
abandonnés... Attendre et persévérer, nous le ferons, cela
va sans dire, même si l'on ne nous envoie pas d'autres
ordres. Seulement il y a un certain nombre de choses que
je tiens à te dire très simplement. Ici il n'y a plus rien à
manger, sauf quelques milliers de chevaux qui pourront
durer jusqu'à janvier, mais qui ne sauraient suffire à nourrir une armée de 250 000 hommes. Maintenant il n'y a du
pain que pour demain... Etant donné ce que je sais du
soldat allemand, il nous faut prévoir... que la résistance
physique des troupes finira par être amoindrie, à tel
point... qu'un jour viendra où les hommes diront : « Je
me fous de tout », se laisseront mourir de froid ou capturer sans combattre.

Aujourd'hui encore, ils désirent tenir bon, et il est d'ailleurs incompréhensible qu'ils aient résisté, comme ils
l'ont fait jusqu'à présent... Le chauffage est un gros problème. Il faut tout faire venir à Stalingrad, où il ne reste

pas un atome de gaz. En d'autres termes, la règle est partout la même : le chat dévore sa propre queue... *Il est possible qu'à cause de la situation générale on ait décidé de nous abandonner*. Ce n'est pas invraisemblable, encore qu'on ait du mal à imaginer ce que seraient les conséquences. Si tel est le cas, je survivrai quelques jours de plus avec mon copain Eichlepp, grâce à ton excellent chocolat !...

Si je t'écris tout cela, Klaus, c'est pour que tu ne te figures pas que nous nous tourmentons sans raison. Ce que je te raconte est fondé non seulement sur mon expérience personnelle, mais aussi sur des messages et des entretiens quotidiens avec des camarades du front. La situation est aussi mauvaise que je te le dis. Aucun miracle ne peut se produire dans cette steppe et nous aider. Il n'y a que les bons vieux Ju et He-111, s'ils viennent et s'ils viennent souvent.

... A part ça, le moral est et a été bon ici. Bien sûr, on a toujours un peu la frousse, mais parmi les officiers et beaucoup d'hommes de troupe on garde l'espoir. La devise est : « Tenez bon, et le Führer vous en sortira ! » J'avoue qu'ici, à la tête de cette multitude, surtout en de telles journées où l'on a le ventre aussi vide que la cartouchière, la responsabilité du chef est singulièrement lourde...

Teddy »

Or, tel un cordon ombilical brusquement coupé, la liaison par téléscripteur entre Goumrak et Novocherkassk fut soudain rompue, parce que les Russes réussirent à découvrir les relais, admirablement camouflés par les spécialistes allemands avant l'encerclement de l'armée. Leur capture mit fin aux contacts, fragiles mais presque personnels, entre Schmidt et Schulz, entre Paulus et Manstein. La VIᵉ Armée n'eut dès lors qu'un poste émetteur de 1 000 watts, et quelques autres moins puissants, pour communiquer avec le Groupe d'Armées du Don. A l'intérieur de la poche, quelques officiers virent dans cet arrêt brusque du téléscripteur un signe de mauvais augure.

Pendant ce temps, à Moscou, Staline ne cessait de pester contre le retard apporté à la destruction de la VIe Armée allemande. Malgré les communiqués de victoires impressionnantes, publiés jour après jour par les commandants d'unités opérant dans d'autres secteurs, le dictateur refusait de se détendre.

Ainsi, le 28 décembre, le général Vatoutine, qui commandait les forces opérant au sud-ouest sur le Don supérieur, lui annonça un succès considérable : « L'aile droite de la VIIIe Armée italienne s'est désintégrée... 60 000 prisonniers, et environ autant de tués... Nos forces se sont emparées de tous leurs stocks... Ce qui reste de ces troupes n'oppose pratiquement plus de résistance... »

Staline écouta ce magnifique compte rendu sans manifester d'enthousiasme et répliqua aussitôt, en attirant durement l'attention du général sur le danger que courait une de ses unités, dans une autre zone du front dont il était responsable. Il s'agissait de Tatsinskaya, où le général Martin Fiebig avait, quatre jours auparavant, perdu beaucoup d'appareils avant de se décider à abandonner l'aérodrome. Or, le corps cuirassé soviétique qui l'en avait chassé s'y trouvait maintenant encerclé par les chars allemands, accourus précipitamment de la Michkova, et Staline en profita pour donner à Vatoutine une leçon de stratégie par téléphone :

— Ton premier devoir est de tirer d'affaire Badanov et le 24e Corps cuirassé encerclé... Tu as eu raison de l'autoriser à abandonner Tatsinskaya pour le moment. Nous t'avons donné déjà les 2e et 3e Corps Cuirassés, pour que tu transformes « Petit Saturne » en « Grand Saturne »... Mais ne perds jamais de vue que, pour des opérations se déroulant sur de grandes distances, mieux vaut lancer les corps cuirassés par paires plutôt que seuls, sinon ils risquent de tomber dans une situation telle que celle de Badanov. Souviens-toi sans cesse de

Badanov ! N'oublie jamais Badanov ! Tire-le d'affaire à tout prix !

Sur cette dernière admonestation, il laissa Vatoutine mener comme il l'entendait la bataille entre le Don et Rostov, pour se consacrer au problème qui le préoccupait plus que tout : l'anéantissement de la VIe Armée de Paulus, dont l'existence prolongée immobilisait sept armées soviétiques, très nécessaires sur d'autres fronts. Au cours d'une conférence avec les principaux chefs de l'Armée Rouge, il alla droit au fait :

— Les opérations autour de Stalingrad devraient être dirigées par un seul homme. L'existence de deux fronts et la dualité de commandement sont une gêne.

Tous ses collaborateurs partageant cette opinion, il demanda :

— Alors, à qui confier le poste ?

Le maréchal Joukov garda le silence, quand un de ses collègues proposa le général Rokossovsky, en sorte que Staline l'interpella :

— Pourquoi ne dis-tu rien ?

— A mon avis, les deux commandants des fronts sont aussi capables l'un que l'autre de remplir la fonction. Il est évident que Ieremenko sera mortifié, si tu places ses troupes sous les ordres de Rokossovsky.

— Ce n'est pas le moment de se soucier des susceptibilités des uns ou des autres ! riposta Staline, agacé. Téléphone à Ieremenko et informe-le de la décision !

Joukov s'exécuta et entreprit d'expliquer la situation à ce général batailleur, qui eut l'impression en l'entendant que sa carrière était à jamais ruinée :

— Les LVIIe, LXIVe et LXIIe Armées passent à dater de ce jour sous le commandement en chef de Rokossovsky...

— Mais... qu'est-ce qui a... provoqué cette décision ?

Joukov exposa avec patience les désirs du haut commandement soviétique puis, sentant que son interlocuteur l'écoutait à peine, tant il était indigné et humilié, il le pria de rappeler un peu plus tard, quand il serait calmé. Lorsque la conversation reprit, Ieremenko n'admettait toujours pas son éviction et s'écria :

— Je ne peux pas comprendre ça !... Dis à Staline, je te prie, que je veux rester ici jusqu'à la destruction complète de l'ennemi !

Joukov lui conseilla de s'adresser à Staline lui-même. Or, Ieremenko venait d'essayer en vain d'obtenir la communication avec le dictateur : celui-ci lui avait fait répondre par son secrétaire, Poskrebychev, que ce genre de question était du ressort de Joukov. Impressionné par la réaction de Ieremenko, le maréchal fit encore une démarche auprès de Staline, qui resta intraitable : à Stalingrad, le commandement en chef serait désormais exercé par Rokossovsky.

Mis au courant, Andreï Ieremenko se retira dans sa chambre et fondit en larmes. Quand Nikita Khrouchtchev tenta de le calmer, il ne fit que l'exaspérer davantage.

Camarade, vitupéra le général, tu n'y comprends rien, parce que tu es un civil ! Tu oublies l'époque où nous pensions que nous étions fichus, où Staline nous suppliait de tenir encore trois jours ! Nous pensions que les Allemands prendraient Stalingrad et qu'on nous en rendrait responsables ! Tu ne prévois sans doute pas ce qui va se passer, mais moi je le sais : le nouveau « Front du Don » recueillera toute la gloire de la victoire de Stalingrad, et nos armées du « Front Sud » seront oubliées !

Khrouchtchev ne parvint pas à consoler son ami.

La contre-attaque allemande, ayant pour objectifs les positions conquises par le 24e Corps Cuirassé du général Badanov, avait provisoirement récupéré les bases aériennes de Moro et de Tazi, servant aux appareils qui ravitaillaient Stalingrad. Toutefois, ce succès se révéla sans grande portée, parce que le mauvais temps et un matériel défectueux continuèrent d'accabler l'aviation allemande. L'approvisionnement quotidien qu'elle apporta dans le « Chaudron » oscilla entre 80 et 200 tonnes. Des centaines de batteries antiaériennes russes étaient maintenant postées le long du trajet parcouru par les avions, dirigés par le radiophare de Pitomnik, et elles ne tardèrent pas à infliger des pertes effroyables aux vieux appareils lourdement chargés : en cinq semaines, les Russes en abattirent près de 300.

L'aérodrome de Pitomnik reflétait lui-même le désastre grandissant de la VIe Armée. Constituant le cœur du « Chaudron », il se trouvait au centre d'un réseau routier, par lequel un microcosme de désespoir et d'espérance ne cessait de parvenir à ses pistes et ses bâtiments. Depuis des semaines, ces routes avaient été constamment dégagées par les équipes du génie, dirigées par le major Linden, mais leurs efforts herculéens ne réussissaient pas à surmonter les terribles épreuves suscitées par les tempêtes d'hiver. Travaillant dans des blizzards continuels, les hommes étaient contraints par la brutalité des vents de porter des masques à gaz, pour ne pas avoir le visage gelé. Les tempêtes se succédaient presque sans interruption, obligeant le chasse-neige à fonctionner en permanence, mais la pénurie de carburant devint telle que le major Linden dut ralentir ces travaux, ce qui le mit au bord du désespoir.

A l'approche du nouvel an, les routes menant à Pitomnik s'encombrèrent de congères, au point qu'il fallut les baliser pour permettre aux chauffeurs des camions de ne pas s'égarer. A cet effet, les soldats plantèrent dans la neige, de chaque côté des chaussées, des centaines de jambes de chevaux morts.

Les pulsations de l'aérodrome, véritable cœur de l'armée, étaient contrôlées par le colonel Lothar Rosenfeld, un ancien champion de boxe de la police militaire. Montant un poney russe — un « panje » —, il allait et venait, maintenant une stricte discipline, à la fois pour la répartition des cargaisons débarquées et pour l'embarquement des blessés et privilégiés, qu'on autorisait à quitter le « Chaudron ». Un de ses visiteurs réguliers était l'officier de liaison de Hitler, le major Coelestin von Zitzewitz, qu'on soupçonnait depuis son arrivée d'être un espion envoyé par l'« O.K.W. ».

Dès le début de son séjour, cet officier fut tenu à distance par le général Schmidt et certains membres de l'état-major, et Schmidt alla jusqu'à s'opposer à l'envoi d'un rapport, au début de décembre, dans lequel Zitzewitz présentait la situation « sous un jour trop pessimiste » ; il exigea que le texte en fût modifié dans un esprit plus optimiste.

Instruit par l'expérience, le major attendit désormais que Schmidt fût couché pour expédier ses messages. Car loin d'être disposé à exécuter servilement n'importe quel ordre, il rédigea sans rien cacher les comptes rendus de la débâcle à laquelle il assistait. Il alla partout, dans les mauvais abris du front, des hôpitaux aux dépôts de munitions enterrés aux flancs de ravins glacés. Parcourant les interminables « balkas » de Babourkin, Gorodiche ou Dimitrevka, il visita les troupes dans leurs réduits souterrains, sombres et humides, où le manque de chauffage engendrait bronchites et pneumonies, car la faiblesse croissante des hommes les exposait à toutes sortes d'infections, d'autant plus que l'absence absolue d'hygiène y provoquait des invasions de poux.

Ces insectes n'étaient pas le seul fléau enduré par les soldats : Zitzewitz se trouva souvent au milieu de souris et de rats, si affamés qu'ils rongeaient les sacs et les poches des uniformes, pour y dévorer le peu de nourriture précieusement conservée. Il vit même un homme dont deux orteils gelés avaient été mangés par les rats pendant son sommeil.

A. Pitomnik, Zitzewitz passait surtout des heures dans les hôpitaux de fortune, où les blessés affluaient, imploraient les docteurs d'apaiser leurs souffrances, et attendaient l'arrivée d'avions qui, au lieu d'atterrir, s'écrasaient souvent au sol et prenaient feu.

Le major s'efforça de révéler à Hitler la vérité dans toute son ampleur, mais ses rapports sinistres eurent un effet imprévu au quartier général du Führer. Le maréchal du Reich Hermann Goering, en ayant pris connaissance, déclara :

— Il est impossible qu'un officier allemand ait pu rédiger des messages aussi défaitistes. La seule explication est que l'ennemi a capturé son poste émetteur et compose ces faux rapports.

Ainsi, les comptes rendus de Zitzewitz furent rejetés par ses chefs, comme étant de la propagande soviétique.

Les infortunés survivants de la VIIIe Armée italienne auraient pu assurer Hermann Goering que les chroniques désespérées du major étaient rigoureusement authentiques. Ils continuaient de se traîner, dans la neige jusqu'aux genoux, vers de lointains camps de captivité.

Le lieutenant Felice Bracci avait ainsi poursuivi l'interminable marche en direction du nord et traversé la glace argentée du Don supérieur, le fleuve qu'il avait espéré franchir en conquérant. Maintenant il était convaincu que ce cours d'eau possédait un pouvoir magique et que jamais il ne laisserait passer un envahisseur. Durant plusieurs journées atroces, Bracci était parvenu à maintenir son corps et son cerveau en état de fonctionnement, tandis que le « long serpent noir » des prisonniers se glissait à travers de nombreux villages où, contre toute attente, des femmes russes lui avaient souri et glissé dans les mains des croûtes de pain ou des pommes de terre gelées. Quelques Russes échangeaient de la nourriture contre n'importe quoi, une alliance, un vêtement, une couverture. Quand Bracci offrit une bande de tissu adhésif qu'il avait conservé, un villageois lui donna en contrepartie un gros morceau de pain, qu'il dévora en quelques secondes.

Le 28 décembre, les gardes russes arrêtèrent la colonne des Italiens à une vaste baraque, proche d'une gare. Enfermé dans la pénombre avec des centaines de captifs, Bracci passa là trois jours à s'efforcer de ne pas devenir fou. Certains de ses compagnons, atteints de gangrène par suite de gelures, hurlaient sans arrêt. Des docteurs italiens amputèrent alors les membres les plus infectés avec leurs couteaux de poche, sans anesthésier les malades dont les plaintes déchirantes désespéraient leurs camarades, incapables de les soulager.

Au milieu de ce vacarme infernal, où les cris de douleur se mêlaient aux invocations à la miséricorde divine, Bracci et quelques amis trouvèrent du bois et allumèrent un petit feu dans un coin de la salle, sur la dalle cimentée. Ces faibles flammes les réconfortèrent un peu, tandis que les Russes les soumettaient à une campagne de propagande. Deux officiers, dont une femme, parlant couramment l'italien, vinrent leur demander pourquoi ils faisaient la guerre à la Russie et s'ils étaient vraiment des fascistes. Ils déclarèrent que Hitler et Mussolini étaient perdus et terminèrent par un mensonge, en annonçant la mort récente du roi Victor-Emmanuel, victime d'une crise cardiaque. Tirant de sa poche des bouts de papier et des crayons, la femme offrit aux prisonniers d'y écrire de brefs messages et les noms et adresses de leurs proches. Bracci prit un crayon dans ses doigts gourds et griffonna : « Je suis vivant... Je vais bien... » Il n'avait aucun epoir que ces mots parviendraient un jour à Rome.

Cette propagande se poursuivit le lendemain. On fit sortir les prisonniers de la baraque et, alignés en rangs dans le froid, ils durent entendre le discours d'un civil à lunettes, perché sur le toit d'une voiture. En excellent italien, l'orateur maudit le gouvernement fasciste et avertit ses auditeurs que, selon toutes probabilités, ils ne reverraient jamais leur patrie, car « le froid de la

Russie se chargerait de les faucher », déclara-t-il. Gre-lottant, Bracci se demanda si le propagandiste annon-cerait aussi qu'on allait les faire mourir de faim, mais cet Italien expatrié s'en abstint. A l'intention d'un public inconnu, il fit défiler les misérables captifs devant un reporter qui les filma.

La veille du jour de l'an, Bracci essaya d'oublier son sort. Etendu sur le sol gelé de la baraque, il écouta le colonel Rosati décrire une « tournée des grands-ducs » dans les meilleurs restaurants de Rome : l'élé-gant « Zi », le « Bersagliere », et celui perché au sommet de la Roche Tarpéienne. Quand l'officier énu-méra les plats qu'il commanderait dans chaque établis-sement, ses camarades gémirent d'envie. « Jeudi, gnocchi ! » annonça-t-il, savourant le mot, et les hommes se mirent à mâcher sans fin, la bouche vide mais humide de salive. Souffrant de crampes d'esto-mac, un prisonnier lui dit de se taire, mais d'autres protestèrent, heureux de pouvoir ainsi oublier un ins-tant l'affreuse réalité. « Samedi tripes ! » poursuivit le colonel, qui prit soin d'agrémenter son menu de vins blancs capiteux. Dehors, le vent hurlait, soufflant de la neige par les fenêtres aux vitres brisées. Pour ne pas penser au froid, les gourmets continuèrent d'écouter avec ravissement : « Lundi, cannelloni à la crème... »

Le 31 décembre à 22 heures, l'artillerie russe autour du « Chaudron » salua d'explosions forcenées la venue de l'an nouveau. Sachant que l'heure de Moscou devançait de deux heures celle de Berlin, les troupes de la VIe Armée s'étaient préparées à ce déluge de feu. Au fond de leurs abris, elles supportèrent sans dom-mage cette salve de quinze minutes, célébrant l'avène-ment d'une année qui promettait d'être glorieuse pour la Russie soviétique.

A l'intérieur de Stalingrad, les soldats de l'Armée Rouge nourrissaient en effet les plus grands espoirs, pour une raison majeure : la transformation de la Volga, obstacle considérable, en un immense pont carrossable. Venant d'Acktouba et de Krasnaya Sloboda, des centaines de camions traversaient chaque jour le fleuve, apportant entre autres aux combattants des tenues blanches et fourrées, pour remplacer les uniformes sombres et souvent en loques. Au milieu du parcours, d'une rive à l'autre, des agents de la circulation dirigeaient les convois vers les divers dépôts créés dans les cavernes de la falaise. Les caisses de boîtes de conserve américaines commencèrent à garnir les abris creusés tout le long des positions russes, de la gorge de Tsaritsa à l'usine de tracteurs. Les munitions s'empilèrent derrière les pièces, en telles quantités que les canonniers tiraient maintenant des obus antichars sur des soldats allemands isolés.

Le soir du réveillon de fin d'année, la discipline se relâcha un peu dans la LXIIe Armée soviétique revigorée. Sur la rive de la Volga, des officiers supérieurs présidèrent des réunions en l'honneur d'acteurs, de musiciens et de danseuses, venus distraire les combattants de Stalingrad. Un de ces artistes, le violoniste Mikhaïl Goldstein, ne participa pas à ces festivités et préféra se rendre dans les tranchées de première ligne, pour y donner seul un concert aux troupes.

Depuis le début de la guerre, Goldstein n'avait jamais vu un champ de bataille comparable à Stalingrad, une ville aussi totalement détruite par les bombes et les obus, jonchée de squelettes de chevaux, que l'ennemi affamé avait dépouillés avec soin. L'artiste fut en outre impressionné par les nombreux policiers du N.K.V.D. qui, postés entre la Volga et le front, vérifiaient les papiers des soldats et n'hésitaient pas à abattre sur-le-champ les hommes soupçonnés de vouloir déserter. Bouleversé devant l'horrible spectacle de cette cité martyre, Goldstein joua pendant des heures et mieux que jamais, pour les troupes qui en étaient enchantées. Quoique le gouvernement soviétique eût interdit l'exécution d'œuvres allemandes, le violoniste estima qu'en une telle occasion il pouvait transgresser cette loi sans encourir les foudres d'un commissaire. Les mélodies qu'il recréa ainsi furent amplifiées par des haut-parleurs et entendues par les Allemands, dans les tranchées proches, si bien qu'ils cessèrent de tirer. Comme il venait d'achever un morceau, une voix allemande retentit soudain dans le silence étrange et cria en mauvais russe :

— Jouez encore du Bach, s'il vous plaît ! Nous ne tirerons pas !

Goldstein reprit son violon et attaqua une vigoureuse « Gavotte » de Jean-Sébastien Bach.

A minuit, heure de Berlin, un soldat de la 24ᵉ division blindée, dans la zone nord-est du « Chaudron », leva sa mitraillette vers le ciel et tira une rafale de balles traçantes. Aussitôt de nombreux camarades l'imitèrent, puis l'idée se transmit très vite le long du périmètre de la poche, successivement à la 16ᵉ division blindée, à la 60ᵉ motorisée, autour du « nez » de la Marinovka, aux 297ᵉ et 371ᵉ divisions proches de la Volga, enfin aux sombres rues de Stalingrad, où les hommes pointèrent fusils et mitrailleuses sur le firmament, à travers les fentes de visée de fortins, et tirèrent un feu d'artifice kaléidoscopique par-dessus la masse déchiquetée des usines. Ainsi, pendant quelques minutes, un arc-en-ciel de feu entoura la forteresse, dans laquelle les soldats allemands saluaient la venue d'un nouvel an dépourvu d'espoir. Pour ceux qui se trouvaient au milieu de la steppe, autour de Pitomnik et de Goumrak, cette pyrotechnie ne fit que prouver la futilité de la position allemande. L'horizon tout entier était une bande de feu formée par les balles traçantes, mais elles concrétisaient le cercle complet dans lequel la VIᵉ Armée était enfermée.

Le premier jour de l'année 1943, Adolf Hitler se

rappela Paulus à Stalingrad : « A vous et à votre courageuse armée j'envoie, en mon nom personnel et en celui de toute la population allemande, mes vœux les plus chaleureux de bonne année. Je comprends la difficulté de votre responsabilité, et je rends hommage à l'attitude héroïque de vos troupes. Vous et vos soldats, commencez la nouvelle année avec la forte conviction que, moi-même et l'armée, nous emploierons toutes nos forces à libérer les défenseurs de Stalingrad, dont la longue résistance demeurera le plus grand fait d'armes de l'histoire militaire allemande... »

Dans le mess d'officiers à l'intérieur du « Chaudron », le jeune et blond lieutenant Hans Oettl était entouré de camarades lui souhaitant un heureux anniversaire, car il était né un 1er janvier. Assis à une table garnie de la porcelaine qu'il avait réussi à conserver durant la campagne, il vit avec autant de joie que de stupéfaction le cuisinier lui servir une impressionnante assiettée de goulache, fumante et remplie de gros morceaux de viande. A peine avait-il commencé de savourer ce festin que la porte s'ouvrit brusquement : un policier militaire fit irruption dans la pièce et demanda si quelqu'un avait vu son chien de garde. Personne ne lui répondit. Hans Oettl vit que ses camarades regardaient leurs pieds d'un air gêné, et il comprit l'origine du plantureux repas qu'on lui offrait. Tandis que le policier proférait les pires menaces contre les meurtriers de son chien, le lieutenant continua sans scrupule de manger un morceau du berger allemand.

Le sergent Albert Pflüger avait attendu patiemment un avion qui l'aurait ramené dans les lignes allemandes, mais le mauvais temps réduisit au minimum les allées et venues des appareils, si bien que, n'y tenant plus, il décida brusquement d'aller retrouver ses hommes et la 297ᵉ division. Encore drogué et rendu à moitié fou par les poux qui rongeaient son bras sous le plâtre, il grimpa dans un train, près de Karpovka ; une voie ferrée subsistait encore dans ce secteur et permettait d'accéder aux faubourgs de Stalingrad.

Le wagon de marchandises dans lequel il prit place était en partie occupé par des Roumains, six gradés qui entouraient d'un air menaçant deux hommes de troupe. Durant le trajet cahoteux, entrecoupé de fréquents arrêts, un des Roumains expliqua à Pflüger que les deux prisonniers étaient condamnés à mort pour avoir volé des vivres. Pendant qu'ils parlaient, un autre gradé se mit tout à coup, sans raison apparente, à cingler les voleurs de coups de cravache. Aussi Pflüger s'empressa-t-il de descendre à Peschanka, pour échapper à cette ambiance déprimante.

Bientôt, il retrouva son unité et fut reçu avec exubérance par ses subordonnés. En quelques jours, six d'entre eux avaient été tués ou blessés, mais les survivants l'accueillirent à bras ouverts, et le cuisinier de la compagnie le combla de gâteries — chocolat, cigarettes et viande de conserve. Heureux de se sentir de nouveau parmi les siens, le sergent cessa de penser à l'occasion manquée de quitter le « Chaudron » à Pitomnik.

A Novocherkassk, le feld-maréchal Erich von Manstein accueillit l'année nouvelle de très triste humeur : il avait échoué dans sa tentative de sauver Paulus et savait que le destin de la VIᵉ Armée était d'ores et déjà scellé. Cependant, il devait faire face à un autre danger, encore plus considérable. A 650 km au sud de Stalingrad, le Groupe d'Armées A — comprenant la Iʳᵉ Armée blindée et la XVIIᵉ Armées — se trouvait isolé et vulnérable, au pied des contreforts du Caucase. S'il ne parvenait pas à ramener ces armées vers le nord, par l'étroit goulet de Rostov, le haut commandement russe pourrait les enfermer dans un autre « Chaudron », bien pire que celui de Stalingrad, comme le souhaitait Staline.

Depuis que Manstein avait retiré des chars du sud de Stalingrad, où le général Hoth tentait de rejoindre Paulus, il réclamait chaque jour par téléphone en Prusse-Orientale la prompte retraite des armées du Caucase, et ce fut seulement le 29 décembre que Hitler autorisa le repli de la Iʳᵉ Armée blindée. Le jour de l'an, celle-ci fit demi-tour et fonça vers le salut. Tandis que les véhicules prenaient la direction du nord, leurs équipages firent des vœux pour que Manstein tînt Rostov assez longtemps...

CHAPITRE XXV

Depuis le début de l'encerclement, des censeurs militaires allemands surveillaient avec grand soin, à l'extérieur du « Chaudron », le courrier envoyé par avion de Pitomnik en Allemagne. Durant les premières semaines, 90 % des lettres reflétèrent la confiance absolue des combattants en leurs chefs et en leur propre capacité d'endurer les épreuves, entre autres celle de dépendre provisoirement du pont aérien. En outre, beaucoup d'entre eux avaient déjà fait l'expérience de « chaudrons » analogues et temporaires, au cours des campagnes fulgurantes menées par les unités blindées dans les dernières années ; c'est pourquoi les troupes allemandes comparaient aisément les difficultés rencontrées dans la bataille de Stalingrad à celles d'autres « défaites transformées ensuite en victoires ». Ainsi, le général Seydlitz-Kurzbach n'avait-il pas lui-même participé au sauvetage de 100 000 Allemands à Demyansk, en Russie centrale, l'hiver précédent ? L'avalanche initiale de messages envoyés vers le Reich avait donc témoigné d'une conviction apparemment inébranlable des troupes : la « Wehrmacht » était toujours invincible.

Cette conviction, elles la conservèrent jusqu'à Noël, mais dans la dernière semaine de l'année les censeurs constatèrent une baisse brutale du moral. Les hommes commencèrent à réclamer une amélioration du courrier et une accélération de colis familiaux, pour compenser la diminution des rations. Ils se plaignirent aussi du froid — moins 20 degrés en moyenne — de la neige continuelle, des poux, des puces et des rats.

Néanmoins, la majorité des hommes encerclés semblait conserver un esprit combatif et de l'espoir, ou c'est du moins ce qu'ils disaient à leurs proches, en termes tels que ceux-ci : « Nos armes et nos chefs sont les meilleurs du monde... », « Nous consentons de grand cœur tous les sacrifices pour notre pays, dans l'espoir que nos compatriotes connaîtront de meilleurs jours que ceux que nous vivons... ». « Bien entendu, nous serons toujours les plus forts, ça ne fait aucun doute... »

Deux lettres datant de cette époque prouvent que la troupe gardait encore une grande ardeur et une foi inébranlable dans le régime qui l'avait pourtant conduite jusque dans le « Chaudron ». Le 30 décembre, un caporal — APO N° 36035 — écrivit :

Ne vous faites surtout pas d'idées fausses. Le vainqueur ne peut être que l'Allemagne. Tout combat exige des sacrifices, et vous devez être fiers que votre fils soit au centre même de la bataille décisive. Que je serai donc content, le jour où je pourrai me présenter à vous, avec toutes mes décorations ! Alors je prouverai ma valeur à oncle Willi, qui nous a toujours dit que notre premier but devait être de devenir un homme en combattant. Ces mots, je me les rappelle tout le temps. Nous savons quel est l'enjeu, en ce qui concerne notre patrie. Nous l'aimons aujourd'hui plus que jamais. L'Allemagne vivra, même s'il faut que nous disparaissions. »

Le lendemain, 31 décembre, un soldat de première classe, portant le matricule APO N° 24836 B, écrivit :

« Les Russes nous inondent de tracts. Quand je reviendrai, je vous montrerai les stupidités qu'ils écrivent. Ils veulent que nous nous rendions. Croient-ils vraiment que nous sommes des mauviettes ? Nous nous battrons jusqu'au dernier homme, jusqu'à la dernière cartouche. Nous ne capitulerons jamais. Nous sommes dans une situation difficile à Stalingrad, mais nous ne sommes pas abandonnés. Notre Führer ne nous laissera pas dans le pétrin... Nous recevrons de l'aide et nous tiendrons le coup. Si nous avons un peu moins à manger, et si nous devons nous passer de beaucoup d'autres choses, peu importe. Nous tiendrons le coup. »

Dans leur analyse du courrier, les censeurs adressèrent un sérieux avertissement aux autorités supérieures, au sujet de ce qu'il fallait prévoir dans un proche avenir : « Il faut s'attendre à une baisse du moral en janvier, à mesure que l'espoir en une délivrance s'amenuise... » Cette prédiction se révéla dangereusement exacte. On constata un changement brusque et inquiétant, caractérisé par une augmentation dramatique des lettres d'adieu. Leur ton refléta la soudaine prise de conscience des hommes : leurs chances de survivre à ce drame se réduisaient de jour en jour à des proportions infinitésimales. Quand les dernières volontés et les testaments se multiplièrent, les censeurs s'efforcèrent de couper avec délicatesse dans ces messages. Utilisant les mêmes crayons ou plumes que leurs auteurs, ils les raturaient pour rendre certains mots illisibles, comme si les erreurs avaient été commises par les expéditeurs eux-mêmes.

Un officier découragé écrivit à sa famille : « ...Impossible d'affamer ces porcs... Ici, ils ont une supériorité aérienne absolue, jour et nuit, et l'on n'entend rien que ces oiseaux rapaces. Je ne peux pas imaginer une fin à tout cela, et c'est ce qui vous démolit plus que n'importe quoi d'autre. »

Un chirurgien raconta à sa femme, avec une brutale franchise, ce qu'était la vie dans le « Chaudron ». Il lui décrivit comment il venait d'amputer un blessé à la cuisse avec des ciseaux, alors que le malheureux n'avait même pas pu être anesthésié pour cette hideuse chirurgie.

Un caporal exprima un sentiment qui tendait à se généraliser dans la troupe : « Pour te dire la vérité, je préférerais être tué brusquement, plutôt que mourir à petit feu... »

L'intendant Karl Binder rédigea sa vingt-sixième lettre du front russe, et il s'y efforça une fois de plus de préparer, en des termes poignants, sa famille à la mort qu'il anticipait :

« Ma très chère femme,

Je suis toujours vivant et en bonne santé. Aujourd'hui dimanche, j'ai assisté à l'enterrement de plusieurs soldats de ma compagnie de boulangers. Ce qu'on voit dans les cimetières est un spectacle cruel. Si je reviens un jour à la maison, je ne pourrai jamais oublier ce que j'ai vu. C'est une épopée à nulle autre pareille. Je déplore de n'avoir pas reçu de lettre de toi depuis le 5 décembre. Je serais si heureux de lire un mot d'amour de toi, car nul ne sait ici ce que l'heure prochaine, le jour suivant, lui réserve. Ma très chère femme, quoi qu'il arrive, je suis prêt à tout. Quand l'heure sonnera pour moi, je mourrai en soldat... Dieu est avec nous à chaque instant : ce sont les mots prononcés par l'aumônier au cimetière, qui devient trop petit. Ses dimensions augmentent sans cesse, comme une avalanche... Cependant notre brutal ennemi est toujours tenu en échec, et il ne réussira pas à nous submerger, tant que je serai capable de tenir une arme.

Le temps est maintenant si réduit que je dois envisager la fin de toute chose. J'ai vécu ma vie — elle n'a pas toujours été pieuse — et la vie m'a toujours traité avec rudesse. Il y a eu des moments où mon cœur était dominé par l'insouciance ou la passion, mais je me suis toujours efforcé d'être honnête, un bon camarade, un soldat. J'ai aussi essayé d'être un bon mari pour toi et un bon père pour les enfants. J'ignore si j'y suis parvenu. J'ai sans doute été trop rude mais je n'avais à l'esprit qu'un but : ton bonheur. Il est trop tard pour changer quoi que ce soit, et d'ailleurs je ne sais pas ce que je pourrais changer, mais je sais une chose : j'aime tout de toi plus que jamais. Elève les enfants pour le mieux. La vie ne m'a pas beaucoup gâté, mais tout le soleil qui l'a illuminée est venu de toi et des enfants, alors laisse-moi t'en remercier maintenant, quand il est encore temps...

Pour nous, la mort est une visiteuse quotidienne, et j'avoue qu'elle a perdu à mes yeux son caractère horrifiant... Si je disparais, va vivre le plus tôt possible à Schwäbisch Gmünd. La vie y est moins chère. Il y a 1 900 marks à mon compte de chèques postaux. Ici, mes affaires personnelles se trouvent dans une petite valise, un gros sac à main, un sac à chaussures et une petite valise en bois. J'ignore si elles te seront remises... En tout cas, les services de l'intendance de Stuttgart te renseigneront au sujet de ta pension.

Jette mes uniformes. Le reste t'appartient... Je te souhaite ainsi qu'aux enfants tout ce qu'il peut y avoir de mieux ici-bas. Espérons que nous serons réunis dans un autre monde. Ne sois pas triste. Il est possible que le pire ne survienne pas, mais j'éprouve le besoin urgent de mettre tout en ordre. Que la volonté de Dieu soit faite. Alors, ne parle pas de mort. Je n'en parlerai pas non plus, en dépit de tout.

Je t'envoie tout mon amour et mes baisers les plus tendres. Je t'aimerai jusqu'à mon dernier souffle. Mon amour et beaucoup de baisers aux enfants chéris.

Karl »

CHAPITRE XXVI

Dans les premiers jours de janvier, les postes d'observation allemands, échelonnés sur les bords sud et ouest du « Chaudron », téléphonèrent d'inquiétants rapports, signalant que les Russes amassaient une grande quantité de troupes et de matériel. Les guetteurs comptaient des centaines de chars « T-34 » labourant la neige, ainsi que de nombreux camions chargés de soldats, qui passaient effrontément devant les avant-postes allemands, pour aller se cacher au-delà de l'horizon, aux points de concentration des forces ennemies. Puis ce furent des milliers de canons motorisés qui défilèrent, allant des lance-roquettes « Katyoucha » aux mortiers lourds de 210 mm.

Dans leurs abris exigus, les Allemands étaient incapables d'intervenir, car ils avaient ordre d'économiser les munitions pour résister à des attaques caractérisées. Connaissant l'impuissance de l'ennemi, les soldats soviétiques installèrent en pleine campagne d'imposantes cuisines, et l'arôme de plats délectables fut porté par les vents vers les positions de la VIe Armée. Ce supplice de Tantale fut, pour beaucoup d'Allemands, pire que l'apparition de chars et de canons crachant la mort.

Joseph Staline avait fini par lancer ses généraux à l'attaque pour écraser Paulus. Le général Nikolaïevich Voronov, grand maître de l'artillerie soviétique, vint en personne au bord du « Chaudron », pour participer avec autorité à l'élaboration des plans de l'offensive finale. Sur un front de 11 km, il proposa d'installer 7 000 canons, plus qu'il n'en fallait pour enfoncer les lignes allemandes.

D'autre part, un rôle capital fut confié, dans l'opération imminente, au général Vassili Tchouïkov, dans la ville même de Stalingrad. Sachant que Paulus disposait encore le long de la Volga de sept divisions, sans doute affaiblies en effectifs et en matériel mais toujours redoutables, la STAVKA donna à la LXIIe Armée soviétique une mission essentielle, pour permettre la liquidation de la poche. Tchouïkov l'apprit lorsqu'un visiteur de marque, le général Konstantin Rokossovsky, traversa la Volga pour venir dans son abri, au flanc de la falaise. Assis sur un banc de terre, aménagé contre la paroi de la caverne, le commandant en chef exposa à son subordonné les détails de l'offensive. Tandis que des attaques seraient lancées simultanément de l'ouest, du nord et du sud, la LXIIe Armée aurait pour tâche « ... d'attirer vers elle le plus possible de forces ennemies et de les empêcher d'atteindre la Volga, si elles tentaient de sortir de l'encerclement »...

Quand Rokossovsky demanda si la LXIIe Armée était capable de résister à une telle manœuvre désespérée de l'ennemi, le général Krylov, chef d'état-major de Tchouïkov, répondit à la place de celui-ci :

— Si au cours de l'été et de l'automne toutes les forces de Paulus ont été incapables de nous rejeter dans la Volga, soyez certain que les Allemands affamés et gelés d'aujourd'hui ne pourront pas avancer de six pas vers l'est !

Chaque jour, les troupes de choc de la LXIIe Armée continuèrent de harceler ces Allemands affamés et gelés, qui se repliaient lentement, de cave en cave. Des combats rapprochés ne cessaient de survenir partout, dans des ateliers, des immeubles d'habitation ou des logements ouvriers, tous ces bâtiments n'étant plus que des coques creuses, où se cachaient des gens désespérés, aux abois et dangereux.

Blotties depuis plus de trois mois dans leur hangar de ciment derrière les lignes allemandes, Natacha Kornilov et sa mère gisaient, enroulées dans des couvertures, sur la dalle glacée, et écoutaient en frissonnant les explosions de grenades, accompagnées du crépitement des mitrailleuses, qui allaient s'intensifiant. La fillette de onze ans était rentrée de sa fouille quotidienne des tas d'ordures et, une fois de plus, elle n'avait rien trouvé à manger. Depuis le début de l'encerclement, elle revenait la plupart du temps les mains vides, et maintenant c'était à peine si elle avait la force de se traîner jusqu'à la rue. Elle y réussissait cependant, car elle savait que, si elle renonçait à ces recherches, sa mère mourrait de faim.

De son côté, Mme Kornilov avait vu avec désespoir sa petite fille dépérir de jour en jour. Ses yeux saillaient, énormes, des orbites, son visage était affreusement émacié, sa robe flottait sur un corps squelettique, et ses bras ressemblaient à des manches à balais. Sans oser se l'avouer l'une à l'autre, elles se demandaient combien de temps elles pourraient continuer de vivre ainsi et priaient pour qu'aucune ne mourût, car la survivante se trouverait alors seule dans le hangar.

Dehors, la fusillade devint infernale et des balles ricochèrent sur les murs. Tout à coup, on enfonça la porte, et un soldat braqua son fusil sur les deux femmes couchées dans un coin. Natacha l'entendit appeler d'une voix gutturale, puis des mains se tendirent vers elle, et quelqu'un lui dit que tout irait bien désormais. Elle sourit faiblement à son compatriote barbu.

A 40 km plus à l'ouest, l'aérodrome de Pitomnik devenait rapidement le théâtre de scènes infernales.

Dans les deux principaux postes de secours, les médecins allemands étaient submergés par un constant afflux de blessés. Ceux-ci suppliaient qu'on les soulageât, mais la pénurie de médicaments contraignait les docteurs à n'en donner qu'aux hommes les plus gravement atteints. Dehors, des cadavres innombrables gisaient, entassés avec soin, en attendant qu'on pût les enterrer.

Quelques-uns des passagers quittant le « Chaudron » paraissaient jouir d'une excellente santé. Il s'agissait d'officiers spécialistes et brevetés, qu'on faisait sortir de la poche afin de les charger de constituer le noyau de nouvelles divisions. Parmi eux, certains bénéficiaient de la tentative avortée du général Seydlitz, visant à contraindre en novembre le haut commandement d'ordonner une retraite : l'état-major de la 94e division, décimée, embarqua dans les « Junkers », en vue de reconstruire cette unité fantôme.

Pourtant, le vétérinaire de la division, le Dr Herbert Rentsch, resta sur place pour veiller à la répartition de ce qui restait de son troupeau. Les chameaux avaient déjà été abattus, et maintenant il livrait à la boucherie les derniers de ses 1 200 chevaux. Mais il se refusait encore à sacrifier sa jument personnelle, Lore. Quoiqu'elle eût perdu presque toutes ses forces, il ne pouvait se résigner à ordonner sa destruction, en se disant qu'un cheval de plus ou de moins ne pèserait guère dans la balance, pour l'issue de la bataille.

Le lieutenant Hans Oettl n'eut pas à résoudre un problème de ce genre. Quand il découvrit que sa chèvre Maedi mangeait les documents classés dans ses dossiers, il se rendit compte qu'elle était condamnée à mourir de faim. Tirant de sa cantine quelques livres, il les lui donna à manger page par page, puis il la remit entre les mains du boucher de la compagnie et s'en alla.

Dans la zone nord du « Chaudron », un certain nombre de soldats privilégiés participaient à un festin. Ils le devaient au Dr Ottmar Kohler, qui venait de rentrer comme promis d'une permission en Allemagne. Pour remercier ceux à qui il devait d'avoir pu passer Noël en famille, il leur avait rapporté 30 oies. S'il s'était décidé à rester dans sa patrie, Kohler aurait facilement pu feindre une maladie et retarder au moins son retour, jusqu'au jour où celui-ci se serait avéré impossible. Mais il avait toujours eu la ferme volonté de regagner son poste, sans quoi sa conscience ne l'aurait jamais laissé un instant en repos.

Quand il reparut sur le seuil de son hôpital, plusieurs blessés pleurèrent de joie à sa vue. Il se remit aussitôt au travail avec ardeur, essayant de soigner un nombre effrayant de malheureux, dont beaucoup restaient immobiles sur leur brancard et mouraient sans réagir. Convaincu qu'il connaissait la cause de leur mort, Kohler ordonna une autopsie pour prouver qu'il ne se trompait pas.

Elle eut lieu en présence de quelques docteurs, réunis autour de la table d'opération, où le pathologiste entreprit de disséquer le corps d'un lieutenant âgé de trente ans. Le cadavre nu était d'une maigreur impressionnante, et si gelé que les infirmiers durent le réchauffer avec des appareils électriques pour permettre l'examen. Quand tout fut prêt, le spécialiste incisa le buste en « Y », de chaque clavicule jusqu'au sternum, ensuite au milieu du torse jusqu'au pubis ; puis il ouvrit la cage thoracique avec des cisailles chirurgicales et, tout en coupant les os qui faisaient entendre des claquements secs, il commenta d'un ton monocorde :

— Cavité thoracique : absence complète de graisse sous-cutanée.

Poursuivant la dissection, il excisa le cœur et le tint à

bout de bras, pour que chacun pût le voir : à la surprise générale, l'organe s'était tellement rapetissé qu'il avait la grosseur d'un poing de bébé. L'autopsie continua, commentée de même :

— Duodénum : absence complète de graisse sous-cutanée. Cavité du péritoine : peu de fluide et absence complète de graisse sous-cutanée...

Pour Kohler, la conclusion était évidente. Aussi écouta-t-il attentivement le pathologiste quand, s'étant redressé, celui-ci prononça son diagnostic :

— Je ne puis trouver de cause valable à la mort de cet homme.

Abasourdi, Kohler s'écria :

— Allons donc ! Ne pouvons-nous pas au moins émettre entre nous une opinion ? Le cœur de cet homme est réduit à la dimension de celui d'un enfant. Il n'y a plus dans son corps un gramme de graisse. Il est mort de faim, tout simplement !

Ses propos furent accueillis par un silence écrasant : aucun de ses collègues ne voulut partager son point de vue, parce que le quartier général interdisait d'attribuer une mort à la famine. Dégoûté et hors de lui, Kohler quitta la salle en claquant la porte.

Le lieutenant Heinrich Klotz commandait une compagnie dont les hommes étaient les plus âgés de la VIe Armée, et il aurait partagé l'indignation du Dr Kohler. Au cours des dernières semaines, il assistait à la désintégration physique constante de ses soldats, au point qu'un médecin, les examinant, s'écria :

— Ma parole, ils sont même en plus mauvais état que les Roumains !

Ces combattants âgés mouraient tranquillement. Une nuit, un quadragénaire s'endormit et ne se réveilla pas. Deux autres, qui revenaient de creuser une tranchée, trébuchèrent et tombèrent. Quand le lieutenant rendit compte de leur mort, son chef de corps lui ordonna de les signaler « morts au combat ». Klotz obéit.

Pendant que les troupes de la VIᵉ Armée s'écroulaient de plus en plus dans la neige, faute de nourriture, la distance qui les séparait des unités envoyées à leur secours s'était sensiblement allongée, car les forces du général « Papa » Hoth se trouvaient maintenant à plus de 130 km au sud-ouest du « Chaudron ». En outre, elles devaient se replier avec lenteur mais sans discontinuer, sous la pression des divisions soviétiques qui les poursuivaient de près.

Ayant reçu de Manstein l'ordre de protéger la ville de Rostov le plus longtemps possible, Hoth dirigeait de main de maître une remarquable opération retardatrice, tour à tour feignant d'attaquer puis se dérobant, montant des embuscades, et laissant l'adversaire indécis sur ses intentions. Or, si cette tactique exaspérait les Russes, elle déplaisait autant à Hitler, qui commença à reprocher à Manstein cette stratégie de « repli élastique ». Lorsque, le 5 janvier, il insista pour que Hoth s'arrêtât et ne reculât plus d'un mètre, Manstein réagit avec force. Dans un bref télégramme envoyé brusquement à Rastenburg, il offrit sa démission en ces termes : « Si ce quartier général doit continuer d'être tenu en laisse, je ne vois vraiment pas en quoi je pourrais être utile à la tête du Groupe d'Armées du Don. » Devant cet éclat de Manstein, Hitler s'inclina et permit à Holt de manœuvrer en retraite comme bon lui semblait.

Les divisions russes qui poursuivaient Hoth étaient sous les ordres d'Andreï Ieremenko, encore écœuré d'avoir été supplanté dans son commandement par Rokossovsky. Très désireux de rentrer en faveur auprès de la STAVKA et de Staline, le général s'efforçait de prendre Rostov et de couper la retraite du Groupe d'Armées A allemand, revenant du Caucase. Dans ce but, il s'était déjà emparé de Kotelnikovo, à 80 km au nord-est de Rostov. Là, ses troupes avaient reçu un accueil délirant de la population russe et entendu toutes sortes de récits relatifs à l'oppression nazie : 300 jeunes gens et jeunes filles déportés en Allemagne comme des esclaves, 4 personnes fusillées pour avoir caché un officier russe... Un homme désolé raconta comment on avait « incendié la bibliothèque municipale ». Un autre décrivit les « innombrables viols ». La révélation de ces crimes par les habitants de Kotelnikovo indigna leurs libérateurs.

Au sud-ouest de Kotelnikovo, le sergent Alexeï Petrov stimulait les servants de son canon, afin d'arriver au plus tôt à Rostov. L'énergique artilleur ne comptait plus le nombre de traversées du Don qu'il avait effectuées, tant le fleuve comportait de bras et de méandres dans son cours inférieur ; mais peu lui importait son extrême fatigue, puisqu'il poursuivait l'ennemi qui tenait sa famille asservie depuis plus d'un an.

Or, en plein milieu de l'offensive, Petrov rencontra un nouvel adversaire. Alors qu'il approchait d'un village de la steppe, les habitants — hommes et femmes — en sortirent et se ruèrent sur sa batterie, armés de fourches et de marteaux. Les soldats russes reculèrent, stupéfaits, et rendirent compte que leurs agresseurs étaient des Kazakhs, une minorité ethnique de cette région, violemment opposée au gouvernement communiste de Moscou. Ces gens insultaient les troupes et hurlaient : « Nous ne voulons pas de Russes ici ! » Aussi fallut-il demander des instructions au quartier général de la division, et l'ordre ne se fit pas attendre : « Détruisez-les tous ! »

Au cours du bombardement qui suivit, Petrov tira

des obus incendiaires sur le village, qui vola en éclats et fut réduit très vite en cendres. Les mitrailleuses fauchèrent les paysans qui tentaient de fuir, si bien que les Kazakhs furent exterminés, jusqu'au dernier enfant. Regardant le brasier, Petrov ne put s'empêcher de se demander pourquoi cette tribu haïssait l'Etat soviétique à ce point. Qu'y avait-il donc dans le communisme, pour qu'ils se soient ainsi jetés contre leurs compatriotes ? Et il se sentit affreusement coupable, parce qu'il avait massacré des frères.

« Eins, zwei, drei, vier ! Eins, zwei, drei, vier ! » Marquant la cadence, les voix rudes des instructeurs allemands retentissaient dans la steppe glacée, tandis qu'ils transformaient hâtivement en combattants des secrétaires, des cuisiniers, des téléphonistes, ou même des condamnés purgeant une peine de prison. En colonne par trois, un de ces groupes de nouvelles recrues faisait l'exercice, sous les ordres du lieutenant Herman Kästle qui ne prenait aucun plaisir à sa tâche : certains de ces soldats inexpérimentés étaient ses amis depuis des années, et il savait qu'il les envoyait à une mort certaine.

A vrai dire, la plupart de ces hommes semblaient hébétés car, à de rares exceptions près, ils n'avaient jamais imaginé qu'un jour ils devraient affronter les Russes en terrain découvert. Remplissant des fonctions tranquilles, ils n'étaient en général pas sortis des abris depuis le début de l'hiver. Alors que Kästle leur donnait d'ultimes conseils, avant de les faire monter en première ligne, l'un d'eux eut une crise de nerfs. Effondré et sanglotant, il supplia le lieutenant de l'épargner. Kästle lui parla longuement et parvint à le calmer. Essuyant ses larmes, le malheureux s'excusa et alla reprendre sa place dans la colonne, qui s'ébranla sous l'œil pensif de son chef.

En première ligne, le soldat Ekkehart Brunnert s'y trouvait déjà depuis longtemps. Pendant des semaines, il n'avait cessé d'aller et venir, de monter la garde, de subir des inspections, de se préparer en vue d'une percée qui ne se produisait jamais. Maintenant il occupait un avant-poste, à 200 m d'un char soviétique détruit, dont le conducteur calciné « ressemblait à un mannequin noir » et avait tout le temps l'air de le dévisager. A la vue du cadavre, Brunnert s'était d'abord apitoyé sur le sort du Russe, qui avait dû souffrir atrocement sans pouvoir échapper aux flammes. Puis il se dit que d'innombrables Allemands subissaient des tortures analogues dans cette guerre, et cela l'aida à s'habituer au macabre spectacle qu'il avait sans cesse devant les yeux.

Il menait une existence réglée de façon très stricte, montait la garde près de la mitrailleuse toutes les quatre heures, et allait chaque soir chercher à 17 heures les rations de la section à la cuisine de la compagnie. Il passait beaucoup de temps à lire les tracts de propagande soviétique qui tombaient souvent du ciel. Sans jamais songer à déserter, il était cependant hanté par les dessins illustrant ces feuilles. Par exemple, ils représentaient un bel arbre de Noël, au pied duquel une femme enfouissait son visage dans un mouchoir ; à côté d'elle, une fillette pleurait aussi en contemplant son cadeau de Noël : le cadavre de son père, tué sur le front. Un autre tract montrait une mère chantant des cantiques, avec ses enfants, tandis que le fantôme du père mort flottait au-dessus du groupe.

Depuis plus d'une semaine, Brunnert et son meilleur ami, Günter Gehlert, partageaient cet abri et se relayaient à la mitrailleuse, braquée sur les lignes ennemies, très proches. Le 7 janvier, au moment où son camarade allait le relever, un obus éclata à quelques mètres de Brunnert, qui poussa un cri et tomba dans la tranchée. Etourdi, il vit qu'un de ses doigts était éclaté, comme un bouton de rose qui s'ouvre. Il avait aussi reçu des éclats aux jambes, saignait beaucoup, mais ne perdit pas connaissance, pendant que Gehlert allait chercher un infirmier. Celui-ci pansa tant bien que mal les blessures et arrêta l'hémorragie puis, la nuit tombée, porta Brunnert au poste de secours. Avant de quitter son ami, Gehlert lui donna de l'argent et le pria de le remettre à sa famille quand il serait évacué.

On étendit alors le blessé sur un petit traîneau, que deux hommes tirèrent jusqu'à l'hôpital de Goumrak. Brunnert aurait trouvé agréable ce trajet, effectué en glissant sur la neige, s'il n'avait pas tellement souffert du froid qui lui gelait les pieds. Dans la salle d'opération, bien chauffée et éclairée, il se vit avec plaisir débarrassé de son uniforme enduit de boue. Anesthésié localement, il se détendit et commença de rêver aux bons repas qu'il allait savourer, sans craindre la venue des Russes rampant dans la nuit pour le surprendre. Mais aussitôt il pensa à Gehlert, seul maintenant dans l'avant-poste, à observer l'ennemi jusqu'à en avoir mal aux yeux, et souffrant souvent de mirages sur la neige : il le plaignit de tout son cœur.

Pendant que les chirurgiens travaillaient à retirer les éclats d'obus logés dans sa chair, Brunnert tourna la tête et découvrit un spectacle passionnant : sur une table voisine, gisait un autre opéré dont le crâne était ouvert, laissant apparaître les circonvolutions du cerveau, les unes roses, les autres d'un bleu grisâtre. Peu après l'opération, Ekkehart Brunnert quitta le « Chaudron » à bord d'un avion ; bientôt il retrouverait sa patrie.

« Toutes les sept secondes, un Allemand meurt en Russie ! Stalingrad est une fosse commune ! Toutes les sept secondes, un Allemand meurt... » Ces paroles, répétées sans arrêt pendant des heures par un propagandiste soviétique et diffusées au haut-parleur, les soldats de la VIᵉ Armée les entendaient partout. Ce fut le cas de Günter Gehlert, désormais privé de son ami Brunnert, ou encore de Gottlieb Slotta et de Hubert Wirkner, tapis dans des trous glacés au milieu de la steppe. Comme leurs 200 000 camarades encerclés, ils avaient les nerfs à vif en écoutant, d'heure en heure, les communiqués, menaces, promesses et prophéties des « politrouk ». Dans certains secteurs, les speakers russes appelaient même par leur nom les commandants de compagnie ou de bataillon.

Le capitaine Gerhard Meunch le découvrit, lorsqu'un commissaire soviétique se mit à l'attaquer personnellement. Près de l'usine « Octobre Rouge », les haut-parleurs beuglèrent sans arrêt : « Soldats allemands, mettez bas les armes ! Continuer à vous battre est insensé ! Votre capitaine Meunch se rendra compte un jour, lui aussi, de ce qui se passe ! Ce que ce « superfasciste » vous raconte est faux, et il le reconnaîtra bientôt ! Un de ces jours, nous le capturerons ! »

Chaque fois que l'ennemi le nommait, Meunch se hâtait de sortir et d'aller passer un moment avec ses hommes. Plaisantant sur les attaques personnelles dont il était l'objet, il observait attentivement leurs réactions, et constata que la tactique intimidante des Russes n'obtenait aucun résultat.

A moins de 3 km au sud-ouest des positions occupées par le capitaine Meunch dans l'usine « Octobre Rouge », un autre capitaine, russe celui-là, Ignacy Changar, avala d'un trait une ration entière de vodka et se demanda où il pourrait en trouver une autre. L'officier comptait de plus en plus sur l'alcool pour oublier le cauchemar qu'il vivait jour après jour. Les effroyables souvenirs qu'il conservait du passé ne s'étaient pas estompés. A la dynamite, au fusil, à la grenade ou au poignard, il avait tué plus de 200 Allemands, et pourtant il n'était pas satisfait.

Il en résultait que son combat solitaire l'avait profondément marqué : ses traits étaient tirés, il avait des yeux hagards et ses mains tremblaient. Seul, l'alcool calmait son intolérable tension intérieure. Dans la nuit du 7 janvier, après avoir avalé sa ration de vodka, il mena ses hommes sur les pentes est de la colline Mamaev, où il progressa avec grand soin, à travers les tranchées et champs de mines russes, jusqu'aux barbelés qui le séparaient de l'ennemi. Il les franchit en rampant et se demanda si les Allemands devinaient qu'il approchait. Le sommet de Mamaev semblait très tranquille. Ayant atteint un terrain découvert, où les projectiles avaient balayé la neige du sol, il se leva et attendit que ses hommes l'eussent rejoint.

Soudain, quelques brillantes fusées illuminèrent le ciel au-dessus de sa tête. A peine eut-il le temps de crier : « Couchez-vous ! » qu'un projectile allemand explosa tout près de lui. Il sentit une terrible douleur sur le côté droit de son crâne et s'écroula. On le porta au pied de la colline, où les chirurgiens du poste de secours s'appliquèrent à extraire un éclat d'obus qui s'était logé tout près de son cerveau. Evacué ensuite pour subir une opération complète à l'arrière, Changar, toujours inconscient, était considéré comme perdu.

A son quartier général de Goumrak, à l'ouest de Mamaev, le général von Paulus apprit que trois représentants de l'Armée Rouge avaient l'intention de pénétrer dans les lignes allemandes, pour apporter un ultimatum à la VIᵉ Armée. Les Russes proposaient un rendez-vous à 10 heures, heure de Moscou, le 8 janvier. Quoique Paulus eût affecté d'ignorer cette offre, les parlementaires soviétiques se présentèrent, sous un drapeau blanc, aux avant-postes allemands et remirent la proposition du maréchal Rokossovsky à un capitaine Willig, stupéfait mais poli.

Rokossovsky offrait des garanties de sécurité à tous ceux qui « cesseraient de résister », ainsi que leur retour en Allemagne dès la fin de la guerre. Il assurait aussi Paulus que tous les gradés pourraient conserver leurs « affaires personnelles et, en ce qui concernait les officiers supérieurs, leurs épées ». La proposition du commandant en chef soviétique abordait ensuite un domaine particulièrement sensible à des soldats sur le point de mourir de faim : « Tous les officiers et les hommes qui se rendront recevront aussitôt des rations normales ; les blessés, les malades et les hommes souffrant de gelures seront immédiatement soignés. » L'Armée Rouge demandait une réponse affirmative dans les vingt-quatre heures, faute de quoi la VIe Armée serait « totalement détruite ».

Friedrich von Paulus transmit l'ultimatum à Hitler et demanda au Führer de lui accorder sa « liberté d'action ».

L'offre de Rokossovsky de bien traiter les prisonniers et de garantir leur sécurité avait déjà été exprimée par le gouvernement soviétique au début de janvier. Dans un document extraordinaire, par la compassion qui semble en émaner pendant une guerre d'une brutalité sans précédent, des directives furent données pour qu'on prît soin des prisonniers de guerre (P.G.) ennemis :

« TRAITEMENT DES PG EN UNION SOVIÉTIQUE — ORDRE DU COMMISSARIAT DU PEUPLE POUR LA DÉFENSE DE L'URSS.

2-1-1943 No 001 Moscou

Le transport et la sécurité des PG, sur le front et durant leur transfert vers les camps d'internement, *présentent un certain nombre de défectuosités graves :*

Les PG restent trop longtemps à l'intérieur des unités

de l'Armée Rouge qui les ont capturés. Entre leur capture et leur embarquement, les PG doivent parcourir à pied de 200 à 300 km, souvent sans recevoir de nourriture. Il en résulte qu'ils arrivent complètement épuisés et malades...

Pour mettre énergiquement un terme à de telles erreurs, afin qu'on prenne soin des PG et qu'on les rende aptes à travailler, l'ordre suivant est adressé à tous les chefs responsables commandant sur le front :

... Conformément aux règlements relatifs aux PG, donner à ceux-ci les soins médicaux convenables quand ils sont blessés ou malades. *Cesser catégoriquement* de faire marcher les blessés, les malades, les hommes épuisés ou souffrant de gelures... Il faut soigner ces prisonniers-là dans les hôpitaux de campagne, et les évacuer quand on dispose de moyens de transport... Il faut aussi fournir aux malades l'alimentation conforme aux règlements...

... Limiter les étapes quotidiennes à la marche à 25 ou 30 km. Installer des locaux où les PG puissent passer la nuit, recevoir de l'eau et de la nourriture. Prévoir un chauffage.

... Laisser aux PG leurs vêtements, souliers, sous-vêtements, couvertures et ustensiles de repas. S'ils en manquent c'est un devoir de leur donner ce dont ils ont besoin en le prélevant sur le butin capturé ou sur les ennemis morts...

A l'inspecteur général des services sanitaires de l'Armée :

... Installer aux principales étapes des postes de contrôle médical des PG et soigner les malades... Ceux qui sont incapables de continuer à marcher doivent être retirés de la colonne et envoyés à l'hôpital de campagne le plus proche...

... Interdire le transport de PG dans des véhicules ne convenant pas au transport humain... »

Envoyé à tous les chefs de corps par télégramme, cet ordre demeura lettre morte, pour deux raisons. Tout d'abord, les responsables russes souffraient d'une grande pénurie de wagons, de médicaments et de vivres, lorsque soudain ils eurent à résoudre, en décembre et janvier, les problèmes posés par l'énorme afflux de prisonniers de l'Axe. En outre, les gardes soviétiques se laissèrent aller à leurs sentiments de haine envers l'envahisseur et maltraitèrent les captifs. Ainsi, pendant qu'ils marchaient ou roulaient vers les camps d'internement, beaucoup d'officiers russes responsables de leur protection fermèrent les yeux sur leur mort.

« Vodi ! Vodi ! » Ces cris plaintifs réclamant de l'eau irritaient Felice Bracci, tandis qu'il roulait vers une destination inconnue avec 35 prisonniers, dont certains gémissaient sans cesse. Depuis trois jours qu'il entendait ces lamentations, il commençait à perdre patience. La situation de tous était assez effroyable, sans qu'on la rendît plus insupportable par de telles supplications.

Bracci et ses camarades survivaient tout juste à leurs épreuves. Les deux tiers dormaient sur le plancher glacé, étroitement serrés pour se tenir chaud. Pour passer le temps, quelques-uns racontaient à voix basse des histoires du passé ou faisaient des rêves d'avenir. Martini, Branco et Giordano convinrent de monter un restaurant à Rome avec leurs économies. Franco Fusco voulait entrer dans les affaires, tandis que Fasanotti désirait poursuivre sa carrière de magistrat.

Un officier se refusa à ce genre de projets. Au contraire, il déclara que ce voyage était simplement une torture raffinée que les Russes avait inventée : le train continuerait de rouler, jusqu'à ce que tous ses occupants soient morts. En fait, il semblait bien que telle fût la vérité. Une fois par jour, la porte s'ouvrait et un garde leur remettait une miche de pain noir avec un seau d'eau. Pendant que les plus assoiffés buvaient plus que leur part, Bracci et ses amis surveillaient le découpage et la distribution du pain, gelé et dur comme la pierre. Chacun avalait tout de suite son maigre morceau, puis le train repartait. Une faible lumière filtrait par les fentes des planches. A mesure que le temps passait, les hommes faisaient leurs besoins dans un coin du wagon, où le tas conique d'excréments monta peu à peu, servant de calendrier pour enregistrer la durée du voyage. Les matières étaient grises, de même couleur que le pain, aliment unique.

Bracci dormit le plus possible, mais quand il se réveillait il pensait souvent aux gardes et n'arrivait pas à comprendre leur mentalité. Bizarrement accoutrés, ils avaient l'air de gros singes méchants. Bruyants et grossiers, ils semblaient dépourvus de sensibilité. Pourtant, là-bas, dans les vastes steppes de la Russie méridionale, ils avaient des femmes et des enfants qui souffraient aussi de la guerre, qui aimaient, riaient, pleuraient et saignaient comme tant d'autres. Mais ces gardes, qui les encadraient depuis Kalmikov et conduisaient le convoi vers un camp au bout du monde, n'avaient rien de commun avec les Russes qui s'étaient montrés généreux en lui donnant à manger pendant la marche. Aux yeux de ces geôliers, les Italiens n'étaient que des objets et non des hommes. Ils n'étaient pas même des esclaves, ils n'étaient rien.

Le train des prisonniers poursuivit sa route vers le nord, jusqu'à Moscou et au-delà. Derrière lui, sur l'itinéraire que Bracci avait parcouru, des milliers de cadavres gisaient, gelés. Certains avaient reçu une balle dans la poitrine, mais la plupart étaient tombés, abattus d'un coup de revolver à la nuque. Sur la neige durcie, on pouvait voir à côté des morts toutes sortes d'objets pieux, crucifix, missels, images du Christ et des saints. Une victime était paisiblement assise sur un talus, les yeux grands ouverts, et semblait sourire ; elle tenait un chapelet noir entre ses doigts et avait été tuée par un garde, alors qu'elle récitait la deuxième dizaine de prières.

Cristoforo Capone suivit le même parcours que Bracci, quelques jours après lui. A son tour, il vit les corbeaux tourner dans le ciel et entendit les gardes crier : « Davai bistre ! » tout en dépouillant les prisonniers de leurs vêtements chauds et battant les protestataires. Il assista à la chute des plus faibles et fit la grimace quand claquait le coup de feu meurtrier. Comme Bracci, il passa de nombreuses nuits par des températures glaciales, au milieu de soldats qui hurlaient de douleur, ou imploraient Dieu de les secourir dans leur détresse. Tout en ayant pitié de tant de misère, le docteur se jura de survivre, et il trouva en lui l'énergie nécessaire pour résister aux épreuves, jusqu'à l'arrivée à une gare. Là, il put enfin s'étendre sur le plancher d'un wagon à bestiaux et se reposer.

Tandis qu'un vent polaire soufflait dehors et que les prisonniers se collaient les uns contre les autres pour mieux résister au froid, le train fila vers le nord. Pour calmer une soif dévorante, Capone se mit à lécher les parois givrées du wagon. Chaque nuit, des hommes mouraient à côté de lui et, le matin, les gardes ouvraient les portes pour beugler : « Skolco kapout ? » c'est-à-dire : « Combien de morts ? » C'était tout ce dont ils se souciaient : le nombre de cadavres à retirer du wagon et à jeter dans la neige.

Le 8 janvier au soir, le feld-maréchal Erich von Maustein reçut des visiteurs à Novocherkassk. Parmi eux se trouvait le général Hans Hube, qui arrivait de Prusse-Orientale. Il avait voyagé avec le colonel Günter von Below qui, évacué de Stalingrad en septembre à cause d'une jaunisse, revenait à son poste, alors que la plupart des hommes encerclés ne pensaient qu'à sortir de la souricière.

Au cours du voyage, Below avait appris de Hube que le Führer préparait une nouvelle tentative de sauvetage de la VIᵉ Armée. Trois divisions blindées devaient venir de France et seraient prêtes à attaquer vers le milieu de février. Below eut nettement l'impression que Hube, célèbre pour son énergie, avait été envoûté par Hitler et croyait vraiment à cette nouvelle opération, destinée à sauver la VIe Armée.

Pendant le dîner, Hube continua de parler des blindés promis, mais chaque fois qu'il tenta d'obtenir de Manstein qu'il exprimât son opinion, le feld-maréchal changea de sujet. En fait, tout au long du repas, il s'abstint de parler des encerclés du « Chaudron ». Plus tard, en buvant avec les officiers de l'état-major, Below découvrit une des raisons du mutisme de Manstein : l'aviation n'avait apporté à Stalingrad que moins de 100 tonnes par jour. Sans admettre positivement que le « Chaudron » était un piège sans issue, les collègues de Below le convainquirent qu'il était « un condamné à mort faisant un ultime repas avant son exécution ». Le malheureux colonel but beaucoup cette nuit-là.

Le lendemain 9 janvier, Hube l'accompagna à Goumrak, où Paulus et Schmidt les reçurent dans leur abri exigu et encombré. Très agité, Paulus s'empressa de déclarer que la VIe Armée ne pourrait plus résister longtemps. Quand Hube répliqua par l'annonce de blindés venant de France, Paulus haussa les épaules d'un air résigné. Toutefois, Hube insistant sur la nécessité de tenir jusqu'à l'arrivée de ces secours, Paulus parut s'y intéresser davantage. Désespéré et privé de toute liberté d'action par un chef auquel il ne désobéirait jamais, Paulus ne pouvait que se forcer à croire à un miracle.

Quelques heures plus tôt, en effet, Hitler lui avait une fois de plus refusé la « liberté d'action » sollicitée, à propos de l'ultimatum soviétique. Le Führer insistait pour un combat à mort, parce que « ... chaque journée gagnée par la VIe Armée en résistant aidait le front de l'Est tout entier... ».

Ce message avait dicté à Paulus sa conduite. Un

moment tenté d'abandonner la lutte, il renonça à cette idée, lorsque l'« autorité supérieure » déclara que l'agonie de son armée était une nécessité vitale. Tout en écoutant les propos de Hube, il lança à ses troupes un ordre sévère : « Toute proposition ennemie de négociations doit être rejetée sans réponse, et les parlementaires devront *être repoussés par les armes...* »

Tandis que le délai de l'ultimatum expirait, un calme étrange régna sur la steppe. Dans leurs tranchées, les soldats allemands attendirent anxieusement la réaction des Russes à l'ordre donné par Paulus de résister jusqu'à la mort.

CHAPITRE XXVII

A l'aube du 10 janvier, le quarante-huitième jour du « Chaudron », le disque rouge sang du soleil surgit à l'horizon, sans réchauffer la steppe blanche. De part et d'autre du front, les soldats commencèrent à remuer dans les abris, étirant leurs membres engourdis par le froid extrême. Autour d'eux, les bruits de la bataille avaient cessé, et seuls quelques rares coups de fusil isolés rompaient le silence ambiant, si bien que l'écho les répercutait à grande distance.

Vers 8 heures, les troupes allemandes étaient partout occupées à percevoir le petit déjeuner, tout en discutant de la tranquillité anormale des Russes depuis vingt-quatre heures. Or, à peine les hommes avaient-ils commencé à manger du pain noir et à boire un mauvais café, que 7 000 canons tonnèrent à l'unisson et firent pleuvoir, sur les fortifications de la vallée de la Karpovka, un déluge de fer et de feu. Dès que le barrage d'artillerie s'interrompait, des nuages d'avions soviétiques surgissaient à basse altitude, pour semer la panique dans les lignes allemandes.

Quand les premiers et monstrueux coups de tonnerre de la canonnade ébranlèrent son abri bétonné, le sergent Albert Pflüger tomba de sa couchette. Quoique le bombardement eût surtout lieu à 8 km dans l'ouest, le sol tremblait comme s'il était « une mer soulevée par la tempête », et détachait de la poussière du plafond.

Pflüger se releva vite et courut au poste de commandement de son unité, où le téléphone ne cessait de sonner.

Les nouvelles étaient désastreuses. Certaines unités avaient été anéanties et d'autres fuyaient leurs positions détruites. Déjà, d'innombrables soldats effarés affluaient à l'arrière, titubant et saignant par la bouche, le nez et les oreilles. Ils étaient les survivants du « dieu de la guerre » du général Voronov : l'artillerie lourde.

Le colonel du génie Herbert Selle se dirigeait vers le « nez » de la poche — la vallée de la Karpovka — quand l'offensive soviétique se déclencha. Changeant de direction, il obliqua vers le nord, pour aller voir la 76e division, qui occupait des positions précaires dans l'ouest du « Chaudron ». Il y trouva le général Karl Rodenburg, extraordinairement calme et portant comme toujours son monocle, qui l'informa que les Russes venaient d'enfoncer le centre de son secteur. Tandis qu'ils parlaient, des obus commencèrent à tomber de tous côtés, « soulevant des gerbes de neige et de terre à de grandes hauteurs ». Selle se hâta de partir.

En chemin, il dépassa de nombreux blessés qui se traînaient pitoyablement dans la neige. Il en prit une douzaine dans sa voiture, plusieurs s'accrochant de leur mieux aux ailes, au capot et à la carrosserie. L'étrange ambulance arriva à Goumrak, où les malheureux gagnèrent l'hôpital en s'entraidant. A les regarder s'éloigner, Selle se demanda quel effet ce désolant spectacle produirait sur le général Zeitzler, là-bas en Prusse-Orientale. S'il pouvait voir ces loques humaines, est-ce que le chef de l'état-major général continuerait à répéter comme un perroquet les ordres hitlériens de lutter jusqu'à la dernière cartouche ?

A Pitomnik, les obus russes tombèrent sur les pistes et dispersèrent le personnel, occupé à décharger du

412

ravitaillement apporté par avion. L'intendant Karl Binder, qui se trouvait là avec une colonne de camions, continua cependant de les faire emplir par ses hommes, de carburant, de vêtements et de vivres. Le bombardement s'intensifia, et plusieurs dépôts de munitions sautèrent, non loin des appareils. Indemne, Binder acheva son opération puis pressa ses chauffeurs de partir. Il s'apprêtait à les suivre, quand un obus éclata tout près de lui et le projeta dans une congère. Il y resta, inconscient, plusieurs heures, jusqu'à ce qu'un chauffeur de camion l'aperçût et le transportât à Goumrak. Quand il reprit connaissance, il découvrit que par miracle il n'était pas blessé, et grande fut sa joie en apprenant que ses camions avaient rapporté à la 305e division assez de vivres pour la nourrir pendant dix-huit jours, soit près de trois semaines, si le front tenait assez longtemps.

Le bombardement soviétique se poursuivit sans interruption, en sorte que le périmètre du « Chaudron » se trouva au bout de deux heures aussi percé qu'une passoire. Les chars « T-34 » foncèrent par les brèches, suivis de l'infanterie motorisée. Au nord, ils s'introduisirent entre les 113e et 76e divisions allemandes. A l'ouest, la 44e division autrichienne disparut sous un torrent de feu et d'acier, et il en fut de même des 376e et 384e divisions allemandes. Cette portion du front de la VIe Armée s'effondra, et les blindés russes s'emparèrent en peu de temps du village de Dimitrevka. Au sud, la 297e division, celle d'Albert Pflüger, se désintégra entre Zybenko et Peschanka, si bien que les Russes purent foncer impunément dans ce secteur.

La résistance allemande ne fut efficace, pendant un peu de temps, que dans le coin sud-ouest de la poche, c'est-à-dire dans le saillant qui constituait le « nez » de Marinovka. Là, comme le général Schmidt l'avait prédit au colonel Selle, l'attaque des Russes se concentra sur la vallée de la Karpovak, où la VIe Armée avait construit des fortins bétonnés dans les flancs du ravin.

Schmidt estimait que l'ennemi s'efforcerait de contraindre les Allemands à sortir de ces retranchements, puis à battre en retraite, à la manière de Napoléon, en direction de Stalingrad à travers la steppe. Son analyse des intentions soviétiques était presque parfaite : sa seule erreur fut de penser que l'attaque russe se produirait dix jours plus tard.

Dans ce dangereux saillant, les 3ᵉ et 29ᵉ divisions motorisées tinrent bon, côte à côte, et s'efforcèrent de s'accrocher au « nez ». Toutefois, en l'espace de quelques heures, la 3ᵉ division vit ses flancs s'effondrer et fut obligée de se replier en hâte derrière la Rossochka pour s'y réorganiser. La 29ᵉ division résista encore un peu, obligeant les Russes à l'attaquer par la crête de la colline Cossack. Des centaines de chars, serrés les uns contre les autres, menèrent le combat, quantité de soldats d'infanterie s'accrochant aux tourelles, au-dessus desquelles flottaient de grands drapeaux rouges. Derrière les « T-34 » venaient d'imposantes masses de troupes, marchant dans la neige où elles enfonçaient jusqu'à la cuisse. Face à cette démonstration formidable d'une puissance irrésistible, les Allemands ne purent que battre en retraite. A la fin de la journée, la VIᵉ Armée entière fuyait vers les ruines de Stalingrad.

Le 11 janvier, la situation dans le « Chaudron » se détériora davantage. Quoiqu'il portât toujours son monocle, le général Karl Rodenburg avait perdu beaucoup de sa tranquille assurance. La veille, il possédait 50 canons de gros calibre. Un des officiers de son régiment d'artillerie vint lui rendre compte, tout essoufflé : « Herr General, voici la dernière pièce ! » Trente soldats l'avaient traînée dans la neige pendant 10 km, jusqu'à la nouvelle ligne de résistance. Tout en serrant la main de son subordonné, qu'il remercia pour cet effort surhumain, le général se rendit compte que désormais la bataille à l'intérieur du « Chaudron » était absolument vaine. Il partit ensuite à la recherche de ce qui restait de sa 76e division. Forte de 10 000 hommes, elle était maintenant réduite à l'effectif d'un bataillon : 600 hommes.

A 9 h 40, la VIe Armée rendit compte par radio :

« L'ennemi a enfoncé nos lignes sur une grande partie du front... Des points d'appui isolés sont encore intacts. Nous essayons de rassembler les éléments disponibles pour édifier avec les unités du génie une nouvelle ligne de résistance. »

C'était une tentative désespérée, afin de retarder l'inévitable. La VIe Armée signala de nouveau à Manstein, à 19 heures :

« Profonde pénétration ennemie à l'est de Zybenko sur plus de 6 km de largeur. L'ennemi a subi de lourdes pertes, et les nôtres sont considérables. La résistance des troupes diminue rapidement, à cause de la pénurie de munitions, du très grand froid, et de l'impossibilité de s'abriter contre les bombardements de l'ennemi. »

Après une inspection des premières lignes, le capitaine Winrich Behr donna rapidement ses impressions à son beau-frère, Klaus von Below. Il lui révéla ce que le quartier général de la VIe Armée s'était abstenu de dire jusqu'à ce jour au monde extérieur. Beaucoup de soldats allemands commençaient à déserter, et de nombreux officiers avaient perdu l'énergie nécessaire pour mener leurs hommes au combat. Enveloppés dans des couvertures, les guetteurs dormaient à leur poste de garde. Dépourvus du soutien des chars et de l'artillerie, les hommes terrifiés s'enfuyaient à la moindre attaque de l'ennemi.

Behr estimait que le sentiment prédominant dans la poche était maintenant celui de l'instinct de préservation individuel. Il se livra à une violente critique des responsables du pont aérien de Stalingrad et conseilla, avec une amère ironie, à Below de « charger quelques juifs ou trafiquants du marché noir » d'organiser le ravitaillement de l'armée, moyennant bénéfices. Il termina par un vibrant éloge de ses supérieurs, en particulier de Paulus, « le cœur de l'armée, un homme qui a l'ossature du chef ».

Le général Schmidt, que Behr et Below connaissaient personnellement en dehors du service, présentait un problème. Tout en lui étant attaché, Behr comprenait pourquoi le général irritait tant d'officiers. Autoritaire et acerbe, Schmidt laissait rarement transparaître ses réelles qualités intérieures, le « bon côté » de sa nature. Behr trouvait que c'était dommage, à l'heure où Schmidt devait faire face, en compagnie de nombreux généraux, à une situation sans précédent dans l'histoire militaire allemande.

Dans une école délabrée, au sud du « Chaudron », le général Rodion Yakovlevich Malinovsky, commandant la IIᵉ Armée de la Garde soviétique, prit le temps de recevoir un groupe de journalistes alliés. Parmi eux se trouvaient Alexander Werth, le correspondant de l'*United Press*, Eddy Gilmore et Ralph Parker du *New York Times*. Grand, haut en couleur, avec une masse de cheveux foncés rejetés en arrière, le général reconnut très vite que l'offensive de Manstein, en décembre vers Stalingrad, avait pris les Russes au dépourvu. Mais il s'empressa aussi de montrer à quel point la contre-offensive de l'Armée Rouge avait réussi et engendré de graves conséquences dans les rangs ennemis :

— Pour la première fois, les Allemands donnent des signes de confusion. S'efforçant de boucher les brèches, ils ne cessent de faire changer leurs troupes de place... Les officiers que nous avons capturés sont très déçus de leur haut commandement et du Führer lui-même.

Quand les journalistes l'interrogèrent au sujet de l'offensive générale, ayant pour objet d'en finir avec Paulus et les troupes encerclées, Malinovsky manifesta une confiance absolue :

— Stalingrad n'est plus qu'un camp de prisonniers armés, et leur situation est désespérée.

Le 12 janvier, la VIe Armée rendit compte par radio :

« Bombardement continu depuis 7 heures. Impossible de riposter... A partir de 8 heures, puissantes attaques ennemies sur tous les fronts avec de nombreux chars... Ordre a été donné, comme ultime moyen de résistance, que chaque homme demeure sur sa position jusqu'à la dernière cartouche... »

A Pitomnik, un char russe isolé, fonçant à travers les maigres défenses de l'aérodrome, arriva sur une piste encombrée. Son apparition provoqua la panique parmi les Allemands, qui abandonnèrent avions, hôpitaux, blessés et abris, pour fuir vers l'est, en direction de Goumrak et de Stalingrad. Le char se promena tranquillement sur le terrain, n'ayant que l'embarras du choix pour tirer sur quantité d'objectifs, et pendant une longue période le « cœur de la forteresse » cessa de battre.

Apprenant l'arrivée de cet engin soviétique, le général Arthur Schmidt se précipita au téléphone et invectiva les officiers responsables de la protection du champ d'aviation. Son exaspération les galvanisa et, en peu de temps, ils rétablirent la situation à Pitomnik. Pourtant, par un de ces hasards miraculeux que les guerres engendrent, le mystérieux char russe disparut dans la brume et réussit à s'échapper.

Dans la soirée, Paulus envoya un des généraux en

qui il avait le plus confiance demander du secours : Wolfgang Pickert, commandant la 9ᵉ division d'Artillerie antiaérienne, s'envola dans une tempête de neige pour Novocherkassk. Durant le trajet, il griffonna en marge d'un journal les principaux arguments qu'il comptait développer, mais il le fit dans sa sténographie personnelle, pour le cas où l'avion serait abattu. Cette précaution fut superflue, car l'appareil arriva sans encombre à destination, et l'officier se rendit en hâte au quartier général du Groupe d'Armées du Don, pour y discuter des dernières chances de ravitailler plus abondamment la VIᵉ Armée.

A l'intérieur du « Chaudron », qui allait se rapetissant de jour en jour, les camions progressaient avec peine entre Karpovka et Pitomnik, sur des routes encombrées. Dans l'un de ces véhicules, le sergent Ernst Wohlfahrt avait pris place à côté du chauffeur. Détaché depuis peu de sa batterie postée dans la terrible usine « Barrikady », Wohlfahrt était content de circuler à ciel ouvert et de pouvoir se tenir droit, sans redouter qu'un tireur d'élite russe ne lui fît sauter la cervelle.

Derrière lui, quelqu'un cria que les chars russes avaient coupé le convoi. Le chauffeur accéléra à fond et le camion bondit en avant, vers des blessés qui, couchés sur la route, rampèrent dans la neige pour ne pas être accidentés. Ils n'y parvinrent pas tous. L'un après l'autre, les lourds véhicules heurtèrent de nombreux corps et les écrasèrent. Wohlfahrt vit des bras et des jambes s'agiter follement, quand son camion passa sur ces victimes, et lorsqu'il regarda derrière lui, il constata que personne ne s'arrêtait pour ramasser les cadavres.

Dans le secteur occidental du « Chaudron », le jeune soldat Hubert Wirkner était accroupi au fond d'un trou enneigé. Ses pieds étaient gelés, et il pouvait en arracher la peau morte, par lambeaux. Sa main droite était criblée d'éclats d'obus, mais depuis sa blessure il n'avait pas pu se faire soigner. Alors qu'il endurait stoïquement ses souffrances, un char russe tira un obus directement sur lui. Ce furent ses deux camarades qui le reçurent de plein fouet : la tête de l'un se désintégra, tandis que l'autre perdait un bras qui vola en l'air, et que le corps de Wirkner était transformé en écumoire. On le retira du charnier pour le transporter à Goumrak, où des milliers de blessés gisaient sans soins. Dans l'ancienne étable où il fut placé, avec une vingtaine de camarades, l'infirmier de garde l'assura qu'il avait de bonnes chances d'être évacué.

Non loin de l'hôpital improvisé où l'on avait transporté Wirkner, le centre de transmissions de Goumrak ne cessait d'émettre des messages, destinés au Groupe d'Armées du Don et reflétant par leur texte, relatif tantôt à la vie tantôt à la mort, le pouls déclinant de la VIᵉ Armée. C'était par exemple :

« Le général Paulus a autorisé le lieutenant Georg Reymann, du 549ᵉ régiment, à épouser par procuration Mlle Lina Hauswald, de Neustadt. Prière de faire le nécessaire.

+++ La proposition pour une citation du général Pfeiffer a été envoyée... Le lieutenant Boris a bien reçu la Croix en or...

+++ Morts au champ d'honneur, selon nos derniers renseignements : Zschunke, Hegermann, Holzmann, Quadflieg, Hulsmann, Rothmann, Hahmann... Les pertes en officiers et en hommes ne peuvent pas être estimées pour l'instant, mais elles sont très élevées... »

Plus tard, le 13 janvier à 9 h 30, la VIᵉ Armée télégraphia :

« Les munitions sont presque épuisées. Pour porter secours à des troupes complètement à bout de forces..., nous n'avons plus de réserves en hommes, en chars, en canons antichars et en armes lourdes. »

Ce jour-là, un avion allemand tourna au-dessus de Pitomnik et demanda la permission d'atterrir. On la lui refusa, et le général Wolfgang Pickert ordonna à son pilote de continuer à survoler l'aérodrome, jusqu'à ce que les tirs de l'artillerie soviétique se soient apaisés. Après plusieurs cercles décrits dans le ciel, le pilote avertit le général qu'il allait manquer d'essence, en sorte qu'à contrecœur Pickert décida de rentrer à Novocherkassk, espérant revenir dans la soirée au « Chaudron ».

Sa mission auprès de Manstein se soldait par un échec. Au Groupe d'Armées du Don, personne ne lui avait donné le moindre encouragement, et quant à la « Luftwaffe », nul ne pouvait lui laisser le moindre espoir d'amélioration de la situation, puisqu'il ne restait que 75 appareils en état de voler. Plus de 400 avions de transport avaient été abattus par les Russes, qui étaient maîtres incontestés du ciel.

A Pitomnik, cependant, on finit par dégager les pistes pour permettre les atterrissages. Dès qu'ils l'apprirent, des centaines de blessés quittèrent les hôpitaux et postes de secours, soit marchant soit rampant, pour attendre au bord des pistes l'arrivée des avions. A peine ceux-ci avaient-ils atterri que ces éclopés se ruaient vers les portes. Les pilotes et des docteurs étaient obligés de les écarter, revolver en main, pour permettre l'embarquement des hommes possédant un « billet ».

On vit un major proposer à un pilote 10 000 marks pour le laisser monter dans sa carlingue. Avant que l'aviateur eût le temps de répondre, un groupe de blessés aux yeux fous surgit, écarta le major et prit l'avion d'assaut. Impuissant, le pilote se résigna à repartir avec une pleine cargaison de blessés, et le major resta sur la piste.

Ce jour-là, un messager spécial quitta Pitomnik avec la bénédiction de Paulus : c'était le capitaine Winrich Behr, que le général chargeait de rendre compte personnellement de la situation à Adolf Hitler. Se refusant encore à croire que le Führer avait condamné à mort son armée, Paulus voulait que Behr exposât sans ménagement la vérité : si l'aviation n'apportait pas les quantités de vivres et de munitions indispensables, la VIe Armée périrait bien avant l'offensive envisagée pour le printemps.

Stupéfait et gêné d'avoir été choisi pour une telle mission, Behr commença par protester. Mais il était lié avec le général Schmidt, qui le convainquit de partir en lui montrant que c'était son devoir, et lui remit le laissez-passer pour la liberté. Emportant le journal de guerre de la VIe Armée, « Teddy » Behr décolla à 17 heures dans un ciel éclairé çà et là par les explosions de projectiles et les balles traçantes. Une heure plus tard, il atterrissait à Novocherkassk où, après un bref repos, il prit place dans un autre avion qui l'emporta vers la Prusse-Orientale.

L'appareil à bord duquel le capitaine Behr quitta Pitomnik contenait d'autres lettres des combattants du « Chaudron » à leurs familles. Quoique manifestant en général un certain fatalisme, beaucoup d'entre eux continuaient d'affirmer leur fidélité absolue au Führer et à la patrie.

Ainsi, le capitaine Gebhardt, APO N° 20329, écrivait à son épouse, le 13 janvier 1943 :

> « Notre patron va s'envoler tout à l'heure et emportera cette lettre... Jusqu'à présent, je tiens bien le coup, malgré nos difficultés, surtout le grand froid et la pression constante exercée par l'ennemi. La lune brille dehors, et

sa lumière bleuâtre donne une teinte étonnante à la neige glacée qui recouvre les abris creusés au flanc du ravin. On ne cesse jamais de travailler, de nuit comme de jour, mais la camaraderie est exemplaire, ce qui rend tout supportable. Nous aussi, nous pouvons dire avec Wallenstein : Il faut que vienne la nuit pour que nos étoiles puissent luire !

Et toi, dans notre belle maison, tu peux vivre en paix. Ce qui se passe ici est normal, c'est notre lot, et nous en sommes fiers. Comme jadis le « Winkelried », nous avons amené l'ennemi à tourner contre nous toutes ses lances... Ce qu'il adviendra désormais sera inscrit au livre du destin... On jugera que la bataille de Stalingrad, sans comparaison avec aucune autre, aura été la plus considérable de l'histoire et chaque jour nous jurons de la mener jusqu'à un terme honorable, quoi qu'il arrive. »

Le capitaine Alt, APO N° 01876, écrivait le même jour à sa femme :

« Je t'ai donné hier une idée de ce qu'est notre situation. Elle a hélas empiré de nouveau aujourd'hui. Malgré tout, nous croyons sincèrement que nous serons capables de tenir le coup, jusqu'à ce qu'on nous tire d'ici. Si cela devait se terminer autrement, alors je prie le Seigneur de te donner la force de supporter héroïquement l'épreuve, comme un sacrifice à notre Führer bien-aimé et à notre peuple. »

Un capitaine au nom illisible, APO N° 35293, écrivait à ses parents, ce jour-là à 13 h 50 :

« ... Je voudrais vous remercier tous pour votre affection et pour les soucis que vous vous êtes faits à mon sujet. Vous savez que j'ai été un soldat passionné. J'ai choisi cette carrière par conviction personnelle, et c'est dans cet esprit que j'ai prêté serment quand j'étais une recrue. Nous avons vécu beaucoup de semaines difficiles, mais l'heure décisive n'a pas encore sonné... Quoi qu'il arrive, nous ne capitulerons jamais. Fidèles à notre serment militaire, nous ferons jusqu'au bout notre devoir, parce que nous croyons en notre Führer bien-aimé et en la victoire finale de notre glorieuse patrie.

Jamais je ne me lamenterai ni ne me plaindrai. Du jour où je suis devenu officier en 1939, je ne me suis plus appartenu, car je m'étais donné à la patrie. Maintenant je ne veux pas m'affaiblir. Bien sûr, aucun être au monde n'aime mourir. Néanmoins, s'il le faut, je me suis décidé à ne succomber qu'en un combat loyal, vaincu par des forces ennemies supérieures. Pour le moment, avec les garçons qui m'entourent, je m'efforce d'envoyer le plus possible de bolcheviks au paradis rouge. Ne soyez pas tristes... Soyez au contraire fiers au cours des prochains jours. Il est d'ailleurs possible qu'un miracle se produise et que des secours nous parviennent à temps. En tout cas, notre mot d'ordre aux heures difficiles est et restera : Combattre jusqu'à la dernière grenade. Vive le Führer, et vive notre chère et bien-aimée patrie allemande ! »

C'est encore le caporal Schwarz, N° 12833, qui, ce même 13 janvier 1943, écrivait à sa femme :

« Eh bien, le moment est venu d'être vraiment franc et d'écrire une lettre virile, sans chercher à présenter les choses sous un jour meilleur que la réalité... Ces jours derniers, j'ai beaucoup réfléchi, et je me suis rendu compte très nettement que le dénouement allait être celui dont on ne parle jamais. Mais maintenant il faut que je m'explique sans détour. Un jour viendra où tu entendras parler de notre combat jusqu'au dernier. Rappelle-toi que les paroles relatives à des actions héroïques ne sont jamais que des mots. J'espère que cette lettre te parviendra, parce que c'est peut-être la dernière que je peux t'écrire...

Je suis sûr que tu conserveras mon souvenir et que, le moment venu, tu diras aux enfants tout ce qu'ils doivent savoir. Il ne faut pas que tu portes mon deuil. Si jamais tu sens que le destin t'offre une chance, ne manque surtout pas de la saisir... Il faudra que tu te débrouilles seule, mais je suis sûr que tout continuera à bien aller pour toi. Il va te falloir trouver une situation, tout en t'occupant des petits. Je te garderai dans mon cœur jusqu'au dernier moment, et tu seras avec moi jusqu'à mon dernier soupir.

Je sais que tu es brave. Tu surmonteras tout cela... Tu as les enfants, qui sont le gage de notre vie commune... Plus tard, peut-être pourras-tu leur montrer où nous avons été heureux ensemble... Je te souhaite une belle existence avec nos chers enfants. Embrasse-les de toutes tes forces, de tout ton amour, tire d'eux ton énergie. Ils te donneront du courage, et c'est par eux que tu pourras tenir le coup, car la vie continue en eux. Je vous souhaite à tous un bel avenir en Allemagne, et j'espère qu'elle finira par gagner la guerre. »

L'offensive russe se poursuivit, et le « nez de Marinovka » disparut des cartes d'état-major, tant soviétiques qu'allemandes. Le « Chaudron » commença de se rapetisser sensiblement, à mesure que les soldats allemands fuyaient vers l'est, pour échapper aux pinces des tenailles qui se refermaient sans cesse. Huit divisions de la VIe Armée étaient pratiquement détruites : les 3e, 44e, 60e, 76e, 113e, 297e, 376e et 384e divisions n'existaient plus que sur le papier.

Seule la 29e division motorisée conservait un peu de force pour combattre l'ennemi dans la zone ouest de la poche. Son chef, le général Ernst Leyser, pressait ses hommes de quitter les abris où ils se terraient. Il ne lui restait que quatre chars, mais une fois la nuit tombée, il bondit de son poste de commandement pour mener à grands cris une attaque contre les Russes stupéfaits. Suivi d'hommes souvent blessés, et apathiques peu auparavant, il parvint à jeter le trouble dans les rangs ennemis. Cela lui donna le répit nécessaire pour organiser la retraite de ses troupes.

Sans doute ce succès pouvait-il paraître une victoire à la Pyrrhus, mais le général fut enchanté de constater que, malgré leur épuisement, ses soldats conservaient encore du moral et de l'énergie. Il forma des vœux pour qu'il leur en restât, quand ils atteindraient la dernière ligne de résistance, dans la ville même de Stalingrad.

CHAPITRE XXVIII

Le 15 janvier 1943 à 21 heures, au quartier général de Rastenburg en Prusse-Orientale, le capitaine Winrich Behr fut présenté au Führer du IIIe Reich. Quand il pénétra dans la salle de conférences, pleine de monde, l'officier était mal à l'aise et cela se comprenait, étant donné les illustres personnages réunis là : le maréchal Keitel, les généraux Jodl, Schmundt et Heusinger, et même Martin Bormann qui l'observait sans aménité. Toutefois, lorsque Hitler vint à lui en souriant, Behr se ressaisit pour remplir la mission confiée par Paulus.

Très aimable, le Führer s'enquit avec sollicitude des difficultés de ce long vol inconfortable, puis pria le capitaine de s'exprimer en toute liberté. Behr se lança aussitôt dans l'exposé détaillé de la situation de la VIe Armée. Il le fit avec une rudesse surprenante, à mesure qu'il décrivait la désintégration du moral des troupes, l'impossibilité pour les chefs de maintenir une cohésion des unités, décimées par des attaques continuelles, la famine, l'obligation de faire sauter des canons faute de munitions pour les utiliser, bref l'agonie de 200 000 hommes, périssant parce qu'on les avait abandonnés.

Après l'avoir écouté sans l'interrompre, Hitler prit la parole. Debout devant la grande table sur laquelle la carte du front était dépliée, il reconnut que des erreurs avaient été commises, mais se hâta d'affirmer qu'une nouvelle expédition allait enfoncer les lignes russes

425

dans les prochaines semaines et délivrer la VIᵉ Armée. D'ici là, le pont aérien permettrait à Paulus de tenir. Un officier intervint pour assurer que tout était prévu à cet effet. Behr, qui avait écouté Hitler avec ahurissement, ne put s'empêcher cette fois de protester :

— Le pont aérien ? Mais il n'a pas fonctionné !

Décontenancé, Hitler répliqua que, d'après les rapports de l'aviation, il y avait eu assez de vols pour empêcher l'armée de mourir de faim. Comme il hochait la tête pour nier cette assertion, Behr vit que le maréchal Keitel le menaçait du doigt, l'air aussi irrité qu'un instituteur grondant un élève impertinent. Sans se laisser intimider, le capitaine expliqua au Führer que beaucoup d'avions décollaient, mais ne réussissaient pas à atteindre le « Chaudron », soit à cause du mauvais temps, soit par suite des défenses ennemies. En outre, ajouta-t-il, la plupart des containers de vivres, parachutés dernièrement, étaient tombés dans les lignes russes. Sentant que son auditoire ne mettait pas en doute ses déclarations, il s'enhardit pour tenter de sauver ses chefs, ses amis, et les milliers de malheureux mourant de faim, de froid et de blessures à Stalingrad :

— Il est d'une importance capitale que la VIᵉ Armée sache exactement quelles quantités d'approvisionnement vont lui être apportées par avion. Il est trop tard pour faire des projets à long terme. Complètement à bout de ressources, la VIᵉ Armée veut savoir en toute franchise si elle doit ou ne doit pas compter sur une aide et un soutien, dans les prochaines 48 heures !

Effaré de sa propre impertinence, Behr resta immobile, s'attendant à une violente riposte. Dans un silence écrasant, Hitler le dévisagea longtemps. Les généraux semblaient pétrifiés et Keitel était très rouge, presque apoplectique. Soudain le Führer poussa un profond soupir et haussa les épaules. Souriant, il dit à Behr qu'il allait discuter tout de suite de la situation avec ses conseillers. Convaincu qu'il avait fait tout ce qu'il pouvait pour remplir sa mission, le capitaine joignit les talons et quitta la pièce.

À 2 000 km de là, les Russes achevaient d'encercler l'aérodrome de Pitomnik, et leurs chars n'étaient plus qu'à 500 m des pistes. Les techniciens de la tour de contrôle interdirent tout nouvel atterrissage et signalèrent aux derniers avions de la base de la quitter immédiatement. Six « Messerschmitt 109 » de chasse décollèrent aussitôt, pour se réfugier sur le petit terrain de Goumrak, à quelques kilomètres à l'est. Mais celui-ci était trop exigu et mal entretenu. Les cinq premiers appareils capotèrent à l'atterrissage, soit en dépassant l'extrémité de la piste, soit en percutant des débris. Le sixième, voyant les accidents de ses camarades, fit demi-tour et alla se poser loin du « Chaudron », sur le terrain de Schacty. Le pilote rendit compte que l'aérodrome de Pitomnik n'était plus entre des mains allemandes.

En perdant Pitomnik, la VIᵉ Armée reçut un coup mortel. La fin de son agonie était proche, et l'émetteur de Goumrak décrivit les derniers spasmes au Groupe d'Armées du Don :

« Le comportement de beaucoup de troupes... mérite les plus grands éloges. Des officiers et des hommes, complètement épuisés après des journées de combat presque sans nourriture, ont tiré leurs canons à travers 20 km de steppe enneigée et souvent sans route. Situation des approvisionnements catastrophique. Par endroits, il est impossible de ravitailler le front, faute de carburant. »

Le feld-maréchal von Manstein ne fut pas surpris par ces nouvelles. Menacé lui-même, à cause de dangereuses incursions des chars soviétiques, il s'était vu contraint de se replier encore à 60 km plus à l'ouest, à

Taganrog, d'où il continuait de diriger non sans peine la retraite de ses armées. Sur le Don supérieur et sur un front de plus de 300 km, allant de Pavlovsk au nord-ouest jusqu'à Kasternoye, des troupes russes fraîches avaient attaqué les quelques divisions italiennes non engagées en décembre, ainsi que toute la IIe Armée hongroise. Rapidement submergées, ces forces des pays satellites s'étaient à leur tour désintégrées, permettant aux Soviétiques de creuser une large brèche dans le flanc gauche de Manstein.

Or, les groupes de combat blindés — commandés par des chefs remarquables : Stahel, Fretter-Pico, Mieth et Hollidt — commençaient à être épuisés par les opérations visant à protéger Rostov, au moyen de saute-mouton continuels. Le feld-maréchal fut cependant obligé de réduire dangereusement l'épaisseur de ce rideau défensif, et de faire passer beaucoup de chars vers l'ouest, afin de ralentir la nouvelle offensive russe, progressant du Don vers le sud.

Sur ces entrefaites, le général Erhard Milch arriva au quartier général de Taganrog, pour diriger un nouvel essai de ravitaillement par avion de la VIe Armée, ordonné au dernier moment par Hitler. Dans ce but, l'énergique et célèbre aviateur avait récupéré de tous côtés une centaine d'appareils, grâce auxquels il comptait établir un pont aérien entre le « Chaudron » et les terrains environnants. Mais le succès de cette ultime tentative dépendait en grande partie de la présence sur l'aérodrome de Goumrak, d'un personnel qualifié, travaillant dur et en parfaite coordination.

Or, l'unique terrain dont disposait encore la VIe Armée pour recevoir d'importantes quantités d'approvisionnements, apportées par des avions se succédant sans interruption, n'était plus qu'une affreuse cicatrice sur la steppe immaculée. Tel un aimant attirant les troupes en retraite, il recevait d'interminables colonnes d'hommes et de camions venant de l'ouest, et les rejetait à l'est vers Stalingrad et la Volga. Mais il était aussi devenu un charnier, un énorme dépôt où s'amoncelaient morts et mourants, dont les corps jonchaient les routes et les champs autour des pistes d'envol.

Parmi les troupes encerclées, très rares étaient les Allemands qui espéraient encore une délivrance. Quelques-uns se ranimaient, en entendant des détonations vers le sud, et se demandaient si Manstein n'arrivait pas. D'autres se raccrochaient à des récits imaginaires, faisant état de l'offensive de divisions mythiques arrivant de l'ouest, par Kalach. Les réalistes se refusaient à écouter de telles rumeurs, et Emil Metzger était de ceux-là. Ayant épuisé son stock de munitions et fait sauter ses canons pour que l'ennemi ne pût pas s'en servir, il se replia vers Goumrak et la Volga. Pataugeant dans la neige, il ne cessait de penser à Kaethe et à Francfort, s'efforçant d'évoquer chaque détail du visage de son épouse. Il lui semblait inévitable de mourir sur cette terre maudite, sans avoir jamais le moindre espoir de retrouver un jour sa patrie. Tandis que le vent hurlait sur la steppe, Metzger commença de réfléchir à une possibilité de s'évader, au besoin seul, du « Chaudron ».

Comme Metzger, Gottlieb Slotta était bien décidé à survivre. Il se trouvait déjà à Goumrak, où il se dirigeait clopin-clopant vers un train de blessés, immobilisé sur une voie de garage. Soudain un avion russe surgit, largua quelques bombes, et toutes sortes de débris tombèrent en pluie sur la tête de Slotta. Se tirant indemne de ce nouveau danger, il s'écria, rageur : « Ah, non ! Ce n'est pas comme ça que je vais mourir ! » et se mit à courir follement vers Stalingrad, distant de 8 km. De chaque côté de la route, gisaient quantités de cadavres d'hommes ayant renoncé à lutter et s'étant couchés dans la neige pour mourir. Mais Slotta n'avait aucune intention d'abandonner de cette manière ses chances de survivre, si fragiles fussent-elles.

Le caporal Franz Deifel était moins sûr que la vie valût encore la peine qu'on luttât pour la conserver. Jusqu'à ce moment, il avait été un des rares combattants du « Chaudron » à mener une existence relativement routinière. Il continuait à transporter des munitions sur les pentes de Mamaev et, quoique son chargement fût limité à quelques obus, il gravissait presque chaque jour la colline avec son camion.

A partir de janvier, les avions russes commencèrent à attaquer les soldats et véhicules allemands isolés, et l'un d'eux finit par repérer Deifel, alors qu'il revenait vers le dépôt de munitions, aux abords de la ville. Une bombe tomba à 6 m du véhicule, le cribla d'éclats, et plusieurs d'entre eux atteignirent le caporal aux jambes. Tombé de la cabine, il rampa jusqu'à une maison proche, encore à peu près intacte. Là, il enleva son pantalon et s'efforça d'arrêter le sang coulant à flots de ses blessures. Pendant qu'il se soignait, une autre bombe démolit la maison, dont les murs s'écroulèrent sur lui, heureusement sans lui faire grand mal. Force lui fut alors de se réfugier dans une tranchée voisine, où il attendit la nuit, puis il revint en rampant à son camion. Par miracle, le moteur démarra immédiatement, en sorte qu'il put redescendre de la colline jusqu'à un poste de secours, non sans être accompagné durant le trajet par de nombreux projectiles.

Du poste de secours, on l'envoya à l'hôpital, et il découvrit que c'était un mauvais abri à peine éclairé, devant lequel on avait entassé une pyramide de cadavres. Horrifié et écœuré, il fit demi-tour et regagna son unité, pour apprendre qu'un ordre de repli venait d'y arriver. Il grimpa donc dans un camion partant pour Stalingrad, mais juste au moment où le convoi s'ébranlait, des obus russes s'abattirent sur les véhicules de tête et les pulvérisèrent, bloquant le passage. Hébété, Deifel descendit et marcha sur la route, jusqu'à ce qu'épuisé il s'assît sur le corps gelé d'un soldat. Pour la première fois de sa vie, il envisagea de se suicider.

Derrière le caporal désespéré, l'aérodrome de Goumrak devint le théâtre de scènes démentielles. Le 18 janvier, deux jours après la prise de Pitomnik par les Russes, il était envahi par des milliers de blessés arrivant de tous les secteurs du « Chaudron ». Les chirurgiens travaillaient sans arrêt, opérant des hommes étendus sur des brancards, par terre, ou dehors dans la neige. Des soldats délirants ou fous de douleur hurlaient, tandis que des infirmiers enfonçaient les aiguilles d'anesthésiques dans des bras couverts de poux, puis déshabillaient les hommes destinés à être opérés. Des camions pleins de mutilés et de grands blessés s'arrêtaient devant les hôpitaux, mais on ordonnait aux chauffeurs d'aller plus loin, faute de place suffisante pour recevoir ces malheureux. Ne sachant quoi faire, ils attendirent, sans que les blessés fussent soignés. Par une température de − 20 degrés, ceux-ci criaient faiblement au secours, mais nul ne leur répondit et ils moururent de froid, à quelques mètres des tables d'opération.

De son abri situé à 2 km de là, le général Friedrich von Paulus ne cessait d'envoyer des messages par radio à Manstein : « Aérodrome de Goumrak utilisable depuis le 15 janvier, pour des atterrissages nocturnes... Vous prie intervenir le plus vite possible. Danger extrêmement grave. » Mais la « Luftwaffe » contesta cette affirmation du général, déclara que le terrain était à peu près impraticable, et insista pour qu'on y prît les mesures indispensables, afin de permettre la livraison des approvisionnements attendus.

Hors de lui, Paulus riposta : « Les objections soulevées par l'aviation sont considérées ici comme des excuses inadmissibles... Le terrain d'atterrissage a été sensiblement agrandi. Une organisation parfaitement compétente a été mise sur pied, avec toutes les installations nécessaires... Le commandant en chef a demandé directement au Führer d'intervenir... »

En réalité, la situation de la VIe Armée était telle que ni Paulus ni Schmidt ne pouvaient connaître l'effondrement quasi total des services chargés de faire fonctionner l'aérodrome. La prétendue « organisation parfaitement compétente », qui avait rempli à la perfection sa mission à Pitomnik, ne constituait plus un groupe cohérent. Quoique son chef, le colonel Lothar Rosenfeld, s'efforçât de dégager les pistes, pour permettre de nombreux atterrissages et décollages, il n'obtenait guère de résultats parce que son personnel était à bout de forces.

Le 19 janvier au matin, un représentant de la « Luftwaffe », le major Thiel, atterrit à Goumrak pour concilier les points de vue de ses supérieurs et de l'état-major de la VIe Armée. Du premier coup d'œil, il fut effaré de l'état du terrain, jonché des épaves de 13 avions détruits. Pour atterrir, les appareils ne disposaient que de 80 m, et il fallait ajouter à ce risque de nombreux entonnoirs creusés par des bombes, ainsi que des congères récentes qu'on n'avait pas déblayées.

A peine Thiel fut-il descendu dans l'abri du quartier général, qu'il fut entouré par les généraux von Paulus, Schmidt et Heitz, et par leurs collaborateurs. Tous se mirent à l'invectiver, et Paulus se montra particulièrement furieux contre l'aviation allemande. Stupéfait, le major ne put que laisser passer l'orage, tandis que Paulus lui criait :

— Si vos avions sont incapables d'atterrir, mon

armée est condamnée à mort ! Il suffit d'un seul appareil pour sauver 1 000 vies humaines ! Le parachutage de containers ne sert à rien, car les hommes sont trop faibles pour les chercher, et nous n'avons plus d'essence pour les transporter par camions. Je ne peux même pas faire replier mes troupes de quelques kilomètres, car elles tomberaient d'épuisement en route. Voilà quatre jours que nous n'avons plus rien à manger, pas même un cheval !

Thiel gardant le silence, un officier lui dit rageusement :

— Imaginez-vous ce que c'est que de voir des soldats se disputer une vieille carcasse de cheval, faire éclater la tête à coup de barre de fer et manger la cervelle crue ?

— Que dois-je répondre, reprit Paulus avec véhémence, quand un simple soldat m'interpelle, moi qui commande en chef cette armée, et me demande « Herr general, n'auriez-vous pas un peu de pain à me donner ? » Ah ! Pourquoi la « Luftwaffe » a-t-elle promis de nous ravitailler ? Qui est l'homme responsable ? Qui a déclaré que c'était possible ? Si quelqu'un m'avait dit que c'était impossible, je n'en aurais pas voulu aux aviateurs, mais je serais sorti d'ici, quand j'étais assez fort pour le faire ! Aujourd'hui, il est trop tard...

Dans son désespoir et son amertume, Paulus oubliait qu'en novembre ses collègues Richthofen et Fiebig l'avaient averti que l'aviation ne pourrait pas l'approvisionner en quantités suffisantes. Maintenant on était en janvier, et le chef de la VIᵉ Armée avait besoin de s'en prendre à quelqu'un, en sorte que le major Thiel fut le bouc émissaire. Paulus poursuivit :

— Le Führer m'a donné la ferme assurance que lui-même et le peuple allemand tout entier se sentaient responsables de cette armée ! Or, voici qu'aujourd'hui les annales de l'armée sont à jamais souillées par cette effroyable tragédie, et pour quoi ? Parce que la « Luft-waffe » nous a abandonnés...

Empêchant, d'un geste dédaigneux, le major Thiel d'exposer les terribles difficultés auxquelles l'aviation se heurtait, il conclut :

— D'ores et déjà, nous vous parlons d'un autre monde que le vôtre, car c'est à des morts que vous vous adressez. Désormais, nous n'existerons plus que dans les livres d'histoire...

Cette nuit-là, lorsque l'aviateur regagna son appareil, il eut la preuve que l'opinion de ses chefs était fondée, quand ils estimaient que le terrain de Goumrak n'était pas « organisé d'une manière lui permettant de fonctionner efficacement » : pendant les neuf heures de sa visite, personne n'avait déchargé les marchandises entassées dans sa carlingue. Il quitta le « Chaudron », convaincu que plus rien ne pouvait sauver la VIᵉ Armée.

A l'ouest et au nord de Goumrak, des éléments en retraite interrompaient par instants leur marche pour ouvrir le feu sur des chars soviétiques, dont la proximité risquait de placer le terrain d'aviation à portée de leurs canons. A la gare de Goumrak, des milliers de soldats épuisés cherchaient à savoir où se trouvait l'unité à laquelle ils appartenaient, et presque tous recevaient la même réponse : « Allez à Stalingrad. Tout le monde est dans la ville. »

Le sergent Ernst Wohlfahrt errait dans cette cohue et avait peine à maîtriser son indignation. Peu auparavant, il s'était arrêté à un poste de commandement de corps d'armée abandonné et, dans les abris, il avait découvert quantité de bouteilles vides, de champagne et de cognac, ainsi que les vestiges de conserves de viande de grande qualité. Jamais il n'aurait imaginé qu'il pouvait exister de tels produits dans les réserves d'un état-major, après deux mois d'encerclement, et il enrageait à la pensée que ces officiers supérieurs se régalaient, alors que les troupes mouraient de faim.

Peu après, il passa devant un hangar à moitié incendié, et son exaspération ne connut plus de bornes lorsqu'il y pénétra : un stock considérable de vêtements neufs avait échappé aux flammes. Il trouva là des uniformes, des manteaux, des bottes fourrées, ainsi que des caisses de conserves de viande, empilés du sol au toit. Or, comme des milliers de camarades, le sergent souffrait du froid depuis des semaines, faute de moyens de s'en préserver, et souvent il voyait des soldats grelottant s'envelopper de châles féminins ou de minces couvertures, pour se protéger des vents glacés. Pendant ce temps, des intendants criminels conservaient ces précieux lainages dans des dépôts, indifférents aux souffrances des soldats qui n'avaient pas le droit d'y toucher.

Pour sa part, le soldat de première classe Josef Metzler s'était décidé à résoudre par ses propres moyens ce genre de problème vestimentaire. Depuis des semaines, il demandait des bottes chaudes et obtenait toujours la même réponse : il n'y en avait pas de disponibles. Quand il commença à souffrir beaucoup de ses pieds gelés, il n'hésita pas à voler une paire de bottes fourrées dans un hôpital. D'une honnêteté scrupuleuse, il n'aurait jamais imaginé qu'un jour il commettrait un vol, mais il n'en éprouva aucun remords : dans sa situation désespérée, il se forgea une nouvelle morale. Résolu à survivre, il s'arrêta à un autre hôpital de campagne, pour s'y faire soigner les pieds et tâcher d'obtenir de quoi manger. Rencontrant un soldat qui portait deux gamelles pleines, il lui en demanda une mais se heurta à un refus. Patient, il attendit et profita d'un moment d'inattention de l'homme pour lui voler une des gamelles et s'enfuit. Rassasié et sans regret, il revint plus tard, pour que l'on pansât ses pieds meurtris.

A 2 km, à l'ouest de Goumrak, l'état-major de la VIe Armée travaillait dans des abris recouverts de tonnes de neige, à l'écart de la sinistre procession qui se dirigeait vers Stalingrad. Grâce au poste de radio fonctionnant encore, un contact étroit était maintenu avec Taganrog, et les rapports continus mentionnaient soit des actes d'héroïsme soit les évacuations prescrites d'officiers spécialistes :

« Le colonel Dingler a pu s'envoler hier : signalez son arrivée. Egalement évacués : Sickenius, le major Seidel et le lieutenant Langkeit... Proposition d'attribution de la croix de chevalier au lieutenant-colonel Spangenburg, pour avoir résisté du 10 au 15 janvier, et de sa propre initiative, sur le flanc de la 76e division d'infanterie, à de puissantes attaques ennemies dans le secteur de Babourkin... Proposition d'attribution de la croix de chevalier au lieutenant Sascha, pour avoir repoussé, le 16 janvier, des attaques répétées avec seulement quatre chars utilisables malgré des tirs ennemis intenses, Sascha a quitté son char pour conduire une contre-attaque de l'infanterie, au mépris de sa sécurité personnelle. Sans sa vigoureuse intervention, il aurait été impossible d'empêcher l'ennemi d'entrer dans Goumrak. Citation décernée par le général Deboi... »

Les dépêches relataient aussi d'autres comportements d'officiers, par exemple celui-ci : « Le lieutenant Billert est porté disparu en combattant... » Mais plus tard on rectifia : « Le lieutenant Billert a quitté son unité sans permission par avion. Ordre de le faire passer en conseil de guerre... »

Si quelques officiers faillirent ainsi à leur devoir, il y eut par ailleurs des hommes qui se firent évacuer par avion sous de faux prétextes : ils s'étaient blessés eux-mêmes pour gagner la liberté, et les chirurgiens n'avaient pas pu s'en apercevoir lors des opérations. Cela s'expliquait pour deux raisons. Tout d'abord, les simulateurs tiraient à travers une miche de pain, ce qui éliminait les brûlures des coups de feu à bout portant. D'autre part, les coupables ne procédaient pas de la manière généralement employée dans ce cas : au lieu de se tirer une balle dans un bras ou une jambe, régions du corps moins dangereuses et moins douloureuses, ces hommes se blessaient au ventre ou à la poitrine, afin de s'assurer une évacuation rapide. Aucun chirurgien n'osant accuser un soldat de s'être infligé une blessure aussi grave, les faux héros non seulement quittaient Goumrak sans encourir de châtiment, mais étaient ensuite bien soignés et couverts d'honneurs.

Sachant que chaque avion atterrissant à Goumrak risquait d'être le dernier, les blessés capables de marcher se pressaient au bord de la piste et jouaient des coudes, pour se placer le plus près possible de l'endroit où sans doute l'appareil s'arrêterait. S'épiant avec méfiance les uns les autres, ils se ruaient vers les portes de la carlingue, dès qu'elles s'ouvraient, et souvent les plus faibles furent piétinés à mort, tandis que les plus robustes, à moitié fous, se hissaient dans l'avion.

Cependant, comme le temps risquait de lui manquer, Paulus accéléra l'évacuation des spécialistes, qui allaient avoir pour mission de constituer les cadres de nouvelles divisions de la « Wehrmacht ». Munis de laissez-passer prioritaires, ces officiers d'élite se frayaient un chemin parmi les blessés, qui les dévisageaient avec hostilité.

C'est ainsi que partirent le général Hans Hube et le major Coelestin von Zitzewitz, emportant un certain nombre des décorations de Paulus. Le général Erwin Jaenecke, commandant le 4e Corps d'Armée, dut surtout son évacuation aux 16 éclats d'obus qui avaient criblé son corps. Le capitaine Eberhard Wagemann emporta avec ses papiers personnels les dernières volontés et le testament du général Schmidt. De chaque division vinrent des officiers et des hommes de troupe triés sur le volet, destinés à recréer une nouvelle VIe Armée, qui combattrait quelque part, un jour peut-être.

Le 21 janvier au matin, à son poste de commandement situé dans une cave, proche de la boulangerie industrielle, le capitaine Gerhard Meunch reçut l'ordre de se rendre d'urgence au quartier général du 51e Corps d'Armée. Intrigué, il s'exécuta et fut reçu par le colonel Clausius, chef d'état-major du général Seydlitz-Kurzbach, qui lui tint ce propos incroyable :

— Capitaine Meunch, vous serez évacué aujourd'hui.

— Ce n'est pas possible ! protesta l'officier. Je ne peux pas abandonner mes hommes quand ils sont dans le pétrin !

Clausius l'interrompit sèchement, lui déclara que c'était un ordre, parce qu'on avait besoin ailleurs de spécialistes du combat d'infanterie ayant fait leurs preuves, et il lui dit au revoir. Meunch se rendit donc à Goumrak, où un officier debout à côté de sa voiture l'informa qu'aucun avion ne décollerait plus ce jour-là, et lui cria :

— Montez avec moi, sinon vous ne sortirez jamais d'ici ! Je vais tâcher de trouver une autre solution en ville.

Très las et affamé, Meunch se laissa choir dans l'auto, qui le conduisit à un petit terrain d'aviation auxiliaire, dans les faubourgs de Stalingrad, et appelé Stalingradski. Il y passa la nuit en compagnie de centaines de soldats, sans abri et piétinant dans la neige. A 7 heures du matin, le 22 janvier, un « Heinkel 111 » survola plusieurs fois la piste, largua des containers de vivres, mais ne voulut pas atterrir. Les heures s'écoulèrent, interminables, tandis que les blessés scrutaient l'horizon du côté de l'ouest, et tout à coup trois points noirs surgirent, de vieux et solides « Ju-52 », qui grossirent dans le ciel, décrivirent quelques cercles et finirent par se poser.

Ce que Meunch vit ensuite, il ne devait jamais l'oublier. Les avions ne s'étaient pas encore arrêtés que les blessés, se dressant dans la neige, coururent vers les carlingues et se battirent à mort pour y accéder, piétinant sans merci les plus faibles. Meunch s'approcha de la cabine du pilote et lui montra son laissez-passer spécial. Secouant la tête, l'aviateur lui dit :

— N'essayez pas de monter avec ces fauves, vous n'y arriveriez pas. Je vais vous prendre avec moi dans le cockpit.

Pendant que Meunch se hissait à bord de l'appareil, des obus commencèrent à tomber de tous côtés. Sans perdre un instant, le pilote mit ses moteurs en marche et voulut démarrer. Il y parvint à grand-peine, car une cinquantaine d'hommes étaient grimpés sur les ailes et s'accrochaient à n'importe quoi. Prenant de la vitesse, l'avion fila sur la piste et, l'un après l'autre, les soldats basculèrent dans les tourbillons de neige soulevés par les hélices. Libéré de sa charge supplémentaire, le gros bombardier décolla enfin dans un ciel clair et s'enfuit, tournant le dos à la Volga. Bouleversé, Meunch eut beaucoup de mal à se calmer. Pour la première fois depuis plus de deux mois, il n'entendait plus de coups de canon.

Ce jour-là, le général von Paulus envoya à ses chefs le message suivant :

« 22-1-43, 16 h 02. Par radio, au Groupe d'Armées du Don.

A remettre au Führer et au commandant en chef.

Les Russes avancent sur un front de six kilomètres, de part et d'autre de Voporonovo, vers Stalingrad, souvent en déployant les drapeaux. Il n'y a aucun moyen de boucher la brèche... Toutes les réserves sont épuisées. Plus de 12 000 blessés ne peuvent être soignés. Quels ordres dois-je donner aux troupes, maintenant dépourvues de munitions ?... Une décision immédiate s'impose, car divers symptômes de désintégration se manifestent. Néanmoins, les troupes demeurent fidèles à leurs chefs.

Paulus »

La réponse de Prusse-Orientale ne se fit pas attendre :

« *Capitulation impossible*. Les troupes défendront leurs positions jusqu'au bout... La VIᵉ Armée a ainsi apporté une contribution historique au plus gigantesque effort de guerre de toute l'histoire allemande.

Adolf Hitler »

« Une contribution historique », avait déclaré le Führer. Dès lors, Paulus renonça à tenter de convaincre ses chefs que toute prolongation de la résistance équivalait à un meurtre colossal. Fermant les yeux à la réalité des innombrables morts qui l'entouraient, il préféra se laisser submerger par l'évolution naturelle des événements et quitta Goumrak, pour aller s'enfermer dans une cave de Stalingrad.

Dans l'antichambre contiguë à la salle de conférences d'Adolf Hitler, le major Coelestin von Zitzewitz attendait nerveusement une audience. Evacué du « Chaudron » sur l'ordre exprès de l'O.K.W., il était revenu directement à la « Tanière du Loup », pour confirmer l'impressionnant rapport du capitaine Winrich Behr, relatif à la situation de la VIᵉ Armée. Quand la porte s'ouvrit, le major entra puis se mit au garde-à-vous. Hitler s'avança et, couvrant de ses deux mains celle de l'officier, secoua tristement la tête.

— Ah ! dit-il. Ce qui se passe là-bas est déplorable...

D'un geste, il invita son visiteur à s'asseoir à côté de lui, sur un haut tabouret près de la table. Il régnait dans la pièce une lumière tamisée et gênante. Tout un panneau était occupé par une immense carte du front de l'Est, tandis qu'un feu de bois brûlait de l'autre côté, dans une vaste cheminée. Les généraux Zeitzler et Schmundt, assis à l'écart, gardaient le silence.

Hitler ouvrit la discussion. Montrant à chaque instant des points sur les cartes qui couvraient la table, il annonça que des chars allaient franchir le Don, percer les lignes russes, atteindre le « Chaudron » et y apporter du ravitaillement. A son avis, il suffisait d'un bataillon de blindés résolu pour délivrer la VIe Armée.

Zitzewitz l'écouta avec un ahurissement croissant. Lorsqu'il put enfin prendre la parole, il rendit compte de ses constatations, en s'aidant de notes griffonnées sur une feuille, et énuméra d'effrayantes statistiques : pertes en effectifs, état des réserves en vivres et munitions, morts causées par la maladie, l'épuisement, le froid, le désespoir. Les chiffres étaient catastrophiques, accablants, incontestables. Devant un Hitler surpris, l'envoyé spécial de l'état-major général conclut en ces termes :

— Mon Führer, permettez-moi de vous affirmer qu'à Stalingrad il n'est plus possible d'ordonner aux troupes de combattre jusqu'à la dernière cartouche, d'abord parce qu'elles n'ont plus la force physique de se battre, ensuite parce qu'elles n'ont même plus une dernière cartouche à tirer.

Hitler le regarda fixement, le congédia, puis grommela quand il se fut retiré :

— Heureusement, l'homme récupère très vite...

La gare de Goumrak brûlait intensément, au milieu d'une vaste étendue de neige. L'artillerie russe l'avait détruite et incendiée, mettant le feu à des montagnes de cadavres, entassés à l'intérieur jusqu'à hauteur du premier étage. Le sergent Hubert Wirkner vit ce brasier funèbre, quand on le porta sur un brancard au bord de la piste afin d'y être évacué, si possible, dans un des derniers avions qu'on attendait.

Rendu complètement impotent par ses blessures, compliquées de graves gelures, Wirkner resta des heures étendu sans qu'on s'occupât de lui, tandis que 24 avions de transport atterrissaient, déchargeaient leur cargaison et repartaient, emportant des centaines de soldats. Dégoûté, il vit certains blessés légers « faire le mort » jusqu'à l'ouverture des portes des carlingues, puis y bondir avant que les contrôleurs épuisés eussent pu intervenir. Trop faible et fier pour agir ainsi, le sergent n'eut que de la pitié méprisante pour ceux qui volaient leur place à des camarades.

Un autre avion surgit de la brume et s'arrêta non loin de lui ; une fois de plus, Wirkner assista, impuissant, à la ruée d'hommes beaucoup plus valides que lui, rendant impossible l'embarquement des grands blessés, et il en fut affreusement déçu. A l'une des portes, le colonel Herbert Selle aidait à contrôler les évacuations. Spécialiste du génie, il avait reçu l'ordre de partir, afin de former d'autres techniciens, indispensables pour la poursuite de la guerre. Surpris de cette libération inattendue, il éprouva quelques scrupules à profiter d'une telle faveur et, avant de partir, alla saluer Paulus.

L'aspect de son chef le consterna : mal tenu, pas rasé, il avait un regard morne, d'autant plus saisissant qu'il était d'ordinaire très vif. S'exprimant avec une profonde amertume, il se borna à prononcer ces quelques mots :

— Si vous le jugez bon, vous pourrez dire autour de vous que la VIᵉ Armée a été trahie par le commandement suprême.

Bouleversé, Selle prit congé du commandant en chef et regagna l'aérodrome, hanté par l'image pathétique de Paulus. Quand le dernier « Ju-53 » atterrit, il tenta vainement de mettre de l'ordre dans l'embarquement, car le temps pressait et le pilote voulait repartir au plus vite. Derrière lui se tenait son ordonnance, qui l'avait suivi dans l'espoir de s'envoler aussi. Au dernier moment, le colonel lui fit signe et il bondit à l'arrière de l'appareil : il était sauvé. Mais au bord de la piste, Hubert Wirkner eut beau appeler, nul ne vint le chercher, et il vit s'envoler avec le gros avion son dernier espoir.

Abandonné à lui-même et se refusant à mourir de froid, le sergent se mit à ramper sur les mains et les genoux dans la neige, en direction de la gare éventrée. Un officier qu'il croisa le regarda avec stupéfaction et lui conseilla d'aller à l'hôpital proche, mais il le connaissait trop pour y retourner et, ignorant ce conseil, poursuivit son chemin à quatre pattes. Le vent lui soufflait au visage, qui commençait à se couvrir de givre, et chaque fois qu'il ouvrait la bouche il avalait de la neige, ce qui rendait sa respiration torturante.

Il traîna ainsi ses jambes inertes sur plus d'un kilomètre avant d'atteindre la route de Stalingrad, sur le bord de laquelle il s'effondra, épuisé. De nombreux véhicules passaient. Un camion s'étant arrêté devant lui, il tenta, par un effort surhumain, de se hisser à l'arrière ; mais ses jambes le trahirent et il retomba sur le sol. Le véhicule remorquait un gros obusier, sur lequel Wirkner réussit à grimper, dans un ultime sursaut d'énergie. De ses mains gelées, il s'accrocha au canon glacé et finit par se placer en travers, la tête pendant d'un côté et les jambes de l'autre, en un équilibre précaire.

Le camion et son mortier démarrèrent lentement. Le sang à la tête et les yeux exorbités, Wirkner luttait pour ne pas perdre connaissance et n'y parvenait pas toujours ; quand il revenait à lui il s'étonnait de ne pas être tombé. D'autres véhicules plus rapides dépassaient le camion et l'éclaboussaient de neige boueuse. Sur le bord de la route, des soldats hurlaient au secours. Soudain des rafales de mitrailleuses crépitèrent, et de tous côtés Wirkner entendit un concert d'imprécations, puis il s'évanouit.

Quand il reprit connaissance, il gisait au bord de la route, au milieu d'un groupe de soldats assis dans la neige. Très faible, il leur demanda de l'aider à se relever, et ils ne lui répondirent pas : ils étaient tous morts, et seuls retentissaient dans la nuit les sifflements du vent ou des balles. Brusquement un camion surgit. Ebloui par les phares, le sergent se dit qu'il allait mourir écrasé et se prépara au terrible choc. Or, le chauffeur l'aperçut, s'arrêta et le porta dans la cabine. C'est ainsi que Wirkner finit par arriver à Stalingrad. Là, toujours à quatre pattes, il se traîna dans une cave obscure où il perdit toute notion du monde extérieur.

A Goumrak, les chars russes avançaient à travers le terrain et tiraient à vue sur les abris servant d'hôpitaux. Des centaines de blessés périrent à leur place, abandonnés par le personnel qui fuyait vers Stalingrad. Sur la principale route, une longue colonne de voitures et de camions progressait dans la brume, tandis qu'un mince rideau de troupes, déployées en tirailleurs dans les champs couverts d'une épaisse couche de neige, protégeait en principe cette retraite désordonnée. Il arriva parfois que ces « protecteurs », affolés à la pensée qu'ils finiraient par rester seuls face aux blindés soviétiques, tournèrent leurs fusils contre des véhicules passant près d'eux : quand un chauffeur blessé stoppait, les coupables bondissaient, l'arrachaient de son siège, le jetaient sur le bord de la route et, s'emparant du camion, s'enfuyaient vers la ville.

Au matin du 24 janvier, la « Route de la Mort », comme l'appelaient les conducteurs, présentait sur 8 km de long l'aspect d'une chaussée gelée et rougeâtre, tellement la neige était mêlée de sang, après le passage de la VIe Armée gagnant ses dernières positions. Plus de 100 000 Allemands occupaient maintenant les caves obscures de Stalingrad.

L'un d'eux était le caporal Heinz Neist, que des

camarades avaient tiré sur un petit traîneau jusqu'à un abri. A bout de forces, Neist grelottait sous une mince couverture, tandis que les obus russes pleuvaient de tous côtés, achevant de détruire les rares bâtiments restés debout. Pour le caporal, il semblait que « tout était anéanti ». Le monde avait cessé d'exister. Il s'abandonna au désespoir.

L'intendant Karl Binder s'était terré dans les ruines de maisons ouvrières, à l'ouest de l'usine de tracteurs. Toujours actif et efficace, il essayait de maintenir une juste répartition des vivres parmi les unités de sa division, mais certains problèmes devenaient insolubles. Les avions continuaient de parachuter des containers, dont la plupart dérivaient jusque dans les lignes russes et étaient par conséquent perdus. En outre, ceux qui tombaient dans le secteur allemand n'arrivaient pas toujours au dépôt central, où avait lieu la distribution. Souvent, les soldats qui les découvraient s'empressaient de les cacher, afin de les consommer seuls. Quand la police militaire constatait de tels vols, les coupables étaient sommairement jugés et aussitôt fusillés.

A quelques centaines de mètres du refuge de Binder, dans le chaos des ruines de l'usine, le tailleur Wilhelm Alter s'appliquait à exécuter une « œuvre d'art ». Avec un morceau de drap marron et la fourrure d'un col de manteau, il confectionnait un bonnet de cosaque pour un officier, qui se prémunissait contre les rigueurs de la captivité. Heureux de passer ainsi son temps à créer quelque chose d'utile, Alter se réjouissait aussi du salaire exceptionnel que lui valait ce travail : il touchait un morceau de pain supplémentaire.

Dans le même secteur, le vétérinaire Herbert Rentsch avait pris le commandement d'une compagnie de mitrailleuses. Il s'était aussi résigné à prendre une douloureuse décision concernant sa fidèle monture, Lore. Lorsque la pression ennemie le contraignit à se replier vers la ville, il conduisit la jument à l'entrée d'un abri et l'attacha à un piquet. Comme il caressait une dernière fois son encolure et ses flancs amaigris, Lore frotta son nez contre lui, cherchant sa main pour y trouver un peu de nourriture, mais il n'en avait pas. Le cœur gros, il s'en alla, espérant que les Russes ne tarderaient pas à la trouver et la traiteraient bien.

Au centre de Stalingrad, le sergent Albert Pflüger installa, malgré son bras cassé, une mitrailleuse disposant d'un bon champ de tir, puis il réfléchit à l'avenir. Certain que les Russes avaient déjà gagné la bataille, il se dit que peut-être Hitler et Staline s'étaient mis d'accord pour traiter humainement les prisonniers de guerre. Il « rêva » aussi que les Américains allaient intervenir auprès de Staline, pour empêcher l'extermination massive des captifs. Ces illusions l'aidèrent puissamment à se préparer, en vue de l'épreuve qu'il savait proche.

« Tenir encore quelques jours ? Pourquoi ? » Cette question, les officiers et hommes de troupe de la VIᵉ Armée furent de plus en plus nombreux à la poser, alors qu'ils cherchaient en vain un abri dans les ruines indescriptibles de Stalingrad. Ils commençaient à contester l'utilité d'un combat ayant pour objet la possession d'un millier de caves, aux frontières de l'Asie. En fait, depuis la perte de Pitomnik et de Goumrak, seuls quelques nazis fanatiques se refusaient à reconnaître l'effroyable réalité : Stalingrad allait être leur fosse commune. Abandonnés à un destin abominable, les soldats de Paulus exhalèrent leur rage impuissante dans leurs dernières lettres, emportées par les avions qui parvenaient encore à quitter le « Chaudron ». Elles avaient été griffonnées n'importe comment, sur du papier hygiénique, des cartes ou des bouts de carton.

A Taganrog, les censeurs militaires analysèrent ce courrier, puis ayant classé leurs expéditeurs en cinq catégories, ils envoyèrent le rapport suivant au Dr Joseph Goebbels, ministre de la propagande du IIIe Reich :

> « Approuvent la conduite actuelle de la guerre : 2,1 %
> Hésitent à se prononcer : 4,4 %
> Sceptiques ou dépréciateurs : 57,1 %
> Contestent activement : 3,4 %
> Sans opinion ou indifférents : 33 %

Près de deux sur trois des auteurs de ces lettres se plaignaient amèrement de Hitler et du haut commandement, mais leurs protestations, trop tardives, manquaient d'arguments. Redoutant l'effet de ces lettres sur la population allemande, Goebbels ordonna leur destruction [1].

Cependant, Erich von Manstein reçut de Stalingrad un message par radio, qui le convainquit que la VIe Armée était à bout de forces. Ce message était le suivant :

> « La violence des attaques ennemies ne diminue pas... Situation effroyable à l'intérieur de la ville, où 20 000 blessés sans soins cherchent un abri parmi les ruines. Il y a avec eux le même nombre d'hommes affamés, aux membres gelés, et pour la plupart sans armes... L'artillerie ne cesse de bombarder la ville entière... Il se peut que l'usine de tracteurs tienne un peu plus longtemps. »

1. Quelques-unes furent sauvées et publiées après la guerre.

Certain que Paulus avait fait tout ce qu'il pouvait, Manstein appela Hitler au téléphone et lui demanda de permettre à la VIe Armée de se rendre. Hitler ne voulut pas en entendre parler. Manstein insista, affirmant que « les souffrances de cette armée étaient sans commune mesure avec les avantages dus au fait qu'elle continuait à immobiliser des forces ennemies ». Mais le Führer répéta obstinément que chaque heure gagnée par Paulus, en poursuivant le combat, aidait le front de l'Est tout entier. Il ajouta qu'une capitulation serait vaine : les hommes enfermés dans Stalingrad n'auraient aucune chance de survivre en se rendant, parce que « les Russes ne tenaient jamais un engagement »...

Cette pensée hantait beaucoup des 100 000 Allemands, encerclés dans les ruines, qui avaient l'impression d'être du bétail parqué avant de passer à l'abattoir. Incapables désormais de contrôler leur destin, ils se laissaient aller à une peur virulente, dont la cause essentielle était la question suivante : « Les Russes vont-ils nous massacrer tout de suite, ou bien nous enverront-ils en esclavage dans leurs terribles camps de prisonniers en Sibérie ? »

Rares étaient ceux qui espéraient bénéficier d'un traitement correct, car ils avaient souvent vu les cadavres mutilés de prisonniers allemands, abandonnés par les Soviétiques sur le champ de bataille avant de se replier. En outre, ils savaient ce que leurs compatriotes avaient fait endurer aux Russes, civils ou militaires, dans les territoires occupés de l'Union soviétique. Le châtiment qu'ils redoutaient était déjà une réalité.

Les premiers à le subir furent les prisonniers des armées satellites. Ainsi, dans la ville de Sousdal, célèbre pour son monastère au nord-est de Moscou, Felice Bracci et Cristoforo Capone grelottaient dans une caserne sans fenêtres, et attendaient qu'on leur donnât de quoi ne pas mourir de faim. Ce fut en vain, si bien que leurs camarades périrent de froid et d'inanition, à raison de 200 par jour.

A la prison d'Oranki, des prisonniers roumains arrivèrent après une marche forcée de 150 km. Voyant des poêles allumés, ils y appuyèrent leurs mains gelées ; quand ils les retirèrent, la peau des doigts resta collée au métal brûlant et la puanteur de la chair calcinée les fit vomir. Au milieu de hurlements de douleur, beaucoup de ces malheureux tombèrent, morts : le brusque changement de température entre la steppe glacée et la pièce chauffée avait provoqué des crises cardiaques foudroyantes. Plus de 100 cadavres furent traînés par les pieds hors des bâtiments, et le bruit sourd des crânes rebondissant de marche en marche hanta longtemps les survivants, les empêchant de dormir.

Dans un camp, à Tambov au nord du Don, les soldats russes vidèrent des camions d'ordures dans la neige. 30 000 prisonniers italiens se ruèrent sur l'énorme tas et se battirent pour y chercher quelque chose à manger. Les gardes abattirent ceux qu'ils prirent en flagrant délit de meurtre de leurs camarades.

CHAPITRE XXIX

A partir du 24 janvier, la bataille à l'intérieur de Stalingrad prit un caractère spasmodique. Tapis dans leurs caves obscures et glacées, les hommes de von Paulus tendaient craintivement l'oreille pour discerner l'approche des soldats russes. Or, ceux-ci ne se pressèrent pas. Opérant par petits groupes — des escouades ou des pelotons — ils progressèrent avec prudence parmi les montagnes de décombres couvertes de neige. D'innombrables engagements eurent lieu, la plupart très brefs car les Allemands n'avaient plus de munitions, et ils se terminèrent tous par les mêmes commandements qui retentissaient dans les ruines : « Raus ! Raus ! » Les hommes sortaient alors un à un des caves, les mains en l'air. Parfois les Russes leur faisaient presser le mouvement, à coups de poing ou de pied, mais en général ils emmenèrent les prisonniers sans incident.

Les Allemands qui, d'abris voisins, assistèrent aux premières redditions de leurs camarades, reprirent courage. Très vite, le bruit se répandit dans la ville entière : l'ennemi ne massacrait pas ceux qui capitulaient. La nouvelle calma beaucoup de gens que la terreur rendait presque fous. Pour l'instant, ils oublièrent ces frayeurs et se consacrèrent à un combat d'un autre genre mais aussi terrible : la lutte contre les poux.

Les immondes parasites n'épargnaient personne et dominaient l'existence de chacun. Proliférant avec une incroyable rapidité dans la crasse indescriptible et l'ordure, ils grouillaient de la tête aux chevilles, voraces, insatiables, irrésistibles, affolant les hommes incapables de s'en débarrasser. Non seulement ils laissaient de grandes marques rouges sur leurs victimes, mais encore ils les infectaient, car ils étaient porteurs de germes redoutables.

Dans la paroi d'un ravin proche de la gorge de Tsaritsa, plus de 2 000 blessés allemands occupaient un immense abri bétonné, créé par les Russes. C'était une sorte de termitière gigantesque, dont les galeries superposées avaient 4 km de long, et qui disposait à l'origine de l'électricité, d'une bonne ventilation, d'un système de distribution et d'évacuation des eaux. Maintenant transformé en hôpital improvisé, l'abri n'avait plus aucun de ces avantages, les conduites ayant été détruites depuis longtemps. C'était devenu une caverne fétide, où seule la chaleur des corps, serrés les uns contre les autres, permettait aux blessés de se préserver un peu du froid et de l'humidité. L'air y était infect, empestant la pourriture.

Les docteurs constatèrent bientôt de dangereuses poussées de fièvre parmi ces blessés, dont quelques-uns se mirent à délirer et moururent. Des refroidissements et des congestions pulmonaires furent les symptômes supplémentaires qui les amenèrent inexorablement à formuler un terrible diagnostic. Si l'on ne parvenait pas à enrayer l'épidémie, le typhus achèverait d'exterminer la VIe Armée, car elle n'avait jamais été vaccinée suffisamment contre ce fléau.

Dans la cave où il s'était réfugié, non loin de la gare centrale, le sergent Hubert Wirkner gisait au milieu de 50 autres blessés. Grelottant de fièvre et de froid, il souffrait beaucoup de la tête, surtout de ses yeux rougis, et le sang traversant les bandages coulait sur ses membres. Pendant son long évanouissement il s'était souillé à plusieurs reprises, et l'odeur qu'il répandait le révoltait.

Reprenant peu à peu connaissance, il remarqua dans la pénombre un certain nombre de mannequins féminins, alignés contre un mur. Ils portaient tous, dessinée à l'encre, la reproduction des organes génitaux : de toute évidence, ils avaient dû servir à l'instruction d'internes et d'infirmières dans une maternité. Wirkner trouva que le sort les traitait avec ironie, puisqu'ils étaient réfugiés dans un hôpital et qu'aucun docteur ou infirmière ne les soignait.

Près de la gorge de Tsaritsa, les murs sinistres de la prison du N.K.V.D. tenaient toujours debout. Ces bâtiments contenaient les survivants du 14e Corps, des 3e et 29e divisions motorisées. La plupart des cellules intérieures étaient détruites, mais quelques hommes montaient encore la garde aux fenêtres du premier étage. De ces observatoires, ils pouvaient surveiller les environs. A leurs pieds, des dizaines de blessés, accroupis dans la neige, gémissaient et appelaient au secours, sans que quiconque vînt les soigner.

Plusieurs généraux allemands occupaient le principal sous-sol de la prison, avec quelques officiers d'état-major. L'un d'eux, le général Edler von Daniel, ne cessait de boire depuis des jours. Passablement ivre, il allait et venait parmi ses hommes, étendus sur les dalles glacées, criant : « Quel est celui d'entre vous, mes enfants, qui s'oppose à ce qu'on en finisse ? » Quand personne ne contestait la nécessité d'une reddition, von Daniel procédait à une distribution de cigarettes.

Il faisait partie d'un groupe qui envisageait une mutinerie. Les généraux Schlömer, Pfeiffer, Korfes et Seydlitz n'avaient pas réussi à convaincre Paulus que toute continuation de la résistance était vaine. De plus en plus indignés par le refrain immuable qu'ils entendaient : « Les ordres sont les ordres », ils concentrèrent leur colère sur le général Arthur Schmidt, l'éminence grise derrière le trône. Convaincus que Schmidt était le coupable qui insistait pour la continuation insensée de la lutte, ils projetaient de mettre fin à la domination du chef d'état-major et de contraindre Paulus à capituler.

Effectivement, Arthur Schmidt commandait maintenant la VIe Armée, car Paulus était hébété par la calamité qui s'abattait sur lui. « Son visage ravagé exprimait une profonde douleur, il avait un teint de cendre, et sa silhouette, si droite d'ordinaire, s'était légèrement voûtée... » Le tic dont il souffrait à la joue droite la déformait de la mâchoire au sourcil. En revanche, Schmidt faisait preuve d'une inlassable énergie, réprimandait les officiers défaitistes en leur donnant des ordres impératifs, vitupérait au téléphone contre les protestataires et menaçait les mécontents du peloton d'exécution. Alors que Paulus paraissait écrasé par l'énormité du désastre, la personnalité de Schmidt se manifestait au contraire dans tout son éclat à l'heure de l'adversité.

A l'aube du 24 janvier, le général von Hartmann, commandant la 71e division, ferma le livre qu'il lisait et dit au général Pfeiffer :

— Dans mille ans, les œuvres de Goethe, vues de Sirius, ne seront plus que poussière, et quant à la VIe Armée, son nom illisible ne signifiera plus rien pour qui que ce soit.

Dans cet état d'esprit, Hartmann prit sa décision. A la tête de quelques-uns de ses hommes, il grimpa, armé d'un fusil-mitrailleur, sur le remblai de la voie ferrée et, bien en vue des Russes postés au bout d'un terrain enneigé, cria :

— Ouvrez le feu !

Il donna l'exemple en tirant un chargeur sur l'ennemi. Le colonel Günter von Below surgit alors de la cave où il avait accompagné Paulus et, courant vers le remblai proche, ordonna de la part du commandant en chef à Hartmann de « cesser cette stupidité ». Mais le général feignit de ne pas l'entendre et continua de tirer sur les Soviétiques. Ils ne tardèrent pas à l'abattre, d'une balle en pleine tête.

Peu après, un autre général allemand résolut aussi son problème comme il l'entendait. Ayant appris que son fils, un lieutenant, avait été tué en essayant de regagner avec quelques hommes les lignes allemandes, le général Stempel dégaina son pistolet et se fit sauter la cervelle[1].

Quelques heures après la mort de ses camarades Hartmann et Stempel, le général von Drebber, commandant la 297e division, se trouvait dans une rue proche du silo de grains, quand il vit venir à lui un colonel russe, qu'il salua et qui lui demanda poliment où étaient ses régiments. Drebber haussa les épaules et répondit :

— Est-ce à vous que je dois dire où sont mes régiments ?

Accompagné de quelques officiers de son état-major, il se laissa conduire vers les lignes soviétiques.

Un peu plus tard dans cette matinée, Friedrich von Paulus reçut une lettre de von Drebber, acheminée par les Russes à travers les lignes. Au moment où il l'ouvrait, une bombe explosa devant le soupirail de sa cave et projeta dans la pièce du verre brisé ainsi que des pierres. Le général et son officier d'ordonnance, le colonel Wilhelm Adam, atteints superficiellement par cette avalanche, durent se faire panser et cela retarda la lecture de ce message. A peine en eut-il pris connaissance que Paulus s'écria :

— C'est incroyable ! Drebber m'affirme que lui et ses hommes ont été bien reçus par les soldats de l'Ar-

1. Quoique gravement blessé, son fils survécut.

mée Rouge ! On les a traités correctement ! Nous sommes tous victimes de la propagande mensongère de Goebbels ! Drebber me presse de cesser une résistance inutile et de capituler avec toute l'armée...

Paulus posa la lettre et regarda Adam avec stupéfaction. A ce moment, Arthur Schmidt arriva. Lorsque son chef l'eut informé de la lettre qu'il venait de recevoir, le chef d'état-major réagit vivement. Son visage s'assombrit et il déclara d'un ton sec :

— Von Drebber n'a certainement pas écrit ça de son plein gré ! Il y a été contraint...

Il était furieux de cette reddition d'un officier supérieur, tandis que Paulus manifestait seulement une surprise déconcertée et se demandait s'il avait mal jugé les Russes, s'ils pouvaient traiter correctement les prisonniers allemands.

Au nord de la colline Mamaev, derrière les maisons ouvrières de l'usine « Octobre Rouge », les chars de la LXVe Armée du général Batov crevèrent les dernières résistances allemandes, afin de rejoindre les troupes de la 13e division de la Garde, celles du célèbre général Rodimtsev. Cette jonction réalisée le 26 janvier, fut un événement : pour la première fois depuis le 10 septembre — soit 138 jours — une des divisions de Vassili Tchouïkov reprenait physiquement contact avec une autre armée russe. Rodimtsev, qui avait jeté ses régiments, véritable chair à canon, entre Mamaev et la gorge de Tsaritsa pour y arrêter les Allemands le 14 septembre, s'écria à la vue du capitaine Ousenko, qui commandait l'avant-garde :

— Tu diras à ton général que pour nous c'est un jour de joie !

Au cours des quatre derniers mois, il avait perdu plus de 8 000 de ses hommes. Le capitaine sauta à bas de son char, le général l'étreignit, et tous deux fondirent en larmes.

Quelques heures plus tard, le quartier général de la VIe Armée fut brusquement transféré sur la place Rouge, dans les ruines du gros bâtiment des magasins « Univermag ». Tout autour de la place il ne restait que des pans de murs aux fenêtres béantes. L'immeuble de la *Pravda*, la mairie, la poste et le théâtre, tout cela était un amas de décombres indescriptibles.

Paulus traversa ces dévastations pour gagner la cour des grands magasins, puis descendit par une rampe dans les entrepôts du sous-sol, qui avaient résisté aux bombardements. Le premier soin du personnel de l'état-major fut d'installer le poste de radio, afin de maintenir le plus longtemps possible la liaison avec Manstein. Puis on aménagea avec des rideaux une sorte de cabine contenant un lit de camp et une chaise. C'est là que le général se laissa choir pour se reposer un peu. Un soupirail grillagé laissait filtrer une faible lumière dans la petite pièce improvisée, révélant le visage hagard et barbu de Paulus.

Dans la soirée, Arthur Schmidt fit irruption dans la chambre de son chef et lui annonça avec indignation :

— Le 14e Corps cuirassé envisage de capituler ! Muller, son chef d'état-major, déclare que les troupes sont à bout de forces et n'ont plus de munitions. Je lui ai dit que nous connaissons la situation, mais que l'ordre de continuer le combat demeure valable et qu'une capitulation est hors de question. Je crois cependant qu'il serait bon que vous alliez voir ces généraux et leur parliez.

Or, « ces généraux » étaient à ce moment réunis dans la prison du N.K.V.D., où le général Schlömer, commandant le 14e Corps, avait pris la parole en ces termes :

— Paulus refusera jusqu'au bout de signer une capitulation, nous le savons tous. Mais nous ne pouvons pas laisser ce massacre se poursuivre. Je vous demande votre accord pour que nous nous assurions de la personne de Paulus, après quoi je mènerai à bonne fin des négociations avec l'ennemi, en qualité de nouveau commandant en chef.

A ces mots, l'inconstant général Seydlitz-Kurzbach se leva d'un bond et s'écria :

— Bon Dieu, messieurs, mais cela est une trahison !

Sous les yeux ahuris de ses collègues, il prit sa casquette, la mit et marcha vers la porte. Il allait la franchir quand elle s'ouvrit, et Paulus entra pour affronter ses adversaires. Il pinçait les lèvres, et son tic lui donnait une expression grimaçante. Regardant froidement les mutins, il retrouva en un instant sa pleine autorité sur ces hommes qui l'avaient suivi jusqu'à la Volga, jusqu'au désastre. D'un ton calme et hautain, il donna ses ordres :

— Schlömer, rentrez à votre quartier général ! Seydlitz, allez reprendre votre commandement ! Les autres, faites de même !

Quelques-uns protestèrent, accusant Arthur Schmidt d'insister pour ce combat insensé jusqu'à la dernière cartouche. Refusant de se laisser entraîner dans une discussion, Paulus leur tourna le dos et s'en alla. Derrière lui, les généraux rebelles prirent leurs affaires personnelles et regagnèrent leurs unités respectives. Personne ne parla plus de mutinerie.

Au 28 janvier, la progression des Russes dans Stalingrad avait eu pour effet de diviser la VIᵉ Armée allemande en trois secteurs distincts. Au nord, elles encerclaient le 11ᵉ Corps, isolé autour de l'usine de tracteurs. Au centre et un peu à l'ouest de Mamaev, les 8ᵉ et 51ᵉ Corps occupaient les quartiers environnant l'école de mécaniciens. Au sud, les survivants des 4ᵉ et 14ᵉ Corps étaient disséminés dans les ruines, aux abords de la place Rouge et du quartier général de Paulus.

Dans un des rares bâtiments encore debout, près de l'usine de tracteurs, le Dr Ottmar Kohler continuait d'opérer et de panser les blessés, mais il n'avait plus de morphine. Pataugeant dans l'ordure et le sang, il travaillait avec les plus grandes difficultés, faute de lumière et à cause du froid terrible. A l'extérieur du bâtiment, quantité de soldats faisaient la queue, suppliant qu'on les laissât entrer, mais toutes les pièces étaient remplies. Un officier le leur expliqua et conseilla de chercher ailleurs des abris. Trop las, les hommes répondirent qu'ils attendraient là, jusqu'à ce qu'il y ait de la place pour eux. A l'aube, ils n'avaient pas bougé : serrés les uns contre les autres, ils étaient tous morts de froid pendant la nuit.

La principale caserne de Stalingrad, relativement peu détruite, elle aussi, servait d'hôpital, à environ 1 500 m au nord de « Univermag ». Il y avait là 3 000 blessés, étendus sur le ciment glacé et dans un courant d'air sibérien, car le vent s'engouffrait par toutes les ouvertures béantes. Dépourvus de médicaments, les docteurs étaient réduits à placer les hommes les plus atteints près des fenêtres, où ils ne tarderaient pas à mourir de froid.

Sur tout le pourtour du bâtiment, les cadavres étaient empilés sur 2 m de hauteur. Quand des soldats valides venaient quémander un peu de nourriture, ils la gagnaient en portant les corps et en les entassant, comme des traverses de chemin de fer. Leur corvée accomplie, ils tendaient une gamelle aux cuisiniers qui la remplissaient d'une maigre soupe, puis quittaient l'horrible cimetière à ciel ouvert, dont les morts amoncelés évoquaient des stères de bois.

Or, à mesure qu'ils avançaient, les Soviétiques repéraient les immeubles encore debout et pouvant servir d'abris. Ce fut le cas pour la caserne centrale, qu'ils se mirent à bombarder avec de gros obusiers. En peu de temps, elle fut transformée en brasier. Tandis que les infirmiers exhortaient les blessés à se lever et à fuir, les flammes avivées par le vent se propagèrent de salle en salle, et les témoins impuissants les virent sortir par les ouvertures, enveloppant toute la caserne de lueurs infernales. Ses murs devinrent rouge cerise et presque transparents, puis ils s'incurvèrent à l'extérieur et finirent par s'écrouler sur le sol. Hurlant de douleur et ressemblant à des torches vivantes, les hommes affolés tentaient d'arracher les pansements enflammés, se jetaient par les fenêtres et continuaient de grésiller en se tordant dans la neige avant de mourir. Quand les plafonds se furent effondrés à leur tour l'incendie s'apaisa, mais lorsque les sauveteurs purent pénétrer dans les ruines fumantes ils n'y trouvèrent que des cadavres.

Tandis que s'écoulaient les dernières heures de la tragédie, de nombreux blessés, terrés sans soins dans des caves, préférèrent mettre eux-mêmes fin à leur martyre. S'ils n'en possédaient plus, ils demandaient à des camarades un pistolet et se faisaient sauter la cervelle. Dès que les cadavres se refroidissaient, les poux qui y grouillaient depuis des semaines quittaient ces corps dont ils ne pouvaient plus rien tirer et passaient, telles des couvertures grises, sur les survivants.

Au fond d'un ravin, à l'ouest de Mamaev, le général Seydlitz-Kurzbach réunit ses subordonnés pour discuter de la solution du suicide. Une fois de plus, ce personnage-caméléon changea d'attitude à l'égard de Paulus et de Hitler. Quelques heures plus tôt, il accusait ses collègues de trahison, et maintenant il maudissait les nazis, la démence de Hitler, allant jusqu'à souhaiter une révolte des masses contre le IIIe Reich.

Ses compagnons d'infortune tendaient à lui donner raison. Le général Pfeiffer, aux cheveux déjà blancs, renchérit en déclarant qu'il ne devait aucune obéissance à « un vulgaire caporal bohémien ». Le général Otto Korfes hésitait entre deux comportements : soit accepter une sorte de « Crépuscule des Dieux », soit maudire à jamais les dirigeants du régime nazi. Le colonel Crome demeura à l'écart, plongé dans la lecture de sa Bible. Quant au général Heitz, il refusa de participer à cette discussion séditieuse. Entièrement fidèle à Paulus, il posta des mitrailleuses à la sortie de l'abri et annonça :

— Je tirerai sur quiconque veut déserter !

Pendant que Seydlitz-Kurzbach discutait ainsi de l'éventualité d'un suicide collectif, son ordonnance, un homme d'un certain âge, se tua en faisant exploser une grenade à main contre lui.

A l'« Univermag », Arthur Schmidt avait intercepté un colonel nommé Steidle, qui voulait supplier Paulus de capituler : furieux, le général menaça l'officier de le faire fusiller. Or, s'il manifestait publiquement la volonté tenace de résister jusqu'à la dernière cartouche, il avait en secret des entretiens avec deux officiers, le colonel Beaulieu qui avait passé plusieurs années en Russie, et le capitaine Boris von Neidhardt, balte et ancien officier tsariste. Tous deux parlaient couramment le russe et connaissaient bien la vie en Union soviétique. Schmidt passait des heures avec l'un et l'autre, posant beaucoup de questions sur leurs expériences.

Le colonel Wilhelm Adam, officier d'ordonnance de Paulus, intercepta Beaulieu après une de ces conversations, et lui demanda ce qui se passait derrière les portes closes du quartier général, Beaulieu ne fit aucune difficulté pour répondre :

— Le général m'a demandé de lui parler de l'Armée Rouge. Il a surtout été intéressé d'apprendre ce qu'on doit attendre des officiers et soldats soviétiques. J'ignorais que le chef d'état-major pouvait être aussi aimable.

Méfiant, Adam questionna aussi Neidhardt et découvrit que Schmidt l'avait interrogé sur les mêmes sujets. Dans la soirée du 29 janvier, Adam acquit une nouvelle preuve que Schmidt ne comptait pas se battre jusqu'au dernier souffle. Profitant d'une absence du général, l'ordonnance du chef d'état-major vint chercher Adam, le conduisit à la chambre de Schmidt et, lui montrant une valise, murmura :

— Il dit à tout le monde de tenir et interdit aux troupes de capituler, mais lui, il se prépare à partir en captivité !

Bouillant de colère, Adam regagna son lit de camp et rumina de haineuses pensées.

Par la fenêtre de sa cave, proche de la place Rouge, le sergent Albert Pflüger voyait une fontaine qui, par miracle, continuait de fonctionner à un carrefour. Il lui restait quelques cartouches et, depuis plusieurs jours, ce point d'eau avait été l'objet de nombreux tirs, de part et d'autre du front. Avec sa mitrailleuse, Pflüger se flattait d'avoir abattu un certain nombre de Russes qui essayaient de l'atteindre. En revanche, la fontaine était entourée de cadavres allemands : tous les soldats qui tentaient d'aller y remplir des bidons étaient de même abattus par l'ennemi.

Maintenant que son combat se réduisait à lutter pour une gorgée d'eau, Pflüger était prêt à se rendre, mais il désirait auparavant écouter le discours qu'Adolf Hitler allait prononcer le 30 janvier, pour fêter le dixième anniversaire de la naissance du IIIe Reich. C'est pourquoi, à midi ce jour-là, il se tint avec ses camarades autour du poste de radio à ondes courtes, et attendit que la voix du Führer retentît dans la cave. Or, il ne l'entendit pas. Le speaker de Berlin annonça que le maréchal du Reich parlerait à sa place, et il le fit avec sa grandiloquence habituelle :

« ... Quel labeur herculéen notre Führer n'a-t-il pas

accompli... pour forger avec cette pulpe, cette pulpe humaine..., une nation aussi dure que l'acier ! Certes, l'ennemi est résistant, mais le soldat allemand est devenu plus résistant que lui !... Nous avons privé les Russes de leur charbon et de leur fer, sans lesquels ils ne peuvent plus produire sur une grande échelle les armements dont ils ont besoin... S'élevant, tel un formidable monument, au-dessus de ces batailles gigantesques, il y a maintenant Stalingrad !... Un jour, on reconnaîtra que ce combat a été le plus grand de notre histoire, un combat de héros !... C'est la grandiose épopée d'une lutte sans précédent, la lutte des Nibelungen ! Eux aussi, ils ont résisté jusqu'au dernier... »

Autour de Pflüger, les hommes commencèrent à gronder dans la cave, et quelques-uns injurièrent le « gros salaud ». A Berlin, celui-ci poursuivit sa harangue :

« ... Mes soldats, des milliers d'années ont passé, et il y a des milliers d'années, dans un étroit défilé de Grèce un homme d'une bravoure fantastique résista avec trois cents soldats à l'ennemi : c'était Léonidas avec ses Spartiates qui périrent jusqu'au dernier... Et maintenant on peut lire ces mots, gravés là-bas dans la pierre : Voyageur, s'il t'arrive de passer par Sparte, dis aux Spartiates que tu nous as trouvés gisant ici, comme la loi nous l'ordonnait !... Un jour viendra où les hommes pourront lire ceci : S'il t'arrive de passer par l'Allemagne, dis aux Allemands que tu nous as trouvés gisant à Stalingrad, comme la loi nous l'ordonnait !... »

Pour Pflüger et des milliers d'Allemands écoutant ce discours, il devint aussitôt évident que Hitler considérait déjà les combattants de la VIe Armée comme morts. Lorsque Goering eut cessé de parler, on joua l'hymne national allemand, et tous les soldats chantèrent en chœur dans l'abri : « Deutschland, Deutschland über alles ! » Pflüger n'eut pas honte de sangloter en entendant les émouvantes paroles. Mais quand le chant du parti, le « Horst Wessel Lied » retentit, aussitôt après, un des soldats se précipita sur le poste et le brisa à coups de crosse.

En dépit de tout, Paulus tint à se prosterner jusqu'au bout aux pieds du Führer. Le 30 janvier, il lui télégraphia :

« Au dixième anniversaire de votre accession au pouvoir, la VIᵉ Armée acclame son Führer. Le drapeau à croix gammée flotte toujours sur Stalingrad. Puisse notre combat servir d'exemple aux générations présentes et futures, pour leur apprendre à ne jamais capituler, même dans une situation désespérée, car alors l'Allemagne finira par triompher. Salut, mon Führer !

Paulus »

Grimpé sur un remblai de chemin de fer, proche de l'école de mécaniciens, le général Karl Rodenburg, armé d'un fusil, visa un objectif avec soin et fit feu. Puis, se tournant vers son officier d'ordonnance, il le pria de lui choisir une autre cible, car malgré son monocle il y voyait mal. Il était venu au « stand de tir », comme il appelait ce remblai, pour se mesurer une dernière fois avec l'ennemi. Il passa ainsi une heure à s'efforcer d'atteindre les silhouettes signalées par son subordonné, promu depuis quelques jours au grade de capitaine. Comme il se retournait pour lui parler, une balle russe traversa le crâne du jeune officier, le tuant net. Désolé, Rodenburg laissa le cadavre dans la neige et regagna son abri afin d'y attendre la fin. Il trouva un peu de consolation à se dire que, grâce à cette récente promotion, la famille du capitaine toucherait une pension plus importante.

À la prison du N.K.V.D., plusieurs centaines d'officiers et de soldats allemands se préparaient à l'arrivée des Russes. Quelques-uns profitaient de dernières réserves pour boire beaucoup. Dans une pièce du dernier étage, une femme russe, ayant surgi comme par magie de ce chaos, faisait cuire des crêpes pour un officier qui avait été bon pour elle. Des soldats complétaient leur habillement avec ce qu'ils prélevaient sur des cadavres, endossant ainsi des sous-vêtements, des chemises, des chandails ou des chaussettes supplémentaires, pour se préserver du froid en vue de la captivité prochaine.

Des coups de feu ayant retenti dans une cellule, plusieurs soldats s'y précipitèrent. Revolver en main, un sergent se tenait debout au milieu de la pièce, et trois officiers gisaient morts à ses pieds. Dans un coin, un jeune lieutenant était assis à une table et contemplait la photo d'une jeune femme, posée entre deux bougies allumées : il semblait complètement indifférent à ce qui se passait autour de lui. Se tournant vers les intrus, le sergent les menaça de son arme et cria :

— Foutez le camp d'ici, Bon Dieu, ou je vous descends aussi !

Les hommes battirent en retraite. Peu après, deux autres détonations claquèrent. Quand on rouvrit la porte, on trouva le lieutenant mort, la tête fracassée. Quant au sergent, il s'était tiré une balle dans la bouche. Jusqu'au bout, il avait exécuté les clauses du pacte de suicide collectif conclu avec ses chefs.

Sur le côté sud-est de la place Rouge, le colonel Günter Ludwig occupait les caves d'un immeuble commercial, à côté du théâtre Gorki. Sa position était en fait la dernière ligne de résistance des forces allemandes groupées autour d'« Univermag ». Dans la soirée du 30 janvier, un agent de liaison de la police militaire vint informer le colonel que le général Schmidt désirait le voir. Ludwig fut saisi de frayeur, car dans la journée il s'était entretenu avec des officiers russes d'une éventuelle reddition. Sachant que Schmidt menaçait d'exécution immédiate quiconque mettrait bas les armes, le colonel se rendit à la convocation du chef d'état-major, en se disant qu'il était condamné à mort.

Schmidt le reçut froidement et lui demanda comment il avait organisé la défense de la place Rouge. Ludwig répondit en expliquant la répartition de ses hommes, déployés sur tout le périmètre du secteur dont il avait la charge. Schmidt lui offrit alors un siège et déclara sans préambule :

— Je viens d'apprendre que vous avez négocié avec les Russes aujourd'hui.

Ludwig reconnut sans hésiter que c'était exact et justifia son acte par l'état effroyable de ses troupes. Tout en parlant, il observait Schmidt avec grand soin, cherchant à deviner ses réactions. Or, le général marchait de long en large dans la pièce et semblait réfléchir. Soudain il s'arrêta et, se retournant, répliqua :

— Voyons ! Si je vous comprends bien, vous êtes allé trouver les Russes et avez négocié des conditions de capitulation, alors que personne n'a même songé à venir nous en parler, au quartier général de l'armée ? C'est inimaginable !

Abasourdi, le colonel eut quelque peine à se rendre compte de la réalité : Schmidt, le jusqu'au-boutiste, désirait capituler, lui aussi ! Quand il se fut ressaisi, il répliqua :

— Si c'est cela que vous souhaitez, Herr General, je me fais fort d'obtenir qu'un parlementaire se présente ici, à l'entrée du sous-sol, demain matin vers 9 heures.

— Entendu, Ludwig, fit Schmidt aimablement. Arrangez ça, et bonne nuit...

Quelques minutes plus tard, le général Roske, commandant la 71e division, vint voir Paulus et lui dit :

— La division n'est plus capable de résister, si peu que ce soit. Les chars russes approchent de la place Rouge. C'est la fin, Herr Generaloberst...

465

Paulus lui répondit en souriant :

— Merci pour tout ce que vous avez fait, Roske. Transmettez ma gratitude à vos officiers et à vos hommes. Schmidt a déjà chargé Ludwig d'engager des négociations avec l'Armée Rouge.

Roske parti, Paulus alla s'asseoir sur son lit de camp, face au colonel Adam. Une bougie allumée sur une petite table les séparait. Après un long silence, Adam dit à son chef :

— Herr Général, il faut que vous dormiez maintenant, sinon demain vous n'aurez pas la force de tenir le coup. Les épreuves qui nous attendent vont nous coûter ce qui nous reste d'énergie.

Peu après minuit, Paulus consentit à s'étendre et s'assoupit. Adam le quitta alors et alla demander à Roske s'il y avait du nouveau. Le général lui offrit une cigarette, en alluma une et déclara :

— Un char russe est embossé tout près d'ici, dans une petite rue, et ses canons sont braqués sur nous. J'en ai immédiatement rendu compte à Schmidt. Il dit qu'il faut à tout prix empêcher ce char d'ouvrir le feu... Un interprète va donc aller parlementer, en arborant un drapeau blanc, avec le commandant du char et proposer des négociations...

Adam regagna son lit de camp, d'où il regarda longtemps dormir le commandant en chef de la VIᵉ Armée. Au cours des derniers mois, son attachement pour Paulus était devenu une sorte de culte, si bien qu'il ne pouvait plus discerner les défauts de caractère de l'homme qu'il vénérait : en tout premier lieu, il y avait le refus d'admettre le caractère destructeur de l'alliance contractée entre l'ambitieux Hitler et les généraux allemands apolitiques, et de surcroît, Paulus n'avait jamais voulu assumer le fardeau d'un commandement indépendant. Méditant en cette heure dramatique sur les événements qui avaient bouleversé la brillante carrière militaire de cet officier si attachant, si séduisant, Adam ne put qu'arriver à la seule explication valable : honnête et loyal, Paulus s'était totalement soumis aux exigences de Hitler, et par cette attitude constante il avait perdu tout moyen de maîtriser son propre destin.

Pendant la nuit, le Führer pensa qu'il sauverait quelque chose du désastre en employant une dernière ruse : la promotion au grade supérieur d'un grand nombre d'officiers de la VIᵉ Armée, en particulier de Paulus qui fut élevé à la dignité de feld-maréchal. Aucun feld-maréchal ne s'étant rendu, Hitler pensait que Paulus comprendrait que son devoir était de se suicider.

Il se trompait. Avant l'aube, le capitaine Boris von Neidhardt, agissant en qualité d'interprète, traversa la place Rouge encore obscure et marcha vers le char russe, posté à l'angle opposé. Un jeune lieutenant, nommé Fyodor Yelchenko, se tenait debout dans la tourelle. Voyant l'officier allemand lever le bras, il sauta à terre et s'approcha de Neidhardt, qui lui dit :

— Notre grand chef désire parler à votre grand chef.

Yelchenko secoua la tête et répondit :

— Notre grand chef n'est pas ici, il est très occupé et a bien d'autres choses à faire. Il faut discuter avec moi.

Brusquement craintif, à l'idée de se trouver au milieu d'ennemis, il appela du renfort, et 14 soldats russes surgirent de l'ombre, leur fusil braqué sur Neidhardt, qui protesta :

— Non, non ! Notre chef demande que vous soyez seulement un ou deux à venir.

— Pas question ! Je ne vais sûrement pas y aller tout seul !

Après discussion, le jeune lieutenant au nez en trompette et au sourire espiègle consentit à n'emmener que deux de ses hommes, et le petit groupe se rendit au sous-sol de l'« Univermag », où des centaines de soldats étaient rassemblés. Tout d'abord, Yelchenko eut du mal à déterminer qui commandait dans cette cohue, car il ne vit pas Paulus et eut affaire à Roske et Schmidt.

Roske commença par expliquer que Schmidt et lui-même avaient tous pouvoirs pour négocier une reddition au nom du commandant en chef. Puis Schmidt demanda, comme une faveur spéciale, que Paulus fût traité avec égards et emmené sous escorte en voiture, pour le protéger de la vindicte des soldats russes. Yelchenko rit gaiement de cette requête et y consentit. On le conduisit alors à la petite cabine où Paulus attendait, derrière le rideau. Il n'était pas rasé mais avait revêtu sa meilleure tenue. Yelchenko ne perdit pas de temps en formalités et se borna à déclarer :

— Eh bien, cette fois c'est fini !

L'infortuné feld-maréchal le regarda longuement et hocha la tête d'un air désolé, sans dire un mot. D'autres officiers russes arrivèrent peu après pour participer aux entretiens. Quand ceux-ci furent terminés, Paulus et Schmidt sortirent du sous-sol fétide et montèrent dans une voiture d'état-major soviétique. Celle-ci prit la direction du sud, franchit la gorge de Tsaritsa, passa devant les silos, traversa les ruines de Dar Gova et gagna le faubourg de Beketovka.

C'est là que, dans une modeste ferme, les deux chefs allemands rencontrèrent le général Mikhaïl Choumilov, commandant la LXIVe Armée soviétique. Entouré de reporters, il les reçut correctement et demanda leurs papiers. Paulus lui tendit son livret militaire, qu'il fit semblant de lire un instant avant de le rendre, en grommelant son accord. Les Russes offrirent alors aux Allemands un plantureux buffet, mais Paulus commença par refuser d'y goûter. Il exigeait d'abord la garantie que ses hommes toucheraient sans retard des rations convenables et seraient soignés. Choumilov ayant donné toutes assurances sur ces deux points, Paulus et Schmidt consentirent à se restaurer légèrement.

Les premiers adversaires qui combattirent pour se disputer la possession de Stalingrad ne se rencontrèrent jamais. Privé par des collègues jaloux de la chance de capturer Paulus, Vassili Tchouïkov dut se contenter d'un plus menu fretin [1]. Vêtu d'une vareuse fourrée, le général était assis derrière un bureau massif, dans son abri au bord de la Volga, lorsque le premier officier allemand prisonnier lui fut amené. C'était le lieutenant Philip Humbert, l'officier d'ordonnance du général Seydlitz-Kurzbach.

— Etes-vous Seydlitz ? lui demanda rudement Tchouïkov.

L'interprète, confus de n'avoir pas fait entrer d'abord le commandant du corps d'armée, balbutia que Humbert était un lieutenant-colonel et courut chercher ses supérieurs. En présence de Seydlitz, Tchouïkov cessa d'être bourru et se montra expansif :

— Soyez content d'être chez nous, général ! lui dit-il avec cordialité. Staline fera une belle revue à Berlin pour fêter le 1er Mai, puis nous signerons la paix et nous travaillerons avec vous... Mais dites-moi, ajouta-t-il aussitôt, pourquoi avez-vous l'air en si piteux état ? Pourquoi ne vous ont-ils pas évacué par avion ?

Son chef d'état-major, le général Krylov, intervint pour rappeler qu'on l'avait évacué de Sébastopol, du jour où il était devenu évident que la ville ne pouvait plus résister. A ce moment, le général Korfes se fit le porte-parole des officiers allemands.

— Il est vraiment tragique dans l'histoire du monde, déclara-t-il avec emphase, que les deux plus grands hommes de notre temps, Hitler et Staline, n'aient pas

---

1. L'honneur de capturer Paulus suscita de vives rivalités parmi les officiers de l'Armée Rouge. Dans leurs souvenirs de guerre rédigés plus tard, plusieurs généraux et colonels de rang peu important prétendirent qu'ils avaient reçu la capitulation de Paulus à l'« Univermag ». Dans la plupart de ces récits, le rôle du lieutenant Fyodor Yelchenko a été passé sous silence.

réussi à trouver un terrain d'entente pour battre leur ennemi commun, le monde capitaliste !

Même Tchouïkov parut stupéfait en entendant ces propos. Seydlitz saisit le bras de Korfes, le secoua et gronda :

— Ne pouvez-vous pas vous taire, Bon Dieu ?

— Pourquoi donc ? répliqua le général, têtu. Après tout, je ne fais qu'exprimer une vérité évidente !

Visiblement ravagés, les généraux Seydlitz-Kurzbach et Pfeiffer gardèrent le silence et avaient peine à retenir leurs larmes. Tchouïkov tint à les réconforter, en faisant servir du thé et des biscuits, qu'ils acceptèrent avec reconnaissance. Après un entretien courtois, les officiers allemands furent conduits à une vieille Ford, qui les emporta sur la glace de la Volga vers la captivité. Derrière eux, leurs troupes allaient connaître un autre traitement de la part des vainqueurs.

Au sommet de la colline Mamaev, le lieutenant Pyotr Deriabine, à la tête d'un groupe de soldats, pénétra dans les tranchées allemandes. Ayant la volonté de piller le plus possible l'ennemi, les Soviétiques tirèrent sur les hommes qui se rendaient, les bras en l'air, puis volèrent sur les cadavres tous les objets de valeur, en particulier montres et bagues.

Au coin de la place Rouge, le sergent Albert Pflüger emballait un peu de pain et de saucisson, tandis que les Russes descendaient l'escalier de sa cave. Dans un coin de la pièce, trois « Hiwis », vêtus d'uniformes allemands, restaient tapis et donnaient des signes de grande nervosité. Quand les Soviétiques entrèrent et commencèrent à prendre aux prisonniers tout ce qu'ils possédaient, les « Hiwis » affolés s'enfuirent dans la rue. Mais leurs compatriotes ne tardèrent pas à les rattraper et les exécutèrent sur-le-champ.

A la prison du N.K.V.D., la reddition s'effectua dans l'ordre. Sortant des catacombes de cellules sinistres, les Allemands se rassemblèrent dans la cour environnée de monceaux de cadavres. Au milieu de cette foule, un soldat allemand portant un incroyable tablier blanc actionnait un poêle. Tandis que des gardes russes circulaient parmi les prisonniers et partageaient avec eux des paquets de cigarettes, le cuisinier continua de servir du café, aussi bien à ses camarades qu'à leurs nouveaux maîtres.

Plus au nord, le caporal Heinz Neist entendit les Russes enfoncer la porte de sa cave. Peu après, l'un d'eux s'arrêta devant lui et montra l'alliance qu'il portait à la main gauche. Quand Neist lui expliqua par gestes qu'elle était très difficile à enlever, le soldat tira un couteau de sa poche et fit mine de couper le doigt. A ce moment, une voix cria en russe : « On est tous de gentils jeunes Allemands ! Merde pour Hitler ! » Neist appela son camarade pour qu'il l'aidât à faire entendre raison au Soviétique. Mais celui-ci ne voulut rien admettre et déclara en secouant la tête : « Donne la bague, donne tout ce que tu as, si tu veux vivre ! » Au prix d'efforts fébriles, le caporal finit par se débarrasser du précieux anneau et le donna au soldat, qui le laissa tranquille et s'en alla.

Ce jour-là, le 31 janvier, des centaines de blessés allemands furent massacrés sur place.

Dans sa cave, au nord de la place Rouge, le sergent Hubert Wirkner, dans un état effroyable, entendit un bruit anormal. Tournant la tête, il vit un soldat russe déverser de l'essence par un soupirail. Rassemblant ce qui lui restait de forces, Wirkner se mit à ramper tant bien que mal, sur ses membres presque inertes, vers l'escalier. Derrière lui, le Soviétique frotta une allumette et la jeta dans la flaque de carburant. Toute la cave parut exploser, en un gros nuage orangé, et 50 hommes furent transformés en torches humaines. Quelques-uns tentèrent de fuir par les soupiraux, mais les Russes leur écrasèrent les doigts à coups de crosse.

Par miracle, Wirkner trouva au bas des marches un seau d'eau dont il s'inonda, et il se traîna dans l'escalier. Une épaisse fumée l'étouffait, tandis qu'au fond de la cave ses camarades agonisaient en hurlant dans les flammes. Parvenu dans la rue, il rampait dans la neige quand un Russe, passant à côté de lui, dégaina un revolver et, se penchant, appuya le bout du canon contre son oreille. Wirkner se dit que cette fois c'était la fin, mais à ce moment une voix intervint : « Le camarade Staline n'aimerait pas ça ! » Le soldat rengaina son arme et s'éloigna. Sauvé pour l'instant, Wirkner continua de traverser la rue à quatre pattes, dans l'espoir de trouver un autre refuge.

Le 1er février, la nouvelle de la capitulation de la VIe Armée parvint en Prusse-Orientale, et Adolf Hitler ne la reçut pas calmement. Dans la salle de conférences ornée de la grande carte du front de l'Est, il commenta la débâcle avec ses collaborateurs, Keitel, Zeitzler et d'autres :

— Ils se sont rendus complètement, sinon ils auraient serré les rangs, formé un réduit, et gardé pour eux la dernière balle !

— Je ne peux pas comprendre ça, dit Zeitzler, et je persiste à penser que ce n'est sans doute pas vrai. Paulus est peut-être blessé...

— Non, fit Hitler, c'est vrai ! On va les conduire à Moscou, droit à la Guépéou, et ils donneront l'ordre aux troupes encerclées au nord de se rendre aussi. Ce Schmidt signerait n'importe quoi. Un homme qui n'a pas le courage, en un tel moment, de choisir la voie que chacun de nous peut un jour avoir à prendre, est incapable de supporter ce genre d'épreuve... Il va subir les pires tortures morales... En Allemagne, on a beaucoup trop insisté sur le développement de l'intelligence, et l'on n'a pas assez développé la force de caractère...

La conversation se poursuivit sur ce thème, et Zeitzler finit par déclarer :

— J'avoue ne pas comprendre ce genre d'homme.

— Ne dites donc pas ça ! riposta Hitler avec dégoût. J'ai lu ces jours-ci une lettre d'un officier de Stalingrad adressée à Below, et je pourrai vous la montrer. Voici ce qu'il disait : « Je suis parvenu aux conclusions suivantes concernant ces gens : Paulus, point d'interrogation ; Seydlitz devrait être fusillé, ainsi que Schmidt. »

— J'ai eu aussi de mauvais renseignements sur Seydlitz, dit Zeitzler.

— Sans doute peut-on penser qu'il aurait mieux valu laisser Hube dans la poche et évacuer les autres, reprit Hitler. Mais étant donné que la valeur de l'homme n'est pas immatérielle, et que nous avons besoin d'hommes pour la guerre totale, je suis certain d'avoir eu raison en évacuant Hube. En temps de paix, environ 18 à 20 000 personnes choisissent chaque année en Allemagne de se suicider, sans même se trouver dans une situation comparable à celle de Paulus. Or, voici un homme qui voit 50 ou 60 000 de ses hommes tomber autour de lui, en se défendant bravement jusqu'à la mort, et qui se rend aux bolcheviques ! Comment peut-il faire ça ? C'est une chose qu'on ne peut vraiment pas comprendre... Je dois dire, ajouta-t-il après un temps, que j'avais conçu des doutes à son sujet. J'ai commencé de les avoir quand il m'a rendu compte de l'ultimatum russe, en me demandant ce qu'il devait faire. Comment a-t-il pu me poser une telle question ?

— Pour moi, déclara Zeitzler, il est sans excuse. Quand un chef sent qu'il risque de perdre courage, il doit se tuer.

— Il n'y a pas de doute, approuva Hitler. Si l'on ne tient plus le coup, la seule chose à faire est d'admettre qu'on n'est plus à la hauteur de la situation et de se supprimer...

— Je continue tout de même à penser qu'ils ont peut-être agi ainsi et que les Russes prétendent faussement les avoir capturés.

— Non ! s'écria Hitler avec véhémence. En tout cas, une chose est certaine : dans cette guerre, je ne nommerai plus de feld-maréchaux ! Je ne vais pas continuer à vendre la peau de l'ours avant de l'avoir tué !

— Ah ! fit Zeitzler en haussant les épaules. Nous étions tous tellement convaincus d'un dénouement normal que vous pouviez lui accorder cette ultime satisfaction...

— Il était impossible d'imaginer autre chose qu'une fin héroïque... Ce qui me blesse le plus, conclut Hitler d'un air soudain déprimé, c'est que l'héroïsme de tant de soldats se trouve annulé par le comportement d'une seule chiffe sans caractère...

Dans le secteur nord de Stalingrad, le général Strecker, commandant le 11e Corps, tint quarante-huit heures de plus sur ses positions, en un ultime et futile geste de défi. Mais le 2 février au matin, toute l'artillerie russe se concentra sur cette zone et, pendant deux heures, fit pleuvoir ses projectiles sur les pitoyables survivants de la VIe Armée. Ce barrage terminé, des milliers de soldats soviétiques se ruèrent dans les caves et abris, d'où les mitrailleurs allemands vidaient leurs dernières bandes de cartouches. Exaspérés par cette résistance fanatique, les Russes tirèrent les défenseurs de leurs réduits et les rouèrent sauvagement de coups de poing et de crosse. Ils injuriaient ces « porcs nazis », qui continuaient à faire couler le sang, bien après que leur chef eut quitté le champ de bataille et ordonné la fin des combats.

Soudain des drapeaux blancs apparurent aux fenêtres des maisons, dans les rues proches des usines : la position devenait intenable. Un de ses défenseurs, Hans Oettl, était sorti de son abri pour uriner, quand un sergent russe surgit derrière lui, appuya un revolver sur son dos et lui ordonna, en mauvais allemand, de faire sortir ses hommes les bras en l'air. Oettl se retourna et refusa. Devant l'obstination du lieutenant, le Soviétique menaça de le tuer, mais sans le faire céder. S'approchant alors de l'entrée de la cave, il beugla : « Raus ! Raus ! » puis attendit. Peu après, les compagnons d'Oettl émergèrent en plein soleil, les mains jointes sur la tête.

De l'autre côté de la grand-route, les Russes envahirent les grandes salles de l'usine de tracteurs, où des centaines de blessés gisaient sur des planches, fixées aux murs comme des étagères. Un certain nombre de corps oscillaient grotesquement, accrochés à des poutrelles : se refusant à endurer une captivité redoutable, ces hommes s'étaient pendus avec leur ceinture pendant la nuit. Peu avant d'être submergé par l'ennemi, le général Strecker envoya l'adieu de ses troupes à la mère patrie en ces termes : « Le 11e Corps et ses divisions ont lutté jusqu'au dernier homme contre des forces infiniment supérieures. Vive l'Allemagne ! »

A 12 h 35, ce même 2 février, le Groupe d'Armées du Don enregistra le dernier message émanant de la VIe Armée. C'était le communiqué de la station météorologique : « Plafond des nuages 5 000 m, visibilité 11 km, ciel clair, quelques nimbus disséminés, température – 31 degrés, brume et fumée rouge sur Stalingrad. La station météorologique cesse de fonctionner et salue la patrie. »

Contraint de réagir aux proclamations des Soviétiques, décrivant leur formidable triomphe, le gouvernement nazi dut à contrecœur annoncer au peuple allemand la perte de la VIᵉ Armée tout entière. Fait sans précédent, toutes les émissions de radio furent suspendues pendant trois jours et remplacées par de la musique funèbre continue. Tous les restaurants, théâtres, cinémas, lieux de plaisir demeurèrent fermés, et un vent de défaite souffla sur la population. A Berlin, Goebbels commença de rédiger un discours, invitant ses compatriotes à se préparer à la « guerre totale ».

CHAPITRE XXX

Le 4 février, deux jours après que la résistance organisée des Allemands eut cessé, un des membres du soviet municipal de Stalingrad, A. S. Chouyanov, téléphona à un contremaître de la fabrique de tracteurs, réfugié sur la rive gauche de la Volga : « Il est temps de revenir ! » Aussitôt, les ouvriers qui attendaient ce message depuis des mois firent leurs paquets et se mirent en route. Des camions les transportèrent sur le fleuve gelé, croisant en chemin d'interminables colonnes de prisonniers. Dans la joie, les Russes se moquaient de leurs ennemis vaincus, qui offraient un spectacle lamentable, beaucoup d'entre eux essayant de se protéger du froid avec des lainages féminins.

En cinq mois de combats et de bombardements, 99 % de la ville n'étaient plus que décombres. Plus de 41 000 maisons d'habitation, 300 usines ou fabriques, 113 écoles et hôpitaux avaient été détruits. Un rapide recensement révéla qu'il restait seulement 1 515 civils, sur une population qui comptait, l'été précédent, plus de 500 000 âmes. Un grand nombre avaient péri dans les premiers jours de la bataille, et les autres s'étaient réfugiés au loin, surtout en Sibérie et en Asie. Nul ne savait combien de personnes avaient disparu dans la tourmente, mais les estimations étaient effarantes.

A Dar Gova, les Fillipov restèrent pour pleurer la perte irréparable de leur vaillant fils, Sacha, le petit cordonnier. Derrière le poste de commandement du général Rodimtsev, à hauteur du silo à grains sur la rive de la Volga, Mme Karmanova et son fils Genn fêtèrent joyeusement leur libération, après avoir passé des mois cachés dans un mauvais abri. Sur la place Rouge, deux fillettes séparées depuis septembre bondirent par-dessus les cadavres l'une vers l'autre et s'embrassèrent en dansant de joie. Leur rire innocent amusa les soldats russes, occupés à jeter les corps des Allemands sur un énorme bûcher.

La LXIIe Armée russe commença de quitter la ville, pour aller jouir d'un repos bien gagné sur la rive gauche du fleuve. Dans quelques semaines, Vassili Tchouïkov conduirait ses divisions régénérées vers de nouveaux champs de bataille. Mais derrière eux, ses hommes laisseraient des milliers de camarades, disséminés dans des hôpitaux sur tout le territoire de l'Union soviétique ; victimes des plus sombres heures de la lutte pour Stalingrad, ils avaient maintenant un autre combat à mener, pour triompher de leurs épreuves et les amener à la guérison physique et mentale.

C'est ainsi qu'à l'hôpital de Tachkent, la jeune et blonde Tania Chernova, tireur d'élite, se remettait lentement de la grave blessure qui avait failli lui coûter la vie. Après son opération, on l'informa qu'elle ne pourrait jamais avoir d'enfants, et elle s'y résigna. Toujours courageuse, elle suivait à la lettre les prescriptions médicales, afin de guérir le plus vite possible et de repartir au front.

Or, son remarquable dynamisme l'abandonna, le jour où elle reçut une lettre d'un camarade de la LXIIe Armée : il l'informait que son amant, Vassili Zaitsev, héros de l'Union soviétique, avait sauté sur une mine, au cours des derniers combats dans le secteur de l'usine « Octobre Rouge ». Cette nouvelle plongea Tania dans le désespoir. A mesure que les jours passaient, ses forces physiques revinrent, mais les médecins remarquèrent qu'elle ne s'intéressait plus à rien. Elle restait des heures immobile, le regard perdu dans le lointain, comme pour mieux revivre un passé révolu.

Dans un autre hôpital, le lieutenant Hersch Gourewicz s'habituait à marcher avec sa jambe artificielle et s'efforçait d'obtenir un nouveau poste dans l'Armée Rouge. Ayant appris qu'on voulait le démobiliser pour incapacité physique, Gourewicz écrivit directement à Staline et lui demanda de reconsidérer sa situation. La lettre lui valut un sursis : il était nommé censeur du courrier dans une unité polonaise qui progressait vers l'Ukraine. Ravi, le lieutenant fit son paquetage, y ajoutant une jambe de bois supplémentaire, et repartit pour la guerre.

A quelques centaines de kilomètres plus au nord, dans l'Oural, les gardes de service à la gare de Novosibirsk enlacèrent affectueusement un grand blessé, couvert de pansements, qui chantait à tue-tête sur le quai où il venait de débarquer. C'était le capitaine Ignacy Changar, transféré d'un hôpital de Moscou. Au cours du voyage, il s'était enivré à tel point qu'il n'avait aucune idée de l'endroit où il se trouvait.

Admis à l'hôpital militaire, Changar récupéra vite et entreprit de faire la cour aux infirmières. Il s'intéressa surtout à une jeune fille originaire de Kiev. Comme il ne cessait de la réclamer, elle s'étonna qu'un homme de cet âge recherchât ainsi sa compagnie. Elle ne se doutait pas qu'Ignacy n'avait que vingt et un ans, car ses cheveux étaient maintenant aussi blancs que la neige.

Que dire de la VIᵉ Armée allemande ? Engloutie par la steppe, elle s'était désintégrée dans les plaines immenses et glacées de la Russie, sans qu'un seul membre du haut commandement assistât à sa disparition. Aux derniers jours de la bataille, Paulus autorisa quelques groupes à tenter de passer à travers les lignes russes et de gagner l'ouest. Mais tous furent finalement capturés ou tués par des unités de l'Armée Rouge, attentives à ne laisser personne sortir du « Chaudron ».

D'autres Allemands étaient partis, de leur propre autorité. Ainsi, l'intendant Karl Binder emmena un groupe jusqu'à Karpovka, à 50 km à l'ouest de Stalingrad, où l'ennemi l'encercla et le contraignit à se rendre.

Le lieutenant Emil Metzger resta caché dans un abri, espérant que les Russes quitteraient le secteur et que, la nuit tombée, il pourrait s'échapper vers le Don. Mais ils n'en firent rien et le forcèrent à sortir, en tirant des rafales et lançant des grenades, si bien qu'il fut blessé au talon et partit en captivité avec une botte remplie de sang.

En fait, deux Allemands réussirent à atteindre les lignes de von Manstein. Fin février, le caporal Neiwig arriva en titubant à un avant-poste du Groupe d'Armées du Don, à 240 km à l'ouest du « Chaudron ». Seul survivant d'un groupe de 20 évadés, morts tous de froid en cours de route, il ne savait rien de ce qu'était devenue la VIᵉ Armée. Or, quelques heures après son arrivée, l'infortuné Neiwig fut réduit en bouillie par un obus soviétique pendant qu'il dormait.

Le 1ᵉʳ mars, le simple soldat Michael Horvath atteignit les lignes allemandes, près de Voronej. Fait prisonnier le 31 janvier, il avait été envoyé par des officiers de renseignement russes sur un autre front pour y servir d'interprète, car il parlait bien le russe, et il était parvenu à s'évader. Il ne pouvait rien ajouter à ce qu'on savait déjà sur la capitulation de la VIᵉ Armée. En réalité, le haut commandement et le peuple allemands ignoraient le sort réservé par les Soviétiques à Paulus et à ses troupes.

Or, le feld-maréchal et ses généraux se trouvaient, à cette époque, près de Moscou où ils étaient relativement bien traités. Par contre, les hommes à qui les Russes avaient promis de donner de la nourriture et des soins médicaux, mouraient en grand nombre dans les steppes glacées.

A Kotlouban, à 50 km au nord-ouest de Stalingrad, plusieurs infirmières russes entendirent des prisonniers allemands approcher, avant même de les voir. Stupéfaites, elles écoutèrent un incroyable concert de gémissements et de plaintes, poussés par une colonne de soldats qui se traînaient dans la neige, encadrés par des gardes soviétiques. Beuglant comme du bétail, ils étaient vêtus de loques, avaient les pieds enveloppés de lambeaux d'étoffes, et la barbe de leur visage était incrustée de givre. Presque tous pleuraient, et les femmes éprouvèrent une pitié instinctive pour ces malheureux. Soudain, voulant faire avancer plus vite le troupeau, les gardes se mirent à tirer au hasard. Quelques victimes tombèrent pour ne plus se relever, et les autres poursuivirent la marche, à moins d'un kilomètre à l'heure, tandis que les infirmières, indignées, apostrophaient les gardes et leur montraient le poing.

L'intendant Karl Binder participait à une de ces sinistres processions, qui se dirigeaient vers la ville de Vertaichy sur le Don, au nord-ouest de Stalingrad. Il ne pouvait s'empêcher de faire la grimace, chaque fois qu'il entendait claquer une détonation, ou le coup sourd d'une crosse s'abattant sur un crâne. Des centaines de cadavres gisaient sur le bord de la route : Allemands fraîchement tués, femmes et enfants russes congelés depuis des semaines, soldats mutilés, soviétiques ou allemands, tombés en combattant au cours des derniers mois. Quand la colonne traversait un village, les civils se jetaient sur les prisonniers pour les fouiller et leur voler ce qu'ils trouvaient, même leur sac, sans que les gardes agissent. Les mains bleuies par le froid, Binder avançait et puisait sa force dans la certitude que sa famille était à l'abri du danger en Allemagne.

Emil Metzger parcourut dans des conditions analogues 150 km avant d'arriver à une gare, où il monta dans un train qui l'emporta en Sibérie, au pied de l'Oural. En plus de la balle qui s'était logée dans son talon, il avait attrapé le typhus, en sorte qu'à son arrivée dans une mauvaise baraque il était à demi mort. Tendant à un aumônier les photos de Kaethe, il lui dit : « Remettez-les à ma femme si jamais vous en revenez. » Puis il se coucha pour mourir. Quand il se réveilla le lendemain, le silence environnant l'impressionna : presque tous ses compagnons avaient rendu l'âme pendant la nuit. Soudain honteux d'avoir cédé au découragement, il se jura de survivre. A dater de ce jour, indifférent à la fièvre, il mangea tout ce que les Russes lui offraient, quand bien même il eût l'impression « d'avaler son propre fiel ».

La VIe Armée allemande fut disséminée dans plus de 20 camps, répartis entre le cercle polaire et les déserts du sud de l'Union soviétique. Un train transporta des milliers d'Allemands de la Volga en Ouzbékistan, en Asie centrale. Dans chaque wagon à bestiaux, plus de 100 prisonniers en vinrent bientôt à s'entre-tuer, pour la possession du peu de nourriture qu'on leur jetait tous les deux jours. Ceux qui se trouvaient le plus près des portes furent attaqués par les affamés du fond du wagon, et seuls les plus vigoureux survécurent à ce macabre combat contre la famine, qui se prolongea plusieurs semaines. Quand le train arriva au Pamir, la moitié de son chargement humain avait cessé de vivre.

D'autres Allemands restèrent à Stalingrad, pour aider à reconstruire la ville qu'ils avaient dévastée. Le typhus les décima à tel point qu'en mars les Russes creusèrent une énorme fosse à Beketovka, où l'on jeta près de 40 000 cadavres. Le caporal Franz Deifel, qui avait envisagé de se suicider en janvier, survécut à l'épidémie et travailla à récupérer dans les ruines les briques utilisables. En mars, il entendit un coup de sifflet strident, provenant de la fabrique de tracteurs : les Russes faisaient passer le premier train sur la voie ferrée de l'usine. Plus tard, Deifel vit aussi le premier papillon de printemps : jaune et orangé, il voletait de ruine en ruine, et ses couleurs éclatantes ressortaient en plein soleil, sous un ciel d'azur.

Mais pour plus de 500 000 Allemands, Italiens, Hongrois et Roumains, l'hiver russe fut une lutte sans espoir, effroyable et déloyale. Dans le seul trimestre de février-mars-avril 1943, plus de 400 000 d'entre eux périrent.

Très souvent, les Russes les firent mourir de faim. Tous les trois jours, des camions de l'Armée Rouge déversaient des trognons de choux, des miches de pain gelé et souvent des ordures, qui constituaient la seule nourriture des prisonniers. A Tambov, à Krinovaya, à Yelabouga, à Oranki, à Sousdal, à Vladimir, et dans d'autres camps, les détenus se ruaient sur ces tas et se battaient à mort pour y prendre des déchets innommables.

D'autres captifs, plus résolus encore à survivre, s'organisèrent à cet effet, surtout dans les camps où la discipline militaire cessa d'être observée entre eux par les prisonniers. Ainsi à Sousdal, Felice Bracci commença de s'en rendre compte quand il découvrit des cadavres sans bras ou sans jambes. De son côté, le Dr Cristoforo Capone trouva des crânes ouverts dont on avait retiré la cervelle, ainsi que des torses auxquels il manquait le foie et les reins. Le cannibalisme avait fait son apparition.

Tout d'abord, les cannibales opérèrent furtivement, se glissant parmi les cadavres pour couper un membre et le manger cru. Mais leurs goûts devinrent vite plus raffinés, et ils recherchèrent les morts récents, à peine refroidis et par conséquent plus tendres. Finalement ils formèrent des équipes défiant quiconque de les arrêter et aidant même les mourants à expirer. Chassant jour et nuit, leur appétit de chair humaine fit d'eux des bêtes fauves, et à la fin de février ils en vinrent à un summum de sauvagerie, à la barbarie.

A Krinovaya, un chasseur alpin italien vint en courant avertir son aumônier, Don Guido Turla :

— Venez vite, père ! Ils veulent manger mon cousin !

Effaré, le prêtre suivit son guide à travers le camp et ne tarda pas à remarquer dans la neige des cadavres éventrés ou décapités, des bras et des jambes dépouillés de leur chair. Arrivé à la baraque de son ami, il trouva un groupe de détenus fous furieux qui cherchaient à enfoncer la porte, car derrière celle-ci gisait leur proie : l'homme avait été mortellement blessé, peu auparavant, par un garde, et les cannibales avaient suivi la trace de son sang frais sur la neige.

Hors de lui, le père Turla les invectiva, maudit leur crime abominable, qui souillerait à jamais leur conscience et que Dieu ne pardonnerait pas. Il finit par triompher et les mangeurs de chair humaine s'écartèrent ; quelques-uns implorèrent même son pardon. Quand ils se furent éloignés, il entra avec son ami dans la baraque et referma la porte. Le blessé avait encore sa connaissance et se confessa. Avant de recevoir l'extrême-onction, il supplia Turla de le sauver des cannibales. Ceux-ci, voyant que le prêtre restait auprès du mourant jusqu'à la fin, n'insistèrent pas : ils pouvaient sans peine faire leur choix parmi des milliers de cadavres.

Dans une autre baraque de Krinovaya, deux frères italiens s'étaient juré de se protéger réciproquement des cannibales, au cas où la mort les séparerait. Or, l'un d'eux mourut d'épuisement et de maladie. Aussitôt, un groupe s'approcha pour s'emparer du corps, mais le survivant s'assit à cheval sur lui et repoussa les chacals. Toute la nuit, ceux-ci restèrent à proximité, tandis qu'il montait la garde, et ils ne cessèrent de le harceler, le pressant de les laisser enterrer son frère. Il résista jusqu'à l'aube, mais cette affreuse veillée finit par l'épuiser, et pendant son sommeil les mangeurs d'hommes volèrent le cadavre. Quand il se réveilla, le malheureux frère ne put que constater cette disparition et se roula par terre en hurlant : il avait perdu la raison.

Les Russes abattaient sur place les cannibales qu'ils surprenaient. Devant le développement de cette criminalité, ils se virent obligés de former des équipes « anticannibales », composées de prisonniers qu'ils armèrent de barres de fer, avec mission de tuer tous les coupables. Ces équipes rôdaient la nuit, cherchant à repérer les petites flammes révélatrices des abominables cuisines que préparaient les rapaces. Le Dr Vincenzo Pugliese, qui participa souvent à ces patrouilles, surprit ainsi un homme en train de faire rôtir quelque chose au bout d'une tige. A première vue, cela ressemblait à une grosse saucisse ; mais l'œil excercé du médecin reconnut vite, aux anneaux du cartilage en forme d'accordéon, une trachée-artère humaine.

Les prisonniers qui se refusaient à lutter de cette manière contre l'inanition trouvèrent d'autres procédés pour survivre. A Krinovaya, un groupe d'Italiens entreprenants récupérait les excréments des grandes fosses et en retirait avec les mains du grain non digéré. Celui-ci, une fois lavé, était comestible. Des Allemands perfectionnèrent la méthode : ils passaient les matières fécales dans une série de tamis, aux trous de plus en plus petits. Ils réussirent ainsi à se procurer tellement de grain qu'ils en firent un marché noir.

A Sousdal, le Dr Cristoforo Capone usa de son imagination fertile pour sauver ses camarades et lui-même. Toujours plein d'esprit et trouvant le moyen de plaisanter, même aux heures les plus sombres, il inventa des tactiques souvent subtiles. Un soir, un camion chargé de choux s'étant garé près de la clôture du camp, Capone et ses amis réussirent à se glisser pendant la nuit sous les barbelés et à atteindre le véhicule. Faisant la chaîne, ils le vidèrent entièrement et cachèrent les précieux choux dans les paillasses ou les latrines. Puis, pour détourner les soupçons, ils tracèrent une piste parsemée de feuilles de choux, allant du camion à une baraque voisine, occupée par des Roumains. Quand les Russes découvrirent le vol, ils suivirent ces traces et matraquèrent les Roumains ahuris, pendant que les Italiens se gavaient de choux.

L'ingénieux docteur utilisa un stratagème plus macabre pour améliorer l'ordinaire. Les prisonniers étaient divisés en groupes de 15 et occupaient des chambres glacées, dans lesquelles ils devaient marcher sans cesse pour ne pas avoir les membres gelés. Chaque matin, un garde russe ouvrait la porte, comptait les présents et laissait le nombre de rations correspondant sur le seuil. Quand ses camarades commencèrent à dépérir et à mourir d'épuisement, Capone estima que leurs cadavres pouvaient être utiles aux survivants, au lieu d'aller rejoindre ceux qu'on avait empilés dans la cour. S'interdisant dès lors d'annoncer les décès survenus dans les chambres, les Ialiens assirent les corps sur des chaises. Lorsque le garde comptait les présents, ils l'entouraient, parlaient avec lui et s'efforçaient de distraire son attention, si bien qu'il déposait les 15 rations habituelles. Capone et ses compagnons eurent bientôt meilleure mine. A cause de la température sibérienne, les cadavres ne se décomposèrent pas, et le docteur put les garder des semaines. Quand sa chambre « déborda de protéines », il se sentit obligé d'aider ses voisins et organisa une sorte de location des corps. Chaque jour, il transportait avec ses camarades les malheureux pétrifiés d'une chambre à l'autre, partout où l'on avait un besoin urgent d'accroître les rations quotidiennes.

En mai 1943, les Russes se mirent à mieux nourrir leurs prisonniers. Comme l'expliqua l'un d'eux, « ils voulaient tout de même que quelques soldats rentrent chez eux après la guerre ». Des docteurs et des infirmières arrivèrent dans les camps, afin de soigner les survivants, en même temps que des agitateurs politiques y recrutaient des candidats pour s'entraîner à la lutte antifasciste. Après plusieurs mois d'endoctrinement, un Allemand s'écria : « Jamais je n'aurais cru qu'il y avait tant de communistes à la Wehrmacht ! » En fait, dans la plupart des cas, ceux qui se retournèrent contre Hitler et Mussolini avaient en vue un but bien défini : coopérer signifiait pour eux manger.

En Allemagne, des milliers de familles attendaient toujours des nouvelles de leurs bien-aimés, perdus dans la tragédie de Stalingrad. A Francfort-sur-le-Main, Kaethe Metzger assista à la destruction de sa ville par les avions américains en 1944. Quand les Alliés franchirent le Rhin en 1945, elle s'enfuit dans les environs et, après la chute de Francfort, revint dans son quartier à plusieurs reprises, pour voir si quelqu'un avait appris quelque chose concernant Emil. Jamais elle ne douta qu'un jour elle le reverrait, bien que ses amis répondissent à chacune de ses démarches en secouant tristement la tête et en se détournant.

Après la guerre, Francfort revint lentement à la vie, à mesure qu'on déblayait les décombres et que la ville devenait le quartier général des armées d'occupation alliées. Lorsqu'on commença de reconstruire des immeubles d'habitation et des magasins, dans la partie basse de l'agglomération, Kaethe put obtenir un petit appartement pour Emil et elle. Tout au long de la guerre froide elle attendit. En 1948, ce fut le pont aérien de Berlin, puis le premier contingent de prisonniers revint de derrière le Rideau de fer. Kaethe ne voulut toujours pas désespérer. Le 7 juillet 1949, un télégramme jaune lui parvint de Francfort-sur-l'Oder, en zone d'occupation soviétique de l'Allemagne de l'Est. Il disait simplement : « Ich komme, Emil. » Kaethe passa la journée à pleurer, puis elle se préoccupa de ce qu'elle allait mettre pour accueillir Emil à la gare. Comme une toute jeune femme, elle se prépara au retour de son mari.

Regardant nerveusement par la fenêtre de son compartiment, Emil Metzger traversait le territoire de sa patrie vaincue. En voyant les riches campagnes, prêtes à être moissonnées, il ne put s'empêcher de les comparer aux dévastations effroyables de la Russie, et à la Sibérie où il venait de passer six ans dans un camp de prisonniers. Combien de temps, se demandait-il, l'Allemagne demeurerait-elle divisée, ruinée, tel un paria dans la famille des nations ? Y aurait-il encore une place dans le nouveau monde de l'après-guerre, pour un homme ayant combattu au service d'une cause aussi discréditée ?

Le train ralentit et pénétra dans les vastes abords de la gare de Francfort. Le cœur battant, Emil se leva et s'étira. Il avait toujours mal à son talon, à cause de la balle qui y demeurait logée, mais il n'y fit pas attention. Descendant sur le quai, il fut emporté par le flot des voyageurs vers la sortie, et bientôt il se trouva au milieu d'une foule de civils, criant comme des fous. Quelqu'un prononça son nom, et un vieil ami lui offrit des fleurs.

Et tout à coup il la vit, debout et tranquille, un peu à l'écart de la cohue. Se frayant un chemin à travers les gens, il ne la quitta plus des yeux. Elle lui parut incroyablement rayonnante, dans sa robe imprimée aux couleurs vives. Il lui tendit les bras, leurs mains se touchèrent, et puis ils s'étreignirent, pleurant de joie et s'accrochant passionnément l'un à l'autre.

Tout en la couvrant de baisers, Emil éprouva soudain une crainte, car son épouse, cette femme qu'il tenait enfin dans ses bras, était presque complètement une étrangère. Certes, il n'avait pas passé une heure en captivité sans penser à elle, à son visage radieux, à son rire, à l'ardent désir qu'il gardait de la retrouver. Maintenant que ce vœu était exaucé, une réalité impressionnante s'imposait à lui : en neuf ans de mariage, c'était seulement la cinquième journée qu'ils vivaient ensemble, en tant que mari et femme.

ÉPILOGUE

PARMI LES SURVIVANTS

ADAM (*Colonel Wilhelm*) : L'officier d'ordonnance de Paulus se rendit aux Russes avec lui, dans le sous-sol de l'« Univermag ». En captivité, il adhéra au « Bund Deutsche Offiziere », un groupe antifasciste d'inspiration communiste, qui radiodiffusa des appels à la population du IIIᵉ Reich l'exhortant à se révolter contre le régime de Hitler. Après la guerre, Adam rentra chez lui, en Allemagne de l'Est, et devint fonctionnaire du gouvernement communiste de la République démocratique allemande.

BATYOUK (*Colonel Nikolai*) : Le commandant arthritique de la 284ᵉ division soviétique, opérant sur la colline Mamaev, fut promu général et trouva la mort par la suite, dans une autre bataille en Russie occidentale.

BEHR (*Capitaine Winrich*) : Aujourd'hui « Teddy » Behr occupe un poste important dans une société de téléphones d'Allemagne occidentale. Il demeure en contact étroit avec Nikolaus von Below et Arthur Schmidt, ses amis intimes de l'époque du « Chaudron ».

BELOW (*Colonel Günter von*) : Gardé en captivité jusqu'en 1955, avec le groupe des officiers « irréductibles » de la VIᵉ Armée, Below a pris sa retraite à Bad Godesberg, en Allemagne fédérale. Son affectueux respect pour Friedrich von Paulus est demeuré constant.

BINDER (*Intendant Karl*) : Il survécut à la marche mortelle et rentra en 1948 chez lui, à Swäbisch-Gmund, dans les environs de Stuttgart. Habitant un appartement modeste, cet officier retraité mais toujours actif tient un registre non officiel des Allemands qui sont revenus des prisons soviétiques. Sur les 107 000 soldats de la VIᵉ Armée emmenés en captivité au début de 1943, il a trouvé moins de 5 000 survivants.

BRACCI (*Lieutenant Felice*) : Maintenant employé de la « Banco Nazionale del Lavoro » à Rome, l'aventureux Bracci a réalisé récemment une autre de ses ambitions : en 1969, il a vu les Pyramides, auxquelles il avait renoncé en 1942 pour aller explorer les steppes de la Russie.

BRUNNERT (*Soldat Ekkehart*) : Après avoir mis longtemps à se rétablir des graves blessures reçues à Stalingrad, Brunnert retourna au front et fut de nouveau blessé en 1945, près de Berlin. Il évita cependant d'être capturé par les Russes et rentra chez lui, à Boblingen.

CAPONE (*Docteur Lieutenant Cristoforo*) : Quand l'énergique médecin, devenu un étranger émacié, revint à son domicile en 1946, sa fille Giuliana recula à sa vue et s'écria : « Maman qui est cet homme ? Chasse-le ! » Poursuivant une brillante carrière de cardiologue Capone jouit d'une réputation légendaire, selon le témoignage des camarades qui endurèrent avec lui les épreuves de la captivité. Plus de 100 000 soldats italiens furent faits prisonniers par les Russes à Stalingrad, mais seulement 12 000 revirent le soleil d'Italie.

CHANGAR (*Capitaine Ignacy*) : Après s'être guéri, à l'hôpital de Novosibirsk, de ses graves blessures au crâne, l'ardent officier épousa l'infirmière qui avait été si impressionnée par ses cheveux prématurément blanchis. Changar vit maintenant à Tel-Aviv en Israël, où il a gravement levé avec l'auteur son verre de vodka, à la mémoire de ses camarades tombés à Stalingrad.

CHERNOVA (*Sergent Tania*) : Plus d'un quart de siècle après sa vendetta contre l'ennemi, le tireur d'élite féminin, dont les cheveux grisonnent, continue de parler des Allemands qu'elle a tués en les appelant des « piquets » qu'elle a brisés. Pendant des années, elle a cru après la guerre que son amant, Vassili Zaitsev, était mort de ses blessures. C'est seulement en 1969 qu'elle a fini par apprendre qu'il s'était rétabli et avait épousé une autre femme. Elle en fut bouleversée, car elle l'aimait encore.

DERIABINE (*Lieutenant Pyotr*) : Recruté par la police secrète soviétique, Deriabine déserta en 1954 et révéla aux agents de la C.I.A. américaine quelques-uns des réseaux d'espionnage organisés par le K.G.B. en Europe.

DRAGAN (*Lieutenant Anton*) : Après la guerre, Dragan écrivit à Tchouïkov, pour lui expliquer qu'il commandait le 1er Bataillon du 42e Régiment de la 13e division de la Garde. Pour la première fois, Tchouïkov eut ainsi la preuve que quelqu'un avait survécu, parmi les défenseurs héroïques ayant résisté aux Allemands, entre la gare Centrale et la Volga.

En 1958, Tchouïkov passa une partie de ses vacances chez Dragan, dans son village de Likovitsa. Ensemble, ils reconstituèrent en détail les effroyables combats de septembre 1942, qui permirent à la LXIIᵉ Armée de gagner un temps précieux.

GOLDSTEIN (*Mikhaïl*) : Le violoniste passa à l'Occident dans les années 1960, au cours d'une tournée à l'étranger. Quand l'auteur lui rendit visite, il continuait à se produire en concert et donnait des cours dans divers conservatoires.

GOUREWICZ (*Capitaine Hersch*) : Alors qu'il exerçait les fonctions de censeur du courrier à Berlin, l'officier unijambiste reçut une lettre de son père, qui avait fini par le retrouver. Lorsqu'ils purent se rejoindre, M. Gourewicz fondit en larmes, car il croyait son fils mort depuis des années. Par la suite, il lui apprit qu'ils étaient juifs et qu'il le cachait aux autorités, à cause de l'antisémitisme virulent qui sévissait en U.R.S.S. Finalement Hersch émigra en Israël, où il fut blessé une fois de plus : un tireur arabe lui logea une balle dans le bras. L'infirmière qu'il avait aimée à Stalingrad ne mourut pas. Miraculeusement guérie après avoir perdu ses quatre membres, elle se maria et eut plusieurs enfants.

HALDER (*Général Franz*) : Mis à la retraite par Hitler, Halder participa au complot du 20 juillet 1944 contre le Führer. Condamné à mort, il fut sauvé par les troupes alliées, quelques semaines avant la fin de la guerre. Dans les années qui suivirent il aida les historiens américains à écrire l'histoire de la Wehrmacht pendant la Seconde Guerre mondiale.

HEIM (*Général Ferdinand*) : Ramené en Allemagne pour y être jugé, sous l'inculpation de manquement à son devoir, le commandant du 48ᵉ Corps blindé passa des mois dans la prison de Moabit à attendre un châtiment. Il n'en fut libéré que sur l'intervention du maréchal Keitel auprès de Hitler. Il habite maintenant Ulm, en Allemagne fédérale.

HOTH (*Général Hermann*) : Commentant après la guerre les événements de Stalingrad, « Papa » Hoth déclara que Paulus aurait dû sortir du « Chaudron » en décembre 1942, et opérer sa jonction avec la colonne allemande venant à son secours. Malade depuis des années et âgé de 85 ans, l'ancien commandant des forces blindées doit maintenant garder la chambre, à Goslar en Allemagne fédérale.

IEREMENKO (*Général Andreï*) : Après la guerre, il publia une trilogie sur le conflit germano-russe, dans laquelle il condamne la stratégie de Staline au cours de la première année des hostilités. Ayant eu à opposer une tactique défensive aux blindés du général Hoth, qui attaquaient en force au sud de Stalingrad en août 1942, Ieremenko souffrit de ce que le mérite de cette résistance ne lui fût pas pleinement reconnu. Il n'en reçut pas moins les acclamations enthousiastes de toute la nation pour sa participation à la victoire. Il mourut en 1971.

JOUKOV (*Maréchal Gheorghi*) : L'architecte de la contre-offensive soviétique dans le sud-est de la Russie dut attendre longtemps, avant d'être officiellement reconnu comme l'artisan de cette victoire, à cause d'un conflit qui l'opposa à Khrouchtchev. Celui-ci le mit à la retraite, et ce fut seulement en 1964, après son remplacement par Brejnev et Kossyguine, que Joukov se vit réhabilité. On l'autorisa alors à publier ses mémoires de guerre relatant en détail la bataille de Stalingrad et beaucoup d'autres opérations victorieuses. Joukov habite à la campagne, dans les environs de Moscou.

KOHLER (*Docteur Ottmar*) : Au moment où il allait être libéré et quitter la Russie en 1949, le docteur entendit avec stupéfaction un officier soviétique du N.K.V.D. le condamner à 25 ans de prison supplémentaires pour espionnage. Rapatrié enfin en 1955 avec le dernier contingent de prisonniers de Stalingrad, Kohler fut reçu en héros par ses compatriotes d'Allemagne fédérale. Le gouvernement de Bonn le décora, pour les services extraordinaires rendus à ses camarades en captivité, qui le surnommèrent l'« Ange de Stalingrad ». Il pratique maintenant la chirurgie à Idar-Oberstein, en Allemagne fédérale.

KREISER (*Lieutenant Wilhelm*) : Blessé dans la cave qu'il occupait, près de la fabrique de canons « Barrikady », Kreiser fut sauvé *in extremis* de la mort par un des derniers avions Heinkel de transport, qui atterrit dans un champ tout proche et l'emporta. Il habite maintenant Ulm, en Allemagne fédérale.

KHROUCHTCHEV (*Commissaire politique Nikita*) : Après la mort de Staline en 1953, Khrouchtchev accéda au pouvoir suprême dans l'Etat soviétique. Renversé en 1964, il révéla plus tard dans ses mémoires ce qu'aucun fonctionnaire de son pays n'avait jamais admis : à Stalingrad, un grand nombre de prisonniers allemands furent exécutés par les gardes russes.

KRYLOV (*Général Nikolai*) : Le chef d'état-major de Tchouïkov, aux heures les plus sombres de Stalingrad, accéda vite au sommet de la hiérarchie de l'Armée Rouge. Dans les années 1960, le maréchal commandait toutes les forces soviétiques de missiles stratégiques. Il mourut en 1972.

LYOUDNIKOV (*Colonel Ivan*) : Le défenseur de l'étroite bande de terrain comprise entre « Barrikady » et la Volga reçut le titre de Héros de l'Union soviétique pour sa résistance opiniâtre. Retraité comme général, il revint en 1968 sur les lieux de sa victoire, en qualité d'invité d'honneur de la ville de Stalingrad.

MALINOVSKY (*Général Rodion*) : Lorsque Khrouchtchev accéda au pouvoir, il nomma le robuste maréchal ministre de la Défense nationale. En mai 1960, lors de la conférence de Paris, les deux hommes dénoncèrent violemment le président Eisenhower, à la suite du vol malheureux de l'avion « U-2 » de Francis Gary Powers, ce qui mit fin à la conférence. Malinovsky mourut en 1967.

MANSTEIN (*Feld-Maréchal Erich von*) : Ayant échoué dans sa tentative de délivrer la VIe Armée, Manstein accomplit un miracle, en se maintenant jusqu'à la mi-février dans la ville et le port de Rostov, ce qui permit à presque tout le Groupe d'Armées A, opérant dans le Caucase, d'échapper à l'encerclement. Chassé par Hitler en 1944 parce qu'il désapprouvait ses idées en matière de grande stratégie, Manstein fut inculpé de crimes de guerre, pour avoir autorisé les « Einsatzgruppen » à exterminer les juifs dans les territoires occupés par les troupes qu'il commandait. Mis hors de cause, il rédigea un mémoire polémique dans lequel il reproche à Paulus de ne pas être sorti du « Chaudron » en décembre 1942. Toutefois, Manstein s'est abstenu de mentionner le fait qu'il n'a jamais lancé l'ordre de l'opération « Coup de Tonnerre », alors qu'on avait averti Paulus de ne rien commencer, tant qu'il n'aurait pas reçu cet ordre chiffré.

METZGER (*Lieutenant Emil*) : Gardant toujours dans le talon droit la balle reçue à Stalingrad plus de vingt ans auparavant, Emil vit à Francfort avec son épouse Kaethe et bénéficie d'une retraite. Un de ses plus fidèles visiteurs est le fils de l'officier à qui Emil avait cédé son tour de permission, pour lui permettre de se marier. Ce camarade était mort dans un camp de Sibérie et n'avait jamais connu son fils maintenant avocat.

MEUNCH (*Capitaine Gerhard*) : Après avoir servi jusqu'à la fin de la guerre dans diverses branches de l'état-major général de l'armée, Meunch passa de nombreuses années à suivre des cours et faire des affaires. Puis, lorsque la nouvelle armée allemande fut créée — la « Bundeswehr » — en Allemagne fédérale, il y reprit du service, et a aujourd'hui le grade de général.

OETTL (*Lieutenant Hans*) : Libéré en 1949, Oettl s'est marié et a repris ses fonctions à la mairie de Munich, où il continue de vivre.

PAULUS (*Feld-Maréchal Friedrich von*) : A l'exception d'une brève visite à Nuremberg, pour témoigner contre les dirigeants nazis, Paulus a passé le reste de sa vie derrière le Rideau de fer. Il vécut en Russie jusqu'en 1952, puis vint s'installer à Dresde, en Allemagne orientale. Il ne revit jamais sa femme Coca. Parce qu'il avait donné son nom au groupe des officiers « antifascistes », constitué dans les prisons soviétiques, la Gestapo emprisonna Mme von Paulus dans les Alpes bavaroises. Délivrée par les Américains, elle mourut à Baden-Baden en 1949.
Les dernières années de Paulus furent pleines d'amertume. Vilipendé par certains critiques pour son obéissance servile à Hitler, blessé par quantité de récits et de mémoires qui l'accusaient de timidité,

il rédigea d'abondantes réfutations de ces reproches. Son fils Ernst vint le voir plusieurs fois ; l'autre, Alexander, avait été tué à Anzio en 1944. Paulus était convaincu que le communisme était la meilleure chance qui s'offrait à l'Europe de l'après-guerre, et Ernst dut reconnaître avec tristesse que « son père était passé dans l'autre camp ».

Le feld-maréchal mourut en 1957 après une longue maladie. En 1970, son fils Ernst se suicida. Il avait 52 ans, l'âge de son père au moment de la capitulation de la VIe Armée à Stalingrad.

PAVLOV (*Sergent Jacob*) : Ayant reçu le titre de Héros de l'Union soviétique, pour son opiniâtre défense de 58 jours, dans l'immeuble de la rue Solechnaya, Pavlov fit toute la guerre, jusqu'à Berlin. Aujourd'hui encore il est connu de nombreux admirateurs pour son incroyable résistance dans l'immeuble qui porte son nom.

PETROV (*Sergent Alexei*) : Au printemps de 1943, Petrov reçut enfin d'affreuses nouvelles de sa famille. Une belle-sœur l'informa que les troupes d'occupation allemandes avaient tué tous les siens. C'était exact : Petrov n'en retrouva jamais la moindre trace.

PFLUGER (*Sergent Albert*) : Toujours dévoré par les poux qui se glissaient sous son plâtre, Pflüger marcha vers la captivité, où il contracta la fièvre typhoïde. Rapatrié comme grand malade en 1949, il se rétablit et habite maintenant la banlieue de Stuttgart.

RODENBURG (*Général Karl*) : Un des « incorrigibles », que les Russes gardèrent en prison jusqu'en 1955, Rodenburg porte toujours monocle et a pris sa retraite à Lübeck, en Allemagne fédérale.

RODIMTSEV (*Général Alexander*) : En récompense de son brillant commandement de la célèbre 13e division de la Garde, l'ardent général fut fait pour la seconde fois Héros de l'Union soviétique. Mis à la retraite en 1966, il vit maintenant à Kiev.

ROKOSSOVSKY (*Général Konstantin*) : Stalingrad n'a été qu'une des nombreuses victoires remportées par ce général natif de Pologne, au cours de la campagne qui le conduisit à Berlin. Elevé à la dignité de maréchal, il mourut d'un cancer en 1968.

ROSSLER (*Rudolph*) : Le 16 janvier 1943, le directeur du centre des services d'espionnage à Moscou envoya par radio ses félicitations au réseau « Lucy » en Suisse, pour sa participation à la défaite des Allemands dans la région de Stalingrad. Finalement découvert par la police suisse, Rossler purgea une courte peine de prison et mourut en 1958, sans avoir jamais révélé ses sources de renseignements au sein du haut commandement allemand.

SCHMIDT (*Général Arthur*) : L'homme que Hitler estimait capable de « signer n'importe quoi » en captivité se révéla, au contraire, un des prisonniers les plus indomptables des Russes. Condamné à la réclusion solitaire dans un cachot pendant de longues périodes et victime de sévices, Schmidt refusa toujours obstinément de collaborer avec les autorités soviétiques, qui désiraient beaucoup utiliser son nom dans leur propagande contre le gouvernement nazi. En octobre 1955, il revint à Hambourg où il continue d'habiter. Depuis son retour, sa personnalité a été l'objet de très vives controverses. Ses nombreux détracteurs prétendent qu'il exerçait une véritable domination sur Paulus et qu'il a fait durer la bataille bien au-delà des limites humaines. Or,

Schmidt dément avec véhémence qu'il ait exercé sur Paulus une influence néfaste, et il affirme qu'en réalité ils ne différaient pour ainsi dire jamais d'avis, quand il s'agissait de prendre une décision importante. Il ne fait cependant aucun doute que, durant les dernières semaines de l'encerclement, la volonté de Schmidt de continuer le combat à l'intérieur du « Chaudron » a été infiniment plus puissante que celle de Paulus, qui acceptait le désastre avec une sorte d'apathie.

SELLE (*Colonel Herbert*) : Evacué par avion du « Chaudron » en janvier, Selle devint un opposant virulent au parti nazi. Ses relations avec ceux qui par la suite tentèrent de tuer Hitler faillirent lui coûter la vie. Comme Schmidt, il habite maintenant Hambourg.

SEYDLITZ-KURZBACH (*Général Walther*) : Après avoir été l'âme du « Bund Deutsche Offiziere », qui radiodiffusait de la propagande antihitlérienne, Seydlitz récolta des fruits amers de son action. Le gouvernement nazi contraignit sa femme à divorcer, son nom fut maudit par les Allemands patriotes, et quand il refusa d'entrer dans le gouvernement communiste d'Allemagne orientale, les Russes le condamnèrent à 25 ans de travaux forcés. Rapatrié en 1955 en Allemagne occidentale, il reçut un accueil de glace, non seulement de ses anciens amis mais de tout le peuple allemand. Ayant aujourd'hui plus de 80 ans, il n'a guère redoré l'image que ses compatriotes gardent de lui. Toutefois, depuis que la tyrannie hitlérienne a suscité une répulsion intense dans le monde entier, les véhémentes dénonciations des dirigeants nazis par Seydlitz ont valu à ce dernier plus de sympathie de la part des jeunes.

TCHOUIKOV (*Général Vassili*) : Le célèbre commandant de la LXIIe Armée soviétique — rebaptisée VIIIe Armée de la Garde — la conduisit au glorieux triomphe de Berlin, en mai 1945. Ayant été récompensé par les plus grands honneurs et les plus hautes décorations, il devint après la guerre le chef de toutes les forces russes de l'intérieur. En 1969, alors qu'il était à moitié en retraite le maréchal représenta l'Union soviétique à Washington lors des obsèques du général Dwight D. Eisenhower. Tchouïkov passe maintenant la majeure partie de son temps dans sa « datcha », aux environs de Moscou.

TOMSKOUSCHINE (*Major Nikolaï*) : L'officier russe qui renonça à se suicider, afin de revoir un jour son fils Vladimir, ne rentra jamais en Russie. Envoyé en Allemagne, il y travailla comme un esclave et subit les pires traitements en captivité, mais parvint à survivre. Cependant, après la guerre, il eut peur de représailles des dirigeants soviétiques, à l'égard d'officiers n'ayant pas assez résisté aux Allemands sur le front, et refusa de retourner dans sa patrie. Ses pressentiments étaient justifiés : à leur arrivée en U.R.S.S., des milliers de prisonniers libérés furent soit fusillés soit jetés en prison, pour des motifs réels ou imaginaires, tels que collaboration, manquement au devoir ou simplement contamination par les idées de l'Occident.

WIRKNER (*Sergent Hubert*) : Souffrant à la fois de brûlures, de gelures et de la typhoïde, Wirkner resta presque deux semaines caché dans une cave de Stalingrad, où des soldats russes ayant bon cœur le trouvèrent et ne le tuèrent pas. Déclaré inapte à tout travail, il fut libéré dès 1945 et rentra à Karlsruhe, en Allemagne fédérale. Il y vit toujours, avec sa femme et leurs deux enfants.

ZAITSEV (*Lieutenant Vassili*) : Le supertireur d'élite avait officiellement tué 242 Allemands à Stalingrad, quand l'explosion d'une mine le rendit provisoirement aveugle. Ayant reçu le titre de Héros de l'Union soviétique, il se maria et s'installa à Kiev, où il dirige une école de mécaniciens.

ZITZEWITZ (*Major Coelestin von*) : L'« observateur » de l'O.K.W. à l'intérieur du « Chaudron » devint après la guerre un homme d'affaires à Hambourg. Il a toujours nié que Hitler l'eût chargé d'espionner l'état-major de la VIᵉ Armée, dont il se méfiait. Zitzewitz est mort en 1962.

BIBLIOGRAPHIE

Il faut consulter les Mémoires des principaux chefs militaires et notamment les Mémoires de Tchouïkov, Ieremenko, Joukov, Manstein ainsi que les documents rassemblés par le maréchal Paulus. Un témoignage d'un combattant de première ligne qui est aussi un récit de guerre : Viktor Nekrassov, *Dans les tranchées de Stalingrad*. Consulter aussi le livre de l'écrivain Simonov : *les Jours et les Nuits de Stalingrad*.

L'ouvrage collectif : *L'U.R.S.S. dans la Seconde Guerre mondiale* (Paris 1967), d'origine soviétique, comporte un bon récit historique de la bataille et de très nombreux documents. L'un des meilleurs livres d'histoire (et c'est aussi un témoignage) est l'ouvrage d'Alexander Werth : *la Russie en guerre*. L'étude d'Alan Clark : *la Guerre à l'Est* est de même une bonne analyse historique. La bataille de Stalingrad est bien insérée dans le contexte mondial dans : Henri Michel, *la Seconde Guerre mondiale* (tome 1, Paris 1968). L'ouvrage allemand de P. Corlitz *Die Schlacht um Stalingrad* et américain de L. Goure : *The Siege of Stalingrad*, Stanford University, sont fort complets. On trouvera dans les mémoires d'Albert Speer : *Au cœur du IIIᵉ Reich* et dans les souvenirs de Khrouchtchev des pages qui se rapportent à Stalingrad. De même, les correspondances de guerre de Ilya Ehrenbourg sont indispensables pour recréer le climat psychologique de la Russie au moment de Stalingrad.